叢書・ウニベルシタス　1013

無神論の歴史　上

始原から今日にいたるヨーロッパ世界の信仰を持たざる人々

ジョルジュ・ミノワ
石川光一 訳

法政大学出版局

Georges Minois
HISTOIRE DE L'ATHÉISME

This book is published in Japan by arrangement with
LIBRAIRIE ARTHÈME FAYARD
through le Bureau des Copyrights Français, Tokyo.

三十年間ともに暮らした
妻に捧げる

「神は死んだ！　神は死んだままだ！　そして、神を殺めたのはわれわれだ！　殺害者中の殺害者たるわれわれはどうやったら心安らぐときが来るのか。［…］やり遂げた行いの偉大さは、手に余りはしないだろうか？　われわれ自身が神々となって、せめて埋め合わせの見せかけを手に入れるより他ないのではないか？［…］この恐ろしい出来事の知らせは途中で滞ったままのようだ、――その知らせはまだ人々の耳に達してはいない。」

フリードリヒ・ニーチェ
『喜ばしき知恵』第三書、一二五

〔村井則夫訳、河出文庫、二〇一二年、二一七―二一八頁〕

目次

第Ⅲ部　ひとつの精神の危機からもうひとつの精神の危機へ（一六〇〇—一七三〇年）

第七章　ヨーロッパ精神の第一の危機、リベルタン的懐疑論者（一六〇〇—一六四〇年）　275

第八章　偉大な世紀の不信仰に向かって（一六四〇—一六九〇年）　332

◉下巻目次

凡例

一、本書は、ジョルジュ・ミノワ著『無神論の歴史——始原から今日にいたるヨーロッパ世界の信仰を持たざる人々』（Georges Minois, *Histoire de l'athéisme, Les incroyants dans le monde occidental des origines à nos jours*, Paris, Fayard, 1998）の全訳である。

一、原注は巻末に各章ごとにまとめた。原注はその多くが引用文の典拠や参照事項に関するもので、研究史的にも貴重なものであり、そのまま仏語で載せた。また邦訳のあるものはできるかぎり該当書、引用頁を掲げたが、訳文は訳者の責任において変えたものもある。

一、原文のイタリック表記は、本書では二重括弧に入れるか、傍点をつけて表した。

一、必要と思われる訳者による補足は本文中に〔 〕で補った。

一、聖書からの引用文の日本語訳は、バルバロ訳『聖書』（講談社、一九八五年）による。ただし一部の人名表記等は日本聖書協会編『新共同訳聖書』（一九八七年）に従った。

一、本書に表れる人名については『西洋人名辞典』（岩波書店、一九八二年）、地名については『コンサイス外国地名事典』（三省堂、一九九〇年）に従い、そこに見られない項目の日本語表記もできるだけその表記法に従った。

一、人名索引は、原文のアルファベット順を五十音順に変え、簡単な説明をつけて巻末にまとめた。

無神論の歴史　上

序論

《宗教的なものの回帰》、《神の報復》、《世界の再魔術化》がいたるところで主張される時代に、不信仰や無神論に関するなにがしかの史書を著すこと、そんなことは挑発、軽率、時代遅れ、夢想ではないのか。違う、もちろんそうではない。

なによりもこれらの疑似的懐古はすべてかなりいかがわしいものだからであり、また詳細に検討すれば、現実は宗教の復活からほど遠いからである。たしかに教会、宗教、プロテスタンティズム、キリスト教、信仰、信仰者、スピリチュアリティについての歴史書や、宗教界に関するガイドブック、百科事典、辞書類の重みで本屋の書棚は押しつぶされそうだ。宗教が多くの人を教会に引きつけることはもうないが、本はよく売れている。ドゥクルー神父は、論者たちが喜んで「たえず問いをくり返しては、無神論に関する書物を増やしている」事実を一九九五年に嘆いた。[1] けれども神父は、図書館に入って《無神論》の棚と《宗教》の棚をちゃんと比較した経験はおそらくお持ちでなかっただろう。わたし自身は宗教史の本を何冊か書き、またこうした主題についての共同研究にも参加した。そしてまさしくこのような信仰に関する書物の氾濫こそが、わたしを誘って、歴史的な見地からはほとんど研究されずに放置されてきた不信仰という領域に関心を持つようにさせたのである。

およそ三世紀半前、一六六三年に現れたシュピッツェルの稀覯書、『無神論に関する歴史的・原因論的探求』[2]以来、無神論に関する歴史書はきわめて稀である。現存するもっとも完全なものは、フリッツ・マウトナーの『無神論と西欧におけるその歴史』[3]であり、これは一九二〇年から二三年にかけて刊行された。また無神論は、多くの哲学的、社会学的、心理学的、あるいは精神分析学的研究の対象とされてきた。無神論はまさしくある特定の時代にとってのもの、そして限られた地域におけるものとして研究された。それに対して、多くは偏ったものではあったが、唯一本当に完全な総合はソヴィエトの研究だった。

したがって、ここには史料編纂上相対的な欠落がある。この空隙は埋められるに値する。というのも、無神論には固有の歴史があるからであり、その歴史は宗教的信仰の歴史の単なる裏返しではないからである。この主題を取り扱う著作がきわめて少ないのは、まさしく信仰を持たないことにまとわりつく否定的な含意のおかげである。無－神論、不－信仰、不－可知論、無－関心といった信仰を持たないことを示唆するために用いられる用語は、すべて欠性ないしは否定を表す接頭辞を伴う。『現下の諸宗教』誌には、以下のような記述が見られる。「無神論は神の世界から人間存在を引きずり出そうとするひとつの歴史、ひとつの闘いの証であるが、この証はまた同時に自分が逃れ出ようとする世界に郷愁を抱かずには、そしてそれに言及することなしには自由で自律的で責任ある在り方を生きるとは言わないまでも、そうした在り方を積極的に表明することが困難であることの証である。あたかも神も悪魔もなしにただ人々のあいだで生きることは居心地が悪く、あるいはいささかなりともそれに反発したい気持ちを引き起こすかのようだ[4]」。

《無神論者》という言い方には、あいまいで軽蔑的な意味合いがあり、今日でもいくぶん怖れを抱かせるものがある。これは、神の存在を否定し、いかんともしがたいほどに忌々しく思われる人々に向けられた数世紀にわたる迫害、軽蔑、憎悪の遺産である。無意識のうちにそこにはたえず呪いの観念がまといつく。ロシアの諺にいわく、「神様に感謝、神様はいらっしゃらない。うんにゃ、そりゃ神様のご加護ってもんだ。それじゃあ、やっぱし神様はいらっしゃったのか?」。この領域で、一度でも確実性が絶対的だったことがあるだろうか? 賭ける値打ちはあるか? 確信を持って神を信じない多くの人たちも、今なお無神論者と公言することにためらいを抱く。この言葉は中立ではなく、今でも火あぶりのそこはかとない匂いが立ち上ってくる。《無神論者》という言い方に往々結びつけられる《唯物論者》の用語にも、同じように侮蔑的なニュアンスがまといつく。この言い方は《粗雑》で《低劣》で《幼稚》な学説に結びつくものとして、長い間非難や侮辱の言葉として使われてきた。

《無神論》、支持者にとっても敵対者にとっても等しく攻撃性をまとうこの観念のまわりには、したがって重苦しい感情的な遺産がある。というのも、格別の否定、神の否定が問題とされるからである。否定という立場をどのように歴史に表すのだろうか。《……に反対する人々》の歴史は大抵の場合敵対陣営の手中に収められ、型どおりのあらゆる偏見をもって取り扱われてきた。不信仰は往々にして宗教に充てられた著作におけるよりも宗教に関する歴史書のなかに現れる。不信仰の歴史を書くことの危うさは、まさしく中身のない信仰の歴史を表すことにある。かなり長期にわたって、不信仰に関する唯一の証言は、とくに十六世紀、十七世紀ではこれを抑圧した宗教的権威筋からもたらされた。二十世紀でもなお、ガブリエル・ル・ブラのような開かれた精神の持ち主もためらうことなく、共感に満ちた眼差しを注ぎながらも、無宗教の歴史を宗教社会学の添え物にする。「近代社会の無神論のおかげで、わたしたちは全社会層、あらゆる精神生活を細かく観察することを強いられる。というのも、無宗教の社会学はすべての宗教社会学の主要項目のひとつ、もっとも感動的な項目になっているからである」[5]。これを研究することの困難さは、現代でもやはり大きい。ごく少数派の戦闘的な無神論者たちの運動を除けば、積極的な内容を持っているとは見えない振る舞いの歴史をどのようにたどれるのか。たとえば、ＵＦＯを信じない人々の歴史をたどることなど考えられるだろうか。

もうひとつの問題、それは語彙の問題であり、そこには無数のニュアンスが現れる。生粋で頑なな唯物論的無神論者から伝統完全墨守主義的な信仰者にいたるまでに、不可知論者、懐疑論者、無関心者、汎神論者、理神論者が場所を占めている。誰もが、信仰者の目からは多かれ少なかれ無神論者である。しかし彼らの間の違いは大きい。《無神論者》や《不信仰者》という言い方は、絶対的に同義語ではない。それでは無神論の歴史にするのか、それとも不信仰の歴史にするのか。最初から提出しなければならない、たくさんの方法論上の問題が存在する。

不信仰は、すべての社会の基本的、原初的、必然的、したがって不可欠な構成部分である。したがって、不信仰には当然肯定的な内容が含まれ、信仰者ではないということに還元されはしない。そうした立場はひとつの肯定的主張である。つまり、尊大さと不安とを生み出す宇宙のなかでの人間の孤独を肯定するものである。そうした自分の在りようの不可思議さを前にして無神論者たる人間は、自分の人生に介入してくる超越的存在の実在を否定する。もっとも実際の振る舞いはそうした否定に足を預けきれず、この存在を根本的な所与（理論的無神論）として、あるいは無意識に（実践的無神論）受け入れてしまう。

この孤独、人間の偉大さと悲惨さとを生み出すこの孤独は、さまざまな行動を生み出す源泉となる。それは宇宙で認められる唯一の価値である人間を基盤とする、道徳や倫理を生み出す。神を信じないことは否定的な立場ではない。それは自立的で実践的で、そして思弁的な選択へと人をいざなう。したがってこの立場は、信仰者のそれとは異なる固有性と歴史とを備えた立場である。宗教と同じように、無神論には複数の無神論があり、それらは発展し、相互に異なり、相前後しまた同時代的な形態を、そしてときには敵対的な形態をとる。

当然のことながら、無神論の歴史は長い間、宗教との関係に応じてその形を変えてきた。二十世紀の神を信仰しないいくつかの文化において自分が迫害される側となる以前、宗教は無神論を迫害してきた。無神論は宗教と同じだけ古い。というのも、この分野では反抗的な振る舞いにとってとまったく同様に、思弁的な懐疑に対してもつねにそれなりの場所が用意されているからである。とくに二千年という長さを好んで誇るキリスト教との関係では、無神論には畏敬の念を抱かせるに足りる時間的先行性がある。紀元前二五〇〇年には、インドの賢者たちが天空は空虚であると主張した。西洋文明に限るならば、つとに紀元前六世紀にパルメニデス、ヘラクレイトス、コロフォンのクセノファネスは物質の永遠性を公言したし、また少しのちに《無神論者》テオドロスは神の死を予言した。そのことをジョルジュ・ウルダンは、こう想起している。

無神論という現象は、歴史的にはキリスト教文明が古いと言われるよりもさらにずっと古い。それは一個の自立した現象である。エピクテトスやエピクロスのように、幾人かの哲学者は無神論者だった。その一方で無神論という現象は、地理的にも福音書の知識が広まったよりもずっと広範に広がっていた。たとえば仏教や儒教のように東洋の宗教と呼び習わされていたものも、往々にしてやはり単に知恵か合理主義かだった。したがって、神の子、キリストはすでに無神論者たちが存在した時代に受肉したのだ。キリストを継承する教会は、無神論に決着をつけることはできなかった。(6)

宗教から独立した無神論は、自らのために意味を考案し、物質的な宇宙のなかで自らのための堅固な地歩を打ち立てるための人間の壮大な試みと考えることができる。そうなると、バベルの塔についての宗教的神話は、予想外の、そして信者たちの注釈とはまったく別な解釈が受け入れ可能なものとなる。

この奇妙な逸話は、くわえて信者たちからも歪められている。彼らはこの逸話を、まさしく神から罰せられる人間の傲慢さの現れとして描き出す。つまり、人間はふたたびノアの洪水に飲み込まれないように、洪水からの避難所とするために、巨大な塔を建てようとした。それで人間は、神の力に挑戦することになる。そのために神は人間を罰しようとし、言語の多様性を導き入れ、人間の相互了解を不可能にし、人々のあいだに不和の種をまき、仕事が中止されるようにし向けた、というのである。ところが、聖書のテキストは実際にはそうしたことを何ひとつ語ってはいない。『創世記』の一節を引用しよう。

すべての地は同じことばと同じ言語を使って、同じように用いていた。東の方から移動してきた人々は、シンアルの地の平原にいたり、そこに住みついた。

そして、「さあ、れんがをつくろう火で焼こう」と言い合った。彼らは石の代わりにれんがを、しっくいの代わりにアスファルトを用いた。そして言った。「さあ、われわれの町と塔をつくろう。塔の先が天に届くほどの。あらゆる地に散って消え去ることのないように、われわれのための名をあげよう」。

主は人の子らがつくろうとしていた町と塔を見ようとしてお下りになり、そして仰せられた。

「なるほど、彼らはひとつの民で、同じことばを話している。この業は彼らの行いの始まりだが、おそらくこのこともやり遂げられることはあるまい。それなら、われわれは下って、彼らのことばを乱してやろう。彼らが互いに相手のことばを理解できなくなるように」。

主はそこから全地に人を散らされたので、彼らは町づくりをとりやめた。そのためにこの町はバベル〔混乱〕と名づけられた。主がそこで、全地のことばを乱し、そこから人を全地に散らされたからである。[7]

これを解読してみよう。神なき人々は一致し、連帯し、そして強い、独立した世界を支配すること、世界に意味をあたえる人間性をうち立てることを決意した。「われわれに名前を作ろう」と。この人々は、神とは関わらなかった。彼らは誇りを持ち、団結して自分たちの未来を建設した。彼らは独力で事を切り盛りし、無神論者である人類を代表できた。だが、神は彼らの力である相互理解に嫉妬を抱き、言語を混乱させ、分裂を導き入れた。神は、弱く、慎ましく、従順な人間を欲した。神は、人間たちが自分を抜きにして事を治め、その存在を意に介せず兄弟のように振る舞うことに我慢がならなかった。人間たちが互いに喧嘩をし、殴り合うことのほうを神は好み、そうなればふたたび自分に至高の調停者の役割があたえられることになるはずだった。不和の種となる信仰、それゆえに宗教は、人間的連帯のもとである不信仰に対峙することになる。つまりバベルの塔とは、無神論者である人類の象徴ではないだろうか。人間は自身に意味を、《名》をあたえようとするのだが、その努力は聖なるもの、神的なもの、超越的なもの、絶対的なものによって無に帰せられてしまう。このものは人間本来の結びつきへのあらゆる希望を分裂させ、打ち砕く。

こうした解釈が受け入れられる機会は、当然のことながらほとんどなかった。厳密にテキストに従えば、それは『創世記』の記述の可能な読解のひとつだとわたしには思われる。いずれにしても、この逸話から不信仰に対する宗教の根本的な敵意が明らかになる。二十世紀の半ばまで、西欧では信仰を持つ者と持たない者は、すぐにでも取っ組み合いを始めかねない、敵対する二つの世界を形作ってきた。対立がようやくのこと克服されたかに見えるのはごく最近のことでしかない。このような憎悪、もしくは少なくともこのような不信の理由はどこにあるのだろうか。他人が信仰を持っていないということは信仰を持つ者にとってどうでもよいことであり、逆もまた真であるのではないか。この点での不寛容は、真理とはなんの関係もない。ピタゴラスの定理を信じない人々、あるいは二足す二が四であることを信じない人々を迫害する人はいない。彼らを気違いとして扱うことで満足するだろう。無神論を排除しようとする意志が長期にわたって勝っていたのは、信仰の欠如は個人的・社会的な振る舞いの違いをもたらすと見なされていたからである。神なき人間とは、ベールまでそしてその後でさえ、道徳を欠いた人間であり、それゆえ社会にとって危険だった。無神論の歴史、それはまた純粋に人間的な道徳のための闘いの歴史でもある。

無神論の歴史は、ただ単に思想の歴史ではない。それは同時に行為の歴史でもある。それだからわたしは、宗教的なものも含めて社会学的な調査の助けを可能な限り、求めようと思う。問題はなぜ、そしてどのようにして西欧の一部の社会集団が、起源以来なにがしかの神に訴えかけることもせずに生きてきたのかを理解することである。そうすれば、文化的混乱のただなかにある現代でも、人間がかつてはあらゆる宗教的信仰の埒外で、自分たちの存在に意味を見いだして生きることができたその仕方を、思い出させるだろう。

五人に一人を越える人々が今日の世界では無神論者だが、残りの五分の四のうち、無関心だったり、懐疑的だったり、不可知論的だったりする人がどれだけいるだろうか？　無神論の歴史は一握りの個人の歴史ではない。無神論は神を信じることができないでいる数億の人々とも関わる。というのも信仰は、外部から決めつけられ、証拠づけられ、課せられるものでもないからである。ところが信仰は信じる者たちに呼びかけて、信仰へと引き寄せる。この人たち、彼らが信じるということが、そして多くのほかの人たちが信じないということが、どうして起こるのだろうか。不信仰の歴史は、信者たちにものを考える材料を提供するはずである。

著者自身について言えば、こうした主題を取り扱う際に著者がどんな個人的見解であるか、誰もが知りたいと思うのは当然のことだ。たとえ、それが著者であるわたしを曲がり角で待ち伏せて驚かすため、あるいは自分がなんらかの立場をとることはしたくないためだとしても。無神論に賛成するとか反対するとか、あるいは信仰に賛成するとか反対するとか、そうしたいかなる護教論的目的も本書にはない、と述べることでわたしは満足することにしたい。本書の主要な動機は意味の探求であり、それはいかなる立場もアプリオリに締め出すものではない。わたしたちは誰もが奇妙な冒険に乗り出してしまった。頼んだわけでもないのに生まれ、なぜかを知ることなく生き、理由を示されることもなしに死ぬ。そしてわたしたちは、誰もが同じ道筋をひとかけらの説明を受ける権利も持たずたどらなければならない。多くの人は問いを立てることもしない。それがおそらくもっとも幸福な人々であろう。別の人たちは紋切り型の、きわめて口当たりが良く、議論の余地のない答えを手にする。彼らはそれを人から受け取ったか、自分で磨き上げたかした。この人々はそれを信じ、おそらくはそれで満足するだけの理由があろう。少なくとも、彼らはどのように振る舞うべきかは知っているのだ。それはそれとして、こうした事柄はどれをとっても理解の埒外でしかなく、不安にかられ苦悩にうちひしがれた人々、そもそもの初めからこの醜悪で荘厳な世界を念頭に置いて、なぜ？と自分に問いかけ、どんな答えにも満足しない人々がいる。歴史家は、こうした三種の立場の過去を探る義務がある。そして歴史家は思いやりと共感を持ち、自分自身がこの三つの潮流のどれかに身を置いていることを承知しておかなければならない。わたしは、三番目のグループに属する者として、問いを持たない人々や答えしか持たない人々を羨む。わたしは答えのない問いしか持ち合わせていないからだ。

本書が語るのは、信仰を持たざる人々の歴史である。この言い方のもとに、自分の人生に介入する人格神の実在を認めようとしないすべての人々、つまり無神論者、汎神論者、懐疑論者、不可知論者、そしてさらには理神論者が含まれるが、そのカテゴリー間のニュアンスには無限な違いが認められる。彼らが全員集まれば、おそらくは人類の多数派を構成するだろう。そしてこの歴史は、実際には人間の実在だけを信じる人々の歴史なのである。

第Ⅰ部　古代と中世における無神論

第一章

はじめに——信仰か不信仰か

原始人は神を信じなかったのだろうか、あるいは宗教的だったのだろうか。起源の問題は根本的であると同時に解決不能でもある。根本的、というのもそれによって無神論あるいは宗教的立場の本来の性格が決定づけられ、それによってどちらの側にも基本的な弁明があたえられるからである。解決不能、というのも有史以前の人々の原始的な心性はまったくのところ科学的探求の埒外にあるからである。したがってこの分野ではどう理解するかはかなりの程度研究者の予断による解釈に依存しており、わたしたちはこの起源に関わるいくらかの兆候で満足せざるをえない。とはいえ、少なくとも一世紀半以前から社会学者、民族学者、心理学者、歴史学者はこの問題について数多くの議論を重ねてきた。

原始無神論の問題

原始無神論という問題は、十九世紀を画する信仰と科学の争いという文脈の中で提起されたものだったが、明らかにどの立場にも偏らないという性格のものではなかった。両陣営とも自分たちの先行性を主張し、それによって相手側を不自然な逸脱であり、根源的な立場、本来的な立場、正統的な立場、あるいは健全な立場に値しないかのように仕立て上げた。そのためごく最近まで研究者たちは、信仰者の立場に立つにせよ無神論者の立場に立つにせよ、何よりも自分のイデオロギー的な立場、あるいは宗教的な立場を守ろうとして仕事をした。

たとえば一九三六年にアンリ・ド・リュバックは、人類の非宗教的な原始段階に関するマルクス主義的命題のうちに、宗教は人間の本質的欲求ではなく、社会の過渡的状態にしか対応しないことを示そうとする党派的意志を見ていた。(1) リュバックはさらに、エミール・デュルケムの社会学的な前提、またリュシアン・レヴィ＝ブリュールの民族学的前提にも非難を向けた。彼らはオーギュスト・コントの図式を敷衍して、宗教的な段階を人間精神史における暫定的な局面とした。人間科学の仕事は、今日ではそこまで議論の的とはならないが、それでもなおわたしたちが抱く現代的な予断の干渉がそこには少なからず姿を現すのである。とはいえ、こうした研究の現状を示すことは不可欠である。

本主題に捧げられた信頼に足る最初の研究は、一八七〇年の『文明の起源と人類の未開状態』にさかのぼる。ジョン・リューボック（一八三四―一九一三）は、オーストラリアとフエゴ諸島の未開小部族を研究し、この著作で原人類は無神論者である、すなわちいかなるものであれ神的世界についてどのような観念も抱いていないと断言した。進化論的視点に立って、リューボックは物神崇拝、トーテム崇拝、シャーマニズム、神人同形説といった偶像崇拝の段階を次々に移りながら、漸進的に生成する宗教の跡をたどった。リューボックは同時に、カフル族、メラネシア人、フエゴ諸島のヤガン族、オーストラリアのアルンタ族はまったく神を信じない人たちだった、と明言した。

翌年、エドワード・タイラー（一八三二―一九一七）はこの考えに反発して、これらの部族におけるわゆる神の観念の欠如は、未開人の信仰体系を説明する諸概念の不適切さに由来することを示した。タイラーの説明によれば、これらの人々はわれわれの神概念を知ってはいないが、だからといってそのことは彼らが神についてなんらかの観念を持っていなかったことを意味するものではない。すでにここに、これ以降しばしば出会うことになる基本的なあいまいさが浮かび上がってくる。つまり、《無神論者》という言い方を神なるものについて別の考え方を持つ人々すべてを形容するために用いようとする傾向である。このようにして、多神教者である異教徒と一神教者であるキリスト教徒が互いに相手を無神論者呼ばわりしたのである。

タイラーによれば、睡眠、夢、幻、忘我状態、精神錯乱、死といった経験をもとに、未開人は超人間的なあるいは人間外的な実在を考えるにいたった。そこから、生物であれ無生物であれ、あらゆる対象に所属すると見なされ、やがては人間だけのものとされることになった、不死性を備えた魂という観念が生じることになる。そして人間はそこから一神教へと到達する。四年後、同様に進化論的立場に立って、ハーバート・スペンサー（一八二〇―一九〇三）は、原始宗教は祖先崇拝に基づいていると主張した。(2)

十九世紀末のほかの研究者たちも、未開人のあいだに宗教的感情ばかりでなく、原初的な一神教を突きとめたと信じた。一八四四年にオーストラリア南西部の部族に関心を持ったホウィットやすぐ後のアンドリュー・ラングも同様であり、ラングにとって天の神は部族の初めの祖先だった。(3)この極論の重要な擁護者はヴィルヘルム・シュミット神父（一八六八―一九五四）だった。ピグミー族に関する膨大な著作で、神父はこの部族にとって、全能で生と死を司る創造主、審判者である至高存在が、唯一神のタイプに属すると説明した。(4)それ以降ほかの研究者も、パウニー族のティラワ、バントゥー族のンザンビ、ヤガン族のヴァトイヌーヴァ（「いと古き者」）、オヴァンボ族のカルンガなどから、原始的な一神教の同様の痕跡を発見したと思った。付言すれば往々にしてこうした至高神は、人間たちの手の届かないものであり、人間とは関わらないものであるために、礼拝の対象となっていない。

一般的には護教論的な背景を基盤とするこうした考え方は、とりわけラファエッレ・ペタゾーニ（一八八三―一九五九）から厳しく批判された。ペタゾーニによれば、一神教という観念はこれらの社会学者や民族学者によって恣意的な仕方で用いられていた。ほかの論者たちは研究対象とした小部族における宗教感情の欠如という逆の命題を支持した。[5] しかしながら、彼らの論証は頼りないものだった。それというのも、彼らは宗教についてのきわめて狭隘で西欧的な定義に依拠していたからだった。

一九一二年に、人類の原始状態にいちばん近いものと見なされたオーストラリアのアボリジニの人々を研究しながら、エミール・デュルケムは『宗教生活の原始形態』で論争をふたたびとりあげた。もっぱら社会学的なものだったが、彼のアプローチは無神論の議論にも宗教的な議論にも同じように十分利点を提供するものだった。宗教はたしかに宗教を生み出す経済的・社会的基盤に依存しているが、宗教はこの基盤を越える。というのも、宗教は科学的経験に劣ることのない客観的価値を有しているからである。それは、思考が大脳を越えるものであるのとまったく同様に、社会の付帯現象であることを越える。「したがって、宗教は現実社会を無視し、それを考慮しないどころか、むしろ現実社会の心象である。宗教は、現実社会をそのあらゆる側面から、もっとも俗悪なものやもっとも不快なものさえも映し出す。［…］しかしながら、神話や神学を通して現実が姿を現すのが明らかに見て取れるにしても、そこでは現実が肥大化され、変形され、理想化されていることはきわめて確かである[6]」。

デュルケムによれば、宗教生活の原始形態はトーテムという観念の周囲で形が整えられる。トーテムとは名称であり、それとともに氏族の象徴でもあり、それをもとに宗教的格付け、儀式やタブーが整えられる。思考の、したがってまた学問のすべての基本的カテゴリーは宗教的起源のものである。「宗教が本質的であるものすべてを生み出したとすれば、それは社会という観念が宗教の魂だからである[7]」。

彼の基本的な考え方は、わたしたちの主題に関する限り、もっとも原始的な人々のあいだにおいて、したがって暗示的には人類の始めにおいても、もっとも進んでさえいる宗教的立場を構成するあらゆる要素が見いだされる、というものである。つまり、「事物を聖なるものと世俗的なものに区別すること、魂、精神、神話の人物、一国的なさらには国を越えた神なるものといった観念、義務の過激な形態である苦行をともなう成果のない礼拝、奉納や聖体拝領の儀式、まねびの儀式、贖罪の儀式、ここには本質的なものが何ひとつ欠けてはいない[8]」。

当初から、礼拝が社会の緊密な結びつきにおいて基本的な役割を果たす。「というのも、社会が影響を及ぼせるのは、社会が現に機能している場合だけであり、社会を構成する個々人が集い合い、共同で行動する場合だけに限られるからである[9]」。社会に根を張った宗教の力は個人によって内在化され、個人はその力を自分たちの内的生活に結びつける。さらには、おのおのの社会は多少ともほかの社会との関係によって縛られているので、宗教的観念は急速に普遍主義的な特徴をまとうようになる。こうした次第で、デュルケムは原始無神論の可能性についてはまったく余地をあたえなかった。この点では、宗教を持たない人はいないと考える当時の大半の社会学者や民族学者と、デュルケムは同意見だった。

とはいえ、それで問題が解決されたわけではない。まず未開人における宗教感情の普遍性が原始的な啓示に有利に働くと主張することは、明らかに恣意的な推論だからである。もっともデュルケムにあっては、こうした仮定は完全に排除されている。さらに二十世紀の未開人の考えと有史前の人類のそれを同一視することは、異論の余地のある飛躍だからである。そして宗教的なものについての観念には往々不確かさがまといつき、多くの異論に機会をあたえかねないものだからである。あれこれの未開人において《宗教的》と形容されるものは、神の宗教的信仰よりも自然主義的なアニミズムにずっと近いものではないだろうか。有神論と無神論の境界は、現代でもそれほどはっきりと明確にされているわけではない。未開人の心性にあっては、それはさらにずっとあいまいで、そのうえありもしないものだっただろう。

未開人の心性、マナ

一九〇〇年代から、民族学者や哲学者たちは有史前の人間とその自然環境との関係を特徴づけるのにさらに適した観念に向かっていった。それが《マナ》、すなわち非物質的で能動的で、あらゆる対象のなかに広がっている力だった。一八九一年からコドリントンはメラネシア人のあいだでマナを研究したが[10]、一九一五年になってドイツ人のレーマンが大部の研究をマナに捧げた[11]。その同じ実在は、当時マダガスカル島人ではハシナ、ヒューロン族ではオレンダ、トリンギット族ではヨク、オマハ族ではワケンダ、バロンガ族ではティロ等というように別の名前でそれと認められていた。

マナを概念化すること、とりわけ定義することは難しい。コドリントンは、そこに「自然のどこにでもある過程の埒外で、人間の通常の能力を超えたあらゆることを行うために登場する力、あるいは超自然的な影響力」を見ていた。こうした定義は自然と超自然のあいだに違いを導き入れたように思えるが、その後訂正された。ジョルジュ・ギュスドルフが指摘することになるように、未開人の心性は実際一元論的だった。この心性は超自然的なものと自然的なものを、そして形而上学的なものから形而下的なものを区別してはいなかった。人間とその環境は一体のものでしかなく、存在論は考えられておらず、それは生きられていた。未開人は世俗的なものと聖なるものを区別しなかった。彼らは自分と一体なものでしかない周囲の環境のなかに浸りきっていた。彼らは生あるもののなかで、唯一である全体の不可分の一部として暮らしていた。

未開人はただひとつの目的しか持っておらず、《マナ》の語は世界を前にした、あるいはむしろ世界のなかでの人間のこうした統一的な立場を指し示す。[…] マナは自然発生的に実在に内在するが、主体の側にも客体の側にも同様に見いだされうる。さらに精確に言えば、マナは人間と、主として未開生活に特徴的な世界における存在としてあたえられる周囲の現実とのある種の対立に対応している。マナの意図は本来《宗教的な》状況をとくに指示するものではない。それが指し示すのは実在がその全体においてある種集中化することであり、どれほどあいまいなものであるとしても、そこからは《神々》とか《精霊》などに関わるものすべてが除外される。(12)

たしかにマナはそれ自体実在ではなく、むしろ意識の構造であって、あたかもわたしたちを取り巻く対象がわたしたちに対して働きかけるかのように、わたしたちを本能的に動かす。したがって問題となるのは、むき出しで直接的な所与であって、それは神的なもの、聖なるものについての感情とはなんの関わりもない。しかしながらこうした前アニミズム的な意識様態は、呪術と宗教という二様の立場を生み出すことができる。レーマンによれば、マナという混乱した観念は、対象に対する怖れの感情のある種の客観化である。この客観化は、力が対象そのものに帰属させられるなら呪術に向かい、対象を支配する精神に帰属させられる場合には有神論、したがって宗教に向かう。

魔術と宗教は、このように同一の起源を持つ。ところでこうした二つの立場は、それぞれ世界について無神論的なまた有神論的な見方の特徴となる。そのことから一方の他方に対するあらゆる先行性が排除されるようになる。アンリ・ベルクソンの有名な著作、『道徳と宗教の二つの源泉』はこうした仮定を補ってくれるように思われる。一九三二年に刊行された本書は当時の多くの民族学的研究に依拠し、魔術と宗教の同時的かつ不可分な特徴をこう結論づけた。「宗教を呪術の埒外に置こうとすることは問題にならない、両者は同じ時代に属するものである」。そしてベルクソンはこう記す。前アニミズム的な段階において、「ポリネシアのマナのように、全体に広がり部分間では不均等にしか配分されない、非人格的な力を人類は思い描いていた。それが精霊となるのはずっと後のことである」[13]。呪術は世界に対する人間の働きかけの延長であり、したがって「それで心が一杯になった欲望の外在化でしかないのだから、人間に生得的なものである」。

もともとは、このようになにがしかの超自然的なものについての抽象的あるいは理論的な考え方は存在しなかったようである。「出発点で考えられたのは非人格的な力ではないにしても、だがまたすでに個体の形をとった精霊でもなかったのであろう。むしろ事物や出来事に意志があるかのように思い、まるで自然にも、人間のほうに差し向ける眼差しがあるかのように考えられていたにすぎない」[14]。この共通の基盤から下方では自然の非人格的な力を用いる呪術が、上方ではそうした力を人格化させる宗教が生じる。民間宗教はこの両側面を保っており、それを分離するのに伝統的な有力宗教は最大の困難を抱え込むことになる。

とはいえ、ベルクソンは「人類と同じ広がりを持つものであるから、宗教は人類の構造に起因するのでなければならないというのが真実である」と書くとき、《宗教》の語を恣意的に拡大している。彼の上記の議論に限るとしても、人類と同じ広がりを持っているのはマナの段階であり、この段階が同時に前宗教的で前魔術的な、したがって前無神論的なものともなるのである。もっとも、この哲学者、ベルクソンは宗教と社会的必要の表現にほかならない道徳との基本的な結びつきをすべて否定した際に、彼自身、宗教が派生的な特徴を持つことを確認している。「自然から要請されたものであるかのように、宗教の機能のひとつが社会生活を維持することにあるとわれわれは主張したが、それによって、宗教と道徳のあいだにそうした関連性があるということを言いたかったのではない。歴史は逆のことを証言している。罪を犯すことはつねに神の怒りをかうことだった。だが反道徳的な事柄や犯罪に神がつねに怒りを覚えるなどということはありえない。それを命じることすら神にはあるのだ[15]」。

宗教と呪術との同時並行的で不可分な特徴は、また別な形ではあるが同じようにクロード・レヴィ＝ストロースによっても確認される。レヴィ＝ストロースは『野生の思考』でこう書いている。「自然の擬人化（宗教の成立基盤）と人間の擬自然化（そうわたしたちは呪術を定義する）はつねにあたえられる二つの構成要素を形作り、その配分だけが変化する。［…］少なくとも宗教の種子を含んでいない呪術がないのと同様に呪術なしの宗教はない。超自然的なものという観念は、自分に超自然的な力があると主張し、代わりに自然には超人間的な力があると想定する人間にとってのみ存在する[16]」。

民俗学は、自然の諸力を至高の存在に帰属させることによってどれほど宗教が自然法則の人間化に対応しているか、そして人間の理想型の意図や力を自然に帰属させることによってどれほど呪術が人間行動の自然化に対応しているかを示す。この二つの立場がある程度混ざり合っていることがあっても、両者の本性はまったく別物である。もっとも両者はともに共通の基礎に由来しているのだが。

ところで、このことをくり返しておきたいが、呪術という立場は根本的に無神論的であり、自然な展開によって実践的無神論へと通ずるものである。わたしが椅子につまずく際、もしわたしがマナの段階にあれば、わたしは椅子を足蹴にするだろう。そしてもしわたしがもっと進化していたら、あるいはわたしの失敗を神意のせいにして、自分が宗教的精神状態にあることを示すか、あるいはわたしへの悪意があるとして椅子を責め、自分が呪術的精神状態にあることを示すかの、いずれかであるだろう。しかし、この状態では超自然的存在を問題にすることはない。そして遅かれ早かれそうした状態からわたしは椅子についての無関心状態へと移り、自分をまるでその不手際の唯一の責任者とみなすようになるのである。

本来信仰もなければ不信仰もなかった、神話的意識

もともと神話は、人間にとっての世界のなかでの存在様式であり、人間に働きかけ、また人間がそれに働きかける所与の環境に組み込まれた状態を人が生きるやり方だった。自身の基本的な欲求を満たそうとして、人間は感情と生命感に溢れ、引力－斥力の組み合わせを基盤とする諸関係を世界と織りなしてきた。自分の充足のために利用してきた意図を事物の側に帰属させることで、人間は思考によっては自分をそこから切り離せない神話のうちに生きた。この段階では、神話は理論でも、伝説でも、寓話でも、象徴でもなかった。それは意味への到達が直接的で、不可分な生活の一分野、存在様式だった。

未開人は神話的現実に浸っていた。「そのために未開人は、自分の存在論的な場所を喪失し、たえずその場を探し求める現代人の不安定性を味わうことがなかった。自分が自分の場所に、実在の只中にいると未開人は感じ、今の自分の在りようを変えようと自分から意識することはなかった」とジョルジュ・ギュスドルフは書いた[17]。このような原始の状態を宗教的とか無神論的とか呼ぶことは無駄であろう。同時に一方は他方であり、したがって同時に互いの否定でもある。神話的状態にあっては、存在は単一的である。つまり聖なるものと世俗的なもの、自然なものと超自然なものとの間に区別はない。未開人は聖なるもの

のうちで生きているが、それは生きられた聖なるものであって、概念化されたそれではない。神話は究極の実在、すべてのものもそしてそれに対立するものも、危険なものも親しいものも、引き寄せられるものも反発するものをも含み込む実在である。ミルチア・エリアーデは、こうした原始的な聖性の両義性を強調したが、それは実際には善悪、快苦を生み出す可能性を持った、善意や悪意に満ちた世界を目の前にした反応にほかならない。

引きつけるものであると同時に引き離すものでもある聖性を前にした人間の両義的な立場は、聖性の両義的な構造からばかりでなく、さらに人間を魅了し、同等の激しさで人間を怯えさせるそうした超越的現実を前にした、人間が示す自然な反応によって説明される。そうした抵抗がいっそうはっきりと明らかになるのは、自分が聖なるものの全的な誘いの前にいるのを人間が見いだすとき、あるいは完全で後戻りできないように聖なる価値を選ぶか、自分に対してあいまいな立場をとり続けるという究極の決定を下すことを余儀なくされるときである。[18]

したがってこの段階以降は、人間は聖なるものに対面して、反発、拒否、憎悪、嘲笑あるいは無関心によって否定的に対応することが可能となった。このような立場は既成宗教に直面して見いだされる。しかしながら神話的段階では、人間は宗教的でも無神論的でもない。信仰を持つ者あるいは神を信じない者となるには、受け入れるにせよ拒否するにせよ、思考によって神の世界から距離をとらなければならなかった。

それゆえに問題は存在論の言い方で、実在するもの、現実的なもの、そして実在しないものという言い方で提起されねばならないのであって、未開人の意識のなかでは有史以降の文明で獲得される正確さを持たない概念である、人格的－非人格的、身体的－非身体的といった用語で提起されるのではない。マナを備えたものは存在論的な地平に現存するのであり、その結果として有効で、豊饒で、肥沃なものとなるのである。それゆえに古代人の精神的地平ではいかなる意味もなさない、マナの《非人格性》を断言などしようもない。さらに対象から、宇宙の出来事から、もろもろの存在や人間から切り離され、実体化されたマナには、いかなる場所でも出会えるものではない。(19)

したがって出発点には、その意識が環境のなかに埋没し、神話のなかを生きる人間がいたのであろう。こうした無宗教の段階に続く決定的な段階は、理性と自己意識が姿を現す段階、知性が介入する段階である。というのも、知性はそれまで一体化されていたものを識別し、分離し、分解し、分類するからである。そのときになって自我と世界、世俗的なものと聖なるもの、考えられた神話と生きられた神話が対立し始めるのである。そこにこそ前史から歴史への真の移行が位置する。神話的思考は対立するが相補的であり、まだ往々混在している二つの立場に席を譲る。それは宗教的立場と呪術的＝迷信的立場であり、両者はともども潜在的に信仰と無神論とをはらんでいた。

宗教的な立場は神話の概念化に対応するが、そこでは神話はもはや生きられることなく、ただ描き出され、演じられ、考えられていた。神話は自立的で、精神によって構造化され、人々が信仰を寄せる存在となった。今や神話は象徴的な対象、宗教文学に属する言説の対象となる。もちろん、そのときに外的な実在に依拠していた神話は力を失ってしまった。「知性が神話をふたたびとりあげたこと、熟慮のうえでのその書き換えは、したがって神話から本質的なものを失わせてしまったが、それはこのような形で知性が神話を変質させ、思考上の自立性を神話にあたえることにより神話を状況から切り離してしまうからだった」[20]。とはいえ、神話が不可欠なものであることには変わりがない。なぜなら、神話状態の崩壊は人間にとって不安や実存的恐怖の取り返しのつかない源だからである。意識のなかで人間は世界との関係から自分の位置を定めるが、原初の調和を失ってしまってからは、人間はその環境との関わりでたえず食い違わざるを得ない状態に置かれる。こうした状況では、もはや人間は宗教や哲学や呪術や技術や政治によって、失われてしまった安全や統一を取り戻すことしか思いつかない。

宗教的立場が生まれたのである。宗教にあっては、原初的で神話的な聖なるものは知性によってロゴスのうちに組織されるが、それは聖と俗とを分離しながら、それらをまた秘跡、象徴、典礼によって再結合する物語によって世界を説明しようとする、一貫した言説である。神的世界が、その自立性と超越性を獲得する。ジョルジュ・ギュスドルフは、宗教の出現を次のようにたどる。

> 聖なるものに関する原始的な経験を練り上げたうえで、反省的意識が宗教を生み出す。まず生み出されると思われるのは、可塑的で、聖なるものから放散される物質のある種の組織化である。〔…〕内在的な戒律からなる典礼の段階では、こうして直接的了解の対象である代わりに一貫した言説の要請に従って聖なるものが一望される神学的段階が続く。
>
> 最初の段階はおそらく、神の国と人の国が分離されることによって、聖と俗とが明確に対立することが可能となる段階であろう。〔…〕これ以降人間は神の前で自らを確証する。そしてこうした外的な関係はここでは超越的なもの、聖なるものの肯定に対応する。超自然的なものは自然から解き放たれ、自然はこうしてある種の自立性を獲得する。[21]

聖と俗とのこうした区別は、宗教的立場の基礎そのものであり、その過程はロジェ・カイヨワによって次のように定義された路線に従って進められる。

世俗的なものの領域は共同の慣行の領域であり、どのような気遣いも必要とせず、強制されることなく自分の活動を行うために人間に残された、大概は狭い許容範囲に限られる行為の領域である。聖なるものの世界は反対に危険なもの、禁じられたものの領域として現れる。つまり個人は、自分がその主人ではなく、それを前にして自分の弱さが武装解除されてしまうと感じる力が動き始めることなしには、この領域に近づくことはできないのだ。(22)

生きられた神話から概念化された神話へ、宗教とその派生態

宗教的立場が前提されれば、それゆえ神話は理性によって神学的言語のうちに概念化される。これ以降、社会的＝文化的発展が神の啓示を基盤とする神話的所与に不可逆的な影響をあたえる。知性が介入した瞬間から、異論が可能となる。つまり理性が組織するもの、それも理性は批判できるからである。神話がもはや生きられたものではなく考えられたものとなってからは、神話は信仰の対象となったが、同時に拒絶されうるものともなった。今や不信仰が信仰に対立することになる。

神学的言説は、神話的所与を組織するため理性に訴えるが、理性は文化的発展の圧力のもとで否応なく神による啓示の場所を切り縮め、それを内部に取り込もうとする。こうした説明をあたえることによって理性は神話を吸収するが、理性が真理の唯一の規範としての啓示に取って代わってしまえば、その漸進的

な合理化には無神論にいたる可能性が含まれる。こうした動きは既知のものである。オイディプスが謎解きをしてスフィンクスを消し去ったように、啓蒙思想から科学主義へと至る信仰の脱神話化を推し進めるのは、この動きである。

脱神話化のさまざまな議論にどのような価値があるかはここではさして重要ではない。フォントネル、ベール、ヴォルテールが宗教的神話を過大評価してしまったことも、理性の明らかな勝利の凱旋を損なうことはまったくなかった。レオン・ブランシュヴィックは、この凱旋が終点まで進められる様を目にしたかったのだろう[23]。合理神学の終着点はそうなると理性の神格化である。つまり、「それゆえ詰まるところ合理神学は理性の神学的な昇格として現れる。それまで固有名詞を持たなかった神は、《理性》(*raison*)という言葉の頭文字を大文字に変えて《理性》(*Raison*)とすることによって、ひとつの固有名詞を手に入れることになる[24]」。

宗教が組織する神話的な聖なるものは、さらに信仰の内面化と個人化とによって脅かされる。こうした動きは、それもまた避けられないもののように思えるが、純粋な内的感情となった聖なるものの分散化へと至り、ロジェ・カイヨワが書いたように、「ある人々は自分の生命や財産を保持することを一義的なものとし、そのため何事につけても自分の力の及ぶ限り最大限の自由を発揮してすべてを世俗的なものとみなそうとしているようだ。当然のことながら、利益が彼らを、あるいは彼らのつかの間の快楽を支配する。彼らからすれば、どのような形であれ聖なるものが存在しないことは明白である[25]」。こうした聖なるエゴイズムは聖なるものの内在化と、しだいに強まる宗教の精神化の論理的帰結となる。それが外的な対象から聖性を奪い去るのである。

合理化の論理はしたがって、有力宗教の神の解体へと導くかに見える。そうは言うものの、神は、解体のその日まで抵抗し、さらに思った以上に良く抵抗しさえする。二十世紀を通じて多くの領土を失いはしたものの、まだ神は数十億の信徒を数え、その数は一九〇〇年に神の死を予言した者たちが予想した数よりもはるかに多い。それというのも、有力宗教が部分的に現実の神話的把握の必要を満たし続けたからである。神秘的なものの一部を残しておくことによって、有力宗教はある種の仕方で原初の生きられた神話を保存し、したがって信仰を持った個人に、部分的に失われた原初の統一を見いだすことを可能とさせるのである。そこにこそ宗教の現実の力が存するのであり、それによって、有力宗教が脱呪術化され、理性的となった世界のただなかでもかろうじて持ちこたえていることが説明される。宗教のおかげで、生きられた神話のなかにセキュリティーを再発見して、人間は実存的不安を癒やそうとする。

リュシアン・レヴィ＝ブリュールは、神話的心性が人間精神の侵すことのできない構造であるために、現代人において抑圧されたこの構造がどの程度までたえず、あるいは突然現れようとするかをいかんなく示した。「そこに見いだされるのは、民間伝承のおとぎ話のほうに人間精神を引き寄せる魅力の深い理由、そしてその言語の魅力である。それに耳を傾け始めるやいなや、かの強制は停止され、かの暴力は中断される。そして一瞬のうちに、抑圧されていた性向が一足飛びで失地を回復する。おとぎ話を聞くときには、われわれは気持ちよく理性の立場を放棄し、理性の要請にもはや従おうとはしない」[26]。ジャック・マリタンにあてた手紙でレヴィ＝ブリュールは、「未開人の心性は人間の心性のひとつの状態である」と断言する。この状態は安心をあたえる本源的調和状態、あるいはむしろ自然環境との融合状態に対応する。人間と世界とのこの統一の断絶は、本来実存的怖れに由来する。宗教は、こうしてえぐられた溝を埋め、聖なるもののおかげでかつて存在したと言われる黄金時代を、地上の天国を再発見する試みとなる。宗教的・神学的神話によって、聖なるものと人間とのひとつの結びつきがうち立てられる。つまり、模範的なモデルが明白に意味を表し、聖なるものに順応することができ、あらゆる人間行動にあたえられるのである[27]。神話はひとつの原型を提供し、そのおかげでくり返される宗教的儀式が、時間や本源的な亀裂を消し去ることができるのである。ミルチア・エリアーデは書いている。「くり返しは世俗的な時間の廃棄と、呪術的＝宗教的時間への人間の投影を引き起こす。後者の時間は、本来の意味での持続とは何の関わりもなく、神話的時間のこうした永遠の現前を形づくるのである[28]」。

こうした宗教の重要な機能のおかげで、誤って宗教的次元が人間精神の基本構造だと、幾人かの論者は結論するにいたった。ところが宗教、概念化された神話は、生きられた神話的意識への回帰という空想的な欲望を満足させる手段、ほかにいくつもあるうちの手段のひとつ、たしかに長い間特権をあたえられてきたのだが、そうした手段であるにすぎない。基本的な欲求をなしているのはこの神話的意識であって、宗教ではない。宗教的欲求が現れるのは、ただその後のことである。そのことをジョルジュ・ギュスドルフとともに、次のようにあらためて確認しておくのが妥当であろう。「それゆえ、神話的意識のうちに人間存在の侵すべからざる構造を認知することによって、すべてのあいまいさを断ち切らねばならない。この意識はおのずから実在の原初的な意味とその本来の進むべき道をもたらす。思考の論理的機能はただそれに続いて展開される。［…］神話的意識に投げかけられた不評、その後の全面的な排斥はおそらくは主知主義の原罪を表すものであろう[29]」。

宗教的な段階は、社会的＝文化的諸条件の影響下で発展する。合理化の発展の多寡に応じて、この段階は伝統的な宗教的信仰から合理主義的な不信仰までの四種の立場に到達する可能性がある。啓示に由来する、あるいは神話による所与が合理的側面に勝っている場合、わたしたちは伝統的な有力宗教の枠内にいる。この宗教は法典を備え、一定数の教義の周囲に整序され、ひとりの聖職者によって導かれ、一個ないしは複数の神の実在を肯定し、神は人間の事柄に介入し、道徳を課す。逆に啓示的要素が否定されて、超越的ではあるが摂理をともなわない一個の神の単なる承認に変わる場合、わたしたちが関わるのは理神論である。その次に神の超越性が否定されて、非人格的な組織原理である「偉大なる全体（*Grand Tout*）」に取って代わられると、汎神論が定位するが、この汎神論は自然主義的なものであるか、あるいは唯心論的であるだろう。そして神なるもの、目的性、超越性、魂の不死といった観念すべてが否定された場合、わたしたちは理論的あるいは実践的無神論に到達するが、この無神論はそれ自体さまざまな形態を取りうる。

生きられた神話から呪術へ、迷信的立場とその派生態

だがそれ以外の一連の可能な立場がある。実際原初の神話的思考は二つの派生的な神話的立場に取って代わられる。第一が宗教、すなわち概念化された神話であり、第二が呪術型の迷信、すなわち現に効果を及ぼす神話である。この迷信的立場もまた世俗的なものと聖なるもの、神的なものと人間的なものとの分離を成し遂げ、いたるところ世俗的なもののうちに聖なるものの顕現を見、そうした超自然的な力を人間と世界との調和が想定されていた原初の状態を再興するために用い、操ろうとする。支配的なのはこうした実践的側面であって、宗教の場合のように思弁的側面ではない。聖なるものは数多くの対象に姿を変え、姿を変えることで個別化され、限定され、無限に分割される。このように石、木、泉、山など、聖なるものが内にすむ対象が力を発揮する。しかしながらこのように特定された力は、自らを自覚し、したがって世界の内で働く力の主人となった人間精神からは呪術として欺かれ、曲解され、利用される可能性がある。

たしかに宗教、迷信、呪術は互いに厳密に区別されたカテゴリーではない。すべての宗教が迷信や呪術の一部を含み、すべての迷信は宗教的な広がりを持っている。そのため、トリエント公会議による対抗改

革以降カトリック教会が迷信の追放に手をつけ始めるようになると、多くのあいまいさが生じた。聖なるものが人に姿を変え、パンとブドウ酒に姿を変え、それらに神秘的な力を付与したとするなら、なぜ聖なるものはその他の存在のなかに自分を現さないのだろうか。このことを信徒たちに理解させるのは難しいことだろう。

そうはいっても、宗教的立場と迷信的立場を区別するのは可能である。前者は概念化された神話を、後者は生きられ、呪術という形で作用する神話を表す。前者の場合が思弁版であり、後者が活動版である。社会的＝文化的発展過程において活動がしめる重要性の大小に応じて、呪術＝迷信的立場はそれ自体四つの状況に帰着する。

まず第一に、延々と続く作業、キリスト教の数世紀を占めるものとなる闘いであるが、主だった宗教ならばどこでも見られる迷信や呪術に対する宗教的権威の闘い、迷信がかった精神の持ち主をある程度、伝統的な有力宗教の内部に取り込もうとするものである。十八世紀や十九世紀に、キリスト教はそのようにして迷信的実践との妥協のうえに民衆的要素を取り戻すことになる。

第二のグループは、有力宗教の根本教義を受け入れることを拒否する。このグループにとって、信仰は預言者あるいは霊感を受けた者から啓示された前提であり、狂信的心性へと発展する。狂信主義的な運動は、それもまた伝統的な宗教から発した異端によって助長され、少数のエリートに永遠の救済を保証する、実効的かつ救済的な信仰に依拠する。

第三のグループは迷信的で呪術的な心性に由来し、秘教や神秘主義へと行き着く。信仰はこの場合、自然的あるいは超自然的な目に見えない力を取り込むことによって、地上の活動へと方向づけられる。実存の実践的な側面は思弁的側面よりも優位に立つ。

信仰および無神論の主要立脚点の生成

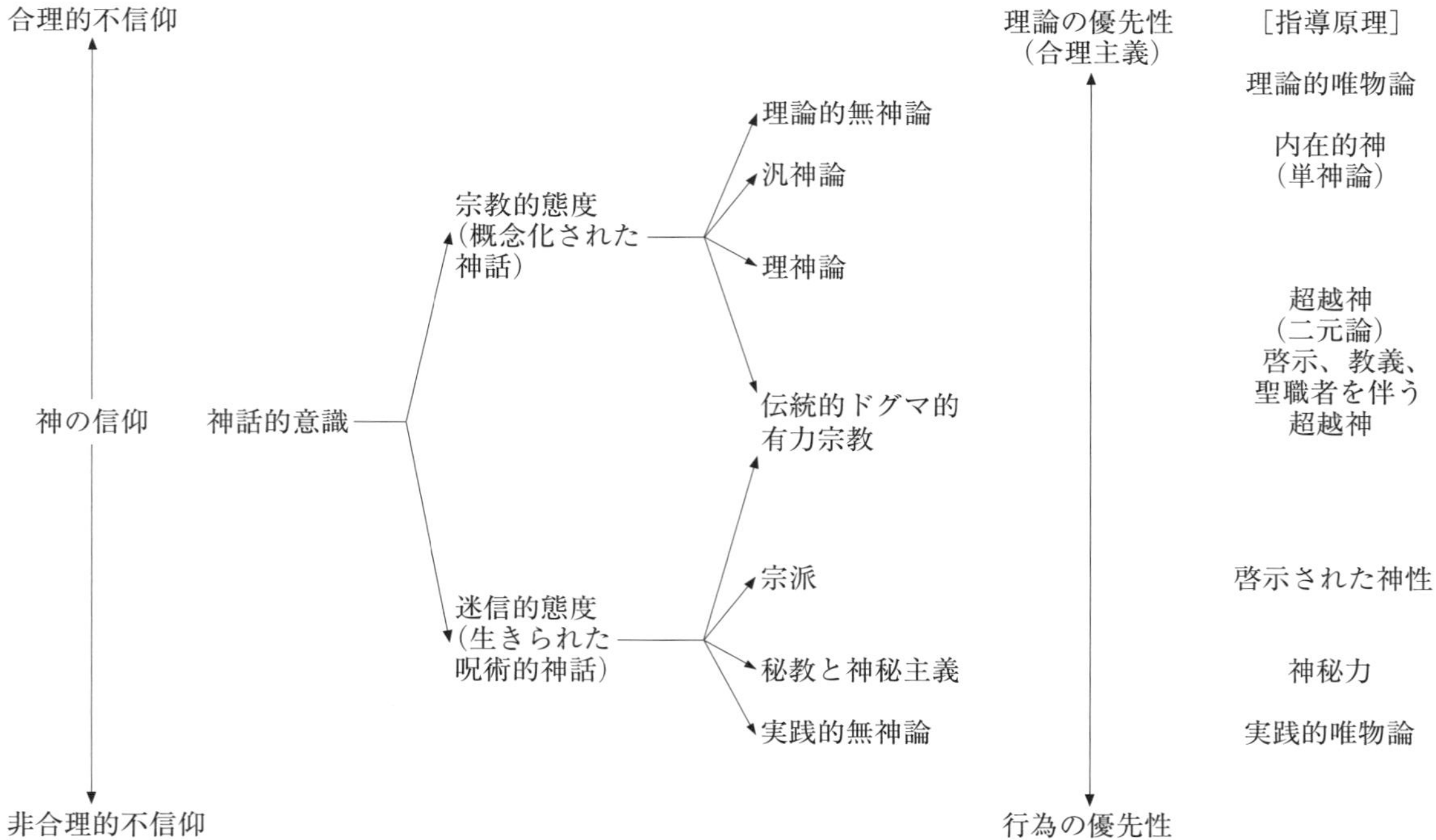

合理的不信仰
神の信仰
非合理的不信仰
神話的意識
宗教的態度（概念化された神話）
迷信的態度（生きられた呪術的神話）
理論的無神論
汎神論
理神論
伝統的ドグマ的有力宗教
宗派
秘教と神秘主義
実践的無神論
理論の優先性（合理主義）
行為の優先性
［指導原理］
理論的唯物論
内在的神（単神論）
超越神（二元論）啓示、教義、聖職者を伴う超越神
啓示された神性
神秘力
実践的唯物論

最後に、なんらかの超自然的なものとのあらゆる関連を失ってしまい、実践的側面の排他的な支配が行使されると、全面的に聖性を剝奪され、世俗化され、もの化された思弁的立場は実践的無神論へと達する。この立場は、日常の活動に浸りきった人々にとって、ありうるかもしれない神について問いをたてることもなく、暗黙のうちに唯物論の要請に基づいて生きることに存する存在様式である。

こうしてわたしたちは理性化に優位性をあたえる立場と、行動に優位性をあたえる立場という両極、すなわち理論的無神論と実践的無神論とのあいだに配置された、七種類のさまざまな基本的立場に行き着くことになる。その中間の位置とは汎神論、理神論、伝統的有力宗教、狂信現象、秘教と神秘主義となる（図表参照）。

理論的無神論から実践的無神論へ、作業仮説

こうしたものの見方はたしかに図式的で単純化されてはいるが、この研究過程では基礎的なものとしてわたしたちに役立つ、実り多い作業仮説を形作るように思われる。だがそれには、あらかじめいくつかの注意が必要である。

まず始めに、このようにうち立てられた分離は水も漏らさない質のものではまったくないことを念頭に置いておこう。人の体験における場合と同様心性にあっては、相異なる立場の境界はつねにあいまいである。純粋な理論的無神論者と純粋な汎神論者のあいだには、どれほど多くの融合、相互理解、あいまいさ、移行の可能性があることだろう！　同様に実践的無神論と秘教的立場の間、理神論と汎神論のあいだでは厳密な境界線がどこを通るかは分からない。

第二に、図式の厳密すぎる歴史的な読み方は避けたほうがいいだろう。三つの段階が区別されるにして

も、その相互の結びつきは論理的であると同時に年代的なものである。唯一神話的思考だけが先行するものと見なされることができよう。それ以外のものについては時間が当然役割を演じるが、それは大部分理論理性の、次いで精密科学の、そして最後には人間科学の進歩の影響下においてであり、そこでは概念や迷信に下落した神話が元になって相異なる立場が区別されるのであって、時間的な進歩はそれだけでは問題とはならない。というのも(先に強調したように)、これらのさまざまな立場はすべての文明に見いだせるからである。したがってそれらは同時代的なものである。古代ギリシア・ローマ時代からわたしたちが目撃するのは、宗教的精神の持ち主がいれば、理神論者、汎神論者、狂信者、秘教論者、実践的そして理論的無神論者がいることである。

この研究の目的のひとつは、こうしたことに証明をあたえることである。原初の宗教状態から出発して、世俗化が増大していく過程の結果として宇宙の見方の全面的な合理化へとたどり着くといった、唯物論型の直線的発展という古典的な考えを、わたしたちは最初から投げ捨てることとする。たしかに現在の世界が五千年前にそうだったよりもいっそう無神論的だったとしても、一世紀、二世紀前に考えられていた以上に宗教的・非合理的要素が依然としていっそう重要なものであることは否定できない。実際、無神論から信仰へのさまざまな立場は、次々に続くというよりも、同時代的なものであって、つまりそれぞれの文化、それぞれの文明には固有の無神論者、固有の信仰者がいて、それは中世の《キリスト教的》ヨーロッパにおいても同様なのである。さまざまな立場の分担はそれぞれの文明の社会的・文化的・経済的・政治的価値の組織化の度合いによる。聖なるものの受容からその全面的拒否まで、これらの価値的立場は文化的総体の要素のひとつにすぎず、その全体的なバランスが時にはなにがしかの信仰型に有利に働き、時にはなにがしかの無神論型に有利に働く。宗教史記述、それはきわめて往々にして信仰者たちの仕事となるが、その弱点のひとつは、いくつもの他のものがあるなかでの一要素にすぎないにもかかわらず、人間の宗教的次元を極端に特権化することである。あまりにも頻繁に見かけられることだが今日でもなお、宗教史は当の宗教は《真実》であり、したがって不滅であるとの《アプリオリ》な前提から発する無意識的な護教論的狙いを抱いたままでいる。

第三の留意点、それは今しがた作り上げた図式は作業仮説にすぎないが、わたしたちには伝統的な直線的な見方よりも実り多いものに思える、ということである。あらゆる仮説同様、この仮説は事実による検証に付されねばならず、再調整の、さらには決定的な対立要素に出会った場合には再検討の余地がある。ところで、ほかのすべてにもまして心性という領域では、とりわけ信仰と不信仰という不安定な土壌のうえでは、証言の解釈が事実そのものと同じくらいの重要性を持つ。無神論史は、単にエピクロス主義、自由主義的懐疑論、啓蒙思想の唯物論、マルクス主義、ニヒリズムであったり、あるいはそのほかのなにがしかの知的な理論であったりするのではない。それはまた、ただ生き延びるというだけの必要にあまりにも忙殺されて、神について自ら問うこともできず、日々の務めに埋没している数百万のつつましい人々の歴史でもある。あまりにもしばしば忌避される実践的無神論は、不信仰の実存的な外観ではあるが、その高貴で理論的な外観同様きわめて根本的なものである。無神論の二つの極は、神的なものに対する立場の両極端であり、それらはすべての極端なものと同様互いに対立し、補い合い、一致し合う。それは、神に反抗する者たち、神の敵たち、自由思想の闘士たち、そしてさらには宗教に失望した者たちや無関心な者たちを上から下まで吸収して、宗教的感情のさまざまなニュアンスを際だたせる。こうした二つの極端なあぶれ者たちは、状況、支配的な価値、宗教についての立場に応じて多かれ少なかれ重要な位置を占めながらつねに存在した。

しかしながら無神論は、宗教との関係でしか自己規定できないような拒否、拒絶、無関心の立場だけではない。無神論はまた前向きで建設的で自立した立場でもある。さらにまた宗教的な歴史記述の前提とは反対に、無神論者は信仰を持たない者だけではない。無神論者もまた——神ではないにしても人間を、物質を、理性を信じる。おのおのの文明に、無神論はなにがしかのものをもたらしているのである。

未開人、古代人における無神論

無神論の足跡は宗教のそれと同じく古い。だが唯一後者のみが専門的研究に対応していたし、そのために古代社会における宗教的な立場が暗黙の前提とされた。寺院、浅浮彫りの彫刻、絵画、典礼書が、そうした古代文明から後世へと遺された資料の主要部分をなした。とはいえ、このことはすべての農民、職人、兵士たちにとって、神の世界が自明のものとして同様に成立することを意味するのだろうか？

ある時期からアングロサクソン系の歴史家たちは、古代社会における懐疑論という現象に注目し始めた。一九六六年からクリフォード・ギアツは「宗教的な影響に関する人類学的研究が不十分なままであるとすれば、宗教的無関心に関する人類学的研究のほうは存在すらしていない」と注意を喚起していた[30]。そして今や古典となった大著『宗教と呪術の衰退』でキース・トマスは、古代社会でも宗教的信仰に疑いの目が向けられたことがあったと認められると主張した。

> 産業化開始以前に存在した無関心、異端、不可知論の重要性について、人々は十分な注意を払ってこなかった。一番の未開社会にあってもどんなときでも宗教に懐疑的な人々がいた。十六、十七世紀のイギリスで社会的変化が懐疑論の重要性を増大させたことはありえる。ところが明らかに、組織された宗教の民衆への影響

力がその他の信仰システムを根絶するに足るほど完全なものであったことはけっしてなかった[31]。

理想化された中世のイメージを通して宗教的礼拝を集団的統一の因子とするデュルケム的な考え方を批判して、キース・トマスはそのような一体性はけっして存在しなかったことを示したのである。

逆に、宗教に全面的に反抗的な民族とか、完璧な無神論者の存在といったものも、まったく同じくらい伝説に属している。かなりの論争を呼ぶこうした考えは十八世紀から始まって、幾人かのフィロゾフにより中国人をテーマとして展開された。フィロゾフたちと一戦交えた後で、十九世紀のキリスト教護教論者たちは、今度は自分たちがこの考えを利用することになるが、それは人種主義的で反仏教的な精神によっていた。たとえば、バルテルミー・ド・サン＝ティレールはこう記す。「仏教徒は、いかなる不公平さもなしに言って、神を信じない人々と見なしうる。このことは彼らが無神論を公言しているとか、われわれの間で一再ならず例証できるような思い上がりの態度でそうした不信仰をうぬぼれるという意味ではない。それが意味するのは単に、こうした人々はそのもっとも高度な瞑想においても神の観念の高みにいたることができない、ということである[32]」。今日ではしりぞけられたこのような発言は[33]、幾世紀にもわたる論争が《無神論者》という語にはどれほど満たされているかをわたしたちに直ちに思い起こさせる。

いずれにしても、もっとも古い文明が無神論の一部を分け持っていたことには変わりはない。『カトリック神学事典』でさえ、「無神論に歴史が開かれたと思われるのはインドからである」と告白しているし、ノルウェー人のフィンガイル・ヒルトは、「ギリシアよりもおよそ二千年以前、つまり少なくとも紀元前二五〇〇年前にインドにおける無神論者の存在を示す資料がある」と書いている[34]。このようにはるか昔の時代にさかのぼるまでもなく、無神論の伝統は少なくとも紀元前四世紀以来インドのヴァイシェシカ＝ニャーヤ哲学やサーンキヤ哲学のうちに確固としてうち立てられている。[35] 後者は数に大きな重要性をあたえるものであって、長く続いた。その足跡は、公然と無神論を掲げる少数のインド人知識人たちの内に今も見いだすことができる。[36]

中国は当初のわたしたちの図式を例証するさまざまな立場の第一級の実例を提供してくれる。後期道教や老子の神秘思想が秘教的で宗派的傾向を表し、仏教が中心的な伝統宗教を構成する一方で、儒教の肌合いの違いは、多少有神論がかりながら、中国思想の理神論、汎神論、理論的無神論といった面を表している。もっとも墨子は当時の《無 - 神論者たち》を攻撃していた。実践的無神論そのものは宋代の朱子に、また懐疑論的唯物論は後漢期の王充に代表される。[37] 儒教はそれだけでも無神論と宗教の正真正銘の万華鏡であって、そのさまざまな面から、むしろ汎神論タイプの、ある種の神なき宗教を表している。「この宗教は極端に自然主義、合理主義、人道主義的である。さらにはどんな神話、どんな超自然的な神、どんな非合理的な奇蹟にも余地をあたえていない。その最終的結論は天人合一であり、この点では儒教、道教、仏教とも共通であるため、正真正銘の混合宗教である」[38]。

無神論の一形態がやはり古代ペルシアにおいても、非人格的な至高原理、《無限な時》に関する思弁であるズルワーン信仰に現れている。この潮流はゾロアスター教から不敬と判断され、やがて迫害されることになる。エジプトやバビロニアに理論的無神論の足跡が残っていなかったとしても、そのことはさらに後の時代に、ヴァイキングの告白でもってゲルマン社会やスカンジナビア社会に見いだされるような実践的無神論の存在を排除するものではない。[39] 無神論の明白な表現は哲学の大きな流れの外では稀である。礼拝もなく、儀式もなく、寺院もなく、典礼書あるいは教典もなくて、平凡な無神論者が自分には宗教的信仰がないことの痕跡をどのように残せるだろうか。きわめて往々にして、その存在は、無神論者を呪わしく思う信仰者という敵側からしか証言が得られないのである。

それはヘブライ人でも同様だった。聖書の民のあいだに無神論者がいたかもしれないということは、しかしながらあまりにスキャンダラスに思われるので、聖書の釈義学者たちはもっとも明白な御言葉の意味を歪め、相対化し、弱めようとする傾向をもっている。『詩篇』は神の存在を否定する不敬の徒を攻撃する。「《主の怒りは高みにある、探し出しはすまい。神はいない》。それが、悪人の思うことである」(第一〇篇四節)、「愚か者は心で、《神はいない!》と言う」(第一四篇一節)。他方で『エレミア書』は明言する。「彼らは主をいなんで言った。《主がなんだ。災難は襲わない、剣も飢えもみるまい。預言者は、風のようなものだ。御言葉はかれらにはない》」(第五章一二節)。『シラの書』(集会の書)、『ヨブ記』、『コヘレトの言葉』(伝道の書)には強い懐疑的な調子の幾節かが含まれていて、そこでは魂の不死性が同様に疑問視されていた。メリエ司祭はこれらをとりあげて十八世紀の無神論の論証を作り上げることになるだろう。「わが神崇拝者たちがこうした見解を激昂して弾劾したり、それに抗議したりする必要はありません。というのもこの見解は、明らかに彼らがその言葉を神の言葉として敬っている賢者たちのひとりの見解だからです[40]」。

誤った解釈だ、大部分の釈義学者はそう断言する。聖書では「神はいない」ということは神が存在しないことを意味するのではなく、単に神が無関心であり罪人を罰する力がないことを意味する。そのため『ユダヤ教辞典』では、無神論は「ヘブライ語では未知の概念である。それというのも古代イスラエルは何者も超自然的な力を疑わない世界に属していたからである」とされる。同じく「根本原理を否定する者」に関わるラビたちのテキストは、神の正義を否定する者たちを引き合いに出す。碩学エリシャ・ベン・アブヤ(七〇―一四〇)が、神の恩寵、罪の報いを断固として否定し、一種無神論的な立場に近づくのは二世紀のことでしかない。

とはいえイスラエルの内奥に、神に心を煩わされず、神を無視してもかまわないと公言する分子の存在が確認されるのはかなり厄介なことであり、ある種の実践的無神論の存在を匂わせるものである。つけ加えれば、サドカイ派は肉体の復活、人の不死、来世における罪の報い、天使や悪魔の実在という考えを否定して、理神論的な立場にきわめて接近している。

エルンスト・ブロッホは『キリスト教のなかの無神論』で、聖書の記述が社会的不正に対する反抗的要素を含むことを際だたせた。彼はそうした立場のなかに共産主義を突き動かす反抗心との深い類似を見ていたし、ためらわずに次のように書いた。「唯一真のキリスト教徒のみが良き無神論者たりえ、唯一真の無神論者のみが良きキリスト教徒たりえる」(41)。この明らかな逆説の背後にブロッホが見いだしたのは、聖書と共産主義の異議申し立ての根本にある、純粋に地上的な連帯の名のもとで社会的・経済的に不正な秩序の非難へと個人を誘う、純粋に人間的で、潜在的に無神論的な同じ反抗の感情である。

キリスト教以前のヘブライ社会は、いずれにしても神的世界に関するきわめて多様な立場によって特徴づけられる。原典は、もちろんもっぱら宗教的なものであるが、聖書の後半を構成する教訓書では、ギリシア哲学の影響下で、優れて懐疑論的な傾向に言及している。『コヘレトの言葉』(伝道の書)の幻滅した調子にはどこか理神論に通じたものがある。神は彼方にあって人間の暮らしに介入せず、不正をはびこらせるままにする。死における完全な平等が決定的なものに見え、その後にどのような審判もない。あるのは地上での短い存在を楽しむことである。「さあ、いって、喜んでパンを食べ、愉快にブドウ酒を飲め。[…] 神があなたにくださるむなしい日々を、愛する女性とともに楽しむがよい。[…] してもよいと思うことを、生きている間するがよい。熱心にするがよい。あなたがいつか行く黄泉には、働きも、計算も、知識も知恵もないのだから」（第九章七―一〇節）。エピクロスも、これと違うことは言わないだろう！神の存在が否定されなかったとしても、それはただ形のうえでのことであり、この生を享受せよとの呼びかけは、見間違えるほどにある種の実践的無神論に類似している。

ヘレニズム占領期のパレスチナのユダヤ人同様、ディアスポラのユダヤ人〔パレスチナの外で離散して暮らすユダヤ人〕も、じわじわと広がるエピクロス主義とストア主義が発揮する否定しがたい魅力にとりつかれた。釈義学者たちは、イスラエル民族の根源的独創性をアプリオリに擁護するために、この魅力を最小限に食い止めようとした。占領され、幽囚され、散り散りとなったこの小民族が、どうして文化的影響という共通の法則を免れることができたのだろうか。ユダヤ神話の起源にあるのが、こうした釈義学者、ラビ、今日にいたるまでのキリスト教聖職者の立場であり、それはユダヤ人自身をはじめ、万人にとってきわめて有害なものである。すなわち、他から切り離された、ふつうの人類の外にある民族という神話であり、これがある人々にとっては選ばれし民となり、他の人々にとっては呪わしき民となるのである。このような非合理的な偏見からユダヤ人迫害も生まれれば、イスラエルの宗教原理主義者の傲慢さも同様に生まれる。ユダヤ民族も、人類の誰にでも降りかかる問題を免れることはできない。旧約聖書の後のいくつかの書には、当時イスラエル民族がどっぷりと浸っていたヘレニズム世界で活動した、懐疑論哲学の流れと一致する理神論ないしは汎神論の誘惑を少なくとも垣間見ることができる。聖職者の手になる選別の結果である聖書の宗教文学は、おそらくはこうした側面についてわたしたちに多くの情報をもたらしてはくれない。とすれば、古代無神論の研究は、ギリシア・ローマの世俗的な書物というさらに限りなく明確に考えを伝える資料を基盤とすることになる。

第二章
古代ギリシア・ローマの無神論

ギリシア世界は、無神論という現象をそのあらゆる多様性において例証する。豊富な資料とそれなりの表現の自由のおかげで、宗教の深い影響を受けた文明という枠組みのなかでの無神論の生成とその表出、影響を研究することができる。しかしながら哲学と宗教の諸潮流の複雑さや相互間の多様なニュアンスは、信仰と不信仰を分ける境界がどれほどあいまいであるかを示している。たとえば *atheos* という語をはじめとして、用語の取り扱いに関しては極度の慎重さが求められる。*atheos* の語は伝統的な神々に対する反対者を指し示したが、別の宗教の信仰者あるいは単に迷信的精神の持ち主であることも十分ありえたのである。

紀元前五世紀まで——唯物論的汎神論の受容

長いあいだ、古典古代期以前の時期や、前ソクラテス期に至るまでの無神論と宗教的信仰の区別をはっきりさせることは、宗教と哲学の諸潮流の固有な性格のために困難だった。すべての潮流が、明らかに超越の観念に敵対的だった。究極の実在は、創造されることのない永遠の自然であり、人間はその一部だった。神々自身が世界のうちにあった。神々は永遠で、人の姿をし、たえず人間の問題に介入し、運命を定め、神託によって自分たちの意志を知らしめ、不思議なやり方で譲歩することもあるのだ。ギリシアの伝統的宗教は、神話に基礎を置く自然主義的な汎神論のほうにかなりずれ込んでいたが[1]、この神話はもはや当然のことながら生きられたものではなく、詩人たちによって概念化され、整序され、往々にして伝説に格下げさせられた。大衆のレベルでは、この宗教に数多くの迷信やオカルト的呪術のやり方が詰め込まれた。したがってこの宗教は、上方でも下方でも引き裂かれた宗教であって、一方では神話を象徴的に説明しようとする傾向の理論的無神論に、他方では神話を日常生活に同化しようとする実践的無神論へと接近する。ギリシア神話の往々にして野卑な表現は、信仰者たちが本当にそんな物語を信じていたのだろうか、という疑問を歴史家たちに抱かせる。ポール・ヴェーヌが示したように、問題はこうした用語では立てられない[2]。本当のところは文化現象であって、ギリシア神話は真か偽かという言い方によっては価値判断できない文化の要素なのである。

　ソクラテス以前の哲学的潮流は、合理的な視点から現実に接近するが、それにもかかわらず本来の汎神論があやうく無神論になるほど自然に力点を置くことによって、自然と神とを混合してしまう。彼らの教説を自然主義的な唯物論に転換するのはたやすいことである。

　彼らの基本的な考えとは、始めも終わりもない実体的実在、すべての存在がその様態でしかないような「質料」（*hylè*）が存在する、というものである。それはターレスによれば水、アナクシメネスによれば空気、ヘラクレイトスによれば火、ほかの者たちによれば土だった。この第一質料が同時に神的なものだった。それは気息によって動かされるが、この気息は一種の組織力を持つ精神であって、質料を生きた物質へと変える。こうした物質（*hylè*）と生命（*zoè*）からなる物活論は一般的に唯物論の起源と見なされる。それはすでに一八四一年のテーゼでカール・マルクスが支持していた考えであり、[3]やがて次のようにランゲによって再録される。「唯物論は哲学と同様に古いが、それ以上に古いものではない」[4]。

前ソクラテス期の主要な学説を簡単に検討すれば、無神論へのきわめて明確な傾向が見て取れる。たとえば、テオフラストスの報告では、きわめて古い哲学者、ミレトスのアナクシマンドロス（前六一〇頃―五四七頃）は「物質の原因と事物の第一原理はアペイロン（規定されないもの、根源的なカオス）であると言い、アナクシマンドロスは物質的原因をこの名前で呼んだ最初の人である。彼によれば、天とそこに含まれる世界が生じるのは水とかいわゆる元素の何かひとつからではなく、無規定な実体、それらのものとはまったく異なる実体からである」[5]。アペイロン、この創造されることのない実体はそれ自身で実在するすべての存在を作り出す。紀元前六世紀には、コロフォンのクセノファネスが絶対的で永遠な存在は世界だと断言する。おそらくこの世界とは神であろうが、それは内在的な神であり、いかなる点でも物質から区別されない。クセノファネスは民衆宗教の神人同形説に対しては軽蔑しか抱いておらず、神々についてのあらゆる思弁を糾弾した。「誰ひとりとしてけっして神々について確かなことは何も知らず、また知りえない」。

ヘラクレイトスによれば、「世界は神々のひとりによっても人間たちのひとりによっても作られはしなかった。世界は過去、現在、未来にわたって存在する。規則正しく火をともし、規則正しく消えていくのはたえず生き続ける火である」。永遠に火をともしそして消えていく、自立的な宇宙についての循環論的な考え方である。同時期にエレアのパルメニデスはやはり絶対的な存在を、永遠で創造されることのない世界と同じものと見ていた。「全体、一者、不動なるもの、破壊されないもの、宇宙はひとつで連続している」。「物理的世界が絶対的存在であると主張しているのだから、パルメニデスは唯物論と唯物論者の父である」とクロード・トレモンタンは記している。[6] この世界が神と呼ばれようと、そうでなかろうと、問題は何も変わりはしない、現実だけが残されるのだ。

紀元前五世紀に、シチリア生まれの人でアクラガスのエンペドクレスは、そこでは何も失われず、何も創造されず、万物が変化する、創造されることのない世界を再確認している。

> 違ったことを君に言おう。滅びゆくものどれひとつにとっても創造もなければ生成もなく、痛ましい死における消滅もまた同様であり、混ざり合っていたものの混交と変様のみが存在する。こうしたことに関する創造とか生成とは人間によって作り上げられた呼称にすぎない。[…] 愚か者だ、該博な知恵も持たず、以前に存在していなかったものが存在にいたるとか、何物かが消滅し完全に破壊されると思い込むとは。いかなる仕方によっても存在していないものからは何ひとつ生まれることなど起こりえないからだ。存在しているものが滅び去らねばならないとは不可能であり、信じがたいことである。存在しているものはつねにそれが置かれるなんらかの場所にあるからである。[7]

エンペドクレスの目には、ゼウス、ヘラ、ネスティィス、アイドネウスは、火、空気、水、土の四元素の神話的な擬人化であるにすぎない。アナクシメネス、彼のほうは根源元素、空気にとどめ、他方アナクサゴラスは万物の起源を創造されない混沌に置いた。

紀元前五〇〇年頃に生まれたレウキッポスと、四六〇年頃の生まれでその弟子のデモクリトスは明らかにいっそう手が込み、さらにずっと大胆に唯物論的な学説を提出した。彼らによれば究極の実在は、極度に小さく、物質で、それ自体で充実し、不可分で、いつの時代も運動によって突き動かされている微粒子、すなわち原子である。大きさも形もさまざまな、この原子がその運動に応じて結合し合って、不活発なものも活発なものも含めて、宇宙のすべての様相をもたらす。そしてこのことは、どのような目的も、あらかじめ定められたどのような組織原理もなしに行われる。出会いの偶然と必然が唯一自らを形成しまた自らを解体する一連の存在を支配する。何ものもこの過程を免れることはなく、人間さえもそうである。人間の身体はいっそう複雑な組織化の成果でしかなく、その魂も火の特徴を備えた微細な球形の原子で構成され、思考や感情は外部の原子からの放射物が身体や魂のうえに作った刻印の産物である。原子のほかには何もない、すなわち空虚である。

神々自体も、とくに役割を持たない原子である。宗教が神々のものとする現象は、自然現象が人間精神のうえに生み出した幻影、印象でしかない。そこから神による介入への信仰が起こる。それゆえデモクリトスは機械論的唯物論という意味ではほかの哲学者よりもはるかにずっと遠くまで進む。というのも、デモクリトスは宗教的信仰について心理学的な説明を提唱し、そうすること自体宗教的信仰にまったく価値をあたえないことになるからである。説明すること、それは神話性を剝奪することである。

デモクリトスの唯物論はギリシアの知識人の間で好意的な受け取り方をされ、紀元前三世紀にはエピクロスに達することになる哲学的潮流に受け継がれた。しかしながらそのあいだに文化的・政治的変動が起こって、宗教的立場や信じる者と信じない者の間の関係をひっくり返してしまった。紀元前五世紀末頃までは比較的自由な宗教の考え方がギリシアでは支配的だった。呪術の色合いのある民衆的な神話、寺院の聖職者の支配下にある公的な宗教、神々を物質のなかに溺れさせてしまう無神論、と言わぬまでもしっかりと汎神論の立場に立つ哲学の間では、語のあらゆる意味合いにおいて、関係はきわめて穏やかなものだった。誰ひとり、自分の宗教的意見や自分の不信仰について気にかける人はいなかった。デモクリトスですらそうだった。ターレスの目に「世界は神々で満ちあふれている」ことは真実だったが、彼は心穏やかにこの世界の科学的研究に没頭し、天体の運行と同じく地震にも自然学的説明をもたらした。社会通念とは反対に、自然の科学的研究は、キリスト教が物質世界を非神聖化するのを待つ必要はなかった。

したがって紀元前五世紀までは、信仰という領域におけるギリシア人の立場の広がりは明らかに、わたしたちの図式の上部の方向にずれ込んでいるように思われる。汎神論をめぐって哲学者たちの間では一種の合意が実現されていたようであり、そのいくつかの側面は無神論とさえ形容しうるものであり、それほどに神々は意味のないものであったのである。

紀元前四三二年、ディオペイテスの法令
無神論と不敬に対する有罪判決の開始

ところが、かなり突然に対立が激化した。潜在的な無神論は不意に危険なもの、排除すべき驚異と認められた。アテナイでは無神論も、あるいは単なる懐疑論も口にすることはもはや許されなくなった。

プロタゴラス事件は、新たな精神状態を象徴的に表している。推論術を教えていたこの哲学者は、その極端な相対主義で知られていた。「あらゆる事柄に関してまさしく相反する二つの命題が立てることができると表明した最初の人がプロタゴラスである」とディオゲネス・ラエルティオスは書いている(8)。紀元前四一五年頃、プロタゴラスは『神々について』という論説を書いた。その最初の一節だけが遺されている。「神々については存在しているとかいないとか、その形がどんなものかを知ることもわたしにはできない。問題の難解さや人の命の短さなど、わたしがそれを知るのを妨げる要素は無数にある」。数年前であれば

人を不安にさせることなどなかった宗教的懐疑主義のこうした表明が、西洋史で知られる最初の異端者に対する焚書の起源となった。ディオゲネス・ラエルティオスによれば、「この書物の冒頭の言葉のゆえに、プロタゴラスはアテナイから追放された。アテナイ人は触れ役〔統治者の命令や告知を伝える古代ギリシア・ローマの役職〕に命じて、プロタゴラスの書物を所有者ひとりひとりから取り上げさせて、公共の広場で焼いた[9]」。

懐疑論の主唱者、プロタゴラスはそれまでは不敬という評判はとらなかった。さらに公衆の面前で読み上げられて、プロタゴラスが糾弾された著作も、限られた人間精神は神々の認識に達することはできない、という不可知論の確認でしかなかった。それは神々の存在の否定とは別物である。しかしながら、時代はそうした区別にもはや対応しなくなっていた。「神々が存在するかどうか分からないとプロタゴラスは言ったが、それは神々が存在しないことを知っていると言うのと同じことだ」とオイノアンダのディオゲネスは明言した。「どんな神々も、さらにはいかなる神もまったく存在しないとプロタゴラスは言った」とエピファニウスはさらに有無を言わせぬ調子で述べた。したがってプロタゴラスが告発されたのは実際無神論のためであり、ディオゲネス・ラエルティオスによれば国外追放、ほかの人々によれば欠席裁判による死罪というプロタゴラスへの刑罰は、その見せしめだった。

無神論や不敬に対するこうした立場の硬化はなぜだろうか。事件は紀元前四一六年から四一五年にかけて、ペロポンネソス戦争のまっただなかに起こり、告発者は裕福な貴族ピトドロス、対するプロタゴラスは民主主義者だった。まさしく宗教と政治の結びつきのなかにこそ、開始された一連の不敬裁判の原因を探らなければならなかったが、その歴史をウドール・ドゥレンヌが記述した[10]。そしてこうした告発の背後には、やはりもっと卑俗な動機が潜んでいた。

この魔女狩りの原因として、紀元前四三二年ディオペイテスの要請により採用された法令があげられるが、それは国家が承認した神々を信じない者たちに対する訴追の履行をあらかじめ定めていた。ディオペイテスは占い師で、アテナイで哲学的思索が占める役割が大きいことを懸念していた。実際、彼の策動はなによりも脅威にさらされた同業者団体を守る行為だった。それまでは神々の行いとされていた現象について、自然による説明を採用することによって知識人たちは、占いというやり方の信用を台無しにした。法令の最初の犠牲者は紀元前四六二年からアテナイに居住していた、ペリクレスの師であるクラゾメナイのアナクサゴラスだった。アナクサゴラスはたしかに気象学、地質学、天文学の研究で有名だった。ディオゲネス・ラエルティオスは、アナクサゴラスが《説明》をあたえた自然現象を長々と数え上げている。

アナクサゴラスは、太陽はペロポンネソス半島よりも大きな灼熱した金属の固まりであり、月には住居があり、さらに丘や谷があるとした。〔…〕彗星は焔を放つ惑星の集合体であり、流星は空気によって飛び散らされる火花のようなものであるとした。そして風は、太陽の熱による空気の希薄化により生じ、雷は雲の衝突から、稲妻は雲の摩擦から起こり、地震は、空気が大地のなかに沈下することで起こるとした[11]。……

このような《説明》が対象としたのは、まだきわめて制約された範囲の人々に限られていたが、諸現象を神々に帰していた占い師たちの信用を掘り崩した。プルタルコスの注釈によれば、「アナクサゴラスは、彼自身昔からのもの書きではなかった。その理論は大衆に広がるどころか、まだ秘密にされていたし、語るのに慎重さと警戒心を怠らない少数の人々のあいだでしか広がっていなかった。〔…〕知性を欠いた原因、盲目的な力、必然的な現象に神性を帰着させることによって、彼らは神性を台無しにした[12]」。

したがってアナクサゴラスは、神々の神秘に穴を穿とうとしたために不敬として告発されたのである。有罪判決が下されたが、それがどのようなものだったかは正確には分からない。オリンピオドロスによれば死罪かオストラキモス〔陶片追放〕、ほかの者たちによれば入牢だった。ペリクレスは、アナクサゴラスに味方して介入を計った。この有名な将軍の周囲には、その妻のアスパシア、彫刻家のペイディアスといった不敬の疑いをもたれた、そのほかの人物を指摘できる。

《自然学者》に対する不敬との非難は日常茶飯事となった。ギリシアの宗教的伝統は超越的なものを知らず、自然と神との統一を主張するものだったが、それはすでに見たように哲学者たちの唯物論の場合における準無神論と、一群の魔術と迷信に帰着する。実証的精神で仕事をする科学者は、神々の秘密に分け入ろうとする者として、また一種の《神の切り刻み》によって聖なるものを解剖しようと望む者として告発された。まさしくそこにこそ、プルタルコスが伝えるように、ディオペイテスの法令の意味があった。「この法令のおかげで、神を信ぜず、天空の現象に関わる教義を教える人々を、都市国家への犯罪者として訴追できた」のである。アナクサゴラスが人から非難されたのは、次の点であった。「天体のしるしや大気中に生じる作用についてのすべての迷信深い怖れを自分の外に追い払い、踏みしだくことを教えたが、そのおかげで、そうした作用の原因を知らない人々が大きな恐怖を抱くようになった。というのも、本当の自然哲学者があたえるような確かな知識を、彼らは何ひとつ持ち合わせていないからである[13]」。

科学的なものごとの説明対呪術によるものごとの説明、この対立は直ちに古典的なものとなる。この時期以降対立は道を逸れて、自然学者である哲学者に対する、無神論との告発へと向かう。しかしながらなぜ無神論はそれだけで犯罪と見なされるようになるのだろうか？　なぜ単なる信仰に関してこのような争いが起こるのだろうか？　なぜ神々を信じないことが、たとえば地球が丸いことを信じないことよりも重大なことなのだろうか？　なぜ無神論として告発された人たち自身が、そうした告発に異議を唱えないのだろうか？「無神論者」という語にまといつくことになり、ほとんど今日まで続く侮蔑的な意味合いは、古典的古代ギリシアを制していた、一見ずっと自由な立場を考え合わせるならば、謎だらけであるように思われる。占い師たちの同業組合の反発も、それだけでは不信仰を踏みつけにして信仰に特権をあたえるという価値判断を説明するものではない。ソクラテスの裁判が示してくれるように、それ以外の要素が問題となるのである。

不可知論者ソクラテスからディアゴラス、そして無神論者テオドロスへ

ヨーロッパ思想の父のひとりと目される高名な人物、ソクラテスが死罪とされたのも、不敬と無神論との告発のもとにおいてだった。紀元前三九九年にリュコン、アニュトス、詩人のメレトスらが提出した告発文書が一語一語そのままわたしたちに残されている。「以下の訴えは、ピトス区のメレトスの息子のメレトスが、アロペケ区のソプロニスコスの息子のソクラテスに対して作成し、対神宣誓により確認されたものである。ソクラテスは国家が定めた神々を信ぜす、新たな神々を導き入れようとしたので有罪である。そのほかにも若者たちに悪影響をあたえたので有罪である。刑罰、それすなわち死刑である」[14]。《新たな神々》とは、《ダイモン》についてのソクラテスの言葉への当てつけだった。

神々についてのソクラテスの考えは、現代でもそうであるのと同じように、その生存中も論争の的となった[15]。アリストパネスによればソクラテスは完璧な無神論者で、自分が演出した『雲』でソクラテスにこう言わせている。「《神々だって。君が誓約したいという奴らのことか。まずわれわれのもとでは神々は頼りにできるお金ではないのだ》。《ゼウスとは誰のことだね。馬鹿話は止めよう。ゼウスなどいさえもしな

いのだ》。《だから君はわれわれの信じている御三方、カオスの神、雲の神、舌先の〔言葉の〕女神のほかにはいかなるものも神とは思わないだろうね》[16]。同じ喜劇で、ソクラテスはストレプシアデスに正真正銘の無神論講義を行って、神々は存在しないことを証明している。

クセノフォンがソクラテスについてあたえるイメージはまったく反対である。それは、宇宙の目的性から神々（すべてを見通し、人間たちにしるしを送る神々）の存在を証明する、宗教的なソクラテス、敬虔で祈りを捧げるソクラテスの一面である。もっと慎重なプラトンは、対話篇によればソクラテスの内にひとりの神秘主義者、とりわけ懐疑論者を見ていた。もっともここでは不可知論的な側面がはっきりと勝っていた。『ソクラテスの弁明』で、ソクラテスは地獄とは何か、死後には何があるかを知らないと言った。『クラチュロス』では、神々については何も分からないので、公的な宗教のしきたりに従うよう勧める、とソクラテスは主張している。『エウテュプロン』では、ソクラテスは神話を拒否し、『パイドロス』では自分自身を知る時間も能力もないのだから、神話や神々について意見を表明するのは自分にとっては愚かなことだ、と明言する。

もし誰かがこれら〔ゴルゴやペガサスなど〕の怪物たちのことをそのまま信じないで、そのひとつひとつをもっともらしく理屈に合うように、こじつけようとしてみたまえ！　さぞかしその人は、なにか強引な知恵をふりしぼらなければならないために、たくさんの暇を必要とすることだろう。ところがぼくには、とてもそんなことに使う暇はないのだ。なぜかというと、君、それはこういうわけだ。ぼくは、あのデルポイの社の銘が命じている、われわれみずからを知るということがいまだにできないでいるのだ。だから、この肝心の事柄につ いていまだ無智でありながら、自分に関係のないさまざまなことについて考えをめぐらすのは笑止千万ではないのか、そう僕には思われるのだ。だからこそ僕は、そうしたことにかかずらうことはきっぱり止め、それについては世間が認めることをそのまま信じることにする。そして今言ったように、そうした事柄にではなく、ぼく自身に考察を向けるのだ。(17)

こうした見事な不可知論の告白が十七世紀にフランスのリベルタンたちにもまた見いだされることだろう。つまり、われわれの精神にはそうした形而上学的問題を理解することが不可能なのだから、現に行われているやり方に合わせて、内心ではそれに与することなしに行動すれば足りる、《国の習わしに従って、神をたたえよ》、というわけだ。これは、当時都市国家の宗教に同化しようとする必要が高まっていただけに、世論にショックをあたえた相対主義的で無関心主義的な立場だった。都市国家と宗教の結びつきは、大きな文化的衝撃だったペロポンネソス戦争の時代に強められた。都市国家は、三十年ほどの間戦争に明け暮れる状態であり、戦に敗れ、辱めを受け、危機に瀕し、その同一性、統一を表しうるものには何にでもすがりついた。神々や各地の礼拝はもはや単に信仰であるばかりか、市民的帰属のしるしだった。哲学者たちの宗教は、唯一神の原理を掲げてはいても、あまりにも精神的で、あまりにも知的で、あまりにも個人主義的で、社会的・実践的なかすがいの役割を演じるにはふさわしくなかった。都市国家の神々を疑うこと、それは同時に不敬であり裏切りであり、さらに若者たちの公民意識を危険に曝すことである。宗教は、神々と国家の暗黙の契約の枠のなかで都市国家の財産の不可分の一部をなし、その執政官は同時に祭司である。まさしくこうした宗教と政治の結びつきのうちに、無神論への抑圧の原因が部分的には存在していた。だがそれだけではなかった。

ソクラテスはアルケラオスの弟子だったが、自然の秘密を探るために自然科学を用いたとアルケラオスは非難された。その擁護者たちは実はこうなのだという仕方で、アルケラオスが「天界の現象に思いを巡らした」こと、「地下で起きていることを探し求めた」ことを否定した。[18] 彼らの断言では、アルケラオスが「ほかの者たちのように、宇宙の本性について議論をした」と言うのはウソであり、「アルケラオスは哲学者たちが世界と呼ぶものがどのように生まれたかも、天界の現象のひとつひとつがどのような必然的法則によって生み出されるかも探求したことはなかった[19]」。

不敬裁判はくわえて無神論とは別の原因、告発とは別の動機を表す。プロタゴラスと同じ年、紀元前四一五年に刑を宣告されたディアゴラスの例はさまざまな理由から興味深いものである。第一の理由は、問題とされたのが信仰から不信仰へと向かう知的道筋をたどったことで知られる最初の人物だからである。紀元前四七五頃にメロス島で生まれたこの叙情詩人は、きわめて宗教精神に満ちた作品を書いたが、その後無神論者になった。ディアゴラスが信仰を失った理由については古代の論者たちの意見はさまざまであるが、この件で彼らがあたえてくれる説明は驚くほどモダンなものである。一方で知的な性質の説明がある。スイダスによれば、ディアゴラスはデモクリトスの弟子で、宗教的信仰の起源を自然現象に直面した人間の恐怖の結果とする、デモクリトスの理論から確信を得た。もう一方には、道徳的な説明がある。ディアゴラスのものとされる無名の著作によれば、自分の弟子の一人がアポロン讃歌を剽窃し、偽りの宣誓をしてそれを否定したにもかかわらず、幸せな暮らしをしているのを、ディアゴラスは目の当たりにした。そして彼の目には、それが神の正義も恩寵もなければ、神々もいないことの証拠となった。科学的な理性と悪の問題、これが数世紀にわたって多くの信徒たちの宗教的信仰が打ち砕かれることになる二つの暗礁だった。これがディアゴラスの件に、歴史的にどう対応するかということ自体はさほど重要ではない。紀元前五世紀末からこうした物語が人の口にのぼったこと自体が、すでに問いが立てられていたことを示すのだ。

キケロが伝える逸話から、善の実在に依拠して神の存在を証明しようとする人々と、悪の実在は恩寵の欠如の明白なしるしだとする人々の間で、悪の問題に関する論争があったことが確認できる。サモトラケ島で、ディアゴラスが難破をのがれた船乗りたちが納めた奉納物を眺めていたとき、ある友人がこうたずねた。「神々は人間の事柄には関わらないと考える君だが、このすべての絵からしたら、祈願のおかげで嵐の恐ろしさを免れ、無事に港にたどり着く人々がどれほど多いことかとは思わないかね」。ディアゴラスはこう答えた。「違うね、なにしろどこにも難破をした人や、海で命を落とした人たちなんてまったく描かれていないじゃないか」。

ディアゴラスは、ギリシア時代から完璧な無神論者との評判を残している。アリストパネスのような幾人かの保守派からは手ひどい批判を受け、またほかの論者たちは、彼のことについては沈黙していたほうが良いと思わせるくらい、ディアゴラスは嫌悪を催させたと言う。紀元前四世紀に、タレントのアリストクセノスは神々を笑いものにした散文作品がディアゴラスに帰されていると書き、フィロデモスはその『敬虔論』でディアゴラスを無神論に関して参照すべき人物と受け止めている。ディアゴラスはエレウシスの秘儀〔死と再生の秘儀〕を暴露しようとし、また秘儀を授かろうとした人々を思いとどまらせようと試みたとも伝えられる。このような挑発的言辞は、ディアゴラスにとって死罪に値するもので、彼の首には賞金がかけられたが、ディアゴラスはそれを免れてアカイアで生涯を終えたと言われる。

不敬や無神論に関するそのほかの多くの裁判の跡が残されている。[20] アナクサゴラスの同時代人で、評判の自然学者アナクシメネスの弟子、アポロニアのディオゲネスも辛うじて裁判を逃れた。ディオゲネスは、宇宙について純粋に自然学的な説明をしたが、そこでは「何ものも無から生まれず、何ものも無に帰ることはない」と説いた。宗教や神話は、ディオゲネスにとってはただの寓話だったのだが、そのために受けた無神論との評判はかなりの反発を引き起こした。メガラ生まれで、ディオゲネスの弟子、そして無神論者テオドロスの友人だった哲学者のスティルポンもやはり、神の問題は個人的にしか取りあげないと弁明して、訴追を免れた。ディオゲネス・ラエルティオスもこう伝えている。「クラテスがスティルポンに神々は尊崇されたり、祈願されたりするのをよろこばれるだろうかとたずねたところ、彼はこう答えた。《愚か者め、そんなことを人通りのする往来でわしに訊く奴があるか。それは俺ひとりがいるときに訊くもんだ》。しかしピオンもやはり、神々は存在するかどうかと訊ねられたときに、こう答えた。《まず、わたしからこの人だかりを追い払ってくれませんか。数多くの難儀にあわれたご老人よ》、と」(21)。スティルポンははなはだしい無遠慮さで伝統的な神々の神人同形説を揶揄した(22)。

スティルポンの友人で、キュレネ生まれのテオドロスは、紀元前四世紀に不信仰の典型そのものとなり、《無神論者》という異名の後継者にまでなった。政治的な動機から生まれ故郷の都市を追放されたこの貴族は、アテナイに落ち着くことになったが、アテナイでは彼の自由な考え方や振る舞いが醜聞のもととなった。賢者たる者通常の道徳を越え、友人も祖国も神も必要なしと考え、テオドロスは自分にはすべてが許されると考えた。「テオドロスはさまざまな見解を持ち出して、神々に関するギリシアの人々の見解を打ち壊した」が、伝統的な神々を否定するだけでは満足しなかったので、テオドロスは十分その異名に値したと思われる。キケロはそう考えたし、それはまたプルタルコスの次の一節からも結論できる。

神の観念を持たない野蛮人や未開人をおそらくは見つけることができるだろう。しかし神の観念を持ちながら、神を滅ぶべきもの、永遠でないものと考える人はかつてひとりとしていなかった。だから、無神論者とあだ名された者たち、テオドロスの輩たちでも神が何か滅ぶようなものであるとはあえて言わないのだ。しかし彼らは何か滅ばないものが存在するとは信じない。彼らは滅ばざるものの実在を攻撃するが、神性についての共通の観念は残しておいた。(23)

無神論者テオドロスの評判は、その後キリスト教徒のあいだに伝わり、逆説的だが彼らはその不信仰を讃えた。だからアレクサンドリアのクレメンスは、信仰を持つ異教徒は二重の意味で無神論者だと考えた。真の神を知らず、誤った神を崇拝しているからである。テオドロスの立場のほうがまだましなのだ。少なくとも誤った神々は投げ捨てたのだから。当然のことながら、それはアテナイ市民の見解ではなかった。ファレロンのデメトリオス（紀元前三五〇頃―二八三か二八〇七）の統治下で、無神論者テオドロスはアレオパゴス〔評議所〕によって有罪とされ、おそらくは追放されたものと思われる。

マケドニアによる征服期には、デマデスがアレクサンドロスの神格化を擁護して弁論し、それが神々は人間の創造だということを含意する不敬の証拠として、罰金刑に処せられた。これは同時期にエウヘメロスがとった立場でもあった。テオフラストスに関して言えば、民主派ハグノニデスの要請によってテオフラストスを不敬として起こされた訴訟は、純粋に政治的な動機によるものだった。こうした訴訟のきっかけとして、政治的理由が宗教的動機より勝っていたことは、札付きの無神論者たちがけっして不安の材料ではなかった事実からも確証される。たとえば紀元前五世紀末の哲学者レギウムのヒッポンは物質以外には何も存在しないと教え、またソクラテスの称賛者だった小アリストデモスは信仰者たちを揶揄していたのである。

プラトン、不寛容と無神論抑圧の開祖

紀元前四世紀前半からギリシアでの無神論者の数は、そうした事情にもかかわらずあらゆる社会層にわたって相当な数にのぼり、不安材料となった。プラトンの証言がここでは重要である。『法律』の第十巻で、この哲学者は歴史上最初に問題を総括する。大量の無神論者の存在を引き合いに出して、プラトンは自分の目には危険と映るこうした不信仰の原因を探り、無神論者に対して厳しい措置を奨励する。多くの点でプラトンは、二千年の間無神論に重くのしかかることになる侮蔑的な見解の大本であると考えられる。不信仰を不道徳に結びつけて、プラトンは決定的な一歩を踏み出し、ぬぐい去ることのできない汚点を無神論者に刻印した。今や無神論は《下品》、《野卑》というレッテルと広く結びつけられて、思想や精神の純粋な世界に関わる観念論者たちの高貴な立場と対立させられることになる。無神論が悪し様に見なされ始めたのは、無神論が占い師や聖職者の活動の邪魔をするからであり、また反市民的態度であると見なされたからだった。裁判では、すでに述べたように表に出ない政治的動機が本質的なものだった。不信仰という軽罪の成立は、したがってその時々の事の成り行き次第であった。ところがプラトンは、無神論を際だった犯罪とするような、形而上学的で根本的な倫理学的見解のうちに定着させようとする。

この哲学者は確認から始める。無神論はいたるところで広がっている。つまり、その教義は「いわば万人のうちに種がまかれている」のだ。信仰を持たない者のあいだには三つのカテゴリーがある。神々の存在をまったく信じない者たち、神々は人間の事柄にまったく無関心だと思う者たち、そして祈りや供犠によって神々の心をとらえ、その意見を変えさせられると思っている者たちである。プラトンはこれら無神論者に、次のような言葉を帰している。

アテナイにお住まいの異国の方、ラケダイモンとクノッソスの市民諸氏よ、諸君がいま言っていることは本当だ！　われわれのあいだには、神々への存在などまったく認めない者たちがいるし、またほかの者たちは神々をいま諸君が言われたように特徴づけているからだ。そこでわれわれは、諸君が法律について要求したことをまさしく要求しよう。つまり諸君は、厳しい罰則でわれわれを脅す前に、まず十分な証拠をあげて、神々が存在すること、また神々はすぐれた方であるから、なんらかの贈り物によって誘惑されて正義を踏み外すことなどないのだということを、われわれに教え、説得するように試みてもらいたい。(24)

言い方を変えれば、自分たちを迫害する代わりに、神々の存在の証拠をわれわれにあたえてくれ、という要求である。これは緊急の課題だ、プラトンはそう考えた。というのも、無神論は不道徳と反市民主義の源泉だからである。「法が明言したものに合致する実在を神々に帰する者は誰でも、自ら進んで不敬行為を働くことも、法に反する言質を流布させることもない」。なぜ無神論者は神々を信じないのか。「以下に述べることでさらにいっそうはっきりとその理由を君に言ってあげよう」。『法律』で、プラトンの立場を代弁するアテナイ人はこう語る。

火や水や土や空気、これらはみな自然と偶然によって存在し、どれひとつとして技術によって存在するものはない、と彼らは主張します。そしてさらにそのあとに生じる物体、地球とか、太陽とか、月とか、星（の形成に関わる物体）とかについて言えば、そうしたものは先の物体から作られており、魂をまったく備えていない、と彼らは言います。つまり、そうした物体の各々が別々に備える属性の働きによってそれぞれ別々に、それぞれが出会うことで結合し合い、熱いものが冷たいものと、乾いたものが湿ったものと、柔らかいものが固いものと、要するに必然性の結果として、偶然相対立するものが結合可能だったものはすべてがそうなるというように、そんなふうに、そしてそんなやり方でこれらのものから、天の全体と天にある一切のものとが生まれ、そしてさらにこれら天にあるものがもとになってすべての季節が生じ、動物や植物のすべてが生まれることになったというわけです。そしてこうしたものすべての生成は、知性の働きによるものでもなければ、なんらかの神の力によるものでもなく、もちろん技術の力でもない、というのが彼らの主張です、いやむしろ今述べたように、それは《自然》と《偶然》の二重の結果だと、彼らは言うのです[25]。

自然学者の理論、とくにデモクリトスの原子論は、やがて人々の承認するところとなる。したがって無神論には、唯物論型の科学的理論であるという知的な大義がある。だが同時に、「自分たちの喜び、自分たちの情念の神による支配不能性」を根拠として、神々を拒絶するという道徳的大義も、無神論者にはある。野卑な欲望をむき出しにして、自然に従えばすべてが許され、自然はもっとも強い者の支配という方向に進む、と彼らは説く。プラトンはすでに自然淘汰の恐ろしさをあおり立て、「神がいなければ、すべてが許される」という有名な公式を先取りする。道徳法は、それが超越的で不可侵で絶対的な神の法に根拠を持つ場合にのみ効力を持つことができる。無神論は社会崩壊の誘因であり、また無神論的知識人は若者を堕落させる者である[26]。

誤った科学と根本的な不道徳を基盤とする教説に立ち向かうことは義務である、とプラトンは言う。まずは説得によって、次いで弾圧によって、そうした教説に自ずと向き合わなければならない。したがって、まず第一は説き伏せることである。プラトンはこの務めを果たすが、それには最大限の嫌悪感がともなった。それほどに明らかなことを証明しなければならないことは恥ずべきことだった。「人はどのようにしたら、怒りを抑えながら、神々が存在することについて語れるのでしょうか。だって、そうではありませんか。われわれにこの議論をさせるようにした、そして現にそうさせているあの連中を腹立たしく思い、憎むのは当然のことですから。それというのも、彼らがまだ乳房のなかで育てられていた幼い子どもの頃から、乳母や母親から聞かされた物語をちゃんと信じていないからなのです[27]」。すでに十九世紀の説教師の泣き言を耳にしたかのようである。無神論者は「ちゃんとした理由を何ひとつ」あげることもできず、「ひとかけらの分別」も備えていない。そんな連中に神々の存在を証明しなければならないとは恥ずべきことだ。「でもしかし、やってみなければなりません！　なにしろ、われわれの同胞の一方の人たちが快楽を貪ることで常軌を逸し、ほかの人たちがそうした連中にあまりにも腹をたてすぎて同じようになる、ということが同時に起こってはならないのです[28]」。

まさしくここに見られるのがプラトンの姿、今日まで西欧文明の最良の精神の持ち主たちがそれに真っ向から挑み、そしておそらくは依然としてある時期まで闘うであろう問題、神の存在を証明するという、海蛇と格闘するプラトンの姿である。二五〇〇年も努力した後でも、なお説得力ある結論には至れないでいるこの終わりのない探求は、そうとはいえ少なくとも神の存在が自明ではないことだけは明らかにしたのだ。

宗教史上信仰を持つ最良の知識人たちは、むなしくも合理的に神の存在を証明することに取り組んだ。ピタゴラス以降誰ひとりピタゴラスの定理を否定しないが、プラトン以降も無神論は生き残る。最近『神の存在をめぐる哲学的問題』を総括したベルナール・セーヴはこう問いを立てている。「神の存在をめぐる問題は人間理性の心底に触れるものなのか、それとも逆に理性そのもののうちで非合理的なものにとどまりうるものを暴き出すのだろうか。神の存在を合理的にうち立てよう、そうした実在の意味するところを合理的に考察しようとすることは、理性の究極の可能性まで前進することなのだろうか、それとも逆に理性がけっして克服しきれない非合理性の形態へと後退することなのだろうか[29]」。

問題は、まず何よりもプラトンに当てはまる。プラトンによれば、クリニアスが素朴に信じたように、自然学者に向かって信仰の目的性と普遍性の議論を用いるだけでは足りない。「まず第一に大地、太陽、星、そして宇宙全体を考えてみてください、また季節が、年や月によって分けられながら、このように見事に秩序づけられていることも。さらにまたギリシア人も異国の人々もすべての者が神を信じている事実もある[30]」。自然の驚異と信仰の普遍的特徴、こうした議論は幾度も飽きることなくくり返されることになるだろう。プラトンはすでに、天体は「ただ土と石からできていて、人間の事柄を気遣うことなど不可能だ」、と主張する自然学者に向かって、そうした議論の不十分さを警告している。

プラトンの論証は、実在の根本的で二元論的な考え方に依拠する。それまで支配的だった一元論タイプの哲学とは断絶して、プラトンは物質世界の外に、観念、範型、神聖なもの、霊魂の不動な世界を仮定する。身体に先立つ個々の魂という観念から発して、プラトンは世界霊魂に達するが、それは神の世界である。善で完全な神々は人間の事柄に干渉し、自分は心を揺るがされることがない。ここでは、論証の価値はそれほど問題ではない。肝心なのは、精神的で神的な世界と物質的で人間的な世界への存在の分裂を確認することである。

このプラトン的な考え方は、無神論者たちの立場をはなはだしく悪くした。彼らは今やむなしく、移ろいやすく、絶え間ない世界、洞窟の影にとどまるために、現実のもっとも高貴な半分を否定する者として非難されうるのだ。無神論は、観念（イデア）の瞑想にまで高まることのない《野卑》で《下品》な精神とされる。以前は無神論者であることは厳密に言えば誤謬であり、反市民主義の証拠とみなされた。だが今や、無神論者であることは単に理性の喪失であるばかりか、不誠実の、そして社会生活や政治生活にとって危険な道徳的卑しさの証拠とみなされるようになる。公的なまた私的な振る舞いにおいて絶対的な価値を認めないからである。それまで道徳の源泉は、神の世界とは根本的には違いのない人間世界のうちに見いだされた。神々を分離し、不動の価値を神々にゆだねることでプラトンは、無神論者を行為の絶対的規範を持たず、自身の情念にしか従わない不道徳な存在に仕立て上げた。道徳と真理の名による無神論の弾圧が開始されうるようになった。存在の二元論は善と真理、それに対する悪と虚偽、という行為のマニ教的善悪二元論をもたらすのだ。

この視点から、プラトンは無神論と不敬に対するきわめて厳格な弾圧法の施行を提案する。不敬の者は全員告発されなければならない、そうでなくとも口を閉ざす者はその者自身が不敬とみなされる。刑罰は不敬の度合いに応じて決められる。もっとも重い場合が《無神論の病》であって、そこには二つのレベルが区別される。すなわち、行いは正しいがただその思想によって危険な無神論者と、放蕩者でさらに悪い見本となる無神論者である。

神々の存在をまったく信じてはいないけれども、生まれつき正しい性格がそれにともなうような者がいれば、そのような者は悪人を憎む者となるし、不正がどうしても我慢ならないあまり、不正行為を働こうとはせずに不正な連中を避けるものです。他方、これに対して、万物は神々を欠いていると考えるだけでなく、快楽や苦痛に無節制で、そのうえ強い記憶力や鋭い理解力を備えている者たちのほうは、おそらくは無神論の病という点では前者と共通です。しかしほかの人たちを損なうという点では、前者はより小さな害悪しか及ぼしませんが、この者たちの及ぼす害悪はより大きなものです。(31)

第一の範疇に入る者、お人好しな無神論者に対して、まず少なくとも五年間完全に人から切り離して「矯正所」に拘禁することを、プラトンは提案する。この期間内に再教育の授業をふんだんにあたえる、つまり「《夜明け前の会議》の会員を除けば、誰ひとり彼らに近づくことはできず、会員だけが彼らを説諭してその魂を救済するために訪れることができる」ようにする。この洗脳期間が終わり、拘留者が健全な精神に立ち返った場合、その者は「精神の健全な者たち」、すなわち信仰者たち「とともに暮らすことが許される」。「そうでない場合、再び無神論者の嫌疑を受けて有罪となった者は、死刑によって罰せられねばならない」[32]。

第二の範疇に入る者、放蕩者の無神論者に関しては、彼らは「可能な限り人の寄りつかない土地にあって、その名が懲罰の場所であることを思い起こさせる」ように建てられた刑務所に一生閉じこめられる。そこでは、完全に人から切り離されていて、「護法官が定めたものだけを食事として看守から受け取る」。無神論者はれっきとした犯罪者となる。「そして、死んだ場合には、その死体は国境の外に投げ捨てられ、埋葬されないこととする。もし誰か自由民がその埋葬に手を貸した場合、その自由民は、誰でも望む者によって、不敬のかどで訴えられ、裁きを受けなければならない」[33]。

《神なる》プラトンは、こうして宗教的不寛容、異端審問所、強制収容所を一挙に考え出し、しかも弾圧を厳密な意味での無神論者だけに限定もしない。まじないを唱え、神秘的で神的な力を操ろうとする呪術師や魔術師も、同じ運命をこうむらなければならない。義務と化した国家の公式宗教があることになる。すべての私的礼拝、すべての迷信的言動、すべての無関心が、死罪にいたるまで厳しく罰せられる。「さらにこうした不敬の人々すべてに共通に適用される法律が定められなければなりません。この法律のおかげで彼らの大部分が行いのうえでも言葉のうえでも神々に対する過ちを犯すことがいっそう少なくなり、そして当然のことながらそうした愚かな考えを持つことがいっそう少なくなる法律です。つまり、この法律に合致した礼拝以外はいかなる礼拝にも執心する権利をあたえない法律なのです」。

脱神話化——エウヘメロスとストア主義の汎神論

基調は整えられた。プラトンの計画は、この哲学者の危惧と当時の無神論の広がりとに対応していた。ただ宗教的なものの危機が加速されるのは、〔プラトンの死後〕紀元前四世紀後半になってからのことであった。ヘレニズム期とローマ時代の帝国の勃興にともなう政治的大混乱、都市国家の独立の終焉は市民宗教を崩壊させ、個人の宗教、懐疑論、無神論、神秘主義に有利に働いた。政治的・経済的・社会的変動という衝撃のもとで、伝統的価値は姿を消した。古典的宗教はこの変化の中心的な犠牲者であり、それが合理的不信仰あるいは非合理的不信仰に手を貸した。

紀元前四世紀から三世紀にかけてのヘレニズム文明の発展は、わたしたちに作業仮説として役立っている図式に見事に対応する。宗教的な重心が弱体化した結果、汎神論的ストア主義や理論的無神論の前進といった合理的方向と同時に、カルト集団、神秘的なものの礼拝、呪術や魔術の実施、さらには実践的無神論といった諸々の立場の暴発となって現れた。こうした状況との平行関係を現代との間でうち立てうることが、マリア・ダラキの刺激的な著作、『神なき宗教』で明らかにされた(34)。

古典的宗教の退潮は決定的だった。紀元前三世紀にはカリマコスが墓碑銘で来世に関する伝統的な信仰を投げ捨てた。墓石の上に不死の契約を刻むことも行われなくなった(35)。オリンポスの神人同形の神々は家庭内の礼拝から姿を消した。いたる所で懐疑と無関心が広がった。庶民さえもが礼拝をないがしろにした。目に見えない神に代わって、神格化された君主が取って代わったが、これは世間一般の懐疑論を示唆するものだった。紀元前二九〇年にマケドニア王デメトリオスとその妻ラナッサが輝かしき神々（デメトリオスとデメテル）としてアテナイに入ったとき、二人の栄誉をたたえて、アポロンの讃歌のコンクールが行われた。そして優勝したヘルモクレスはこう宣言した。「彼［デメトリオス］について言えば、神に似つかわしく、慈愛に富んだ顔立ちをしているように見え、美しく、楽しげである。［…］ほかの神々は遠くにあって、耳を貸してくれないのか、存在しないのか、われわれにいささかの注意も払ってくれない。だがあなたよ、われわれは向かい合ってあなたを見、しかも木石としてではなく、まったく現実的で真なるものとして見る[36]」。

すべての文明の発展は、宗教の基礎を土台から崩壊させる傾向にある。紀元前五世紀から詩人たちは神話に関して自由に振る舞ってきた。エウリピデスは、「神々よ、神々がどのような者であるにしても」とか、「ゼウスよ、ゼウスがどのような者であるにせよ」といった表現で自分の懐疑論が透けて見えるようにした。アリストパネスは神々をぞんざいに扱うことで、神々の信用を失わせるのに貢献した[37]。歴史家たちは、当然のことながら相対主義を発揮する。宗教についてのトゥキディデスの個人的な考えを知ることは困難であっても、その言説すべてが合理的良識を語っており、〔ミレトスの〕ヘカタイオスは神話の合理的解釈をあたえた最初の人だったし、キネシアスは公然たる無神論者だった。

人間が万物の尺度であるソフィストたち、彼らはもちろん宗教を強化する手助けはしなかった。その大多数は懐疑論者、あるいは不可知論者だった。トラシュマコスは神の摂理を否定した。ある者は、どのようにして神々という観念が人間精神に生まれることになったかを説明しようと試みたが、これは信仰を掘り崩すいちばん決定的なやり方だった。それが、ケオスのプロディコスの場合だった。クリティアスはシシュポスの口を借りて、懲罰を恐れさせて人々が徳を守るようにさせるため、「狡知に溢れた者」が神々を作り出したと主張する。大多数のストア主義者によれば、神々は単に神格化された古代の著名人、人類の最初の恩人にすぎない。これは、ゼノンの弟子、ペルセウスの意見であって、他方クリュシッポスは、「人間が神々に姿を変えた」とはっきり述べている。ペルセウスも、デメテルやディオニュソスの名のもとにパンやブドウ酒の加護を求めた者がいるように、人間は自分に役立つものを崇めるものだと示唆している。キケロはバルビュスの口を借りて、たとえばヘラクレス、カストル、ポルックス、アスクレピオス、バッコスのように、社会に役立った人々を天に位置させるのが昔は習慣だったと言う。

『聖なる物語』で、今日では彼の名が冠された理論、エウヘメリズムをもっとも遠くまで推し進めたのが、ソフィストで神話学者のエウヘメロス（紀元前三四〇―前二六〇）である。その理論によると、神々とは死後に神格化された著名人だった。エウヘメロスはオリンポスの神々の権威をはぎ取り、ゼウスは世界中を旅したのちにクレタ島にやって来て死んだ至高の賢者で篤志家であると考えた。だから人々は、その頃のヘレニズム時代の諸王国が行っていたのにならって、ゼウスのために祭壇を設けた。アフロディテは最初の宮廷女官だったが、その美しさに血迷ったキプロスの王が彼女を女神に変えてしまった。その一方でアテナは戦を好む、意気揚々とした女王ということにされた。ディオドロスはエウヘメロスの理論を次のように要約している。「神々は地上で暮らしていた。不死の栄誉が神々にあたえられたのは、彼らが人間に施した功徳のためである。ヘラクレス、ディオニュソス、アリスタイオスがその例である」。

セクストゥス・エンピリクスは、エウヘメロス説にいくぶん違った解釈をあたえている。「無神論者とあだ名されたエウヘメロスはこんなことを言っている。人間がまだ文明化されていなかったとき、より大きな称賛を勝ち取り、いっそうの尊敬を手に入れることを望み、自分の命じたことをすべての人々に強制するだけの力も知性も人より勝った人々が、偽って人間離れした神的な力を自分にあたえた。そのおかげで大衆が彼らを神々とみなすようになった[38]」。エウヘメロス型の説明は、キプロスのニカノール、パトラスのムナセアス、ディオニシウス・スキュトブラキオン、アポロドロスによってしばしばとりあげられた。他方でポリュビオスは有用な発明をした者たちが神とされたと主張した。ギリシア人は、キリスト教徒を待つまでもなく、自分たちの神話、自分たちの神々の権威を奪ってしまっていたのである。

紀元前四世紀から三世紀にかけての危機は同時に、ストア主義がそうだった唯物論的汎神論の大規模な復興の始まりでもあった。この潮流は、プラトン的二元論とは真っ向から対立する、ギリシア的一元論の伝統に根ざしていた。汎神論のすべての形態にとってそうであるように、無神論が問題になっているのか、それともなんらかの宗教的潮流が問題となっているかを決定するのは困難である。マリア・ダラキはこの潮流を「神なき宗教」と特徴づけているが、まったく同様に「宗教的無神論」とも呼ぶことができよう。《神なるもの》は実際には賢くて、善であり、一個の全体であり、宇宙であり、完全に物質であり、その外には何も存在しない自然である。この宇宙は四つの元素からなり、その中心は火で、それがすべての部分に入り込み、統一とまとまりをあたえ、また周期的に崩壊へと導く。宇宙は周期的に変動する。神の火によって一度焼き尽くされてから初めて冷却によって再生する、そしてこれが永遠に続く。この宇宙全体、この偉大な神的存在の不可欠な一部である人間は、ほかの動物と同じく、魂、それ自体物質である《気息》を持つ。

個々の神々に関するストア主義者たちの立場は、あまりはっきりしない。ゼノンの弟子で、二世紀のアラトスの著作、またアリストテレス学派のディカイアルコスのそれを参照すれば、神々は非人格的で神的なもののアレゴリーやしるしである。ヘシオドス的な神話に《歴史的》内実をあたえることによって、それを合理化し、これらの論者は本源的堕落へとさかのぼり、そこから出発して二種類の人間を区別した。ソフォイ（*sophoi*）、自然に従って生きる賢者、そしてフォロイ（*phauloi*）、堕落し、歪み、無神論者からなる人類で、「彼らは神々に対して不敬であり」、「神々を知らず」、「その暮らしぶりから神々に対立し、神々の敵であり」、「無神論者を神と対立する者という意味で考えるならば、フォロイは無神論者であり」、「フォロイの魂は死後もいくぶん生き残るかあるいはまた身体と溶け合ってひとつになる」[39]。他方で賢者の魂はほかの肉体にふたたび宿り、そのために世界中が大混乱となる。無神論者が生まれるのは、フォロイが自然と不適合だからである。というのも、自然法則と神の法とのあいだには一致が見られるからである。自然は、女神なしでも神聖なものである。自然は善へと向かう宇宙規模での「大いなる全体」であるが、自然が個人の意識となるのは賢者においてのみである。

マリア・ダラキが示したように、ストア主義とともに人は神話的な宗教性から心理学的な聖性へと移行する。前者は、伝統的な宗教にあっては神的なものを超自然的な人格のうちに客観化する、それに対して後者は人間を聖なるものの源泉の中心とする。ストア派の賢者は、自然の意志をわがものとしながら、真に神的なものとなる。それこそが『ゼウス讃歌』で「あなたの意志が成就されますように」と書いたとき、クレアンテスが言いたかったことである。それはまた、「わたしは神である」とのエンペドクレスの宣言の意味でもある。

ここには、どのような超越的なものもない。だが自然と一体化して生きる人間の神格化がある。このソフォス（*sophos*）、賢者は神人であり、実際にはそのことから力を得、またそれを誇りに思う超人である。こうした考え方はなんらかの形の宗教よりも、わたしたちが無神論と呼ぶものにたしかにずっと近い。賢者は神にして、信仰者である。こうした人類の神格化は伝統的な宗教の考え方の対極にある。なぜなら、それは聖と俗との間の、そして神と信仰者との間の区別を消し去るからである。キリスト教はやがてそこに無神論の好ましくない形態すら見いだすことになる。キリスト教徒の賢者、つまり聖人は自然と一体化してはならず、自然を支配し、自然を服従させるからである。

この種の神格化された原始的自然への回帰は、深刻な文化的危機の時期に特有のものである。それだからマリア・ダラキは、確信の混乱、イデオロギーや価値や宗教の没落、個人主義への抗議、決定論的な科学に対する拒否がストア主義の時代を、それらが同じように結びあった西欧の現状と比較対照することができ、もはや聖と俗を区別せず、神もおらず、エコロジーによって再び神聖化された自然に基礎をおく、ある種漠然とした宗教性、一言で言えば、原初的な単一神論に肩入れしたのである[40]。

エピクロス主義、道徳的無神論

紀元前四世紀から三世紀にかけての文化的危機のもうひとつの産物、それがエピクロス主義であり、これはストア主義よりもさらにいっそうはっきりと無神論的だった。反対者たちから歪められ、エピクロス主義は数世紀にわたってキリスト教にとっての邪悪な怪物だった。キリスト教はエピクロス主義を無神論と完璧な唯物論、そして不道徳を融合したほぼ悪魔的な教説に仕立て上げた。信仰を持たない者は誰もが「エピクロスの豚」と扱われ、エピクロス主義は、卑劣にもエピクロス主義者の烙印を押しさえすれば、すべての懐疑論者、リベルタン、見てくれのおかしな者を、調査もなしに処分するゴミ箱となるのである。

エピクロス主義が伝統的宗教の対極にあること、そのことは容易に認められるだろう。実際、ライフスタイルと哲学的思弁を結びつけているので、エピクロス主義は同時に理論的無神論であり、実践的無神論だった。とはいえ、エピクロス（紀元前三四一—前二七〇）は、「神々は存在する。神々についてわれわれが抱く知識は明らかに明白である」と述べて、はっきりと神々の存在を認めていた。神々は物質であり、微細な原子からなり、美しく幸福である。[41]神々の幸福は、われわれの幸福のモデルとして役立たねばならない、つまり神々は完璧な平安、アタラクシアを享受する。神々は何事にも、とりわけ人間的事象には関わらないからである。神々に祈り、神々を恐れることはなんの役にも立たない。神々は、われわれの運命には無関心である。神々は世界を創造せず、生命はただ地上に生きる者のものであり、死によって終わりを迎え、魂にとっての来世もない人間に、神々が報償や懲罰を約束することもない。この神々、そうした神々は形の上の存在でしかない。エピクロスによれば、神々をたたえること、それがすでに神々の幸福にわずかなりとも関与することである。これを基にして、多くのエピクロス主義者は教義の根本を変えることなしに、神々なしで済ませることができた。

アンドレ＝ジャン・フェステュジエールが示したように、エピクロス主義の根本には人間の暮らしを毒する神々への恐れに対する反動があった。これは古代宗教のあまり知られていない側面だが、どう考えても二十世紀末の危機と多くの点で類似性を現している危機のうちにあるのであって、もう一度再検討するに値し、役立つことだろう。宗教的な不安という観念をキリスト教に、そして悪魔や地獄、長い間聖職者に悪用されてきた永遠の懲罰という脅迫に結びつけることにわたしたちは慣れてしまったので、恐怖が異教徒の宗教にも存在していたこと、恐怖が懐疑論や無神論の発展に寄与したことを、わたしたちは忘れがちである。異教徒は自分たちの神々を恐れ、神々がどう出るかは予測できない。それは、アトレイデスの物語が例証しているように、人間の運命を身勝手なやり方で作り変える神々、訳もなしに自然の大災害を引き起こし、あるいは不確かで不吉なうわさが飛び回る来世が運命だと言って、人間を死に誘う神々である。信仰を抱く者が摂理、すなわち人間的事象への神の介入の存在を仮定して以降、信仰者は全能で、妬み深く、たえず復讐心に燃えた超越神を恐れなければならなくなる。「このように、生きる者たちに対する神々の怒り、そして死んだ者たちに対する神々の復讐への恐れが、ギリシア人の宗教において大きな役割を果たした。おそらくはエピクロス自身そのことを強く感じていただろう[42]」。

こうした見解は、伝統的宗教心の持ち主、プルタルコスの証言に有利に作用する。プルタルコスは『迷信』（*Déisidaimonia*）で、ある意味ではエピクロスの無神論は、それが自分たちの不幸のもとになるかもしれないという不安でいっぱいの多くの信仰者たちが抱える行き過ぎた恐れには好ましいものである、と宣言する。彼らは自分の過ちを告白しては泥のなかをのたうち回り、永遠の責め苦の光景に震え上がる。それに反して、無神論者は困難な場合でも自分でその解決を探り、穏やかに恐れることなく自分の不幸は偶然あるいは運命（*Tyché*）にゆだねる、とプルタルコスは言う。

神々を放棄すること、それは当時では反抗的行為、自らの運命を手中に収めようとすること、そして人間を隷属と恐怖のうちに引き留める神々の神話への反抗だったのだろう。こうした反動は、エピクロスのもっとも有名な後継者、ローマ人ルクレティウス（紀元前一〇〇―前五〇）においてはっきりした形をとる。その長編詩『物の本質について』（*De natura rerum*）で、ルクレティウスは、数多くの神話の例を引きながら、神々とは自然の力を恐れて思いついた人間の創造であることを示した。返す刀で宗教は、災害が神々によって故意に引き起こされると人間に信じ込ませて、人間を不幸にするものだとする。そして神々がそうした大災害を、生きているあいだ人間に送りつけられるのであれば、その後神々は人間に何をとっておこうというのだろうか、と言う。だから想像力が、このような恐怖を引きずったすべてのこうした責め苦を作り上げたのだ。人間はこうしたすべての作り話をうち捨てなければならない。

人間の奥底にまで入り込み、この世に災いと、死の暗さをまるごとまき散らすアケロン〔冥府〕へのあの不安を追い払い、ひっくり返さなければならない。〔…〕物語に伝えられるような、タンタルス〔ギリシャ神話のゼウスの息子〕が悲惨にも頭上につり下げられた巨大な岩をたえず恐れ、謂われのない恐怖におののくなどということはありはしない。むしろ、死すべき者たちの人生を苦しめているのは神々へのむなしい恐れであり、われわれの誰に当たるか分からない一撃への恐れである。ティチュオス〔ギリシャ神話の巨人〕がアケロンに横たわって、鳥たちに食いちぎられるなどということもありえない。それにティチュオスの広い胸からつつき回るものを鳥たちは永遠に取り出せはしないのだ。(43)

ルクレティウスにとって、エピクロスは宗教から人間を救った人であった。宗教をひっくり返したという点で、ルクレティウスはエピクロスを顕彰した。

誰の目にも人類が地上でおぞましい人生に耐え、天の一隅の高みから恐ろしい形相をした顔で死すべき人々を脅かす宗教の重さに押しつぶされていたそのときに、最初の人、ひとりのギリシア人が勇気をもって死すべき目を宗教に向け、宗教に向かって立ち上がった。彼を押しとどめるどころか、神々の作り話、雷、天の威嚇的などどろきも、その勇気と固く閉ざされた自然の扉を最初にこじあけようとのその熱意をさらにかき立てるだけだった。〔…〕かくして今度は宗教がひっくり返され、足下に踏みしだかれる。そしてわれわれはどうなったかと言えば、勝利がわれわれを天まで押し上げたのだ。

こうして、ルクレティウスによれば、エピクロス主義は正真正銘の無神論だった。師がまだ保持していた、動かざる幸いなる神々をうち捨て、ルクレティウスは純粋に機械論的な唯物論で満足した。「物質は、破壊されることなく、永遠に自ら運動するまったく中空のない原子から構成されている。［…］宇宙全体はしたがってどこにも限界がない」、つまり宇宙は無限であり、空虚と物質からなり、そこではすべてが全体的な見取り図なしに生成し、消滅する。デモクリトスとの考え方の違い、それはこうである。原子は少し傾いた軌道をとるが、このクリナメン（*clinamen*）、この傾向はさまざまな組み合わせを可能とし、さらにそのおかげである種の偶然性とある程度の自由が人間に残され、道徳のための空間をうまく用いることができるのだ。

エピクロス主義は、実際無神論的道徳、神のいない人間世界の可能な真正の価値、すなわち地上での個々人の幸福の探求に基礎をおいた道徳の、最初の偉大な試みだった。この幸福は、身体的苦痛と道徳的不安のない状態に基づき、こうした平衡のとれた知の状態がアタラクシアである。快楽の追求は、賢者を唯一動機づけるものでなければならない、そしてこのことが安易な生活や快楽以上に、悪の源である放蕩な暮らしを遠ざける。実際、エピクロスが理解するような快楽は、気晴らしよりもいっそう禁欲主義に似ている。こうした禁欲主義は巧みで当を得たさじ加減の結果であるが、万人が実践すると、完全で正しく平衡のとれた社会に到達しうるものである。

> 快楽は自然の善の第一のものであるが、やってきた最初の快楽をわれわれが受け入れないこともあれば、結果としてより大きな苦痛をともなう際には、われわれは場合によって、数多くの快楽を無視することもある。他方で、それがより大きな快楽をもたらしてくれる場合にはわれわれが快楽に好ましいと評価する数多くの苦痛もある。［…］

欲求が引き起こす苦痛がない場合には、至極簡素な食事がもっとも豊かに供されたテーブルと同じような快楽をもたらし、長い窮乏の後で食べれば、パンと水がもっとも生き生きとした快楽を引き起こす。単純で慎ましい生活習慣はそれゆえに自分の健康を気遣う最良のやり方であり、さらに人生でどうしても果たさなければならない務めに耐えられる勇気ある人間にしてくれる。さらにそうした習慣は機会があれば豊かな暮らしをより良く味わうことを可能にしてくれるし、運命の失敗に対しても強靭にしてくれる。それだから、快楽が至高の善であるとわれわれが言う場合、放蕩者たちの快楽やわれわれに敵対しわれわれの考えを歪める幾人かの無知な者たちが言うような感覚的な楽しみを言うのではない。われわれが主張するのは、身体的苦痛の無いことと道徳的不安の無いことである。(44)

ことの始めからストア派の中傷の的にされたにもかかわらず、エピクロスの学説は逆説的に、信仰者たちの目には無神論と道徳が並び立たないことの単なる引き立て役、証明として役立った。このような誤解はストア派もエピクロス派もそろって自然との不可分の一体性をほめ称えていただけに、いっそう驚くべきものだった。もっとも、前者は人間と自然の意志的な一体化に英知を見ていたのに対し、後者は魂の可能な限り最大の平安を保つため自然元素の知的な配分を勧めていた。そうすることで、エピクロス派は人間の尊厳と特殊性を救うのであり、それに対してストア派は人間を、神と想定された自然のうちに溶解させるのである。

逆説はもうひとつあった。この二つの学説を無神論としてしりぞけたキリスト教徒は、運命を進んで受け入れることを奨励したためにストア派の道徳を称賛し、個人をその運命の唯一の主人としたことを理由に、エピクロス派の道徳を軽蔑した。ところが正真正銘のエピクロス派の賢者は、自然を支配するのであって、自然に従うストア派の賢者よりもいっそうキリスト教の禁欲主義者に近かった。だがキリスト教徒の目には、前者は至高の価値として快楽の追求を要求する点で誤っていて、それに対してキリスト教は浄化の目的で自ら求めて追求する苦悩や苦痛を称揚するものだった。

キリスト教はさらに、魂の不死を明白に否定した点でエピクロス主義を容認できなかった。エピクロスによれば、個人の死は全的なもの、決定的なものだった。したがって恐れるべきものではない。「今日生きることをとどめる者にとっても、数ヶ月、数年前に死んだ者にとっても無は平等である」、ルクレティウスはそう書いた。個人を構成する原子は、再構成されて別の形態をとる。

つけ加えれば、均衡のとれた快楽を探求したところで、エピクロス主義は、実存的な生の苦しみの父たる偉大なエピクロスのごとき、幸せな生活をいささかも保証するものではない。「人はみな、もちろん逃げ出すこともできず、自分に逆らってでもそして自分を憎悪してでも、自分を大切にし続け、自ら苦痛を逃れるよう求める」。愛そのものは責め苦であり、狂気であり、けっして満たされることのない激しい欲求である。ルクレティウスによれば、地獄、それは自我と自我の抱くもろもろの怖れであり、それは実存的な不安である。神や死に対する怖れのように、人はこうした怖れのうちのいくつかからは解放される。しかし、存在することへの怖れのような、根本的な地獄の不安が消え去るのはわたしたち自身とともにでしかないのだ。

紀元前二世紀から一世紀にかけてのギリシア・ローマ世界の懐疑論

こうしてプラトンの警告にもかかわらず、神秘主義から汎神論、実践的無神論から理論的無神論にいたる異端的潮流を利する形で、伝統的宗教は次々とその地歩を失い続けた。紀元前四世紀から三世紀は信仰と不信仰が混沌としていた時期で、その頃両者の古典的な境界はあいまいなものとなっていた。たとえば何がキュニコス学派〔犬儒派〕の神々についての見解かを知るのは困難だった。アンティステネス〔キュニコス学派の祖〕は神の一体性を主張する一方で、ディオゲネス・ラエルティオスは無神論との評判をとっていたが、これはおそらく根拠のないものであって、神人同形説的な神々に関してディオゲネス・ラエルティオスが示した不敬と結びついていたのであろう。

ディオゲネス・ラエルティオスはまた、以下のような議論を展開した。「神々はすべてのものを所有している。ところで、賢者は神々と親しい者である。しかるに、親しい者の所有はみんなに共通である、したがって、賢者はすべてのものを所有している」。ある日のこと、尻を見せたまま神々の前にひれ伏していた婦人を見かけ、ディオゲネス・ラエルティオスは彼女を迷信から覚ましてあげようとした。彼は婦人のそばに近づき、「ご婦人よ、たまたま神々があなたの後ろにおられて（あらゆるものに神は宿っているのですから）、あまりにも慎みのない光景を見せてしまったということはご心配なさらないのですかな」と言った。ディオゲネス・ラエルティオスは、アスクレペイオン〔医神アスクレピオスの神域〕の傍らに剣闘士を配置して、大地に口づけせんばかりにひれ伏そうとやって来るすべての人を打ち据えるよう命じた。(45)

神々、摩訶不思議、摂理、迷信を笑いものにするディオゲネス・ラエルティオスの挑発的態度は、おそらく伝統的汎神論の考え方に類似したものである。マリア・ダラキが、ディオゲネス・ラエルティオスについて伝えられる次のような逸話を解釈したのも、その意味合いにおいてである。「プラトンが人間を羽のない二本脚の動物と定義すると、聴衆は拍手喝采した。そこでディオゲネス・ラエルティオスは自分の学校に羽をむしり取った鶏を持って行って、《これがプラトンによるところの人間だ》と言った」[46]。このことは、聖と俗とを分離したうえで、非神聖化された人間を研究の対象とみなすことができるプラトン主義と、自然、とくに神の似姿である人間の研究は冒瀆だと考えるキュニコス学派の汎神論との対立を象徴的に表していた。

紀元前四世紀末に不敬裁判や無神論裁判が姿を消したことは、このような不敬や無神論といった立場の消滅を意味するどころか、むしろその一般化の証拠だった。これほどに広く行き渡っても、不敬や無神論は人にそれほど不快感をあたえることもなかったし、アテナイでは哲学者たちが公然と無神論を説くのが見かけられた。紀元前三世紀前半、無神論者テオドロスの弟子ボリュステネスのビオンの場合がそうであり、その一方でカルネアデスは神の存在を証明することの不可能性を論じた。サモスのアリスタルコスは、その宇宙論のために不安材料とされたが、誰ひとりアリスタルコスに向かって不敬の訴訟手続きを起こす者はなかった。アンフィクレイデスの息子、ソフォクレスの法は、哲学者たちがアテナイで教えることを禁じるものだったが、廃止された。紀元前一世紀には、ヒッポダモスのものとされていた『政治について』という無署名論文が、無神論哲学者たちへの教育の禁止を求めているのが見かけられるが、完敗に終わった。

流行の新思想のあいだでは、アリストテレス主義が、宇宙の第一動因としての神の必要性を肯定しながらも、永遠で創造されることのない宇宙、死すべき魂、あの世での魂の不滅の否定といった具合に、唯物論的な色彩を強く表していた。

まさしくこうした知的分散化の風土において、東方からやって来て、今やアテナイの盟主となったローマ人当局の事実上の寛容を利用して、理論的には禁じられていた異国の礼拝や神々が数多く定着するようになる。ギリシア的な、エトルリア＝ローマ的な、そして東方的な諸要素の混交は、紀元前二世紀から一世紀にかけての宗教の衰退に帰着する。

ローマが地中海の東方領域の征服を進めていた時期、〔マルクス・テレンチウス・〕ヴァロの調査では、伝統的宗教の後退と、古代ローマ人の三万の神々の改ざん、信用の喪失が確認された。けれども、アルベール・グルニエが指摘しているように、「現実には、古い信仰を損なったのはこうした新たな思弁ではなかった。古い信仰は、民衆の知的・文化的状態にこれ以上対応できなかったので、自ずと弱体化したのである。それに取って変えるものがなかったために、ローマ人はいくぶん偶然から、哲学的観念やら、外国の神話や礼拝を取り入れた」(47)。ギリシア世界におけるように、紀元前二世紀から一世紀にかけての私的・公的礼拝の衰退にともなったのは、公的宗教からの答えがないままにされている問いに直面した、秘教の礼拝の成功から無神論にいたるまでの信仰の急激な発展だった。

紀元前一八六年には、七千人以上の人々がバッコス祭の騒乱に加わり、そのため無神論のかどで数多くの告発がなされ、五年間にわたる途方もない訴訟が起こされた(48)。ギリシアが征服されるとともに、ストア主義、エピクロス主義、折衷的懐疑主義が到来して、貴族たちのサークルの無神論を助長した。その中には、たとえばポリュビオス、テレンティウス、リュシリウスが集まったスキピオ・アエミリアヌスのサークルがあったが、これらのサークルは宗教的熱意の鑑とは言えなかった。人間とその心理が関心の的であり、神々は忘れられていた。その空隙を知識人の場合には無神論が、民衆では迷信が埋めた。

紀元前一世紀中頃にあって、ルクレティウス、ブルトゥス、カッシウス、キケロは時代を包む懐疑論の申し分のない証人であり、演じ手でもあった。すでに最初の人物については述べた。アルベール・グルニエは、「カッシウスも、同時代人の誰ひとり神々の存在について十分な確信を抱いておらず、あるいは少なくとも行動に影響を及ぼすにはこの確信があまりにも優柔不断すぎた」と記している。[49] フィリッピの戦いの直前に、プルタルコスの報じるところによると、カッシウスはブルトゥスに、自分の懐疑論をこう伝えている。

だが思うに、精霊や天使がいるだの、いただの、それが人の姿をして、声を出し、われわれのところにまで届くなにがしかの力を持つなどということ、そんなことはありそうもない。わたしとしてはそうした者ができればいてほしいとは思うが、それは数多くの武器、馬、大型船、軍船に信頼をおくためばかりでなく、われわれがきわめて美しく、きわめて神聖できわめて徳高き行いの行為者でもあれば擁護者であることに鑑みて、神々が手を差し伸べられんことを願ってだ。[50]

キケロに関しては、キケロが宗教問題に捧げた大論文、『神々の本性について』が、宗教問題に関するさまざまな見解とそこから帰結する懐疑論を映し出すものとなっている。キケロはこう言う。「そのことに関しては、もっとも学識ある人々のあいだにも、たいへん大きな意見の違いが見られるだけに、わたしを混乱させる意見が多すぎて、ときには神が存在しないと思われるほどだ」[51]。論文では会話形式で話が進み、執政官コッタが神を信じない人々の見方について、「わたしの悩みをしだいにつのらせ、その点ではわたしをほとんど不信仰にしてしまいかねないいくつかの思想から自分を守るのに苦労する」[52]と現状を伝える。続いて彼は、エピクロスが神々の存在を否定することは難しいと言った、と続ける。「その通り、公の席ではな。だが、いまの打ち解けた談話の席では、(神の存在を否定することは)まったくたやすいことだ」。問題はいずれにしてもきわめて分かりにくく、おそらくはわたしたちの理解の限度を越えているのだろう。

あなたはわたしに、神とは何か、神とはいかなるものかとお尋ねです。そこで、わたしは詩人シモニデスの助けを借りることにしましょう。僭主ヒエロンもシモニデスに同じ質問をしたのです。ヒエロンから問われたとき、まずシモニデスはそのことを考えるために一日の猶予を求めました。翌日ヒエロンが同じ問いをくり返すと、さらに二日の猶予を求めました。こうしてシモニデスが問われるごとに毎回猶予を求める日数を倍にするので、不審に思ったヒエロンはその理由を知りたくなりました。すると、「考えれば考えるほど、わたしにはこの問題が謎に思えてくるのです」、シモニデスはそう答えたそうです。[53]

信仰の立場を擁護したヴェレイウスは別の古典的な議論を展開する。こうだ。すべての人々は魂に刻まれた神の観念を持っている。「しかるに、自然についての判断は、それがすべからく普遍的である場合には、必然的に真である。ゆえに神々が存在すると認めなければならない」。こうした普遍主義にコッタは、「わたしが確信するのは、十分に粗野でごくわずかな神々の観念も持てないたくさんの人々がいることだ」[54]、と異議を唱えた。ディアゴラスや無神論者テオドロス、不敬虔な者たちは、神の観念が普遍的でないことの証拠ではないだろうか。それにしても信仰のおびただしさや多様性を前にして、どうしたら懐疑的にならずにいられるのだろうか。「内臓占い官が同業者の姿を見て笑わずにいられるのは驚きです。だが、あなたがたがお互いに笑いをこらえられるのを見るのは、もっと驚きです」[55]。

古代無神論とその限界

まさしくこうした懐疑論の広がりという雰囲気のなかでキリスト教が登場するのだったが、キリスト教は長い間新しい迷信や一種の無神論とさえ見なされた。二千年前、信仰と不信仰の境界は今日と同じようにあやふやで不確かだった。ある種の哲学者の完璧で確固とした理論的無神論と氾濫する民衆の迷信のあいだで、数百のカルト集団や宗教、唯心論や唯物論思想の学派などが信仰の市場を互いに分けあっていた。ミトラ、イシス、オシリス、セラピス、キュベレ、ユピテルや数十のほかの神々が、占星術信仰や呪術信仰、ユダヤ教の一神論、エピクロス主義、ストア主義、プラトン主義、新プラトン主義、キュニコス学派、懐疑論の学説と肩を並べた。こうした不協和音のなかで、公式のギリシア・ローマ宗教はもはや形式的・公民的枠組みでしかなく、その寺院や儀式は依然として景観を際だたせるものではあれ、広く認められた真理というよりは一種の装飾方法でしかなかった。聖職者、卜占官、巫女たちは相変わらず役目を果たしていたが、かなり世俗化された。大衆については、占い師に耳を傾け、無数の迷信の巡り合わせに従って暮らし、実践的無神論にかなり近い状況にあり、それほどまでに神への感情は薄らいでいた。

地中海世界は、宗教的相対主義、信仰の完全な自由に達したかに見えた。伝統的な公式宗教は、信仰についてなんらかの統制を果たすことができなくなっていた。宗教的見解に関するこのバベルの塔を寛容が支配した。そこではいかなる普遍的価値も全員一致で認められることはなかった。この状況は今日のわたしたちのそれに近い。そこには、信仰の分散化、相対主義、国民的・文化的価値と指標の喪失、《ア・ラ・カルトな》宗教、優先的に追求されるのは行為と直接の個人的満足、伝統的宗教（二千年前であれば古代ギリシア・ローマのパンテオン、今日ではキリスト教のそれ）がまだ多くの信仰者を引きずってはいても、文化に方向をあたえ、社会の選択にかかわることはできなくなり、形式的な伝統の状態、さらに民間伝承の状態に格下げされた。

こうした倫理的・宗教的カオス、白けきった懐疑論の源泉が、宗教、神(々)への信仰の全般的な破滅と無神論の一般化を引き起こさずにいられただろうか? 文化的諸条件が例外的に好都合であるときに、不信仰が自分の価値を認めさせないはずがなかった。世界についての無神論的説明が即座に用意された。ルクレティウスがやって来て、当時としては合理的な宇宙観を説明したのだ。それにしてもなぜ人は最終的には聖パウロに従うことにし、今日改めて直面している問題を二千年も延期しようとしたのだろうか。ここでは信仰体系のなかでしか価値を持たない、超自然型や摂理主義型の説明は無視することにしよう。人間にあたえられた種々の信仰のなかで、なぜ人間は一見もっともばかげた解決へ、十字架にかけられて死に、復活するための人間となる全能の神という解決へ進もうとしたのだろうか。

示唆的なのは、西暦五〇年頃聖パウロがその教義を説くためにアテナイにやって来たときに、アテナイで聖パウロが受けた歓迎である。使徒はまず好奇心を喚起した。とくに新しいものには開放的だったが、東方の新しい宗派の殺到に飽き飽きしていたストア派やエピクロス派の哲学者たちのあいだで、その好奇心を喚起したのだ。彼らはパウロの説明に、合理的に受け入れられるところを踏み外すまで、つまり死者の復活までは耳を傾けた。このエピソードを語っている使徒行伝の一節は有益である。パウロはアゴラで公衆にこう語りかける。


また、エピクロス派とストア派の幾人かの哲学者もパウロと討論したが、そのなかには、「このおしゃべりは、何を言いたいのだろうか」と言う者もいれば、「彼は外国の神々の宣伝をする者らしい」という者もいた。パウロが、イエスと復活について福音を告げ知らせていたからである。そこで、パウロをアレオパゴスに連れて行き、こう言った。「あなたが説いているこの新しい教えがどんなものか、知らせてもらえないか。奇妙なことをわれわれに聞かせているが、それがどんな意味なのか知りたいのだ」。すべてのアテナイ人やそこに在留する外国人は、何か新しいことを話したり聞いたりすることだけで、時を過ごしていたのである。
パウロはアレオパゴスの真ん中に立って語り始めた。

パウロはその教義の大筋を説明して、核心にいたる。

「さて、神はこのような無知の時代を、大目に見てくださいましたが、今はどこにいる人でも皆悔い改めるようにと、命じています。それは、先にお選びになった一人の方によって、この世を正しく裁く日をお決めになったからです。神はこの方を死者のなかから復活させて、すべての人にそのことの確証をおあたえになったのです」。死者の復活ということを聞くと、ある者はあざ笑い、ある者は「それについては、いずれまた聞かせてもらうことにしよう」と言った。それで、パウロはその場を立ち去った。(56)

パウロ神学は、パウロが神にあたえた似つかわしくないイメージと、この神と人間理性との間に存在する矛盾が理由となって拒絶された。哲学者たちは神の観念は受け入れた。だが、人間に格下げされた神は神の絶対性にふさわしいものではなく、さらにその神が自然の法則に反するならば、本当らしくなってしまう。まさしくそのためにキリスト教徒は長い間異教世界、とくに知識人の間では無神論者とみなされてきたのである。無神論者の語は、わたしたちには意外と思われる寄せ集めの形で迫害期に頻繁に用いられた。つまり、ルキアノスによれば、キリスト教徒とエピクロス主義者は、無神論者という呼称でひとくくりにされ、神託が彼らこそ神々の怒りの原因だと告発したために民衆暴動が起き、その犠牲者となった。「デキウスの勅令以前は、都市国家が率先して自分たちの判決やキリスト教徒の起訴を行った。彼らは恐れていたし、もしくは、神々の怒りを逸らす礼拝に参加しなかった、あの《無神論者たち》を恐れるよう人々から求められていた」ことに、ロビン・レーン・フォックスは言及している[57]。《無神論者》の語はさまざまな解釈が受け入れ可能であるが、主にはわたしたちが区別した二つの大きなカテゴリーに対応する。行動面での実践的無神論は、その道徳が規範と合致しないすべての人々をターゲットにしうる。民衆のあいだではこうした意味合いが強かった。ポルフュリオスがその代弁者だった。「軽薄な暮らしはすべて隷属と非宗教性に満ちている。そうした暮らしのなかでは精神には非宗教性、したがって不正が染みこみ、それゆえに無神論的であり、正義を欠いている[58]」。

聖パウロのアテナイでのエピソードが物語っているように、逆に哲学者たちにとって、神の権威を貶める考え方を教える教義はすべて無神論的である。哲学者たちの神は、啓示の神には対応しない合理的な要求を持っている。エピクロス主義者やストア主義者によれば、人間となった神ともどもキリスト教徒は実際には無神論者だった。「無神論が第一に神の直接的否定を意味するならば、それはまずなによりも、神という資格において神を無効にし、その権威の前に頭を垂れさせる神という観念を承認する、という事実に存する。まさしくそれがギリシアのもっとも偉大な哲学者たちが民衆の、そして国家の神話に登場する神々にあたえた判断だったし、対立物の法則によって、彼らがキリスト教を糾弾したのもそのためだった」とコルネリオ・ファブロは記す[59]。

さらに、ギリシアの懐疑論者セクストゥス・エンピリクスが『ピュロン主義哲学概要』で述べたように、摂理を信じることは、悪の存在に鑑みて真に不敬である。というのも、摂理を想定することはその神が意図的に悪を放置しておくことを意味するが、そうなると神は悪人ということになってしまうし、あるいは神は悪をとどめる能力がないという意味であれば、神は神でなくなってしまうからである。そこから、神の存在を肯定する人々は不敬の徒さらには無神論者であるとの逆説が生じる。「神が存在すると断固として主張する人々は必然的に不敬に陥る。本当は神が万物の摂理だと言ってしまえば、神が禍の原因だと彼らは宣言することを余儀なくされる。ところが神はなにものの摂理でもないと言えば、必然的に神は悪人でも無能でもないことに同意しなければならなくなるが、そうなるとこの反対の立場は明らかに不敬となる」[60]。

一世紀のローマ世界で、無神論が勝利者として宗教的混乱から抜け出すことがなかったのはどうしてか、というわたしたちの中心問題に立ち返るために、まずそこでは《無神論者》と《信仰者》の語がその厳密な意味を失っていたという、この混乱を正確に考察しなければならない。キリスト教は、ゆっくりと勝利を収めていったが、当時は無神論の変種、つまり追随者たちの奇妙な振る舞いから道徳的無神論、哲学者たちの目にはその神の権威を貶める考え方から理論的無神論とみなされていた。

いずれにせよ、思想史家が分類に際して意見が異なってはいても、当時多くの形態の無神論が存在していたことに変わりはない。コルネリオ・ファブロはこう書いている。

したがってギリシア世界では少なくとも三種の無神論を考慮しなければならない。まずは迷信的で政治的な無神論、つまり世界と歴史の力としての神々は信じる無神論、次いで非難の的になった哲学者の無神論、もっともより正確にはそのうちの幾人かの哲学者であるが、彼らは自然の力や政治的利益との釣り合いからふさわしくないものとして宗教を拒絶した。とはいえたとえばプラトン、アリストテレスやさらにほかの人々も彼ら自身無神論者でなかったことは明らかであり、それどころか正真正銘の有神論者の可能性があった。最後に非妥協的に公言した無神論者も欠けてはいなかったと思われる。彼らに関するいくつかのリストが伝えられている。[61]

アントン・アンヴァンダーは、彼の立場から六種の古代無神論を区別する。

教養のない人々の実践的不信仰、皇帝に犠牲を求めて人間を神の座にしつらえる国家賛美、神への信仰を時には英雄的な運命に時には占星術や呪術の形で現れる運命への信仰に変えてしまう転換、神を根本的に否定するよりも古い神話の再解釈を好む理性による神への信仰の破壊、形勢の悪い世界で自覚の必要性に直面した懐疑や絶望、最上位の問題についてはまったく無関係な態度をとるけんか腰の拒否、これらは無神論とか不敬の烙印を押される。[62]

このように、古代ギリシア・ローマにはすべてではないにしてもとにかく相当数の考えられるかぎりの無神論の形態があった。そしてキリスト教の時代になっても、まさしくこの方向にすべての反宗教的異議申し立てやすべての唯物論や無神論の支持者たちが関心を振り向けたのだった。したがって、宗教史家によって幾度となく検討されてきた問題、なぜキリスト教は勝利を収めたのかではなく、条件は好都合であるように見えたにもかかわらず、なぜ無神論はその諸形態のうちのひとつの形をとって自らの価値を示さなかったのかと問うならば、不信仰のこうしたすべての形態の異種混合的特徴を考察しなければならないように思われる。

れっきとした純粋な理論的無神論は当時では極端に稀だった。数を数えてみればそのことがよく分かる。それぞれの形態の無神論には実際にはある種の宗教的ないしは非合理的信仰形態がまとわりついていて、これらの無神論のうちのきわめてわずかなものが自分を無神論と考えていたのである。それとはまったく裏腹に、この無神論は自分以外のものをすぐに不敬、無神論と責め立てる。この無神論という資格をわが物と主張するどころか、それぞれが自分のことを敬虔心の正当な形態と描きあげたのである。先に見たセクストゥス・エンピリクスでさえ、たとえば懐疑論は神々を定義と教養の枠内に閉じこめないのだから、敬虔心の唯一の形態であると考えた。要するにセクストゥス・エンピリクスによれば、神々は存在するものの、われわれは「神」という言葉が何を意味するか知らず、またその存在を証明することもできないのだ。

独断論者は、時には神が物体的であると言い、時には非物体的であると言い、さらにある者は神が人間の姿をしていると言い、ほかの者は違うと言い、また神を空間のうちに置く者でも、ある者はその内部にまた別の者は外部に置くという具合だから、神の本質、その形も、住んでいる場所についても一致しないというのに、どうしたらわれわれが神の観念を作ることができるのだろうか。独断論者たちはまず手始めに、神が何であるかについて意見を一致させ、同意見となることから始めてもらいたいものだ。［…］神の存在は自明なことではない。もし実際に神がすすんでわれわれの感覚にとらえられるようになれば、独断論者たちは神とはなにか、神とはどのようなものであり、神はどこに住まわれているかについて意見が一致するだろう(63)。

古代の無神論にはしたがって中身がなかった。エピクロス主義についてさえ、ある種の神観念を保存しているため、外部からは他のもの同様ある種の不敬が感じられた。信仰と合理性を二つながら手札としたために、エピクロス主義は根本的に違ったものとは見なされなかった。当時の文明はそれをあたえることができなかったが、わたしたちが今日考えるような完璧な無神論は科学的・概念的な枠組みを必要とするのである。

宗教同様、無神論も小なりといえども自らがその一面である文明のタイプに応じて変化する。普遍的で不動の宗教がないのと同様に、普遍的で不動の無神論もない。古代の無神論は、古代ギリシア・ローマの宇宙論、哲学の考え方を共有したが、それによってはまだ信用に足る神なき世界の全体的な説明を示すことはできなかった。したがって部分的には宗教の地盤の上に立ちながら、無神論は反宗教とみなされ続けた。こうした論理から抜け出さないかぎり、無神論は不敬にまといつく侮蔑的なイメージをまとったままだった。

さらに、当時のローマの政治権力の発展は、皇帝の神格化、ローマとアウグストゥスへの礼拝、アウグストゥスによる伝統的宗教の復活をともない、社会の世俗化という方向にはまったく進まなかった。帝国は宗教と権力への服従を必要とした。そして帝国はそれをキリスト教に見いだした。キリスト教は、政治的服従を神への服従に昇華させ、マリア・ダラキの分析によれば、後期ローマ帝国の社会的・政治的必要に完全に適合した宗教だったのである。

第三章

中世の無神論？

中世の伝統的なイメージは数年前からかなりの修正を受けてきた。ジャック・ル・ゴフの『もうひとつの中世のために』に続いて、レジーヌ・ペルヌーの告発文『中世を終わらせるために』、ジャン・ドリュモーによる《キリスト教の中世という神話》への疑問視そして、多くのほかの中世史家がこの千年の歴史についていて今日ではさらにいっそう複雑なイメージをあたえている。

《信仰の時代》？

無神論、合理主義、唯物論の歴史はルクレティウスからラブレーまでを軽々と飛び越え、両者を隔てる十五世紀に及ぶキリスト教的信仰のコンセンサスを検討もせずに引き受けてしまう。それはまるで、キリスト教世界の波が異議申し立ての形式としては宗教感情の活力のしるしである異端しか姿を現すことを許さず、懐疑論や無神論のあらゆる可能性を飲み込んでしまったかのようである。こうしてヴァカンとマンジュノーによる大部の『カトリック神学辞典』は、「無神論」の項目で、「十六世紀近くのあいだ、世界の科学的生成や新たな道徳体系に結びついた、組織的な神の否定に出会うことはなかった」と記す。

古代ギリシア・ローマにおいてあれほど重要だった思想や生活様式の潮流が十六世紀に奇跡的に再登場するまで、これほど長い間姿を隠すことができたというのは、それ自体疑わしい。中世の人間は信仰者として今とは違ったふうに世界を見ることができたのだろうか。神への信仰は精神の構造、消しがたい思考様式、普遍的な明証性となったのだろうか。

こうしたご立派な確かさには今日では疑問の目が向けられている。たしかに、慎重さや細かな修正が不可欠である。しかし、教会の力がどれほどのものだったとしても、この時代が疑問や懐疑論、無神論のなんらかの形態にどうして浸されずにいたかは分からない。たとえば聖アンセルムス、聖トマスが「神の存在の証明」の探求にあたえた重要性からして、疑念を喚起するのに十分であろう。信仰が自ずと進むものであれば、神の存在を証明しようとの懸念は余計だからである。おそらく中世無神論は、機械的唯物論のそれとは違った特別な色合いをしていたのであろう。またおそらくそれは、支配的な思考様式でもなかったのであろう。しかし実践的な形態と同時に、理論的形態でも中世無神論は存在したのだ。

中世において潜在的に無神論的な潮流が存在したことに注意を喚起したのは、当然のことながらまずマルクス主義の歴史研究者だった。一九五九年からヘルマン・レイの著作はアリストテレス、アヴェロエス、唯名論者たち、ブラバンのシゲルスらをめぐるスコラ哲学者たちの論争を通じて、安全のために形式的論争の埒外にあるかのように偽装した不可知論、唯物論、無神論を発見することに取り組んだ。[1]アラブ世界の影響に関して、レイはたとえば、「人間の諸力への信頼、有神論や理神論の公式の拒絶がアヴェロエスの無神論の核心をなしていた」と記す。[2]世界の永遠性、魂の死すべき運命、自由あるいは奇蹟に関する議論のおかげで、中世的な学的討論（*disputatio*）の装いのもとではあるが、総論で決する以前の賛成論、反対論に評価を下すことができる。信仰に反する命題についての議論も、回避されるどころか、時には厄介な力をもって表明されたのであって、仮にマルクス主義者によるそうした人物の利用が往々にして度を越したものになったとしても、コルネリオ・ファブロが書くように、「中世ラテン哲学とまったく同様アラブ哲学のなかには、もう少しで神と人間理性の持ち分の《喪失》になりかねない、あるいは神や神の基本的な属性の観念を弱め、そうして神の存在そのものを危機に陥れる臨界的立場がなおやはり存在したのである(3)」。

これは、理論的・哲学的な中世無神論の可能性にあてはまる。エマニュエル・ル・ロワ・ラデュリも、中世の絶頂期にキリスト教世界の中心で民衆的な無神論が存在しえたことを示した。『モンタイユー、オクシタンの村』に関する研究で、ル・ロワ・ラデュリは農民の不信仰のいくつかの例を発見したのである(4)。歴史家は、もっとも重要な注にある次の文言によって、中世における不信仰の概念的不可能性についての判断を訂正しようとした。

> リュシアン・フェーヴル、それにモラやペロワなどの優れた中世史家たちは、中世ならびに十六世紀における「不信仰問題」は、圧倒的大多数の人々の本質的に宗教的で超自然主義的、呪術的で軽信的な心性との関連で提起されるべきだ、もしくは提起されてはならないと考える。リュシアン・フェーヴルによると、一六四一年（シラノが「人間については人間的であるものだけを信じなければならない」と宣言した年）以降になってようやく、不可能なものが、したがって合理的なものが、それ故に不信仰が意味を獲得できるようになるそうだ。残念ながら、このシラノのテキストは実際にはモンテーニュのものなのだ。[…]
> 旧体制下の知性を論ずるにあたり、もちろん農民をはじめとして単純であまり洗練されていなかった人々

には《不信仰》は不可能だと考える人々に対して、わたしは、リュシアン・フェーヴルよりも、この点ではずっと分別をわきまえていたベニーニュ・ボシュエ〔十七世紀フランスのカトリック司祭、哲学者。説教と演説でとくに有名で「モーの鷲」とあだ名された〕が、聖体の秘蹟に関する懐疑論について口にした深い洞察力を備えた言葉を思い出してもらいたいと思う。「神は高貴な、理解を超えた事物を作られる。つまり神に勝るものは何ものもありません。世界はそのことに嫌気がさして、かくも高貴な啓示に抵抗する、それが動物としての人間の性向です」。リュシアン・フェーヴルの誤りはおそらく、この領域で自分自身の方法に忠実でなかったことにあり、また中世やルネサンスの不信仰を啓蒙思想、合理主義、現代の不信仰の構造によって判断したことである。(5)

たしかに少数派であり、現代の無神論とは異なるにせよ、中世の民衆的無神論が存在したこと、それは同時に中世における信仰の観念に関する近年の研究が示そうとめざしているものであり、ジャン＝クロード・シュミットはそれに促されて、「外見的には一体主義的なこの宗教文化にあって、不信仰の余地はあるのだろうか」、との問いを立てた。(6)答えが示唆するのは、多くの軽信が見いだされるため実際にはかなり両義的であるものを歪めて伝える証言、聖人伝の記述、列聖調査、奇蹟や布教の報告、また同時に不安や広範な軽信の明白で有形な証拠、兆候を再検討する必要性だった。そうした印象は敵意、懐疑論、皮肉、嘲笑といった特徴からさらに強められる。聖人によって罰せられる軽信は、聖人伝の記述のありきたりのテーマである。「こうした批判、こうした非難、時には好色なこうした冗談のすべてを合計しても、平凡な信仰者の側からの原理的な不可知論を表明するものではないが、むしろ聖職者のもっともな演説を耳にするたびごとに大きな自由を発揮して、そのつどそのつど疑念を表す立場が極度に広がっていることが認められるだろう」、とジャン＝クロード・シュミットは書く。(7)

迷信という一幕は参考になるが、取り扱うには微妙な問題である。古い神話の痕跡、それは信仰を純化し、信仰を新たな必要に適合させようとする教会権力によって定期的に見直された。とりわけ幻術の名人、《偽りの証拠》を振りまく悪魔が事情をいっそう混乱させ、民衆精神が《真の》信仰と《偽の》信仰の区別をうまくつけられなくなるために、こうした《信仰の絶えざる再処理》とあいまいさとは相対主義の源泉だった。[8] 中世の民間信仰は、個人的なものという以上になおいっそう社会的行為であり、極度に混乱した姿で現れる。

知識人の信仰に関しては、スコラ神学者の合理化の努力によってたえず修正されたが、ジャン＝クロード・シュミットによれば、この合理化も独自の崩壊の芽を宿していた。[9] 啓示の内で働く理性が、たえず啓示を浸食するのだ。中世神学、そしてそれと不可分の哲学の歴史はその例証である。アリストテレス主義的なアヴェロエス主義からオッカム主義まで、哲学は宇宙に関して時には汎神論的、時には唯物論的、そして時には無神論的と見える危険な見地を開示した。この見地はすぐに押しのけられてしまうのだが、十分に魅力的で幾人かはそのおかげで「二重真理説」の信奉者になった。

当初は、すべて単純なことと見えた。教父たちによれば、無神論者はすべて真の神、キリスト教の神を信じない者たちだった。

どんな神もいないと信じる者たちばかりでなく、神の威光をずたずたに引き裂き、プラトン学派の創造主（デミウルゴス）と神による創造を同列に置く者たちもやはり障害者扱いしないことにしよう。ただの無神論者とはしたがって神々が存在することを絶対的に否定する、メロスのディアゴラス、キュレネのテオドロス、テゲアのエウヘメロス、そしてその手下ばかりでなく、[…] さらにはホメロスやヘシオドスなどである。[10]

異教の信奉者であることだけでなく、汎神論や不可知論の学説の信奉者であることもやめてしまったキュロスのテオドレトスはこう述べていた。

メロスのディアゴラス、キュロスのテオドロス、そしてテゲアのエウヘメロスの無神論は人々から避けられるだろう。プルタルコスが言っていることだが、神はいないとこの人たちは考えていた。また神は物体的であると言って自分たちを神にしたストア派の下劣な考えも免れられる。神に関してプロタゴラスが抱いていた信仰に関するあいまいで不適切な発言を厭うこともできる。とにかく以下にその例を掲げよう、「神々については、存在しているのか、存在していないのか、そしてどんな考えをもてるのかもわたしは知らない」、そうプロタゴラスは言っている。(11)

とはいえアレクサンドリアのクレメンスは、無神論者と呼ぶのがふさわしい異教宗教の信仰者たちと、あらゆる神性の存在を否定した古代の哲学者たちとを驚くべき仕方で区別している。そして、後者は前者よりもずっと好ましいとみなす。

これこそが無神論者たちの謎である。真の神を知らず、恥ずかしげもなく小さな子ども、タイタン族によって細切れにされた子ども、喪服をまとった女、真実恥ずかしくて口にできないような連中を崇める、こうした連中を無神論者と呼ぶのは当然だ。二重の不敬が彼らを虜にする。まず彼らに神を分からなくさせている不敬である。なぜなら、真実神であるものを彼らは神と認めないから。さらに存在を存在していないものに帰属させ、実際には神々でないもの、存在すらしていないものを神々と名づける誤りである。そういったものはただ名づけられただけにすぎないのだ。[…]

さらに、ここでわたしの考えをすべて言わなければならないが、アクラガスのエウヘメロス、キプロスのニカノール、ディアゴラスそしてメロスのヒッポン、また彼らとともにあの有名なキュレネの人々、テオドロスや多くのほかの人々が、賢明な生き方をし、残余の人々に比べればよりいっそうの洞察力をもってあの神々についての誤りを認めたにもかかわらず、無神論者扱いされているのを見て、わたしは驚いている。(12)

また別の複雑さがやがて聖書の解釈と一緒に姿を現すが、それはキリスト教の歴史を通じて一大論争点を形づくるものであり、ルナン、ロワジー、テュルメルなどの幾人かのキリスト教知識人にとって、棄教の原因にさえなった点である。その中心は移り変わるが、論争はオリゲネス以来開始されていて、オリゲネスはこう書いた。

太陽もなく月もなく、また星もないのに、一日目、次の日、三日目や朝晩が来ると、くわえてまだ天も存在していないというのに、初日と名づけられた日がやって来ると一度たりとも信じてしまう良識人とは、どんな人物だろうか。神が、農夫のまねをして東方のどこかの国にエデンの園を誂え、そうするとそのおかげで肉体の歯で味わえば生命を受けるのだと思い込むほどの愚か者がいるだろうか。[…] 聖書には、実際に起こったかのように語りながら、文字通りにとればまったく意味をなさないたくさんの似通った事柄があるのに、良識なぞなくても誰もがそれに簡単に気づけるのに、こんなことをこれ以上口にしても何になるだろう。(13)

ここに見られるのは、その信仰があまり正統とは言えない形で表現されている著者における相当の大胆さである。キリスト教のようなドグマティックな宗教のかせであってさえも、何ものも真理の探求における知的思考を止めることはできない。まさしくこうして、九世紀以降マクロビウスの『スキピオの夢の解釈』に想を得た、世界霊魂に関する汎神論的理論が流通することになるのである。(14)

不信仰へのアラブ＝イスラム世界の寄与

こうした潮流は、十二世紀にアヴェロエス主義の支持を受けて強化された。アヴェロエス主義はキリスト教徒のなかでもっとも論争の種となった哲学の一派だった。この哲学の起源がイスラムにあったことが、いかなる宗教も哲学的思索を免れるものではないという事実、また同時に信徒と非信徒のあいだの絶え間のない文化的交流をよく物語っている。

そもそものはじめから、イスラム教は不信仰と無神論の問題に直面していた（アラビア語で *ad-dahriyyah* は無神論者、時間を表す *ad-dahr* に由来する *dahri* は唯物論者を指す）。コーランは、非信徒とは混同されることのない、多くの無神論者の存在を記している。

彼らはこう言う。この世の暮らしのほかに別の暮らしなどない。われわれは死に、そして生きる。ただ時間だけがわれわれを無とする。彼らはこうしたことを何も分からず、仮定を作っているにすぎない。

彼らにわれわれのはっきりした奇蹟（われわれのコーランの明らかな数節）を何度も読んだ時に、彼らは何と言ったと思う？　彼らはこう言ったのだ。「もしあなたの言うことが本当なら、われわれの父親を生き返らせてみなさい」と。

彼らにこう言ってやりなさい。「神がわれわれを甦らせてくださり、そしてあなたがたに死をもたらすだろう、やがて神はあなたがたを復活の日にお集めになるだろう」、と。このことに少しの疑いもない。だが大部分の人はそのことが分からない。[15]

当時のキリスト教世界よりも科学的研究に対してずっと開かれていて、早くから古代ギリシア・ローマの主要な哲学者の著作の翻訳を享受していたイスラム世界では、十一世紀末にたとえばウマル・ハイヤームが「天と名づけられたこの伏せられた椀、その下で人間という種がはい回り、死んでいく。天に向かい呼びかけようと手を上げてはならない。天はわたしたちと同じように非力なものでしかないのだから」と表した思想のように、[16]無神論的な自然主義の流れの拡大が見られた。厳格な決定論が支配する機械論的な物質世界で、神を探してはならないのだ。

十二世紀になると、不寛容な専制政治の枠内ではこうした大胆さは難しくなったが、幾人かの哲学者は信仰と哲学的思索の完全な分離を強く勧めた。『孤独なる者の生活規律』で、北アフリカのアルモラヴィッド朝に暮らしたイブン・バーッジャは、自由にものを考えられるために、賢者は社会から離れなければならないと説いた。同じ頃イブン・トファイルは、ロビンソン・クルーソーを先取りした哲学小説『ヤクザーンの子ハイイ』で、宗教的不寛容に直面した知識人のペシミズムを表明していた。この小説の主人公、ハイイは無人島で一人きりで成長したが、そこで彼は観察と実験によって哲学の原理を発見する。自分の知識を隣の島のイスラム人社会に伝えようとすると、彼は追い払われて、自分の孤独に戻らねばならなかった。現実の世界では逃げ出すことなどできないと知っていたイブン・トゥファイルによれば、唯一の解決法は沈黙だった。哲学者は、目に見えない共同体を形成し、自分たちのためにその思索を確保しておくのだ。無神論へと導く自由な哲学と信仰のあいだには可能な接触などありはしない。すべての社会的悪、狂信的な敵対関係が起因するのは分野の混同からである。信仰と理性、これらはそれぞれにその有用性があるが、大衆にとっては信仰、エリートにとっては合理主義というように、別々にされるべきである。

それはまたイブン・ルシュド、つまりアヴェロエス（一一二六―九八）の立場であり、彼の『決定的論考』は宗教との関係で哲学の法的身分を定め、そうすることで哲学者の考える自由を擁護することをめざした。このような自由は、アヴェロエスによればまず第一に哲学者に利益をもたらすものである。なぜなら彼が擁護しようとする学説は、信仰と一致するところがほとんどなかったからである。すでにアル＝ファーラービーやアヴィケンナによって解釈がなされていたように、アリストテレスをふたたびとりあげて、アヴェロエスは物質的世界の永遠性、個物を知るうえでの神の無能力を主張し、本質的なものは軽んじないとの意味合いをともなってではあるが、肉体の復活を否定した(17)。

とくにユダヤ哲学者から伝えられたこれらの合理的命題は、聖書に由来する三つの宗教と理性の関係に急速に影響を及ぼすことになる。ユダヤ教の側では、マイモニデスが世界の永遠性の思想を慎重に用いたが、十三世紀には、『教説再興』の著者、イサック・アルバラグはためらうことなく信仰に反する哲学的真理と理性に反する信仰の真理を並行的に受け入れる。これこそ、まさしく「二重真理説」と呼ばれるものだった。「多くの点で、わたしの信仰に反してわたしの意見が合理的だと、あなたは思うだろう。自然の道によってこれこれのものが真であることを証明からわたしは知り、また同時に奇蹟の道によって反対のことが真であることも預言者の言葉からわたしは知っているからである(18)」。ひとりの信仰者にとって、これ以上合理的な結論の方向へ進むことは不可能であった。

西欧では幾人かが、アヴェロエスに帰された無神論的結論に従うことは承知のうえで、ためらうことなくさらに遠くまで進んだ。十三世紀においてすでに、ジル・ド・ローム〔アエギディウス・ロマヌス〕は、イスラム哲学と全面的に結びついた不信仰との評判を自分から吹聴したが、それは三大宗教を告発するものであった。

どんな宗教も持たなかったこの偉大な人物は、自分の魂はキリスト教徒といるよりは哲学者といるほうがいいと言った。アヴェロエスはキリスト教徒の宗教を聖体の秘蹟を理由に不可能なものと名づけた。またアヴェロエスはユダヤ教徒の宗教を、さまざまな法的戒律や義務を理由に子どもの宗教と呼んだ。さらに彼はマホメット教徒の宗教は、感覚の満足しか見ていないことを理由に、豚の宗教だと認めた。(19)

間もなくアヴェロエスには、モーセ、イエス、マホメットをウソつき呼ばわりし、一五一三年にレオン十世から公式に禁書とされた、謎に満ちた冒瀆的で有名な論文『三詐欺師論』の著者かもしれないとの伝統が形づくられる。三大宗教の比較という不敬なテーマは、十三世紀のシチリアのシンクレティズムの信奉者の間で急速に広がった。『三つの指輪の物語』を含む論考『新参者』(*Il Novellino*)が練り上げられたのはフリードリヒ二世の宮廷においてだったが、この本は三つの一神論を、ひとつの形而上学的真理が国や時代に応じてとった象徴的表現だとみなした。

この種の懐疑的エキュメニズム〔教会統一運動〕がイスラム世界とキリスト教世界の境界地域で発達した。イスラム教の創始期以来、幾人かのアラブのエピクロス派の詩人、ズィンディーク(*zindigs*)〔ザンダカ主義者〕たちはマホメットを賢者のレベルに引き下げ、ペルシアのバッシャール・イブン・ブルドは教会の鐘に従ったらいいのか、メッカへの礼拝の時を告げるムアッジンの呼びかけに答えるべきか自問した。十世紀には、バグダッドであらゆる色合いのイスラム教徒、キリスト教徒、ユダヤ教徒、さらには唯物論的無神論者が一堂に会して、「人間理性から引き出された論法」によって自分たちの見解を比較した。大討論会はさらに一六二三年にバルセロナで催された[20]。

キリスト教世界では二重真理説が、宗教界の権威者たちを心配させるほどやはり決定的な前進をとげた。ペトラルカから始まってエルネスト・ルナンにいたるまでそうなのだが、その責任が誤ってアヴェロエスに帰されたことも事態を何も変えなかった。西欧では十三世紀には、理性の自立に基づいて無神論的命題を支持する用意のある思想潮流が存在していた。この潮流は一二七七年にパリの司教、エティエンヌ・タンピエによって厳かに禁止されたが、タンピエは信仰にとって容認できない二一九の命題を異端と判定し、こう言う。「信仰に従えばそうではなくとも、哲学に従えば真であるものごとがある、と彼らは称する。まるで二つの反対しあう真理があるかのごとく、そして聖書の真理に反対してでも胸くその悪い異教の書物に真理が見いだされうるかのごとくである。わたしは賢者の知恵を失う、とそこには記されているのだ」。

一三一一年に著作を著したライムンドゥス・ルルスにとって、こうした二重性はアヴェロエスにさかのぼる。そのことはまた十四世紀半ばに『無知について〔自分自身およびその他多くの人の無知について〕』で、ペトラルカが述べたことでもあった。ペトラルカによると、アヴェロエス主義者たちは「カトリックの宗教に合致するものはすべて屁とも思わない」無神論者であるが、彼らは私的領域でしか自分たちの無神論の立場を支持しているとは言わない。「彼らはこっそりと真理と宗教を闘わせ、そして隅で人目につかないようにキリストを笑いものにし、理解してもいないアリストテレスを賛美する」。「公開討論に出る羽目になっても、自分たちの異端ぶりをあえて吐こうともせず、自分たちは信仰とは別に、信仰を脇に置いて議論をしていると、抗議するのが常だった」。

これらの哲学者があえて支持する命題のなかから、エティエンヌ・タンピエは次のようなものをあげている。「世界は永遠である」、「将来の復活は哲学者が考察すべきではない。なぜなら、理性によってこれを扱うことはできないからである」、「死は畏怖すべきものごとの終末である」（あの世で魂のなお生きることの否定）、「壊敗した肉体が、数のうえでかつて存在していた肉体と同じだけ生き返ることはありえない」、「姿を変え、滅んでいく現実を不断に存続させることは、神にはできない」、「神は個物を認識しない」。これこそがまさしく、キリスト教的信仰の土台となる教義を破壊するのにうってつけな命題だった。それ以外の命題のおかげで哲学は確かさの唯一の源泉となったものの、この確かさは神学からは否認された。というのも神学は作り話に依拠しているが、運動と人類は永遠であり、最初の人間はけっして存在せず、宇宙の歴史は循環的であり、すべては三六〇〇〇年ごとに再生し、天空の物体はひとつの霊魂によって動き、自然は動因としての知性であり、すべての出来事は必然的であり、キリスト教の信仰にはそのほかの宗教同様作り話と誤りが含まれており、それは科学の障害であり、幸福はこの世に存し、あの世にはないからだった。一二七七年の二一九の命題は、当時のパリ大学で流布していた見解の驚くべき多様性をかいま見させてくれるが、そのうちのいくつかはほぼ無神論と言いうるものにまで進んだ。

二重真理説の問題

検閲の決定には、とくに二人の哲学者、ダキアのボエティウスとブラバンのシゲルスの発言や書いたものがその動機となっていた。ボエティウスについて、わたしたちが承知しているのは、一二七七年にその見解のために警察からしつこく追求され、一二八三年にはイタリア中部のオルヴィエトにあった教皇庁にいたことであるが、これはおそらくブラバンのシゲルス同様囚人としてだったのだろう。大論文『世界の永遠性について』、そしていくつものアリストテレスの注釈書の著者として、ブラバンのシゲルスは、自分の著作で自然と超自然の二つの領域の厳格な分離を主張した。したがって神学者には科学の分野で結論を引き出すいかなる権限もなく、また科学者は神学上の事柄に口を挟むことができない。こうして、創造の問題をとりあげるとすれば、世界が始まったことを理性で証明するのは物理学者には不可能である。また自然の秩序のなかには、創造はない。すべての現象はなにか別の現象によって引き起こされ、すべての存在はなにか別の存在によって引き起こされ、すべての運動はなにか別の運動によって生み出される。最初の人間は存在せず、絶対的な始めは存在しないのだ。

一方に信仰の真理が、他方に理性の真理がある。ブラバンのシゲルスのおかげで、このことはもはや単なる区別ではなく、本物の対立となった。一二六六年以来のこのパリ大学学芸部講師はあらゆる巧妙さ、あらゆるスコラ哲学の弁証法の形式主義に訴えて、きわめて大胆な詭弁哲学を主張した。その主張は、たとえば「神は存在しない、感覚は実在に手が届かない、過去と現在のあいだには隔たりはない、重いものはそのままにしておけば、落ちることはない、矛盾対等の原理は真理ではない」といったものだった。エミール・ブレイエは、「そこに思弁的無神論の芽を見いだせるあらゆる命題」を確認している[21]。ブラバンのシゲルスは、『形而上学に関わる問題点』でアリストテレスの科学的研究を口実にして、その背後に身を隠して言う。

われわれの主要な意図は真理とは何かをたずねることではなく、このアリストテレスという哲学者の見解がどのようなものだったかをたずねることである。［…］ここでは、仮にこの哲学者の考えが真理に合致していなかったとしても、そして自然理性からは結論できないようないくつかの事柄を啓示が魂について教える場合であっても、われわれは哲学者たちの、主にアリストテレスの意図したことのみを探求する。いずれにしても現時点では神の奇蹟はわれわれに関知しない。われわれは自然的事物を自然のままに取り扱っているからである。[22]

シゲルスはアリストテレス哲学から、教義とは完全に対立する結論を引き出した。たとえば、「信仰に従えば、世界と運動には始めがあった。それを証拠立てる理性は存在しない。理性を頭に抱く者は信仰を認めないからである」といった具合である。したがって、理性に従えば、世界は永遠であり、神は出来事の直接の原因ではなく、未来を知ることもなく、個々ばらばらな魂はなく、普遍的な知性が存在し、復活は不可能なことになる。とはいえシゲルスは、けっしてその結論の絶対的価値については明言しない。当時の大博士たちは努力して信仰と理性を和解させようとしていたのだが、シゲルスは両者が二律背反的であることを証明することで満足した。シゲルスははじめに自分の立場を示しているが、そんなものはまったく取るに足らない口実だった。教会が教えることを信じなければならないと何度も言った後で、シゲルスは合理的な学問に従えば逆のことを信じるように促されることを示すのだ。

「シゲルスは理性によって見いだされるものだけを真理として認める」、とエミール・ブレイエは書く。それは、シゲルスと同時期にパリで教えていたある神学教授がすでに視野に収めていたことでもあった。その人こそがトマス・アクィナスであった。トマスはシゲルスの説が禁じられるまで筆を止めることはなかった。それだからトマスは『アヴェロエス反駁』で、シゲルスの立場の二重性が信仰の内容は偽りであるとの主張に帰結することの証明に心血を注ぐ。そしてこう記す。「信仰はあらゆる必然性において逆のことが結論される肯定命題に依拠すると、シゲルスは考える。しかるに、その対立物が不可能で偽なるものである必然的な真なるもののみがあらゆる必然性において結論となりうるのであるから、シゲルス自身の言い方に従えば、信仰は不可能で偽なるものに依拠することにならざるをえない」。

アラン・ド・リベラがはっきり示したように、トマス・アクィナスは《二重真理説》という定式を創りだしたが、その起源を偽ってアヴェロエスに帰し[23]、この言い方を一度も使ったことはなかったシゲルスが西欧におけるその宣伝者とされてしまった。一二七〇年の説教で神学者トマスは、不敬な説を唱える人々を非難し、「彼らは哲学者たちの言葉を口先で唱えている」と語った。トマスによればそれこそが、「解決もせずに疑問をあおることと、疑問に同意することとは同じなのだから、偽りの預言者や偽りの博士の」立場だった。同年大聖アルベルト〔アルベルトゥス・マグヌス〕が論争に介入し、パリ大学学芸部で教えられていた十三の誤りに対して最初の有罪判決がパリ司教から発せられた。さらに一二七二年には令状によって呼び出され、シゲルスは一二七七年十月二十三日フランス異端審問官リノン・デュ・ヴァルの法廷に召還された。異端と認められ、シゲルスはローマに控訴したが、ローマはその判決を追認し、ローマ教皇庁に幽閉され、一二八四年年末を待たずに死んだ。殺害したのはその秘書だった。

「アリストテレスは神のごとき存在である」、とブラバンのシゲルスは書いた。十三世紀初頭において、かのスタゲイラの人〔アリストテレス〕の自然学を再発見したことは、知識人たちの中枢を占めていた人々にとって実際、真の啓示だった。秩序があり、論理的で、体系的なこの思想は、情熱を込めて解釈がなされた。ところが信仰にとってみれば、根底にある唯物論のために、この思想はこの上なく危険なものだった。ギリシア人のアフロディシアスのアレクサンドロス、アラブ人のアヴェロエスといったさまざまな注釈者を通して、アリストテレスの思想は、二つの点でキリスト教と対立した。それは神による創造の不可能性および物質の永遠性、そして個人の不死性の否定という二点だった。《能動的知性》が唯一不死的要素だったが、それが神であり、個々の魂は肉体と結びついたこの知性の仮の一部でしかなかった。こうしたことが理由となって、アリストテレスの『自然学』と『形而上学』は一二一〇年にパリで、次いで一二一五年と一二二八年に教皇から禁書とされた。

一二一〇年の禁止宣告は汎神論型の二つの異端説の蔓延が引き金となったが、それはとくにアリストテレス哲学のいくつかの側面が見せる信仰にとっての危険性を具体的に例証した。問題になったのはなるほど無神論ではなかったが、それよりも神的なものと人間的なもの、聖と俗との二元論的な分離を否定する傾向の思想、プラトン以前の一元論への回帰であり、実際無神論一歩手前の段階にあった。二つの異説の第一のものはベネのアマルリコスの説だが、一二〇六年に亡くなったアマルリコスは、決定によって遺体が掘り出され、聖別されていない土地に捨てられた。九世紀の哲学者で神学者のヨハネス・スコトゥス・エリウゲナから想をえて、アマルリコスは「すべての存在は一者であり、すべての存在は神である」と主張した(24)。これは観念論的汎神論であったが、容易に無神論に変貌する。そのためには、「神」の語を「物質」の語に置き換えれば足りた。さらにアマルリコスにあっては、信仰が知識の源泉としての科学に取って変えられようとしていた。

同時期のディナンのダヴィドにあっては、アリストテレス哲学の影響はさらにはっきりしていた。彼の著作、『四因子論』、『小品集』は焚書に処され、一部も残されてはいない。しかしその思想はその反対者たちが言ったことから再構成することができる。ダヴィドによれば、アリストテレスの三原理、すなわち神、物質、知性は、その単純性のゆえにひとつのものでしかない。これはパルメニデス的一元論に並びうる説であり、それについてエミール・ブレイエは、「その帰結はキリスト教のすべての教義、キリスト教

的生活の基礎それ自体、堕落と贖罪への信仰を無にする」と書いている。(25)

理性の誘惑

十二世紀以降、キリスト教知識人たちは有頂天になって理性の力の再発見に力を注いだ。ギリシア語で書かれた科学や哲学の著作のアラビア語からラテン語への翻訳を通じて、彼らは古代人の英知に驚嘆する。「われわれは巨人の肩に登った小人だ」、そうシャルトルのベルナールは言うことになる。しかし巨人は異教徒であり、彼らのうちの多くは懐疑論者、不可知論者、汎神論者、さらには無神論者だった。キリスト教哲学者たちが彼らのもとで探そうとしたのは、科学的な説明と論理的な技術であって、信仰のことでは彼らには聖書があった。それだからこそ彼らは、歴史上稀に見る楽観主義と熱狂をもって科学の研究に取り組もうとしたのである。

評判のシャルトル学派は実際、あらゆる分野における並外れた知的欲求を基盤とする好奇心と尽きることのない探求心で際だっていた。ジルベール・ド・ラ・ポレ、アラン・ド・リール、ギヨム・ド・コンシュ、ティエリ・ド・シャルトルは世界の驚異を説明した。彼らによれば、神は聖書が啓示しているように世界の作り手であり、科学は神の作物の働きの宝庫をわれわれに開いてくれるものだった。啓示と理性というこの二つの知識の源泉のあいだに対立がありうるかどうかということは無視された。信仰と理性の統一のもっとも熱心な支持者のひとり、アベラールは「理解できないことは信じられず、自分も聴衆も知性によってはとらえられもしないことを、他人に教えるのはばかげたことだ」と書く。

称賛すべき言葉だが、なんと軽はずみな物言いだろうか！　神の熱狂者、無慈悲な審問官にして信仰の真理の警戒怠りない守り手、聖ベルナールはこのことに激しく心を揺さぶられた。人間の創造を「神からではなく、自然から出発して」説明したがる、この学者たちは危険だ、と彼は述べる。アベラールは「傲慢さで肥え太ったうぬぼれ屋」にすぎない。「人間理性はその広がりの全局面において神を理解することができると力説しては、アベラールは信仰の真理を破壊するために仕事をする。彼は天と奈落の深みまで眼差しを潜める。それというのも、天国にも地獄にも彼の詮索が向かわないものは何もないからだ[26]」。聖ベルナールは理性を信用しない。理性は一度放たれればもう止まりはしないこと、そしてすべての領域を占有し信仰を人間の外に押しやらない限り、理性は満たされないものだということを知っていたからである。この頃までには、シャルトル学派のもっとも大胆な人々がためらうことなく神を括弧に入れ、ひたすら自由に科学を深めようとしていたことを、聖ベルナールは確認できたはずである。

それが、ギヨム・ド・コンシュ（一〇八〇―一一五四）の場合だった。この人物は、神が自然とその法則を創造したのだから、機械論的決定論は神にとって望ましいものだ、と考えた。人間理性は世界の働きを説明することを務めとするが、聖書との外見上の矛盾によって歩みを止められるようなことがあってはならず、この問題は寓意的な解釈によって解決できる。いわゆる「奇蹟」にこころを動かされることは問題とならない。そんなことをすれば、神は自分が創造した法則と自分自身が矛盾してしまうからである。「肝心なのは、神にそれができたかどうかではなく、そのことを検討し、合理的に説明し、その目的と有用性を示すことである。おそらく神はすべてをなされる。だが肝心なのは、神がなされたかくかくしかじかの事柄である。田舎者が言うように、おそらく神は木の幹を仔牛にできる。だが神がかつてそんなことをなされたことがあっただろうか」、ギヨムはそう書いた。

したがって奇蹟を信じるのは「田舎者」であり、かくして奇蹟は迷信と同列視される。ギヨムはためらうことなく、当時のあらゆる自然学、形而上学の理論に反して、原子に関するエピクロスの思想をとりあげた。とはいえ、それは無神論の見解と結びついていた。この「単純で微少で第一原理である粒子」が互いに結合して、あらゆる形態を生み出す。そして「神が大海の真ん中に天空を置かれた」といった具合に、創世記が自然界の法則に反するような事実を肯定する場合、ギヨムは「それは理性に反し、したがってありえないことだとわれわれは証明するだろう」と言い、それは寓意によって説明されなければならないと述べた[27]。

神が世界を作られたのであれば、世界は合理的なものであり、したがって理性は世界を理解することができる。ギヨム・ド・コンシュは、蒙昧主義的な信徒たちの態度を拒絶する。「連中が何を言おうとするかは分かる。自分たちはどうしてものごとが起こるのか知らない。だが神にはそれがおできになることは知っている。何という不幸！　こんな言いぐさ以上に不幸なことがあるだろうか！　神がことをなされても、どのようにそれがなされるかは知られず、かくある理由も知らされず、ことの有用性を明らかにされない、というのか」。自然は、非神聖化されれば、人間の研究にゆだねられた見事な機械である。ギヨム・ド・サン＝ティエリは、自分の著作から神を追い出したギヨム・ド・コンシュの自然主義的な見方に不安を覚え、彼の誤りの一覧表を作り、それを聖ベルナールに告発した。自立した科学、それは遅かれ早かれ啓示の神の存在を否定することになる学問だった。

無神論の脅威、シトー会士、ギヨム・ド・サン＝ティエリがその脅威を見ていたのは、さらにはあらゆる形而上学、くわえて神学上の問題さえ解決すると称する合理的論理学である、大胆な弁証法の過度の使用だった。そうした道具を使えば、どんな教義も安全ではなくなる。それこそまさしく、十一世紀中頃にアンジェの司教代理ベランジェが示したことだった。ベランジェは魂の不死、復活、実体変化に異議を唱えた。ペトルス・ダミアニはそういう破廉恥な教義を攻撃したが、その際神は無矛盾律の原理それ自体の上位に位置すると宣言した。十一世紀末には、弁証法学者ロスケリヌスは自分の技を別の方面で用いた。種と類、つまりは言われているように「普遍概念」の実在性を否定し、また個物のみが実在することを主張し、ロスケリヌスは新プラトン主義とキリスト教神学のすべての基礎を窮地に陥れた。ところがロスケリヌスによれば、信仰と理性とは二つの別々の領域であって、前者は後者の思弁を何ら気にかけることはなかった。

十一世紀から十三世紀にかけてのすべてのこうした混乱から分かることは、キリスト教の信仰の穏やかなコンセンサスから人々がかけ離れてしまったことだった。当然のことながら、この論争で神が直接問題とされることはなかった。しかし、一方の側からは故意に脇に置かれ、他方の側からは理性の枠にはめられて、神は厳しい試練に曝された。大胆な精神の持ち主たちとはいえ、考えをラテン語の大部の著作で表す知識人でしかなければ、教会は検閲や刑の宣告で状況を支配することができる。だがとてつもなく御し難いのは、権力者、貴族、王、皇帝、その取り巻きたちの世界だった。大胆な思想に君主が肩入れすることは、宮廷で無神論にまで行き着きかねない異端の潮流を奨励することになるのだった。

反軽信主義者たちの世界

神聖ローマ皇帝フリードリヒ二世の宮廷は、極端な信仰の自由のためのそうしたたまり場のひとつだったように見える。一二三九年にフリードリヒ二世に関して、ローマ教皇グレゴリウス九世はこう書いた。

われわれは、フリードリヒが信仰に反している証拠を手に入れた。世界中が三人の詐欺師、イエス＝キリスト、モーセ、マホメットにだまされている、と彼が言ったことだ。しかもイエス＝キリストを、栄光のうちに死んだほかの二人の下に置くのだ。さらに大胆に彼は、万物の創造主、神が処女から生まれたかもしれないなどと信じるのは気違いだけだとか、〔…〕自然理性によって示せることだけを信じなければならないと言った。〔…〕フリードリヒは、口先や行いや、その他さまざまなやり方で信仰と争ったのだ。[28]

一二四五年には、リヨンの公会議で教皇付き弁護士だったベーハムのアルベルトは、皇帝をこう描いた。

新たなるルシフェル〔魔王〕、フリードリヒ二世は、いと高き方の代理者に勝ろうとして、天をよじ登り星々の上に玉座をしつらえようとした。彼は神権を横領し、福音によってうち立てられた永遠の契約を変え、法と人々の暮らしの条件を変えようと望んだ。この自称皇帝は、まさしくキリスト教とカトリックの信仰と教会の自由の敵、かのヘロデ大王にほかならない。

占星術の信奉者フリードリヒ二世は、自分には合理的とは思われない神や天国や地獄についてのあらゆる信心を懐疑に曝す批判的精神をもたらしてくれる、自然学や形而上学上の問題を、臣下の哲学者で占星術師のマイケル・スコットと論じた。[29] 魂の本性はことのほかフリードリヒを悩ませた。キリスト教の答えにほとんど満足できず、彼はこのことをテーマに『シチリア問題』をまとめ、イスラムの弁証法学者イブン・サブイーンに問うことにした。サブイーンは、アリストテレスから福音書まで、さらにはコーランやアヴェロエスも含め、あらゆる情報源をアプリオリに拒絶することはしなかった。そうした折衷主義のおかげで皇帝は極端な相対主義に導かれることになり、エルサレムで度々皇帝のもとを訪れたイスラム教徒、イブン・アル＝ジャウジは皇帝を無神論者とみなした。アル＝ジャウジは、「皇帝はキリスト教をまじめにはとろうとしない唯物論者だった」と記した。

論争という文脈の中でこじつけられたこの結論は、おそらく割り引かれねばならないだろう。しかしフリードリヒ二世の評判は続く数世紀の間、皇帝の取り巻きや支持者にも向けられた一連の非難によって保持された。十五世紀の年代記作者ヴィラーニから見れば、皇帝は「エピクロス主義者として暮らし、死後に何か別の暮らしが来るかもしれないとは考えなかった」し、息子のマンフレーディは「神も聖人も信ぜず、ただ肉の喜びだけ」を信じていた。モレーリにとって、皇帝は「無神論とも思えるほどの不敬」である。のちにダンテやそのイタリアでの支持者たち、つまりギベリン党（皇帝党：十二―十三世紀、イタリアで起きた神聖ローマ皇帝と教皇との対立で皇帝を支持した政治勢力）員たちはフリードリヒ二世が対するグェルフ党（教皇党：同時期の教皇支持勢力）の名将ファリナータそっくりで、「天国はもっぱらこの世に求めなければならない」と考えた、と伝えている。十八世には碩学マッケリが『三詐欺師論』の執筆を皇帝フリードリヒ二世の書記官、ピエール・デ・ヴィーニュに帰した。いくつかの逸話は、たとえば「魂は息のように消える」とか、聖体顕示台を持った司祭が通りがかった際に「このようないかさまがいつまで続くのだろうか」といった不敬な言葉を皇帝のものとしている。「あれは無神論者だ」、フリードリヒ二世の同時代人で年代記作者のフラ・サリンベーネはそうはっきりと書いたが、アリストテレスの書物の主張を検証し、魂と肉体の結合の玄義を知るために皇帝が行った実験研究を、彼は怖れをもって伝える。こうした極度の好奇心と事実を確かめようとする絶えざる気遣いは、むしろ合理的で不可知論的な精神を指し示している。

当時のもう一人別の君主、カスティーリャ王アルフォンソ十世賢王もやはり『三詐欺師論』の著者として告発されたという点で、疑わしい評判を残している。伝記作家ボーシャンは王の《無神論》について語っているが、その根拠は王の折衷主義的でユダヤ教徒やイスラム教徒に対してキリスト教徒とまったく同様に開かれた、賢者の精神だった。[30] 明らかに創造主の作物にほとんど満足していないため、「もしわたしが人間を創造した時の神の参事会に出席できたならば、ある種のものごとは、今よりも良い秩序に置かれるであろうことがいくつかある」、王は度々そうした瀆神の言葉を吐いたと、十六世紀の哲学者サンチェスは伝える。これらの大胆さは無神論と同列視できるものではないが、かなりの精神の自由さを立証している。

不信心との風聞はさらにあまり知られていない人物にも結びつけられたが、それはおそらく一般的に考えられていた以上に中世の諸学派のあいだにずっと広がっていた懐疑論の兆候だった。十一世紀の聖職者、ラヴェンナのヴィルガルドゥスの場合がそうであり、彼については年代記作者ラウル・グラベールが、彼はウェルギリウス、ホラティウス、ユヴェナリスを福音書に勝ると考えていたと伝えている。「イタリアではこの移りやすい教義の幾人もの支持者が見受けられる」し、そのうちの何人かはスペインまで自分たちの教えを広げに行った。もっと知られた人物は、十三世紀のパリ大学博士シモン・ド・トゥルネで、同時期のトマ・ド・カンタンプレによれば、シモンは「イエス＝キリストに向かって瀆神の忌まわしい言葉をうぬぼれて口にし始めた［…］。自分の宗派と教えで世の人々の心をとらえたのは三人の詐欺師、つまりモーセ、イエス＝キリスト、マホメットである。はじめにモーセがユダヤの民を、次にイエス＝キリストがキリスト教の民を、三番目にマホメットが異教徒の民を気違いにした」、と言った。[31] こうして騒ぎ立てた後、シモン・ド・トゥルネは茫然自失の状態に陥ったようだ。歴史家たちの目には、シモン・ド・トゥルネは実際自分から進んでスコラ学派に戻り、三詐欺師論のテーマの賛否を検討するのだが、このことは少なくともこのテーマが当時かなり広まっていたことを示している。三詐欺師論というテーマに関してはいくぶん後の時期、十四世紀初めにまた別の痕跡を、ポルトガルの神学者、アルヴァーレ・ペラジュに見ることができる。ペラジュが伝えていることによると、「フランシスコ会士でドミニコ会士のスコトゥスという名前の人物が、いくつもの不敬の罪でリスボンに収監されていたが、彼もやはりモーセ、イエス＝キリスト、マホメットを、最初の人物はユダヤ人を、二人目の人物はキリスト教徒を、三番目の人物はサラセン人をだました詐欺師とみなしていた[32]」。

こうした相異なるいくつかの兆候から分かることは、十一世紀から十三世紀にかけての「中世キリスト教の絶頂期」を再考しなければならない、ということである。教会による厳しい監視、検閲、破壊という理由からして、懐疑論や無神論という氷山の一角だけをわたしたちはそこに見ている可能性がある。こうして、中世の知識人世界では合理的な思想が流通し、信仰の大黒柱に攻撃をしかけ、モーセ、イエス＝キリスト、マホメットを詐欺師扱いし、魂の不死と創造の思想を否定し、この世の外に何も存在しないと主張した。これらは自然主義や機械論の思想であって、信仰の埒外に位置づけられるものだった。こうした思想を異端思想と混同してはならない。異端思想は、公の信仰箇条のうちの廃れてしまったいくつかの点を維持あるいは強調して、信仰の非合理的側面を逆に増大させ、また理性を犠牲にして有力宗教の神学的均衡を打ち壊すのであるから、理論的無神論の対極にあった。ここに検討した潮流はやはりこうした均衡を壊しはしたが、それは非合理的なものを犠牲にしてのことだった。それはむしろ無神論的自然主義の方向へと向かう。

《証明》の必要が懐疑を証拠立てる

神の存在の証明を深めようとする、十一世紀から十三世紀にかけての神学者たちの努力は、したがって単なるスコラ学の演習などではまったくなかった。ただの自明な事柄、全員一致の確信事、不動の真理を自分たちはただ確認するだけでよいのかという問いに神学者たちが認めていた重大性は、これまで不十分にしか説明されてこなかった。神が存在することを証明するためにスコラ哲学や思弁神学が動員されたのは、それを疑う精神の持ち主がいたからだ。そして十一世紀に聖アンセルムスに代表される証明の追求が強化されたのは偶然ではない。実際、まさしくこの時期に信仰を確信する人々のなかで弁証法が流行し始めるのだ。

提出された《証明》は、明らかに時代の要求や文化に適合したものだった。それは中世型の不信仰を反駁し、そして聖書の神でもなければ現代の神でもない、アリストテレス型の、中世型の神の存在の証明をめざす。もっとも彼らの人脈内でも、そうした証明は信念ある人々だけしか納得させられなかった。ある人物の存在は証明されるのではなく、感じられる。それだからこそ合理的証明の対象となる神は、アリストテレスの神、哲学の神、すなわち一個の観念でありえる。しかし聖書の神については、個人的な体験に訴えることしかできない。これが神秘主義者の言い分だった。ところが、この種の出会いは統御不能であり、教会はこれを信用しなかった。教会は信徒全体のために働くのであるが、卑賤の者にはしるし、学者には知的な証明という仲介者によってのみ、神は信徒たちに自分を現すのである。

古代ギリシア・ローマ時代以来すでに道徳的証明、宇宙論的証明、摂理主義的証明、信仰の普遍性による証明があった。不幸なことに、それらは証明である以上にむしろ議論の種だった。十一世紀にカンタベリーの大司教、聖アンセルムスは避けようがない証明と思われるもの、明々白々な単純さによって明証性に迫るもの、存在論的証明の仕上げにかかっていた。この証明は、『プロスギオン』でアンセルムスがあたえた神の定義に含まれる。神は、「何ものもそれ以上に大きなものが考えられない存在」である。しかるに、かかる存在の本質的特徴は、思考のうちにのみ存することだけでなく、実際に存在することである。

そうでなければ、自身の定義に合致せず、「もっとも大きなもの」ではなくなるからである。したがって神は必然的に存在し、無神論者は主張と理論の不一致をきたす。アンセルムスは言う、「《神が存在しない》とは矛盾命題である」。

この存在論的証明には聖アンセルムスの時代からすでにフランス東部マルムティエの修道士、ゴーニロンが『気違いのために』の中で異議を唱えていた。そうした神の概念は根拠のない考え、疑似観念ではないのか、とゴーニロンは書く。その指示対象、すなわち現実的存在が実際にはどのような仕方でも知られない概念を、人はどのようにしたらまじめに考えられるだろうか、と問う。アンセルムスは『護教論』で、神の概念はそのすべての賓辞（善性、力能、慈悲、正義、永遠性など）とともに、信仰からわれわれのもとにやって来る、と答える。聖アンセルムスの《証明》はほかのすべての証明同様、すでに神の存在を信じている者しか説得することができないのだ[33]。

十三世紀には、証明の探求は別の方向へ、アリストテレスからそのままアイデアを受け継いだ方向、無限へと回帰するやり方、第一原因の探求へと向かった。聖トマス・アクィナスは、これに関して『神学大全』で神へといたる五つの道を提示してもっとも体系的な説明をあたえた。第一のものは第一動因の必然性に関わるものであり、運動の存在を説明する。第二のものは第一原因の必然性を定礎するものであって、結果から原因へと無限にさかのぼることはできないとする。第三のものは必然的な存在の肯定命題に依拠するものであって、この存在はそれ自体によって存在し、ほかのすべて、偶有的なものはその存在をこの存在から受け取るとされた。第四のもの、これは聖アンセルムスから受け継いだものだが、すべての完全性の基準、絶対的完全性を備えた存在の実在を前提する。第五のものは、世界に存在する目的性の確認によって、超越的な至上の知性の存在を結論するのである。

十一世紀から十三世紀には、神の存在を証明することをめざす多くのほかの試みもあった。それは合理性の虜になったこうした思想家たちが心中に感じる乾きを示すものであった。あまりにも長きにわたって歴史家が書き継いできた事柄とは反対に、中世の知識人たちには理性への情熱があった。キリスト教文化のなかに身を置き、彼らは理性を信仰に役立てようとしたが、二つの分野に矛盾があることには考えがいたらなかった。ところが彼らのやり方ときたら、信仰を強化するどころか、自分たちの反対者たちに役立つ議論を用意することだったのだ。越えることのできない溝が本質と実存のあいだにあったからである。のちにキルケゴールはこう記す。「現に実存している誰かの実在を証明するとは、陰謀のうちでももっとも厚顔無恥なものだ。それはこの実在を滑稽なものとする試みだからである。[…] なんだって彼が実在することを証明しようなどと思いついたのか、忘れてしまっても構わないと思ったからではないのか。これこそが、その実存を人の鼻先で証明しておいて事態をさらにひどいものにしてしまうやり方だ[34]」。

神の存在を証明しようとする欲望は、しかしながら古典主義期と言われる時代にとりわけキリスト教の思想家たち、理性に信頼を置こうとする人々をとらえた。トマス・アクィナスに続いて、デカルトそしてライプニッツやマールブランシュが同じ議論をとりあげた。自分たちの論証に満足していたとはいえ、彼らはおそらくほかの者を誰一人改宗させられなかった。二十世紀の思想家は彼らの試みのなかに逆説的に無神論を強化するものを見いだし、厳しい判断を下した。「神を肯定すること、それはとりわけ万物の第一の源泉を肯定することであり、さらにもっとも高度の合理的必然性、具体的な自由、形態やカテゴリーを超越した絶対者を肯定することである。したがって、神を演繹することは否定することに等しい。このようにして神を見いだすと称することは、無神論的方法で神に達しようと望むことに帰着する」、と一九二九年にエドアール・ル・ロワは書いた[35]。一九三五年にガブリエル・マルセルは、「弁神論、そんなものは無神論だ」と認め[36]、またジョルジュ・ギュスドルフは、今度は自分の番だとばかりに神の存在の証明問題を研究して「この種の無神論がきわめて無邪気に古典期の大形而上学者たちの大部分によって実践された」と指摘した[37]。

神の実在の証明を望むこと、それは神を形而上学の一対象に還元すること、そしてこの点では神に関して無神論者の観点を採用することである。それは人格的な神よりもさらに理性に真を置く行為である。神の存在の論証という幻想に終止符を打つには、カントがやってきて純粋理性の基礎を打ち壊すのを待たねばならなかった。現代はその批判をさらに遠くまで推し進め、理性の企てがどれほどある時代の歴史や文化に結びついているかを示すことによって、理性を一般的な相対主義のうちに解消させる。理性的論証を信仰の用に供しようとすることは、ある文化の内部でしか価値を持たない。文化的規範の発展は、これまでの論証の弱さを明らかにし、それを信仰にとっての弱点とすることに寄与した。

こうしたことはすでに、中世末期の唯名論者たちが疑念を抱いていたことだった。十四世紀からは実際、知的雰囲気が変わった。そのひとり、ドゥンス・スコトゥスは、神について類推を用いる推論の可能性に関して強い留保を表明した。人間精神は感覚的事物しか認識しない、そして「神の存在証明を認めたにもかかわらず、時にはドゥンス・スコトゥスは人間知性が感覚的存在から神にまで進めるのか疑っていたように見える。［…］本人は承知していたのであろうが、存在の一義性がどれほどスコトゥスを不可知論のほうへと追いやっているかが見て取れるのである」、とエミール・ブレイエは書いた[38]。

その一歩は、十四世紀半ばオッカムとともに越えられた。オッカムにとって、信仰と理性は分離され、また両者の自立性は神の存在証明をめざすすべての試みをむなしいものである。「人は自然理性だけで、神が万物の第一の動力因であり、神は無限の力を備えていると証明できるだろうか。神学で、そして自然学で証明できることは、神に関する同一の真理だろうか」と彼は『クオドリベット』（*Qoudolibet*）で自らに問いかけ、出された答えは否定的だった。まず、科学によって神の認識に到達することは不可能である。科学は特殊なもの、個別的なものしか認識できず、真理や実在に到達すると主張することはできないからである。人間精神は直感的に個々の事物を認識する。人間精神はそれらの間の関係を確証し、それを記号や形式論理で表現するが、類や普遍項にまでさかのぼれると主張することはできないのである。

同様に、宗教的真理は論証不可能である。一方では唯一の確実な存在は直感的に知覚されうるものだからであり、他方で聖トマスがあたえた宇宙論的《証明》は宇宙についての科学的に誤った考え方、つまり最初の運動と最初の原因の必要性という考え方に基づいているからである。さらにはっきりした理由は、われわれが単一性、不動性、全能、無限性といった神の属性の実在を証明できないことである。なぜならわれわれはこれらの性質の反対のもの、複数性、変化、力と広がりの有限性についてしか直感的認識を持たないからである。世界が創造されたということも論証不可能である。というのも、そうなると創造以前や以後の永遠が登場することになるが、そんなことはばかげているからである。この問題に関しては、唯一信仰のみが確実性をもたらしてくれるのであって、理性はなんの助けにもならない。

オッカムは、聖トマスの五つの証明を台無しにした。たしかに、彼は無神論に達したわけではなかったが、オッカムは神への信仰からすべての合理的支柱を取り去ってしまい、完全な信仰絶対主義の枠のなかで、信仰をして迷信に堕する危険を冒させることになった。十四世紀は実際、非合理的なものへと向かう新たな文化の振り子の動きを告げていた。科学の分野でもこれ以降、目的は未知の真理の探究ではなく、外見上の事柄を理解可能とする仮説を見つけることとなる。こうしてオッカムの弟子、オートルクールのニコラウスは、原子に関するデモクリトスの理論にたち帰る。ニコラウスは一三四七年に、自説を撤回しなければならなかった。

宗教思想の分野では、栄光はもはや証明のためではなく、神秘的出会いのためのものになり、神の存在すら消え去ってしまうほどすべてを捨て去る点にまで推し進められた。神は絶対的に認識不能なものとなり、それに導かれてドイツ西部ラインラントの神秘思想の偉大な代表者、マイスター・エックハルトは、『精神の再生』で次のように書いた。「神には御名がない。神については誰も何も、語ることも知ることもできないのだから〔…〕。さらにもしわたしが神は存在する何ものかであると言っても、それは本当ではない。神はまったく超越的な何ものかであり、非在の超存在者である」。こうした神秘的な定式化の背後には、虚無、ニヒリズムへの嗜好がはっきりと姿を現している。十五世紀にはニコラウス・クザーヌスの否定神学が同じ方向へと向かった。すなわち、神はあらゆる実定命題を排し、矛盾を包括する。われわれは神の本性に関しては自らの無知を自覚しなければならない。つまり、神はわれわれの能力を超えているからである。

神の豊饒さのあらゆる限定を拒否し、神を考えられるものすべての彼方に置いてしまう、このような否定ないしはアポファティズム（ギリシア語で否定を意味する *apophasis* に由来する）による神へのアプローチは、ベルナール・セーヴが指摘するように、擬似無神論に達する可能性がある。「彼らを生み出し、また彼らを支えてきた禁欲活動から引き離して字義通りにとれば、これらの文言は文字通り無神論者のものである」、とセーヴは言う。両極端はふたたび結びつく。神が存在のこちら側にあるのか、それともあちら側にあるのかということは、同一の事柄に逢着する。霊や魂のことを掲げた否定神学の著者たちはなおのこと無神論の嫌疑をかけられた。クロード・ブリュエールは『神の権利』で、ためらうことなく逆説を自己流の極端な結論にまで推し進め、「否定神学は全神学の否定である。これは実は無神論である」、と述べた。
神の存在証明を探求することで、十一世紀から十三世紀には神は異議を唱えても構わない知的認識の対象に還元された。十四世紀と十五世紀における超越神の探求は、存在がもはや無と区別されることのない、計り知れない深淵へと導く。深い信仰をもったこれらすべての神学者にとって神の追求は、自分では意識されないまま、上方では第一に過度の神学的合理主義によって、また下方では第二に人間精神の能力についてのペシミズムによって、無神論と紙一重だったのである。

奇蹟、超自然的現象と懐疑論

あいまいさは、また別の形で民衆レベルでも存在した。心性史、宗教社会学は半世紀来絶えることなく中世民衆の《キリスト教信仰》の背後に、信仰と不信仰の極度の多様性、信仰と無神論の錯綜した混合を見いだしてきた。前の世代から受け継いだ迷信、キリスト教の教義のさまざまな解釈、いくつかの信仰の基礎の拒否、礼拝への無関心ないしはそれへの嘲笑、こうしたすべてのことが信仰と無神論の境界を分からなくさせていた。このような急展開の背後に、大衆の無意識に働きかける懐疑論の脅威を認めることができないだろうか。この脅威は、そうしたすべての異端のしるしを通して現れる原初の神話的平衡の破断から生じた、実存的不安ではないだろうか。

近年の、そしてたいそう見事な書物である『中世の心性』で、エルヴェ・マルタンは、中世心性解釈のためにはただ前キリスト教的であるだけでなく前宗教的でさえあるきわめて古い遺産の手を借りるべき多数のしるしや行動を指摘した(39)。たとえば、奇蹟の物語がこの時期大量に出回った。十一世紀から十二世紀の間だけでも、それについて四七五六例を数え上げることができ、その五七パーセントは身体の再生と病気の治癒に関するものだった。[40] ところでこれらの物語は聖人伝だったが、それはどんなときでも聖人の行いによって罰せられる、相当数の不信仰者の存在を暗示している。ピエール＝アンドレ・シガルはそのいくつかの例を示す。不信心者はとくに領主であり、超自然的なものや聖人の介入を否定する。たとえば、十一世紀の初めに、小修道院を略奪した有名なオータン家の一員は聖人の力も、そしてそれを信じる信者たちのことも気にはしない、と宣言した。別の領主、ベルナール・ド・スネッフルは聖職者を無視して、聖人は自分たちの仕事に干渉すべきではないと言った。それはまた、聖ギヨム・フィルマの墓に残されている側近の者の意見でもあり、またモルトー伯ロベールの見解でもあった。「聖人伝は、不信仰の者を説き伏せるためのものという、戦闘文学の特徴をけっして失わなかった」とピエール＝アンドレ・シガルは書いているが、[41] このことは信仰を持たない者の問題がかなり重要だったことを前提とする。

これらのテキストは、前宗教的な神話的心性がつねに現存していたことを示す。聖人は、生きている間も死後も、事物に宿り自分がそれを操る力を持つ神秘の力、マナによって癒やす。治癒過程は神話に基礎をおき、自然の平衡を修復することをめざす閉ざされた構造に組み込まれている。主要な欠陥（疾病）が祝福や聖人との過去の契約の正しさを証明し、それが巡礼をもたらし、それには病人の健康状態の回復と祈願の成就がともなう。聖遺物もこれと同じく固有の治癒力、あたかも生命エネルギーを蓄積するかのように、《ヴィナージュ》と呼ばれる液体のなかに貯蔵すらされる《徳》を備えている。

聖人伝はまた、石の桶で海を渡る聖人、〔超自然的な〕出現、死者が入ることのできない修道院等々の驚異を通じて、神話を生み出す恒常的な能力を示している。鑑（*exempla*）の体裁で民衆的な予言に統合されたこれらの神話は、概念化されてはいるものの、本来の神話精神の明らかな堕落態だった。それらはもはや生きられたものではなく、語られたものだった。この驚異的な《鑑》は、前キリスト教的な迷信を受け継いだものであるが、宇宙の均衡の魔術的な復元という大きな企てのうちに見事に位置づけられていた。[42]「レヴィ＝ストロースの有名な定義に従えば神話の緩和版、矛盾を思考し、中和するための論理装置、それが夢幻的《解決》をもたらす根本問題が顔をのぞかせたままにしておく伝説である」、とエルヴェ・マルタンは記す。[43] マルタンはたとえば、自分からやって来て聖人の鋤につながれ、自然界の敵意を征服できる仕事の力を授ける鹿の場合を例にあげる。妖精の仲裁も同じ道理である。

ユングやフロイトも、豊饒、歓喜、幸福、性的放逸への欲求でもある禁止や境界や制限の幻想的な消失をともなう、驚異と欲求との間の結びつきを評価していた。さらに自然との、自然の諸力との融合への欲求があり、それはたとえば交雑種や半人・半獣の世界によって示される。民衆の集団的無意識のこのレベルでは、迷信と中世的驚異の氾濫は、しばしば宗教に基礎をおいた過度の軽信の兆候と見なされ、実際の無神論的・自然主義的・前宗教的な基盤を覆い隠していた。神はこれらの欲求には不在であり、そこには一神論的な世界に身を隠した自立的な人間のイメージが姿を現していた。

中世の迷信や驚異に関する教会の立場は、さらにいっそう事態をあいまいにする傾向があった。十二世紀から、かなり限られた聖職者幹部は魔術や迷信の実施を象徴的なものだと述べて、取り込もうと努めた。前キリスト教的なオカルト力のキリスト教化は、驚異やキリスト教の奇蹟を豊かなものにした。これこそ、ジャック・ル・ゴフが「超自然の正統」の出現と呼ぶものである。[44] こうして生霊や狼男への信心が、神の受肉への信仰を強めえたのである。魔術による変身は、水のブドウ酒への、あるいはロトの妻の塩の像への変化に見事に合致する。もっとも、これはさまざまな罪の例証に役立つ怪物への信心にまでは及ばなかった。[45] こうしたことすべてが、世界の統一したイメージを提供することをめざしたが、十三世紀から迷信との闘いとともに信仰の合理化の開始に手がつけられるようになると、信仰にとっては厄介な成り行きを用意する羽目になった。民衆的なレベルで、どうやって良き信仰と迷信の区別を実行できるだろうか？迷信への闘いは良き信仰にも害を及ぼし、全般的な懐疑論に至りはしないだろうか？

長期にわたって起こったのは逆のことだった。つまり信仰は勝ちを収めたとはいえ、その信仰は曖昧なものとなり、迷信を保持した大衆はそのすべての力を民衆的宗教に蓄えたのである。十五世紀になっても依然として、無数の証言がキリスト教世界の内部に宿る迷信信仰に警告を出した。英国では、人々が太陽や月や星を拝んでいたし、十七世紀になっても、ある種の人々はキリストを太陽、聖霊を月と同一視していた。イタリアでもスペインやブルターニュ同様、洞窟、泉、木はいつでも崇拝の対象だった。

中世末期には、ある種の人々が持っているとみなされた呪術の力に関して二つの考え方が対立していた。ジャン・ドリュモーはこう指摘する。

庶民にとって、とりわけ田舎では呪術はマナ——神秘的な力を示すポリネシアの用語がここでは見事に適合する——の結果であり、そのおかげである個人が利益を得る。しかし、判事や神学者にとって、自然と思えないことは超人的なものの介入によってしか説明されない。呪文の背後には地獄の力が隠されていて、悪魔との契約や悪魔集会への参加を告白することが最終的には闇から抜け出すことを可能にする。(46)

マナか、それとも悪魔か？　どちらを使って説明するにしても、聖なるものの弱体化に進みはしないだろうか。この二つの相反する説明は、最終的には科学的で合理的な精神がマナや魔術師の信用を失墜させる場合には、懐疑論や無神論を強化することになるだろう。いずれにしても、中世末期における民衆レベルでの非合理的な説明には、学者レベルでの唯名論と同程度の無神論の萌芽が含まれていた。

「人当たりの良さの裏で渋面をつくる不敬虔」

聖なるものを嘲笑することが容認されていたある種の典礼様式も、潜在的にはまったく信仰にとって破壊的なものだった。それはクリスマス後にいたるところで催された道化祭り、ロバの祭り、狂者の祭り、あるいはさらに乱痴気騒ぎといった羽目を外した祭りの場合である。[47] 十二世紀に歴史上姿を現したとき、それらは宗教祭礼を嘲笑し、順序をあべこべにした儀式で位階性をからかう、教会の中で若い聖職者たちが催す祭りだった。その不敬な性格にもかかわらず、こうした祭りははけ口としても、また同時に社会的・自然秩序の逆向きの承認としても容認された。この祭りは急速に規模を拡大させ、引き継がれ、それにはありとあらゆる下品な言動、性的放縦という特徴を色濃く伴うパロディー、仮装、道化、動物の声がつきまとった。ロベール・ミュシャンブレは、十六世紀までリールでは「狂者の祭り、より一般的には道化祭りは、まぎれもない特徴を備えた、翌年の豊穣と結婚を確かなものとする呪術の儀式だった。ローマ時代のルペルカルア祭〔古代ローマで、結婚の女神ユノや豊饒の神マイアを崇拝する祭りで、今日のバレンタインデーの源〕で行われたのと同様に、若者たちは全裸あるいは半裸で女房たちや若い娘を追いかけ、猥褻な行為におよび、見物人たちに灰などを投げつけた、等々[48]」、と指摘している。

カーニバル、五月祭、聖ヨハネ祭、聖ミカエル祭と同じく、これらの祭りは、世界について自然主義的・アニミズム的・呪術的な考え方を保持する人々の存在を時代を越えて示している。それはなお十分神話的であり、聖と俗の境界もない世界だった。民俗学者によって記述された多くの祝祭的習慣から、中世のお祭り騒ぎの六つの周期、謝肉祭＝四旬節、五月祭、聖ヨハネ祭、聖母マリア被昇天の祝日、万聖節、十二月の祝い（クリスマス）を際だたせることができ、これらすべてはとくに豊穣に関わる自然のリズムに結びついていた[49]。キリスト教の記念祭との結びつきも幻想を抱かせることはない。キリスト教の典礼祝日の年が関係するのはアニミズム的で自然主義的な基盤の上においてだからである。

これらの祭りはまた、中世のキリスト教的な人々のなかでは、超越という感覚が欠如していることも際だたせている。具体的なもののなかに埋没して、人々は事物の世界に、力によって動かされる事物の世界に生きていた。秘蹟そのものにおいても、聖変化の際になんとしても《見る》ことを望んだ聖体のパンのように、人々が目にするのは本質的に具体的なものだった。民衆的な汎神論、アニミズム的な自然主義、なんにせよそれが魔術に対して、聖でも俗でもない自然な魔術として働くことを可能とした。聖なるものの世界、それは何にもまして聖人の世界であり、そのマナが利用されうる世界であり、聖遺物や彫像の姿をとって現された世界だったが、呪術師としての役目を果たさなければ悪し様に取り扱われることもありうる世界だった。

このような精神状態について無神論を語れば、用語法の問題が起こるだろう。中世民衆の信仰は宗教精神よりも神話精神にいっそう近いものであって、実践的無神論すれすれのものだということで満足しておこう。こうした信仰は当初のわたしたちの図式の下方に、自分たちの存在の極端な不安定さが理由となって行動を優先する、人々を特徴づける呪術やオカルティズムや迷信の領域に位置するものである。こうした疑似実践的無神論は暗黙のものでしかない。しかし十四世紀から、民衆的信仰のうちの合法的なものと非合法的なものとを分離しようとする聖職指導者の最初の試みが行われるようになると、あいまいさが姿を見せ始める。そうなると、信仰の自覚的拒絶の危険が現れる可能性が出てくる。

民衆的祝祭に対する教会当局による反動の最初の兆候は、一三三〇年からそれと分かるものとなった。おそらくその兆候は都市で行われ、十一世紀から十三世紀にかけて一大飛躍をとげた、こうした祝祭が占めた重要性と結びついていたのであろう。ところで、都市環境では地方起源のこうした祝祭は生体リズムとの結びつきを失う。それほど自発的なものではなかったが、祝祭はさらに反体制的で、いっそう攻撃的となった。とはいえ、神話が伝える黄金時代や分裂以前の今よりもましな世界への回帰を求めるといった夢想的な側面は残っていた。しかし都市部では、祝祭は同時に不満をあおり立てる権威に対する攻撃性を軽減する機会でもあった。無礼講はいっそう自覚的なものになる。フランシス・ラップが書いているように、それは「人当たりの良さの裏で渋面をつくる不敬虔」だった[50]。

公の宗教のいくつかの面に関わる増大する抗議に直面して、司教、教会参事会、地方公会議は対策を立て、管理を強め、禁令を発した。しかし十五世紀末には、彼らはついに道化祭りは正しいと認めた。何よりもまず、彼らは正しくない宗教的なものに対する闘い、迷信に対する長い闘いに着手した。かつては自分たちのものだった同化という統合政策の逆を行く、聖なるものと世俗的なものの分離という大仕事を企てたのである。世俗的なものの排除、二元論的世界の強制が開始された。そうした世界はそれまでは学者の精神のなかだけに存在したものだった。この仕事は、トリエント公会議〔一五四三―一五六三〕のおかげで十六世紀に強化され、少なくとも十八世紀まで続いた。

その衝撃は大きかった。きわめて不十分だった成功によってよりも、むしろそれが浮き上がらせた心性と引き起こした反動とによってである。まず、聖なるもの、神的なものが超越的なもののうちに追いやられ、物質的なものとの接合点を失ってしまった。しだいに現実から遊離し、分離され、閉じこめられて、聖なるものは自らの自然的土台を失ってしまう。時代的条件さえ整えば、科学の時代であれば、聖なるものの消失はもっと簡単なことでしかないだろう。聖と俗との分離は一部で現代の無神論を用意した。

不信仰についての証言

中世末期には信仰純化のための最初の闘いが行われたが、その結果明らかになったのは、キリスト教的な人々の内奥に不信仰の多数の兆候が、それまでは宗教的シンクレティズムの控えめなベールに覆われていた兆候が存在していることだった。証言は多数にのぼった。

以下に掲げるのは、十二世紀の都市の若い学生仲間たちの間で有名だったゴリヤール（Goliards）の例で、歴史家たちはゴリヤールをどう定義するかでおおいに頭を悩ましたが、ゴリヤールとは要するに、おそらくは教養があるかある程度の教養があるかして、ラテン語を操り、また時として軽業師、道化、放蕩者、浮浪者と呼ばれた放浪者たちだった。彼らは群れをなし、挑発者の集団を形づくった。ゴリヤールの名称はラテン語で口を意味する *gula* から来ていて、したがって泣きわめく人々を指した。『カルミーナ・ブーラナ』（*Carmina Burana*、ボイレンの歌）の名前で今日編集されているシャンソンで、彼らは宗教的権威を攻撃し、自分たちの悪行、自分たちの淫乱をわざわざ猥褻なやり方で弁護し、字義通りにとれば本物の無神論ともとられかねない冒瀆的な言葉を口にした。曰く、「魂は死すべきもの、自分が気にするのは自分の体だけだ」、自分は「永遠の救済よりも肉の悦びに飢えている」、「自分は居酒屋で死にたい、そこならブドウ酒は死にかけた者の口に近いだろうから[51]」。ただの酔っぱらいの言葉だろうか？　確かなことは言えない。彼らに対する有罪判決の増加はいずれにせよ彼らが無視できない危険と見なされていたことを示している。ホノリウス・アウグストドゥネンシスは彼らを「サタンの代理人と呼び[52]」、あらゆる救済の望みを彼らに認めなかった。

十三世紀には姿を消したとしても、ゴリヤールの精神は十五世紀末まで観察され、都市部での不敬の伝統のうちに生き続けた。著書『パリの周辺人』で、ブロニスワフ・ゲレメクは彼らの足跡を発見し、「聖職者の訴訟や裁判籍上の特権（*Privilegium fori*）を享受する彼らの権利のなかに、《ゴリヤールぶり》に対する非難がたびたび現れる」ことを発見した[53]。断罪の動機は、とくに《異端》と目されたいくつかの重大な瀆神行為、とくに《自分は神を否認する》との攻撃を罰することにあった。それは世俗権力の介入と、真っ赤に焼けた鉄で舌に穴を開ける刑をともないかねないものだった[54]。十五世紀の説教師は瀆神的な行いについて力を込めて説教し、コルドリエ会修道士のジャン・フーコーはディジョンでそういうことを口にする連中に対して厳しい処罰を求め、また別の人々は《自分は神を否認する》が再び勢いを盛り返したことに警告を発した[55]。

おそらくもっと示唆に富むのは、説教の際に聖堂区内に懐疑論者や不可知論者、理屈屋、頑固者がいることが告発されたことであろう。一四八六年に説教師は《信仰者》を四つのカテゴリーに区別したが、その最後は実践的無神論にかなり近いものだった。

キリスト教徒は四種の仕方で信仰している。ある者たちは単に聖人や聖教会を信頼しているだけで、少しも理解せず、自分たちが神をぼやかしていることをまったく放置している。別の者たちは信仰が教えることを理性で理解する者たちである。またほかの者たちは感情と信仰心から、つまり理性を持っているのではなく、経験からそうした感情を持っているのである。さらにこれとは別の者たちは理性によらず、経験によらず、感情によらず、習慣だけで信じ、彼らは現存する事物しか考えず、理解しない。そしてこの者たちはキリスト教の信仰からほど遠い[56]。

同時期にオーセールの説教師は懐疑論者の存在に言及しているが、彼らの懐疑は重大な結果をもたらしかねなかった。

あの者たちは自分たちの信仰を秤にかけようと望み、神の御言葉に満足しようとしない。そして彼らに神のことや天国のこと、そして最後の審判のことを話してやると、こう答えた。「そこから戻ってきたのは誰かね」。「誰が空から降りてきたんだね」。「いるというだけじゃないかね」。「自分がどこにいるかはよく分かっているが、どこへ行くのか、どうなるのかは分からないね」。彼らは神のしるしと奇蹟を見たがった。神の受難もその復活も彼らには十分ではなく、もう悪魔しか信じていない(57)。

この説教師はさらに、多くの人の順応主義が実際には不信仰や無神論を覆い隠していることを指摘し、こう述べる。「かなりの、そして多くの人がなにがしかの猿まねで取り繕い、心のなかにはひとかけらの信仰もなく、邪悪で批判ばかりしている」。同じような観察が、ノルマンディー半島のつけ根の町、バイユーの説教師からなされている。こうした中世末期は、信仰が愚直なまでに易々と、そしてコンセンサスをもって受容されている状況とは逆である。

英国では同時期に、反体制派のロラード派に対する訴訟が驚くべき一連の《合理主義的》見解を暴露した。歴史家ジョン・トムソンによれば、これらの見解は一貫した無神論の体系をなしてはいないが、「信仰の自由使用」とも呼びうる精神で信仰の本質的側面を否定していた(58)。一四二二年にはある男性が死者の復活を否定したために、ウースターで裁判を受けた。同じ町で、一四四八年にトーマス・セマーと称する人物が、キリストの神性、天国と地獄の存在、魂の不死、三位一体と聖書の聖性を否定したが、これは一個の人間、しかも聖職者である者にとっては途方もないことだった。一四九一年にはニューベリーで、吹けば炎が消えるのと同じように、魂は肉体と同時に死ぬと考えたひとりの縮充工が裁判にかけられた。一四九九年にソールズベリーで、男四人と女ひとりが、「ほかの連中が怖くて、ほかの連中のようにしなかったら襲いかかってくるかもしれない危険から逃れたいためだけに」、ミサに行っていると告白した。ほかの者たちもどれだけ彼らと同じ状況に置かれていたのだろうか。一五〇二年にはウィンザーで復活を信じない男ひとりが、一五〇八年にはアルダーマンベリーで同じ嫌疑で婦人ひとりが裁判にかけられた[59]。一四九三年にはロンドンのある婦人が、この世に自分の天国があり、あの世の天国は自分には関係ない、と宣言した。無神論の誘惑を、この時期の数多くの聖職者や一般信者が認めていたのだ[60]。

こうした証言にどれほどの重要性を置くことができるのだろうか。この時期の宗教的心性に関する優れた専門家である歴史家のキース・トマスは、中世の民衆的懐疑論を過小評価してはならないことを指摘して、こう述べる。「教会裁判所はきわめて多様な民衆的懐疑論を発見した。大多数は歴史家によって《ロラード主義》という一般的な用語のもとに片付けられてしまった。しかしそれは、ウィクリフ〔十四世紀、英国ヨークシャー生まれの宗教改革の先駆者のひとり〕神学や原始プロテスタント神学では少しもなかった。たしかに、根底ではこの派のキリスト教教義に関するいくつかの基本的要素の拒否という点では相通じるものが認められるのだが。[…]不信仰の実際上の重要性は証言が示す以上にさらに大きなものだった[61]」。

ヨーロッパ中からこの証言を裏付ける情報が伝えられているだけに、わたしたちはこの証言になおさらのこと進んで同意できるだろう。イタリアからは懐疑論の風聞がくり返し発せられる。文学はその見事な鏡だった。たとえば、ポッジョ（一三八〇—一四五九）の作品には『冗句集』（一四三八—五二）が含まれるが、その多くは深刻な懐疑主義を示している。当時流行の反聖職者的主題だった、聖職者の淫乱と吝嗇の絵図は良しとしても、いくつかの逸話はもっと深刻で、それはたとえば神は自分が愛する者たちを罰すると説く友人たちに向かって、こう答えた病人の例である。「それぐらいわずかの友人しかいないことは驚くことじゃないね。神が彼らをそんなふうに扱っていたら、友人はもっと少なくなるだろうね！」あるいはさらに金曜日にウズラを食べた司祭の逸話だ。司祭は下僕にこうたずねた。「《わたしは聖職者だということが分からんのか？　パンでキリストの体を作るのと、ウズラで魚を作るのと、いちばん難しいのはどっちだ？》それから司教は十字を切り、魚に変わるようウズラに命じ、おもむろにウズラを食べた」。さらに、キリストは五つのパンで五千人ではなく、五百人を養ったと言ったことを非難されると、「黙れ、ばかめ。連中は五百人を信じることでさえものすごい苦労をするだから」、そう言った説教師の例を引いておこう[62]。

こうした小話は、聖職者であり、教皇庁秘書官であり、十四人もの子どもの父親であり、ルクレティウスや猥褻な書物で知られたルキアノスの信奉者であり、自分からその「頑固さあるいは反軽信主義」を称賛した異端者プラハのジェロミーの擁護者でもあった、著者ポッジョがおそらくは分け持っていた、世間一般に見られた懐疑論を示している。ポッジョには、のちになって『三詐欺師論』の著者かもしれないとうわさされるだけの十分な疑いがあったのだ。

ボッカチオも同様な評判を残している。プロスペール・マルシャンは、一七五八年の『歴史辞典』で、「宗教については、ボッカチオはそんなものは持ち合わせておらず、時には無神論者だったとわたしは信じる。このことはボッカチオの『デカメロン』数章から、主に彼がある家長が三人の息子に残したダイアモンドについて語ったことから証明される」とさえ書いている[63]。この象徴的な短い物語では、三つの宗教、ユダヤ教、キリスト教、イスラム教が同列に並べられていた。『デカメロン』には、《ロザリオの祈り》の体裁をとった猥雑で不信仰な社会を示す見取り図や肖像があふれている。「ボッカチオはかなりひどい神や聖人の冒瀆者だった［…］。ボッカチオは一度も教会に足を運んだことはなかったし、すべての秘蹟を汚いもののように、下劣な言葉で罵っていた」。聖職者に対する習慣的な攻撃を除けば、懐疑論、不信仰、奇蹟や聖なるものについての嘲笑が全編に溢れていた。

きわめて示唆的なのはまた、一三六〇年頃に編まれた『神々の系譜学』（*De genealogia deorum*）でボッカチオが、エウヘメロスの思想をふたたびとりあげ、どれほど古代の神々が英雄の神格化、ないしは自然現象の人格化の産物でしかなかったかを示していることである。ボッカチオはさらに大胆に、初期キリスト教徒たちはパウロやバルナバと一緒になって同じことをやったとほのめかしている。こうしたほのめかしの背後に合理主義や唯物論が見え隠れしている。

これもやはりイタリアでのことだが、一四五九年に教会法博士、ジョヴィヌス・ド・ソルキアは、「モーセ、イエス、マホメットは自分たちの気まぐれで世界を支配した」と主張したために有罪にされた[64]。ポルトガルでは同じ年に、ディエーゴ・ゴメスが三大宗教を占星術の星の影響に帰していた。彼はヘブライ語の論文で、ユダヤ教、キリスト教、イスラム教は「人間精神の狂気、子どもじみて滑稽な作り話」であり、その一方で土星、水星、火星が代わる代わるこれらの三つの宗教を支配していると書かれているのを読んだことがあると主張した[65]。

占星術はこの時期に全盛期を迎え、しかもその信仰との関係はきわめてあいまいだった。相当数の場合、この疑似科学は宇宙の自然主義的で唯物論的な考え方を歪めて伝え、宗教も含めてあらゆる人間的事象を天体の物理的な働きに帰属させた。キリストの星占い、マホメットの星占いが行われた。三大宗教の出現やその浮沈が、惑星の大結合から説明された。ヨーロッパのあらゆる宮廷、教皇の宮廷にさえ占星術師がいて、混乱を長びかせる原因となった。もっともそこから起こった自然発生的な反動が越えてはならない一線を思い起こさせてくれるのではあった。一三二七年にチェッコ・ダスコリがフィレンツェで火あぶりにあった。告訴箇条のなかには、彼がやったキリストについての星占いがあり、それによると、キリストの家畜小屋での誕生と十字架上での死は天体の働きによるものだった。占星術の侵入に対するリジューの司教、ニコル・オレーム（一三二〇—八二）の抗議は、占星術が宗教的信仰に対して示した陰険な競争を例証するものだった[66]。

農民たちの唯物論的自然主義

中世の民衆的心性からして、もっとも頻繁に抗議された信仰箇条に魂の不死と肉体の復活の問題があった。哲学者や神学者自身、何か現に存在するものを指示する用語を使って、魂についての考えを首尾一貫した文章に仕立てて表現することに困難を感じていた。クロード・ルクトゥーは近年になって、この魂という理念について長い間大勢を占めていた混乱を指摘した。それは同時にラテン語の魂（*animus*）と霊（*spiritus*）、それに《付き従うもの》、つまりドイツ語の霊の写しと肉体の写しに関わる問題だった[67]。七世紀初めの大聖グレゴリウスも、この問題ではあまり確信が持てていなかった。この問題は、すでに見たように、フリードリヒ二世をかなり当惑させ、十四世紀には社会的エリートの間でさえこの点では反軽信主義に陥ったとの証言がたえず見られた。フロアサールは、ベリー公の財務長ベティサックが次のような信仰告白をしたと伝えている。「それが三位一体の何かであるとか、神の御子が天から降りてきて人の女の体に宿られるほど卑下されるとは信じられないが、われわれが死んだら魂など何もなくなると信じるし、言いもしました」。肉の復活に関しては、信仰はきわめてゆっくりとしか信頼を勝ち得なかった。まだ六世紀にトゥールのグレゴリウスは、配下の聖職者の幾人かのメンバーが相変わらず信仰に従っていない、と述べている。

わたしの司祭の一人は一度ならずサドカイ派の危険な教義をとりあげ、肉の復活など自分は信じないと表明しました。それで、このことは聖書にあらかじめ書かれていることであり、あらゆる使徒伝来の伝統で確認されていることなのだと説明してやると、彼はこう答えた。「多くの方々がそうお信じであることにわたしは異議を唱えません。しかし神ご自身が、手ずから作られた最初の男に腹を立てられ、お前は額に汗して自分のパンを得るがよい、そしてお前が出てきた土に戻るがよい、お前は埃なのだから、埃に戻れ〔創世記第三章第一九—二〇節〕、そう言われておいでです。だからこそ、それが本当かどうかわれわれには分からないのです。[68]

上層が伝えるこうした例を前にしても、中世民衆宗教の極端な不協和音にも驚くことはないだろう。そこには自然主義、唯物論、無神論の色合いが必ず顔を出した。[69]それゆえにジャック・ポールは、「強き精神、野育ちの無神論者、あるいは唯物論者」の存在について書くことができ、「ある種の反軽信主義が姿を現していることは認めよう。あとは、それが異端思想、反聖職者主義、あるいは民間伝承、すなわち抑圧されたか消滅した古い信仰から生じたかを知ることだ」と述べた。[70]

十四世紀初頭、異端審問官ジャック・フルニエがフランス南西部モンタイユー村で実施した調査、そしてエマニュエル・ル・ロワ・ラデュリが見事に利用したこの調査は、こうした自然主義や唯物論の諸見解の本物の隠れ家を示してくれる。そうした見解はこの地域特有のものだろうか。わたしたちはそうは思わない。十七世紀初頭まで教会当局からほぼいたるところで指摘された自然主義的神話の極度の多様性を見れば、そのことは十分納得できよう。

モンタイユー地方では、タラスコン＝シュール＝アリエージュの石工、サヴィニャンのアルノーのような、多くの慎ましい人々が世界の永遠性を信じていた。物質的世界はけっして始まることもなければ、けっして終わることもない。こうした信仰は民間の格言から、そして同時に学校の教師からの教えによるものだ、とアルノーは明言した[71]。弁解のために、彼は「石工の仕事に携わってきたので、わたしはとても早くミサをやめてしまい、説教を聞く時間がありませんでした」とつけ加えた。実際、世界の永遠性という考えはかなり広がっていたようである。アクスレ・テルメスの婦人、サヴィニャンのアルノーは、「わたしたちの時代以外に別の時代はない」とはっきり言っているし、ジャケット・カロは、「世界はずっと存在していたし、将来もずっと存在する、と多くの者、サバルテスの者たちが言っているのを耳にした」と断言した。同じ言葉が、一三三五年に同じアクスの別の男からも聞かれた[72]。

この世の終末を否定すること、それはまた肉の復活を否定するものだ。そんな理屈を前にしても、サバルテの住民たちは引き下がらなかった。モンタイユーでは、プラニソルのベアトリスは、「悪魔の仕業だから、体は蜘蛛の巣と同じように壊されてしまう」と言った。地方の名士ギヨム・オスタッツは、墓地で自分の懐疑論を公に表明し、一方オルトのベルナールは、何人かの友人との議論をこんなふうに締めくくった。「ちょっと冗談を言った後で、わたしの手の指をジャンティルに見せてこう言ってやった。《この肉とこの骨で復活しようじゃないか。じゃあ、やってみようか。わたしはそんなことは信じないよ》」。同様の無遠慮な懐疑論がジャケット・カロにも見られる。「あの世で父さんや母さんが見つけられる。復活でわれわれの骨や肉を返してもらえる。やれるものなら、やってごらんなさいよ[73]」。

魂に関しては、多くの者たちがそれを純粋に物質的なものと考えた。やはりモンタイユー地方にあるティニャック聖堂区の農民、レールのレイモンの場合がそうだった。彼の無神論的自然主義については、あるいはエマニュエル・ル・ロワ・ラデュリ流に《粗野なスピノザ主義》をとりあげることさえできるだろう。実際、十四世紀初めのこの世間ずれした田舎者にとって、司祭たちが口にすることすべて、「そんなのは与太話」だった。魂、つまるところそれは血液であり、死後にはもはや問題にならないものだった。もちろん、復活もなければ、天国もなく、地獄もなかった。キリストの磔刑、復活、昇天、それもまた「与太話」であり、マリアの処女性についてもまったく同じだった。キリストは、「精液の中と糞の中で押し合いへし合いしながら、つまり男と女の性交で、まったく自分たちと同じように」作られたのだ。それにやはり彼の口ぶりからだが、「神様や聖母マリア様もこの目に見え、耳に聞こえる世界よりほかのものではなかった」というのもありえる話だった。(74)

十五世紀以前の民衆の心性にとって無神論などというものは考えられないという意見を、人はなお支持しうるだろうか。ティニャック聖堂区から遠くないオルノラックで、村人のギュメット・ベネは「魂、そんなの血だわ」と言い、一方酪農家のレイモン・シクレは、それはパンだ！と言った。(75)ギュメットが壁の高いところから落ち、鼻血を出したとき、彼女は叫んだ。「これは魂、魂なのよ！　魂なんて血でしかないのよ」。だから動物たちも魂を持っているのは、当然のことだった。

このように人間も含めた自然の種の一体性を公言しながら、この農民たちは時として農村風な汎神論を表明した。神と自然は一体のものでしかないように思えたのである。彼らは、次のピエール・ロジとレールのレイモンのように、長鎌を研ぎながら、そのことを議論した。

――神様とかお幸せなマリア様って、たいしたものだと、お前信じてるのか。

それで俺はこう答えた。

――ああ、もちろん、信じてるさ。

するとピエールが俺にこう言った。

――神様やお幸せな聖母マリア様は、俺たちの周りにある目に見えるこの世のものよりほかの何かだなんてことがあるわけないじゃないか。

ピエール・ロジは俺よりも年上だから、奴は俺に本当のことを言っていると思うことにした。それで神様やお幸せな聖母マリア様は、俺たちの周りにある目に見えるもの以外の何物でもないと心から納得したので、自分は七年から十年の間そう信じた。(76)


時には、自然現象についての民衆の説明は純粋な唯物論的自然主義を表した。「木々は自然の本性から生じるのであって、神からではない」とベディヤックのアルノーは言い、他方でアユカール・ボレは「時間が自分の流れに従いながら冷たいもの、花や種を作る。そして神はどうにもできない」と断言した。

これらのアリエージュ県のおかしな農民たちはどう考えても驚くべき合理主義の側面を持っていた。実際、彼らは宗教と呪術と迷信のあいだに区別をしていたようだ、とエマニュエル・ル・ロワ・ラデュリは認めている。「奇蹟についての本物の拒絶、物質的世界から神を排除する意志」が彼らの間で認められ、「神と一緒に具体的に現れる驚異を基礎にした、超自然的因果性も厄介払いされてしまう。[…]それでは、これまた超自然的なものの排除につながる粗野なオッカム主義を理論化しているのでないとしたら、これらの農民は何をしているのだろうか(77)」。

そうであれば、深刻な懐疑論の表明に向かうエリートの展開と底辺層のそれとの間に対応、平行関係があって、上辺では理論的無神論へ向けての展開が、下辺では実践的無神論へ向けての展開があったのではないだろうか。十四世紀初頭から始まる中世末期は哲学、神学、宗教一般の危機によって特徴づけられる。信仰の結合剤の役割を果たしていた合理的要素に亀裂が生じ、人々の精神を解放し、ある者は懐疑論の方向に流れを変え、またある者は自然主義へと向かった。たしかに、無神論を語ることはおそらくまだ行き過ぎだろうし、あるいはそうしたければそれに時代に即した名称をあたえる必要があるだろう。十四、十五世紀では、神はそれ以前よりも近づきがたいものになった。否定神学の神秘主義者にとっては認識不能なもの、オッカム派の唯名論にとっては論証不能なもの、ある種の信仰者にとっては非活動的なもの、こうして神はいっそうその不在によって輝くものとなった。もちろん、混乱のこの時代に起こった数多くの大惨事を通じて、超自然的なことがいたるところで起こったのだが、とくにそれは聖人、迷信、呪術、魔法使いの介入という堕落した形態で現れた。アヴィニョンの教皇庁、教会大分裂、公会議の危機、異端といった出来事で弱体化された教会は、伝統的な信仰と教義を確保することさえもうできなくなった。無神論の極限まで進みかねない、ある種の亀裂が片隅で生まれていたのだ。

聖職者という枠組みの脆弱性

時代の混乱のおかげで、不敬虔が増大していくのが感じられた。百年戦争の間の教会の破壊、多くが死んでしまったか、あるいは極端に凡庸と形容された聖職者の登場という事実から来る聖職者の統率の緩みがあり、これについてはポール・アダンが見事な描写を残している[78]。司祭から急ごしらえで聖務の執行を教え込まれ、現場で仕込まれた僧侶たちに、司教や司教代理からちょっとした試験が行われた。それにはラテン語の初歩、秘蹟の手続き、贖罪規定書わけても試験官への進物が含まれたが、ともかくもそうした試験を受けた後で聖職者の務めが認められた。こうしたやり方は頻繁に民間の笑劇のネタとなった。結果はこのやり方の程度に見合ったものだった。南仏マンドの司教、ギヨム・デュランは聖職者たちのとてつもない無知を痛烈に非難したが、不信心者たちと宗教問題を論じる際に、聖職者たちはその滑稽さをさらけ出した。ニコラ・ド・クラマンジュは、その様子にこう憤っている。

われわれの司祭たちはどこの出身だ？　連中を引き抜いて聖堂区をゆだねたのは、彼らの学才のためでもなければ、学校のためでもなく、まさしく連中が持っている鋤のためか、仕事の道具のためだろう。連中はアラブ人ほどにもラテン語をほとんど少しも理解しない。おまけに、口にするのも恥ずかしいことだが、文字が読めず *a* と *b* もほとんど区別できない者もいる。［…］ほとんどすべての聖職者たちが、言葉もその意味も理解できず、ようやく音節から音節にゆっくりと読むことしかできないのに、聖職者の文学や教義上の知識について、わたしに何を言ってほしいと言うのだ。自分が読んでいるものが異邦人のものでしかないようなほかの連中から、どんな成果があるのだろうか。彼ら自身、自分の無知とその暮らしぶりの卑劣さで神を傷つけ、聖職の体面を汚しているのに、どうして他人のための恩寵を神から手に入れることができるというのか。[79]

地方公会議は、聖職者たちが服装に凝ること、剃髪の拒否、縁日、市場、居酒屋への入り浸り、同棲、利得への愛好を悲しみ、物乞い修道士たちは彼らを「変わったロバ」扱いした。[80] 数多くの司祭が軍隊の暮らしに紛れ込み、ある者は外国人傭兵の部隊に加わったが、なかでもいちばん華々しかったのは有名な自称《地区主席司祭》、アルノー・ド・セルヴォル〔百年戦争期民衆を略奪しながら戦った外国人傭兵部隊、大軍団隊長〕だった。[81] 一三六八年にウルバヌス五世は、大軍団を手助けした司祭たちを無罪にすることをペリグーの司教に許した。このような聖職者が信者たちの信仰を形作り、管理できるのだろうか。

さらに聖堂区の暮らしも不規則だった。主日のミサへの欠席は時として大人数に及んだ。中世の宗教生活に関してきわめて頻繁に用いられた、「全員一致の実践」という表現は、資料に照らしてみれば誤りであることが示される。けっしてどの場所でも信仰者の誰もが誰も日曜日のミサに出たわけではない。カロリング朝期以来、司教たちはこうした現象に不安になり、司教区会議の証人を配置したが、彼らは怠慢を予防し、必要なら当局に通報することを務めとした。十世紀初めに、レギノン・デ・プルムは進んで、どれだけの教区民がミサに来ていないのか、どれほどの人が大祝日に聖体拝領をしないのか、といった質問状を書いた。一世紀後には、ホルムスのブルヒャルトが同じ資料をさらに作成した。

宗教社会学の研究のおかげで、中世末期についてはこうした問いに部分的には解答がもたらされる可能性が示されている。フランドルでは、ジャック・トゥセルが、「主日のミサに突き刺さった参加放棄」と「周囲の放任主義」について、いくつかの極端な例をあげて語っている。[82] フランドルの反乱の首謀者は一度も教会に足を運んだことがないことを自慢した。アンジェ、マンド、モントバンの司教たちは自分たちの訴状をニコラ・ド・クラマンジュのものに添えた。いくつかの例が引用されている。グルノーブルではひとりの男が九年前からミサに行っておらず、二人の女は三年前からスリジーの宗教裁判所に行っていなかった。あるドミニコ会士は、一三三〇年にこう記している。

ミサには朝だけしか行くな。
だが早起きしたら、
神への頌司など耳に入れるな。
ブドウ酒の最初の言葉は、

飲んで、食べること。
修道院に行くことはない。[83]

聖体拝領の秘蹟もまったく同じように動揺した。アプト公会議の報告によれば、十四世紀には「多くの司教区で、自分はキリスト教徒だと言っておきながら、みずから罪を告白することやキリストの聖体を受け取ることにほとんど意を用いない者が多かった」。そこから、「人々のあいだで、宗教のいちばん大切な務めに関するある種の無関心」が支配している、とポール・アダンは結論する。[84] 礼拝に出席する者たちもそれで大きな御利益を得ているようには見えなかった。おしゃべりをし、うわさ話を流し、司祭の話をさえぎり、たいがいは居酒屋に行く前に聖体を見るか、キリストの像を抱擁するために聖体奉挙に出席するだけで満足した。アンジェの司教、ギヨム・ル・メールは十四世紀初頭にこう苦情を漏らした。「神は冒瀆されている。悪魔が崇拝され、魂は自分を見失い、カトリックの信仰は踏みにじられている」[85]。

十五世紀から、男たちは女たち以上に宗教の務めから遠ざかった。彼らは信心狂いと見なされるのを望まず、聖体拝領をしたとしても稀で、ミサに出ても落ち着かないで騒がしく、「神はわたしを地獄に落とされる」、「わたしは神を否定します」、「神の腹」、「神の体」といった一種の逆さまな祈りをし、挑発的なやり方で誓約した。[86]

いくつかの社会集団は宗教生活から完全に離れ、百年戦争のあいだじゅう全ヨーロッパで教会や修道院を略奪し、焼き払い、暴行し、殺戮を犯す傭兵の非正規部隊を始めたかに見える。年代記作者キュヴリエは、次のような大演説をデュ・ゲクランに帰しているが、そのときデュ・ゲクランは大軍団の隊長たちと会談の最中だった。

自分に関するかぎり、方々、正直に申し上げるが、
良いことは何もしなかったし、そのことを自分で後悔したこともない。
悪いことしかやらなかった。人を死なせ、殺しもした。
だがお認めあれ。
余が悪いことをしても、諸氏のほうがましだなどということはないことを。
そして諸氏はもっとひどいことを
自慢することさえできるであろう。
[…]
われらが過ごしてきた人生を考えてみよう。
女たちを犯し、家々を焼き、男たちや子どもを殺し、身代金にする。
どれだけ雌牛や雌羊や虚勢羊の喉をかき切ってきたか。
どれだけ鵞鳥やひよこや雄鳥を盗んできたことか。
そうやってうまいブドウ酒を飲み、殺戮を重ね、
教会や修道院を荒らしてきた。
われらは盗賊よりもっと悪いことをたっぷりやってきた。
盗賊が盗みを働くのは、奴らの餓鬼を食わせるためだ。
それに生きていくためだ。貧しさに襲われた者は
この時代に生き残れるなんてほとんどできないからだ。

人殺しをするわれら、われわれは盗賊より悪党なのだ[87]。

この皮ハギ団、ワニの群れ、そしてこれ以外の百年戦争期の大軍団の宗教感情とはどのようなものだったのだろうか。彼らに対して実践的無神論の用語を引き合いに出しても間違いを犯す危険はほとんどないだろう。神は彼らには基本的にののしりの言葉として用いられる、ただの言葉だった。無神論の疑いは、この並はずれた戦友意識の集団へと向けられる。十四世紀初頭のテンプル騎士団の裁判では、判事によって提出された質問事項には信仰の否認に関わるいくつもの手がかりが含まれていた[88]。

俗権は中世末期における民間の不敬虔の増大に不安を覚えた。フランスにおいて、この件についての最初の法制化が聖ルイまでさかのぼるにしても、一三四七年二月二十二日の政令はこれ以降続いて何度も手直しされては、鉄首枷、晒し台、唇の切除、舌の引き抜きの刑罰を予告し、瀆神者たちとの闘いの大いなる開始を示すものとなった。教会の側では、宗教裁判は異端者、すなわち完全にキリスト教の信仰の外にいる者たちに関わってはならないものとされた。その理屈は、「各人が己の望むものを崇められるのが、人の権利でもあり、自然の権利でもある」とテルトゥリアヌスが書いたように、人は力ずくで改宗させることはできないというものだった。実際聖アウグスティヌス以来、強制改宗が妥当とされたのは、それが改宗者の永遠の福を目的とするという口実のもとでだった。そしてそれ以降、神の存在の否定は、異端審問改宗手続きの動機となった[89]。もっとも最初の強制改宗が登場したのは、十六世紀になってからだった。

破門された人々、潜在的無神論者の世界

中世末期には、別の形態での教会による処罰が無神論者の振る舞いを明らかにし、また同時に生み出し

もした。それが破門宣告だった。当時の精神的・宗教的権威者、ジェルソン、ニコラ・ド・クラマンジュ、ピエール・ダイイによれば、その用いられ方は恣意的なものだった。アンジェの司教、ギヨム・ル・メールは、四百人、五百人そしてさらに七百人の破門者を数える聖堂区があることを指摘し、[90]この数はノルマンディーのスリジーの宗教裁判所の公式記録簿からも確認され、[91]その一方でグルノーブルの司教区では、ときには教区民の半数以上がそうした状態にあった。

破門された者たち、またときにはその家族までもが、アンジェの場合（一三一四年の教区会議決定事項）のように、教会内に立ち入り、礼拝に参加し、秘蹟を授かり、キリスト教の土地に埋葬される権利を持たなかった。ところが、指導者たちをおおいに不安にさせたのは、彼らの大部分が罪の許しを得ようとは少しもせず、普段どおりの暮らしをしていることだった。それこそは《新たな誤り》であるとアヴィニョン公会議は一三二六年に、次いで一三三七年に記録簿に記す。これは宗教的無関心主義のしるしではないのか、という疑問が投げかけられたのだ。

こうした不安が当局の歎きに満ちた調書を背後から貫いた。「教えの力を無視し、自分たちの魂をいたく犠牲にし、また多くの者たちからひどく顰蹙をかっても、破門状態で一年やっていける者たちが多数だった」、と一三四一年のアヴィニョンの記録簿は語っている。「男どもは破門宣告をまるで無視し、罪の許しをあたえる司祭の権能を笑いものにし、教会や神の僕に対して躓きのもとになる瀆神的な言葉を口にし、教会の教えの神経を引き裂いた」とアヴィニョンの司教は述べ、「われわれの領土の一部では忌まわしい悪弊が広がっている。すなわち男ども、不安の種、呪詛の対象が神も人も恐れず、教会の検閲を揶揄しているということが、われわれの耳に届いている」と一三六八年のラヴォールの公会議は苦情を述べた。アプトの公会議は一三六五年に同様の報告書を作成して、「わが司教区には聖母教会の膝元に少しも戻ろうとはしない破門された者たちが無数存在している」と記した。グルノーブルの司教区では、聖堂区によって、五人から四十人の破門者がいて、そのうちの幾人かは教会復帰を求めようともせず十年以上そんな暮らしをしていることが伝えられた。

当局が怒号をあげようが、脅そうが無駄で、なす術がなかった。「破門された者たちの公然たる侮蔑的言動は甚だしく危険なものだった。破門には地獄の責め苦がともなうからである」、とピエール・ダイイは『教会改革論』に記す。他方ユーゴン・ド・ブルジュ司教は、「長い間ずっと破門のままでいることは破門された者にも、また彼らとつながりのある者たちにとっても危険である。不敬虔が増長され、誤りが繁殖し、数多くの魂の危険が現れる」、と興奮気味に書いている。ジャン・ジェルソンによれば、このような立場は、「あらゆる神的な事物への軽蔑」を示した。(92)

これら凝り固まった破門者が抱く信仰は際だって疑わしいものであって、一三二三年のオータンの教区会議決定事項は、「彼らの侮蔑的態度は、その信仰を疑わしいと判断するに足る十分な理由である」と説明した。したがって、オータン、アプト、ブルジュ、パリ、オルレアンの教区会議決定事項が予見したように、彼らを異端審問所に召還するのは当然とされた。ブルジュでは、司教が九年以上前から破門された者たちのリストを提出するように求めた。もっとも抵抗も活発で、司祭たちは破門者の家族たちに脅かされた。

破門の濫用はその結果として、取るに足らない動機から不正に苦しめられたと感じている人々のなかから反逆者を作り出すことにならなかっただろうか？　さらには、信仰の犠牲にされた者たちの離反を増大させる結果にならないだろうか？　礼拝や聖体拝受から排斥されて、そうした人々は宗教生活とのどのような接点ももはや失ってしまう。いずれにせよ、破門された者たちが罪を許されるためのなんの努力もせずにいることは、ある種の潜在的な無神論、信仰を前にした実践的無関心を表しているのではないだろうか？

宗教という枠組みから外れて数年間も暮らす数万人もの人々の存在が、全員一致のキリスト教徒、信心深い中世というイメージを、まじめに修正する必要があることをわたしたちに証明している。ジャン・ドリュモーはすでに、《キリスト教的中世》という表現にまといつく伝説面を詳細に示して、こう問いかける。つまり迷信、呪術、占星術、農民的信仰の残滓が詰め込まれたこの宗教が、「福音書の啓示」と両立しうるのか、と(93)。

だがこうした問題の提示は、中世の教会が前提としたものとは異なる、正統で時間を超えた、《真》の福音書の啓示が存在することを前提とする。キリスト教のそうした《真》の顔は、原テキストの由来や作成に関わる周到な解釈学によってしか見いだすことはできなかった。ところが、今日わたしたちはかつてほどにはそうしたテキストの妥当な解釈を確信してはおらず、かつてほどにはイエスの真実の意図について確信してはいない。福音書の御言葉に依拠していると言いながら、どれほどの相矛盾するイメージが示されてきただろうか。《真》のキリスト教、それは聖アウグスティヌスのキリスト教だろうか、ルターのキリスト教だろうか、ピウス九世のキリスト教だろうか、ヨハネ＝パウロ二世のキリスト教だろうか、フスのキリスト教だろうか、聖フランチェスコのキリスト教だろうか、聖ベルナールのキリスト教だろうか、〔フランス中部の小村〕アルスの司祭のキリスト教だろうか、ピウス十世のキリスト教だろうか、ルイ十四世のキリスト教だろうか、ジャンセニストのキリスト教だろうか、神秘主義者のキリスト教だろうか、さまざまな異端のキリスト教だろうか。はたして《真》のキリスト教があるのだろうか。第二バチカン公会議のキリスト教だろうか、だがこの会議は第一バチカン公会議とは反対のことを言った。ヨハネ二十三世のキリスト教だろうか、だがこの教皇はグレゴリウス十六世とは反対のことを言った。

なるほど中世末期において、キリスト教がいつでも素顔を見せたわけではなかったのだとしても、むしろキリスト教が見せる相貌それ自体が当時の文化的コンテキストの中で唯一可能なものだったと考えるべきではないだろうか。不動で時間を超越したキリスト教《なるもの》は神話だが、それはたしかに、すべての非キリスト教化を拒絶するのに有益なものだ。そのために、的を誤ったかのようにキリスト教のまがい物を攻撃して、教会の反対者たちは自分の評判を落とすこともあったのである。インノケンティウス三世の教権政治的キリスト教があれば、十五世紀の公会議至上主義的キリスト教があり、トリエント公会議の自信過剰なキリスト教があり、十九世紀の反動的キリスト教があり、ピウス九世、ピウス十世の伝統完全墨守主義のキリスト教があり、第二バチカン公会議〔一九六二―六五〕の開かれたキリスト教がある。不確かで抽象的な《真》のキリスト教の名の下にほかのものを犠牲にしてひとつだけを優先させようとさえしなければ、これらはそれぞれが時代の社会・文化的諸条件に適合した、避けられない宗教表現だったのである。

したがって、キリスト教のひとつの中世的形態があった。それは誤りでもなければ、本物というわけでもなかった。そしてこのキリスト教の中世的形態は、十一世から十三世紀までは学者の間でのある種の合理主義へと、次いで十四世紀、十五世紀、唯名論の時代にはある種の懐疑論へというように、次々にバランスを傾ける多数の傾向の影響を受けた。

中世の始めから終わりまで、キリスト教世界の端から端まで、懐疑論の潮流が存在した。ビザンチン帝国では、六世紀に、「過度の信仰心が反動を引き起こさずにはおかなかった。気ままな人を小ばかにする道行く人々の態度、あまりの奇蹟、あまりの聖遺物を前にしたある人々の懐疑論……聖人伝は往々にして懐疑論者たちに返答しなければならないかのような印象をあたえる」[94]。西欧では、十一世紀初頭に、ラウル・グラベールが、知識がありすぎて「聖なる信仰に反するありとあらゆることを大げさに教え始めた」男のことを話題にしている。

こうした形の懐疑論や異端を、語の厳密な意味で無神論と形容するのは困難であろう。神はこの形あるいは別の形でほとんどいつでも現存し続けた。しかし、中世文化の両極で潜在的な無神論を選り分けるのは大げさではない。学者の間では、アリストテレスやアヴェロエスの合理主義の誘惑がかなり強く、ある者は自然を研究する際に信仰を括弧に入れることを受け入れた。唯名論に立つ反対者たちにとっては、立場は逆だった。しかし、潜在的無神論であることには変わりがなかった。理性は神を証明することはできないのだった。民衆のあいだでは、神は迷信とともに、そして時には唯物論的自然主義に向かう強い傾向とが混ざり合ったもののなかで溺れ死んでいた。農民たちの日々の暮らしは実践的無神論とかけ離れてはいなかった。誰にとっても、神の現前は不確かだった。十五世紀のキリスト教世界で、無視することのできない社会からのはみ出し者たちが、潜在的・理論的・実践的無神論を暗黙の内に生きた。

そうした下地は十六世紀になってようやく、信仰に向けられた最初の自覚的な攻撃に有利に働いた。

第Ⅱ部　ルネサンス期の破壊的無神論

第四章

ルネサンス期の不信仰の背景

まさしくラブレーの時代において、キリスト教世界のまっただなかで自覚した無神論の問題が最初に提起される。『ガルガンチュア物語』の著者の不作法な言動は、ずっと以前から注目を集めていた。始めは一五四二年から検閲を行った教会当局、次いで歴史家たちだったが、彼らはこのアンジュー地方生まれの作者、ラヴレーの五つの書がきわめて確固たる証拠となる作品に当たるかどうか吟味した。少なくとも十九世紀中葉から開始された論争は、当然のことながらラブレーを超えてしまった。論争のテーマは、フランソワ一世やルターの時代に男女がすでに自覚的に無神論者として考え行動したかどうか、ということだった。

リュシアン・フェーヴルと『十六世紀における不信仰の問題』

一八七七年に、ゲバールは、信仰宣言と不信仰との間で選択を拒否する懐疑論者の姿をラブレーの中に見た(1)。アンリ・ビュッソンは、古代ギリシア・ローマの思想をふたたびとりあげながら、初期ルネサンスは間違いなく近代無神論を基礎づけたのであり、その最初の体系的な表明が一五三三年、トゥールーズにおけるドレの演説である、と提唱した[2]。その翌年アベル・ルフランは、ラブレーに正真正銘の不信仰を認めた[3]。一九四二年に、リュシアン・フェーヴルはその威信と深い学識をすべて投げ打って、これらの主張の反対を論証するための闘いの場に降り立った。それが一時期を画する名著、『十六世紀における不信仰の問題、ラブレーの宗教』だった。偉大な歴史家の才能は、細部の修正はあったものの[4]、三分の一世紀のあいだは問題にけりをつけたかに見えた。

やがて一九七五年に、アンリ・ヴェベールがこの主題に立ち返った。ヴェベールは、依然として《半異教》の中で暮らしていた、往時のキリスト教徒である民衆が味わった《信仰心の危機》を強調し、その一方で古代ギリシア・ローマ文明を再発見し、技術的・社会的変化を特徴とするパドヴァのアヴェロエス主義を用いて、ユマニストたちが理性と自然宗教の協力を際だたせたことを強調した[5]。フランソワ・ベリオは、ニース大学で口頭審査を受けた論文、『十六世紀における無神論と無神論者』[6]で豊富な資料を用い、その表現は往々にして最低限の慎重さという至上命令によってかき乱されてはいるものの、不信仰はラブレー以降も実在していると論証した。それ以降、大半の歴史家はこの見解を支持し、わたしたちも同様にそれに同意している。とはいえ、用語の不正確さ、検閲のためのやむをえない隠蔽、当時の宗教内対立といった理由から、実態はなま易しいものではない。

リュシアン・フェーヴルの論理の組み立てをもう一度たどってみよう。ラブレーの冗談や不作法は、時代の方向、礼拝の儀式やミサの言葉をパロディー化し、神聖な身振りや逸話をまねる、聖職者を滑稽なものとする伝統の中に組み込まれていた。さまざまな奇蹟やエピステモン〔『パンタグリュエル物語』（第二之書）に登場するパンタグリュエルの部下〕の復活は騎士物語のパロディーでしかない。さらに、ラブレーの同時代人たちは、モンペリエでのその教育に対してもまたその書き物に対しても、ラブレーに無神論という責めを負わせはしなかった。むしろそれらに対してはソルボンヌが、ラブレーは改革派に好意的だとの疑いの目を向けたのだ。

ラブレーに対する無神論との非難は、一五四九年に修道士ガブリエル・デュ・ピュイ＝エルボから発せられたが、この修道士はその非難を《ルター派》という言葉と結びつけた。しかし、リュシアン・フェーヴルが正しく指摘しているように、《無神論者》という言い方は当時、異端者、離教者、瀆神者、非正統派、あるいは自分が属する共同体の信仰を共にしないあらゆる人々を指示する呪詛の言葉だった。カルヴァン主義者のヴィレが、一五六四年の『キリスト教教育』で用いたのも、まさしくこの意味においてだった。

聖パウロが、エフェソスの信徒への手紙で異教徒を無神論者と呼んだとき、彼ははっきりとそうした人々はあらゆる神を否定して神を持たないだけでなく、本当の神を知らず、われわれの神の代わりに異国の神に従っている者であると宣言した。〔…〕この言葉では通常、もしそんなことにでもなればたくさんの不幸が人々のあいだに起こるのだが、あらゆる神を否定する者たちだけでなく、さらに理神論者のように神を笑いものにする者たちもそう呼ばれている。

《無神論者》は《理神論者》のある種の上位概念であり、さらにより一般的に「《無神論者》は、信仰者である聴衆に怖気をふるわせるための下品な言葉にすぎない」、とリュシアン・フェーヴルは記している。(7)
この言葉はまた、悪口を浴びせられたパスカンの例を引きながら、アンリ・エティエンヌが報告しているように、一種の悪口だった。その例とはこうだった。「《なんて言われてるんだ、下司か、ウソつきか、嫌がらせをする奴ってか》、友人たちがたずねた。《それ以上だよ》、パスカンが答えた。《それじゃ、罰当たり、それとも親殺しか、くそ野郎か、無神論者か》。《もっとだよ、俺のことを教皇って呼ぶんだ》」[8]。

こうした悪口は、十六世紀の熱を帯びた宗教論争で頻繁に相手の顔に向けて投げつけられた。この時代、誰が無神論者扱いされなかっただろうか？　カルヴァンによってドレが、ドレによってエラスムスが、ラブレーによってスカリゲルが、コンラッド・バディウスによってカステリオが、ラ・ロッシュ＝シャンドリューによってロンサールが……という具合だった[9]。宗教的争闘のこの時代にあって、人はいつでも誰かの無神論者だった。プロテスタントのアントワーヌ・ド・ラ・ロッシュ＝シャンドリューによれば、無神論者はカトリックの信者であることよりもひどいわけではなかった。

> 無神論者とは、習慣に駆られる輩のこと、
> 時にはこんなふうに信じ、また時には別の仕方で信じるのだ。
> 〔…〕
> 無神論者とは、たばかって教皇たちを支える輩のこと、
> そうしながら教皇を揶揄し、その誤りを見抜く[10]。

ほかの陣営から見れば、ルターこそ無神論者で通用したのだ。告発は生まじめな男、デュ・ペロン枢機卿から投ぜられたが、枢機卿がこの結論にいたったのは、改革者が最後の審判の日に魂が睡眠状態にあることを大なり小なり認めているから、との理由からだった。ガラース神父によれば、ルターは《無神論の

完成の域に》に達していた。アンリ・エティエンヌはどうかと言えば、彼はカルヴァン主義者から《ジュネーヴのパンタグリュエル、無神論者のプリンス》と呼ばれた。そこからリュシアン・フェーヴルは、「無神論者、この言葉は十六世紀中葉には重要な意味を持った。この言葉には厳密に定義された意味合いはない。[…] 昔の言葉には警戒しよう。一般的にそうした言葉は、一方で絶対的、他方で相対的という二重の価値を持つ。前者は往々にして定義し難いものである。人が無神論は神を否定することだと言う場合でも、はっきりしたすごいことを言っているわけではない。さらにまた、言葉の相対的価値はかなり変わってしまう。[…] 言葉に警戒しよう。そしてそれ以上に昔の議論、非難を警戒しよう」と結論する。[11] わたしたちも、努めてこの教訓を考慮に入れることにしよう。

リュシアン・フェーヴルはさらに、なんらかの形の不信仰を指し示すあらゆる用語は十六世紀以降に作り上げられたものであり、《リベルタン》と《リベルタン主義》(一六〇〇年頃)、《理神論》(十七世紀)、《汎神論》、《唯物論》、《自然主義》、《運命論》、《有神論》、《強き精神》、《自由思想家》(十八世紀)、《合理主義》(十九世紀)がそれだとした。[12] ラブレーの同時代人は、したがって不信仰という現象を理解するための概念、基礎的な精神的手段を欠いていた。さらに、首尾一貫した無神論思想を仕上げるには、その時代の哲学や科学のなかに支持を見いだすことができなければならなかった。ところが、彼らは自然と超自然、科学と呪術、聖と俗が入り混じった世界に住んでいた。当時としては重大事件だった地理上の発見さえも、「キリスト教への異議、抑えがたい異議を彼らの精神のうちに喚起する」ことはなく、ただ「宗教勧誘の熱意」を生み出しただけだった、とリュシアン・フェーヴルは記す。[13] さらに彼によれば、ごくわずかな個人が一五五〇年からエウヘメロス主義的な説明を福音書に当てはめてはいたが、この時代の人々は聖書、神からの霊感に揺るぎない信頼を寄せていたのである。

リュシアン・フェーヴルの結論は決定的なものだった。「普遍的な意味での宗教に対抗して、もっとも知性があり、もっとも学識があり、もっとも大胆な人々が哲学であれ科学であれそこに実際に支えを見いだすことができなかった時代が問題とされるときに、合理主義や自由思想を語ること、それは絵空事を口にすることだ。もっと正確に言うならば、よく響く言葉と印象的な語にかこつけて、それはもっとも重大でもっとも滑稽なあらゆる時代錯誤を犯すことである。それは、思想の領域でディオゲネスに傘を、マルスに機関銃を持たせることである」[14]。またさらに、「十六世紀を懐疑の時代、リベルタンの時代、合理主義の時代と見ようとし、そのようなものとしてその栄光を称えようとすることは、最悪の誤謬と幻想である。この時代は、まったく反対に霊感に溢れた時代だった。何につけ、まず神の反映を探し求めた時代だった」[15]。

ラブレーの時代を信じないわけにはいかない。これがリュシアン・フェーヴルの中心的メッセージだった。不信仰の兆候があるとしても、それが関係するのはただ運命から衝撃を受け、悪について自問する人物の特殊な場合である。こうした不信仰は今日のそれではない。何ら体系的ものは持たず、自分の論理の結末、無神論まではけっして行かない。事態がゆっくり変化し始めるのは、世紀半ばのことでしかない。

フランソワ・ベリオに続いて、またいちばん最近の研究に従って、わたしたちはこうした結論は相当に含みを持たせるべきものだと評価する。それは真正の無神論を作り上げることを可能とする精神的道具立てに関する点、またそれと同じくとりわけ特定の社会層における真正の無神論者の存在に関する点においてである。

パドヴァとポンポナッツィ

ルネサンス初期の社会＝経済的・政治的・宗教的・文化的変化は、世界についての無神論的な考え方を可能とした。なによりも、中世とのいきなりの断絶はない。そのため、アヴェロエスの合理主義、シャルトル学派の自然主義、二重真理説、神の存在証明をめぐる議論、オッカムの唯名論そして否定神学などによって、中世の知的な歴史が潜在的な無神論の条件を生み出したことを、わたしたちは見てきた。こうした思想上の論争はすべてその痕跡が残されていて、とくにそれはイタリアで引き継がれた。現代以上に、学者たちの共通言語、ラテン語を介して、思想はヨーロッパのいくつもの知的中心をかけめぐった。

かくして、イタリアのパドヴァで、ヴェネツィア市付属の大学で、ローマの異端審問の権力支配を免れ、ラテン語のアヴェロエス主義の潮流を延長する、きわめて自由で大胆な思弁が発達した。大学では、奇蹟や魂の不死を否定し、信仰と理性を分離する論文が公開審査を受けた。パドヴァ学派の評判は十五世紀から怪しげなものとなり、当時の多くの疑わしい精神の持ち主が、学生としてあるいは教員として大学に来て、そこに滞在した。『無神論の歴史』を最初に書いたひとり、ドイツの碩学ヤーコプ・フリードリヒ・ラインマンは、すでに十八世紀からパドヴァの基本的役割を強調した[16]。この熱心なルター主義者によれば、十六世紀のイタリアでは迷信と無神論が対になって進んでいた。その原因は、教皇の醜聞やローマの神学者たちの偽善、イエズス会のマキャヴェリズム、アリストテレス崇拝、習俗の放埒さ、イタリア人が神学よりも哲学に熱心だったことだった。ラインマンから見れば、十五世紀のイタリアにはすでにたくさんの無神論者がいたことになり、その思想はセザルパン、ルッジェーリ、ヴァニーニのような人々とともに、十六世紀にフランスに伝えられることになる。アルプスのこちら側では、ペトラルカ、ピエール・グレゴワール、ピエール・フィルマンらによって[17]土壌はすでに整えられていた。パドヴァ学派の無神論という命題は、十九世紀にルナンやマビヨーによって、さらに二十世紀には自由思想に関する高名な歴史家、シャルボネル、ビュッソン、パンタールによってふたたびとりあげられた。

さらに最近になって、ポール・オスカー・クリステラーがこのような解釈を疑問視し、十九世紀、二十世紀を通じて信仰を持つ者も信仰を持たない者もともに正しいものとみなしてきた神話に依存する、特定の傾向を持った思想史の読み方は問題だと主張した。[18] 彼はその証拠を当時もっとも著名だった、ピエトロ・ポンポナッツィ（一四六二―一五二五）の生涯と教説に求めた。この人物はたしかに代表的なのだが、しかし、クリステラーが示唆した意味においてではない。

ポンポナッツィの著作は何を物語ってくれるのだろうか。一五一六年に書かれた、彼の『魂の不死について』は、魂の不死は理性によって論証されることはない、という点を明らかにした。ポンポナッツィからすれば、トマス・アクィナスはアリストテレスを裏切っているのであって、アリストテレスは大部分の古代の哲学者同様、この不死性を否定した。不死性への信仰が導入されたのは、民衆を従属状態におくためでしかなかった。この思想を、ポンポナッツィは最終章で、三大宗教を同一次元に置きながら分かりやすく説明する。著作そのものは二重真理説の線に身を置いている。つまり、理性の自然の光はしばしば信仰に反することを教えてくれるが、信仰こそ従わなければならない当のものだ、というのである。この著作は大きな物議をかもした。弁護のために、ポンポナッツィは匿名で二つの論文を著し、そこで彼は同じ考えに立ち戻って、古代のもっとも偉大な賢者たち、シモニデス、ホメロス、ヒポクラテス、ガレノス、プリニウス、セネカ、アフロディシアスのアレクサンドロス、アル＝ファーラービーらは魂の不死を否定しているのであって、魂の不死とは民衆をつなぎ止めておくため統治者が用いた手段にすぎない、と述べた。著者が恩恵に浴した保護にもかかわらず、本そのものは焚書の対象とされ、禁書目録に載せられた。

ポンポナッツィは、さらに論文『運命について、自由意志と予定説について』、また『自然感情について』を書き、これらは死後出版というやり方で、一五五六年と六七年にそれぞれ出版された。自由意志は摂理という考えとは両立不能であり、奇蹟には自然的原因があり、いつか科学がそれを説明するだろう、とそこには述べられていた。そしてその原因のいくつかは、われわれの想像力に起因する偽りの奇蹟であるとも書かれていた。したがって、ポンポナッツィは宗教の伝統的な証明のひとつに挑み、ときとして香具師と同列視された聖人たちの偽りの行いに強烈な攻撃をしかけたのだ。彼は大胆にも宗教の誕生を画するまやかしの奇蹟にさりげなく触れ、やがてリベルタンたちによって幾度となくとりあげられる情報と同じく、復活の奇蹟という真理に疑いを向けた。もちろん、どんな場合でもこれらの敬虔なる欺瞞は民衆の信仰の強化に役立つという、土壇場での急展開はありうる。学者に関して言えば、たとえ理性がそれを否定するように彼らを導いたとしても、啓示が言うことは盲目的に信じなければならないのである。

したがって、ポンポナッツィは無神論者ではない、と断言できるだろう。とはいえ、多くの人々が彼を無神論者だと信じてきたのである。クリステラーが述べているように、ポンポナッツィが、教皇の国家の大学教授として穏やかに亡くなり、次期枢機卿として埋葬されたのは、ひとえにポンポナッツィの強力な庇護者、ベンボ枢機卿とジュリオ・デ・メディチ〔のちの教皇クレメンス七世〕のおかげだった。だがルネサンス期の高位聖職者による保護は、正当性の保証とはならなかった。多くの同時代人がポンポナッツィを無神論だと非難した。一五一八年からニフスは、『魂の不死について』を反論する中傷文、『不死について』を書いた。ポンポナッツィの弟子であるパオロ・ジョーヴェやヘリデといった人物たち自身、師の無神論的唯物論を口にした。とはいえ、フランソワ・ベリオが指摘しているように、ポンポナッツィはいっそう懐疑論者、さらには不可知論者、「探求し、その探求に苦しめられる男」であるように見える。居心地の悪い状況、それは確かだった。どちらか一方に傾くことなく、自分の信仰と自分の理性の間で引き裂かれたままでいられるだろうか。ポンポナッツィの本当の選択は、その同時代人の多くの場合と同様、わたしたちには分からない。そうした人々は、教会による禁止という理由から、真情を率直に吐露することはできなかった。そのために彼らの回りくどさ、意見の豹変、後悔、矛盾という特徴が現れるのである。

イタリアにおける懐疑の用いられ方

デカルトに先立つ一世紀以上前に、方法的懐疑は危険思想を慎重に表すための手段としてヨーロッパ中に広がった。《……と仮定しよう》という、それこそ考慮に値するもうひとつ別の文化上の革新がそこにあったのだ。そうすることで、神を信じない命題を表明することができた。しかし、《……と仮定しよう》は否定を言おうとするものではない。もちろん、それに続けて反論の手続きが行われる。それでも不都合は起こる。スコラ哲学者たちも、たしかに、同じやり方に訴えて、自分たちの結論を引き出す前に《賛成》と《反対》を検討した。《論争》という大学や修道院での実習、形式的な議論の演習が、これもまたいくぶんどうにでも解釈される表現のやり取りに手を貸す可能性があった。しかし、それまでは厳密に規制され、管理され、制限されてきたこの実習が、まずイタリアで信仰を疑問視するための一般的手段となった。それは、すでに一九三九年にデリオ・カンティモーリが研究したことであり[19]、それをごく最近シルヴァーナ・セイデル・メンチはさらに深めてこう言った。「イタリアの異端審問古文書館は、異端派のもっとも多様な集団にも懐疑が浸透し、意思の疎通を図る手段、《精神の修養》というよりもむしろ、精神の将来の傾向を証明した[20]」。

このやり方が引き起こしうる典型的被害は、カターニアのアウグスティヌス修道会士、アンドレア・ウルジオの免職だった。ウルジオは、聖餐式でのキリストの実在について自分が表明した正統とは言えない見解に関して説明するよう促された。ウルジオによると、それは「自分が家庭教師だったとき、毎朝自分たちが修道院で開いていた論争で、練習のために真実に反して議論しなければならなかった」昔にさかのぼる歪曲だった。[21] いくつかの修道院では、聖書の一節についてや、さらには教義についてまで相対立する命題を擁護しながら二人の弁士が対決する討論集会が催された。こんなふうに懐疑が入り込んできたが、それを異端審問古文書館は目録として作成した。疑問は国による文化的信仰の実践の違いに関するものや、あの世に関する疑問、秘蹟に関する疑問であり、その答えには「わたしはどんなときでも、それ〔聖体顕示台〕がキリストの本当の肉体、本当の血だと信じてきました。でもそれが腐ると知って、わたしは疑い始めました」と述べたものもあった。[22]

一五三〇年代からは、世俗の人々がこのやり方を用い始めた。表明された疑問はさらに遠くまで進む。技術上の、解釈学的な疑問から、体系的で内容に迫る疑問へと移行した。福音書の歴史的価値が疑問に付される。そして避けられないことだったが、幾人かはついに無神論へといたる。そうした事情から、ジュリオ・バサール修道士は、一五五五年にこう告白した。「わたしは、エラスムスの注釈をいくつか読みました。そして、キリストの神性を否定しているように思え、彼を称えました」。そこから、「肉体の死とともに、どんな人の魂もそれぞれやはり死ぬのだ」ということ、そして神は存在せず、「すべての宗教はまじめな暮らしへと隣人たちを導くための人々の作り事にすぎない」という考えに修道士はいたった。[23] スプリットのベネディクト会のマルコ修道士もやはりほとんど同じ結論に達した。

バサールの告白で、問題なのはエラスムスだった。理由なしとはいかなかった。このオランダ人に疑いがかけられるのはまったく日常茶飯事で、そのため一五二六年から二七年にかけて、『対話集』や『釈義集』に含まれる「躓きのもとになる、冒瀆的で異端的な」いくつもの命題を元に、ソルボンヌから非難される羽目になったくらいだった。エラスムスは大胆にも、黙示録を聖ヨハネの、ヘブライ人への手紙を聖パウロの、使徒信経〔主たる神、聖霊、神の独り子イエスの三位一体を信じ、イエスの復活と永遠の生命を認めるキリスト教の基本信条の表明〕を使徒の作とみなすことを疑い、さらに聖餐式の言葉の正統性、耳聴告白〔司教の耳もとでささやく告解〕の強制、贖宥の有効性、肉体から離れた魂の状態、聖母マリアへの啓示、キリストの人間的・神的本性に疑いを向けた。こうした生意気さ、こうした瀆神的な疑いは両方の陣営のドグマティストたちから怒りを買わずにはいなかった。マンブール神父によれば、エラスムスが一五二四年にまたもや自由意志の問題と三位一体の問題を疑わしいとして留保した際、ルターは腹をたてて、エラスムスを懐疑論者、無神論者と呼んだ。同様に、ガラース神父はエラスムスとツヴィングリを「無神論のとるに足らない学者」とひとまとめにした。『痴愚神礼賛』以降、さらに人々はエラスムスをルキアノスに引き比べて、ユダヤ教徒とキリスト教徒とイスラム教徒を同列に扱っているとして非難したが、それは「野蛮人の烏合の衆ともいえるトルコ人たちも、自分たちこそ最上の宗教を持つと自負し、キリスト教徒を嘲弄して、迷信の徒扱いしています。さらにおもしろいのはユダヤ人ですが、この連中はひたすら救世主（メシア）の到来を昔と変わらぬ態度で待っておりまして、頑固にモーセを祭り上げています」とエラスムスが書いたためである。[24]

エティエンヌ・ドレは、エラスムスのユーモアや無遠慮な態度に我慢ならず、「笑い、冗談を言い、キリストその人についてさえ言葉遊びをする」と書いた。エラスムスは、《ルキアノス》のごとき者であり、《神なき人》だった。こうした用語は、無神論者への自身の怖れを幾度となく表明している思想家に関しては明らかに証拠に欠ける。エラスムスによれば無神論者とは、「物質に飲み込まれてしまい、あの世のことは何も見えず、〔…〕仮に信じているとしても、真っ先に富と安寧を頭に描く。自分たちの魂の世話は後回し。それというのも、目に見えないものだから、大部分は魂をうさん臭いものと思っているからだ」[25]、と考える類の連中とされていた。

懐疑、それこそがユマニストたちの合言葉のひとつであり、新しい精神状態を示唆した。カトリック、プロテスタント両陣営の硬直したドグマティズムを前にして、思想家たちは対立の打開策として懐疑を提唱した。前者の陣営にいるエラスムスに対して、後者の陣営では『懐疑の技について』の著者であるカステリオンが相当する。その中でカステリオンは、「疑うことを知らず、無知を知らず、疑う余地のない断定的な命題によってしか自分を表すことを知らず、君が彼らから離れれば、ためらうことなく君を非難し、自分自身を一度も疑わなかったことに満足できずに、誰のところであろうと懐疑を容認できない人間たちの種族」を痛烈に批判した。[26]「もしキリスト教徒がいっそう懐疑を抱いていたのであれば、これほどの痛ましい罪で自分を汚すこともなかっただろう」とカステリオンは言う。[27]狂信に対するフィロゾフたちの論法がすでに姿を現している。

そもそも教会は、懐疑という習慣が体現する、信仰にとっての危険性を十分感じ取っていた。一五七〇年から一五八〇年にかけての決定的な時期以降、それまでは容認された懐疑が異端と同一視されるようになった。ロヴィーゴのジローラモ・ビスカッツァという人物が、この立場の硬化の最初の犠牲者となった。一五六四年に初めて異端審問所で裁かれたが、ビスカッツァはお人好しにも、自分がためらっていることを表明できると考えた。「異端審問官を前にして自分の疑問を述べたとき、ビスカッツァはその答えを望んだ。だが答えそのものとして彼が得たのは、前言の撤回だった」、ある情報提供者はそう報告している。「聖教会が聖なるものとして受け入れ、奨励し、説教していることを疑うのは悪いこと、率直に言えば異端である」ことを彼は肝に銘じなければならなかった。解放された後でも、このばか正直な貴族はかつてと同じように疑問を抱き続けられると思いこみ、一五六九年に審問所に自分から出頭して、「以前と同一ゆだねられ、火あぶりにされた。

の問題に関して、わたしの疑いはそのままです」と宣言した。ビスカッツァは一五七〇年四月一日俗権に[28]

信仰に有利に働かない新たな社会＝文化的背景

経済的・社会的秩序の変化が同じ方向に働いた。都市部での工業・商業の発展は、中世的な哀れみにはもはや適合しない心性の持ち主であるブルジョワ階級の上昇を加速した。現実主義者で、合理的で、実践的で、金もうけに熱心で、個人主義者で、散文的で、金が手に入れさせてくれる地上の満足を追求するブルジョワは人を信用せず、人に頼らず、それほど軽信ではない。同時にその頃になると、当局がその氾濫にあわてるほどの書物を印刷所が広めたために、人々はいっそう読書をした〔グーテンベルクによる活版印刷の発明は一四四五年頃と言われる〕。

その書物は、宗教的著作もあったがあらゆる傾向が含まれ、文学的著作はそこであらゆる種類の思想を引きずりまわし、技術や科学の著作では世界や自然に関する知識が拡大された。この突然の始まりは好奇心と同時に相対主義をも増大させ、したがって人々を自ら問いを立てるように仕向けた。イタリア、ドイツ、イギリス、フランスなどの当時の大商人たちの書簡は、財政や商業上の問題だけに関わっていたわけではなく、さらに新しい文学や宗教上の大論争にも言及した。

文人たちはもっとも高い地位を、ひとかどの人物としての社会的地位を獲得した。エラスムスは、つましくはあれ、文筆で生計を立てた最初の人だった。自立した世俗の知識人たちは大きな役割を果たし始めた。国王たちの周囲では、宮廷、退廃的習俗のたまり場が発達し、そこでは数百人の金持ち貴族が贅沢に、呑気に、目の前の快楽を追い求めて暮らしていた。すべての峻厳な宗教改革者は王の取り巻きを無神論者の巣窟と名指しした。一五七五年に、歴史家ルイ・レニエ・ド・ラ・プランシュは、「無神論と呪術」がアンリ二世の頃からフランスに広まったと説明し、一五七九年の小冊子は、宮廷人リニュロールが「おおっぴらに無神論を公言している」と非難した。[29]

つまり、誹謗者の目には、無神論は知的な原因を持っているだけでなく、さらには道徳的な退廃とつながっていた。この結びつきはかなりしばしば男色や性的な放蕩にも及ぶものとされた。ほかにも数多くあるなかの一例にすぎないが、一五九二年にニームのコレージュの教授、ラシャラードは、「男色という唾棄すべき悪徳の嫌疑」、そして「無神論者で無宗教」との理由で免職された。ラシャラードの生徒のひとりは、「前述のラシャラードについて、改革宗教や教皇の宗教について語りながら、そのどちらの宗教をもばかで間抜けな話だと見なしたとのうわさを聞いたことがある」、と報告した。[30]

論争上の誇張は別として、たしかに十六世紀が経験した無神論の興隆の場合、習俗解放の欲求、とくに性的解放の欲求に地歩をあたえる必要があった。ジャック・グリュエからヴァニーニまで、ノエル・ジュルネからジョルダーノ・ブルーノまで、無神論者や異端者たちは、宗教上の禁令によって厄介者扱いされた、自然な情愛の擁護者という立場をとった。ときには同一人物を指すこともあったが、反対陣営の中でも時代の混乱に勢いづけられた、政治的・社会的タイプの反抗があった。たとえばジャック・グリュエの場合、反カルヴァン主義的無神論が牧師たちの専制からジュネーヴを解放しようとする意志にしっかりと根を下ろしていた。

宗教戦争の雰囲気が明らかに、そしていくつもの仕方で働いていた。ある人々にとって信仰告白同士の衝突が自分の立場を強化し、狂信主義へといたる機会だったとすれば、ほかの人々にとっては、矛盾する議論をくり広げて展開する争いの場面は懐疑論にいたる動機となった。歴史家の注意は、いっそうドラマティックでいっそう目を見張るものだった前者の立場に向けられ、たしかにこの立場は短期的には、百年戦争の時代を推し進める基本的な動因だった。しかし、互いに殺し合う人々の喧噪の背後の闇のなかで、疑いや懐疑論や無関心がじっくり考える人々、あるいはほかにやりようもなく状況に甘んじている人々のあいだに徐々に浸透した。長期的には、戦闘が和らげば、真の勝利者もまた懐疑に曝される。ピエール・ヴィレは、一五六三年に自分の『キリスト教教育』の序文で無関心主義の増大を十分感じ取り、こう記した。「今日宗教上の事柄に関して存在する相違点の間で、複数の者たちが現在別々となっている二つの宗教に従う、あるいはそのどちらかに従う、という自分たちにあたえられた自由をあまりにも濫用している。なかには両者をまったくなしで済ませ、まったくどんな宗教もなしで暮らす者が幾人もいるからである」[31]。

さらに、なるほど説教者たちは人間の罪に対して加えられる正当な処罰という伝統的な説明を行いはしたものの、宗教戦争は、それに付きものの恐怖とともに、神の摂理という考えに一撃を加えた。「世界の支配者、神への信仰は、勝利を収める不正といたる所に広がっている悪を目の当たりにして、揺らいでいた」、とヤーコプ・ブルクハルトは書いた[32]。戦争に見舞われたいくつかの県では人肉を食らう場面がみかけられたが、そうした極度の貧困からしてフランソワ・ベリオは、「十六世紀にはもっとも強烈な迷信ともっとも反抗的な瀆神とのあいだで、同一の個人の内面の宗教感情が揺れ動くことがありえた」のは本当らしいと判断するにいたった[33]。

信仰は、この時代を画する反聖職者主義の猛威を前に無傷ではいられなかった。この時代はまた異常事が目新しくもなかった。修道士たちはずっと以前からひどい攻撃の材料とされていたし、数多くの異端的運動が十一世紀以来聖職者を、その淫欲を、その金銭欲を批判した。しかしこうした批判が、十六世紀ほど激しく、下劣で、広範囲にわたったことはなかった。反教権主義は反宗教ではない、それは確かだ。しかしながら、聖職者と聖職者が表すものとの間の境界はいつでもそれほど明確だったとは言えなかった。思想のレベルでは、古代哲学への大挙した回帰が、厳密な意味での無神論とまでは言わないまでも、きわめて広範な相対主義に有利に働いた。実際、哲学や科学の面から見れば、当時両者は別々のものだったが、ルネサンスはむしろ折衷主義の時代であり、さらには混乱の時代だった。合理的アリストテレス主義の後退、その最後の重要な牙城がパドヴァだったが、この後退は汎神論的自然主義の内部での呪術的で、アニミズム的で、非合理的な考え方への回帰に有利に作用した。

「ルネサンス期の人間にとって、自然が神に取って代わった。自然それ自体が魂を持ち、自然は終始一貫した意図を実現し、自然は摂理のように人間の面倒を見てくれるからである。ある意味では今日の信仰を持たない者にとって信仰は霊感や降霊円卓や不可思議な磁気感知占いにとって代わられるものであるように、キリスト教の驚異は、不可思議な呪術に席を譲った。空はもはやキリスト教の天ではなく、空虚でもなかった。星たちがその神性を取り戻したのだ」、とロベール・ルノーブルは書く[34]。この同じ著者によれば、「神、神々、天体あるいは自然」という言葉は、当時は占星術師、錬金術師、自然学者の用語法では幾分あいまいな意味合いを持つ。あらゆる神異を認めて、それを神霊の働きから説明する新プラトン学派から、《達人》エリヤ〔前九世紀のユダヤの預言者〕、つまり化学者の再来を待ち望んだパラケルススまで、さらに言えば、「天使や悪魔の代わりに、善行のあるいはその反対の天体をおけば、同様の説明をあたえられるし、同じ現れを説明することができる」と書いたカルダーノを含め[35]、わたしたちが相手をしているのは、世界についての汎神論的自然主義的な見方なのである。

こうしたアニミズムや呪術への部分的回帰は、もっとも大事な事柄をそのままでは済ませておけない哲学的・宗教的思考法の分裂となって現れた。レオナルド・ダ・ヴィンチは、その『解剖学第四論考』で、

「魂に関するこれ以外の定義については、霊感によってあらゆる秘密を知る修道士や人々の指導者の想像力にわたしはゆだねる。聖書は脇に置いておく。聖書は至上の真理だからだ」、とほとんどむき出しの形で懐疑論を表明した。[36] 宇宙全体に存在している精神を自然のなかに見いだして、たしかにダヴィンチは汎神論の潮流に加わったようである。ヴァザーリは、「ダヴィンチは、キリスト教徒であることより以上に哲学者であろうと考えて、結局どんな宗教にも従わないほどの異端的な考え方に手を染めた」と述べ、はっきりとダヴィンチを不敬虔な者の列にくわえた。

新プラトン主義的でアニミズム型の考え方と同時に、ルネサンスはデモクリトス、エピクロス、ルクレティウスの原子論を再発見した。ダンテが「肉体とともに魂に死をもたらした連中すべて」とともに地獄に追いやったはずの、エピクロスがふたたび日の目を見、エピクロスとともに純粋に物質的な、機械論的な世界という考え方が科学的研究にゆだねられた。しかしながら、ルネサンス初期という時代に、エピクロスがとりあげられたのはむしろ道徳面であり、快楽の探求、それが宮廷人たちのあいだで多くの信奉者を見いだしたのだった。

哲学と一緒に、ふたたび姿を現し、浅浮き彫り、フレスコ画、絵画に誇示されたのが、あらゆる古代ギリシア・ローマの神話だった。芸術的で文学的な主題、異教的な神話は当然のことながらもはや文字通りには受け取られなかった。しかし博学なユマニストたちは、そうしたものに解釈をくわえ、それに合理的な説明をあたえ始めたが、そのことがなぜ、どのようにして人間は神々を創造できたかを示すことになった。[37] この時以来、寓意的な方法がキリスト教やすべての宗教に広がる恐れがあった。それこそが啓示による聖書を注意深く擁護してきた者たちがたしかに認めていたことであり、彼らは聖書が物語っていること、とくに創世記とその年代記に完全な歴史的価値があることを強調した。[38] たとえば、オリゲネスがしたように、六日かかった創造に寓意的解釈をあたえることは、世界の永遠性という命題を含むあらゆる単純化に道を開くものだった。ここから幾世紀にわたる戦闘が始まり、争点は聖書の漸次的な脱神聖化だったが、それが無神論を準備する道だった。[39]

現実の危険に関する重要な証言は、神学者メルキオール・ド・フラヴァンの証言であって、フラヴァンはトリエント公会議に出席し、一五七〇年には、論文『他界した後の魂の状態について』を著した。なによりフラヴァンにとっては、自分が生きた時代ほどヨーロッパに多くの無神論者がいたことはかつてなかった、ということを忘れないでおこう。フラヴァンによれば、聖書、聖パウロ、聖アウグスティヌス、古代の哲学者たちの書物が証言しているように、無神論はいつでも存在した。しかし今日では学者たち同様「きわめて粗暴な人々」にあっても、「神は存在しないのではと異議を唱え」、「常識に反して神を否定する」者たちがよく見かけられるのだ。

責任は誰にあるのか。もちろん、悪魔だ。悪魔が不信仰を広めるためにたえず働いているのだ。しかしまた、「神の摂理、世界創造、永遠の生と魂の不死、われらが主の復活を否定する、一言で言えば神を否定する」唯物論者の医師たちも同罪だった。[40] 医師たちは魂のなかにただの《微妙な生気》、《微妙な風》、《身体の気質》、あるいは血液しか見ていなかった。もう一方の責任者は《エピクロス派のリベルタン》で、彼らは自分たちの快楽にしか関心がなく、「きわめて下劣で、きわめて有害な無神論の泥沼」にはまりこんでいた。異端の増大もこうした状況に手を貸した。要するに、「聖書を貶め」、聖書を神話の作り話のレベルに落とそうとする人々がいたのだ。

大旅行と神を信じない人々の問題

別の文化的要因のおかげで、十六世紀の無神論論争はおおいに促され、おそらくは幾人かの精神がそのために不信仰にまで展開した。発見のための大航海である。リュシアン・フェーヴルが書いていることとは反対に、大航海は、ヨーロッパのキリスト教徒からは、ただの宗教宣伝、新しい魂と真の信仰への改宗の機会としてしか見られなかった。大航海もまたものを考えさせ、疑わせたのだ。

まずは、信仰の普遍性という命題を事実によって検証することを通じて、である。それまで支配的だった考えによれば、万人が自然な啓示を受け、もっとも未開の人々においてでさえも無神論である人は存在しなかった。これは、カルヴァンが『キリスト教綱要』で支持した見解だった。「異教徒さえ告解するのであるから、どんな野蛮な国民でも、どんな粗暴な人種でも「神がある」という確信を持たない者はない〔キケロ『神々の性質について』第一巻一六章〕。そして、他の点ではほとんど野獣と違わないように見える人々も、それにもかかわらずつねに宗教の種子を宿しているのである」とカルヴァンは言う[41]。ジャン・シャサニオン・ド・モニストロールもその考えをとりあげ、「ある種の確信や自然の印象から、なにがしかの神をどんな時でも重んじられないほど野蛮な民はけっしていない」と言う[42]。ユルバン・ショーヴトンは、一五七九年にフロリダの人々は「魂は不死であり、悪人のための公の場所があると告解し」、「彼らが全面的に信頼するジャルヴァールと呼ばれる僧侶がおり」、また一夫一婦婚を行っていると報告して、先行する人々の言明を経験的に追認した[43]。その少し後で、マルク・レカルボはヌーヴェルフランス〔十八世紀までの北米フランス植民地〕の人々について同様の指摘をした[44]。ピエール・ル・ロワイエとジャン・ド・マンドーザは、その宗教上の見解を理由に、インド、日本、中国の人々を誉め称えた[45]。

ところが、やはり逆の報告をして、宗教を持たない民や無神論者である民を目にしたと伝える旅行者たちもいた。これらの最初の民俗学者が幻想の犠牲になったのかどうかは、ここでのわたしたちの問題ではない。わたしたちに関心があるのは、彼らの証言がヨーロッパ人の精神にあたえた衝撃である。たとえばジャン・ド・レリー（一五三六―一六一三）によれば、「ジャン・レオンの話によると、アフリカにもいくつかの部族がいて、彼らはイスラム教でも、ユダヤ教でも、キリスト教でも、ほかの宗派でもなく、信仰を持たず、宗教を持たず、そうしたものの影さえも持っておらず、祈りもしなければ、寺院も建てず、野獣のように暮らし」、財産と女性の共有を行っていた。同様にエチオピア南部の黒人は、「どんな宗教も、どんな神についての知識も」持っていないのだ(46)。

もっともよく考え抜かれているために、もっとも重要な証言に戻ろう。カルヴァン主義者、ジャン・ド・レリーの証言であり、レリーは一五五六年にブラジルに上陸し、一五七八年に『ブラジル内陸地旅行記』を出版した。そのなかでレリーはインディアンたちの宗教に関心を示した。彼の印象の核心部分は、未開人における無神論という命題を確証するものである。

キケロの金言では、要するになにがしかの神がいるという感情を持たないほど粗暴な民も、それほど野蛮で未開な部族もいないと言われているが、これは誰からも疑う余地のない格言として受け止められ、信じられている。しかしながら、アメリカのトゥウピナムバウルト〔ブラジル土着民の意味、現在のトピナンブー族を指す〕を近くから考察してみると、彼の地でのこの格言の適用に関して、わたしにはまったく手も足も出ない。というのも第一に、唯一真実の神について彼らがどんな知識も持ち合わせていないことは別にしても、それ以上に、複数の神を持っていた古代のすべての異教徒の習慣にもかかわらず〔…〕、彼らは告解はしないし、天のものでも地のものでもどんな神も崇めていない。だからしたがって、日常の礼拝を行うためのどのような定まった手続きもなければ、ともに集まる公の場所もなく、彼らは公にも、またどのような形であれ個人的にも祈ることをしない。[47]

しかし、さらに仔細に見るならば、ジャン・ド・レリーはインディアンたちのあいだに見られるある種の神観念に気づいた。インディアンたちは認めるのを拒んだが、それは悪魔からしかあたえられないものであり、おそらくそのためにインディアンたちは地獄に堕ちるのだ、とレリーは思った。レリーは自分の民俗学＝宗教学的研究から教訓を引き出し、さらに遠くまで進んだ。この未開の無神論者たちを、「今こちら側〔ヨーロッパ〕で大地を覆っている」ヨーロッパの無神論者たちと比較し、レリーはヨーロッパの無神論者たちのほうが質が悪いと思ったが、未開の無神論者たちを導いているのも悪魔だと見なした。

ひとりひとりに聞いてもらいたいために、この箇所でわたしがとくにはっきりと語りたいと思ったのは、いちばん悪魔に取り憑かれた無神論主義者たち、今こちら側では大地が連中で覆われているのだが、彼らとトゥウピナムバウルトに共通点があるとしたら神がいないことを、それもこちら側の無神論者たちが彼らよりいっそう奇妙でけだものじみたやり方で、それを信じ込ませようとすることだが、少なくとも第一にそうした連中が神とその力を否定する者たちに教えてもらいたいのは、この世でさえ人を苛む悪魔がいるということだ。[48]

さらに、どれほど無分別であるにせよ、未開人は魂の不死を信じている。それを否定するヨーロッパの無神論者たちにとっては恥ずかしいことだが。

第二に、すべての原理を否定しているこれらの無神論者たちは、まったくのところ魂の不死について聖書があれほど見事に言っていることを彼らに引いて聞かせてあげる価値があるので、わたしは今でもわが哀れなブラジル人たちが、無分別な状態におかれているとはいえ、人間のうちには肉体と一緒に滅びたりはしない精神があるだけでなく、肉体から分離した後も永遠の至福あるいは不幸に見舞われることを、彼ら、ヨーロッパの無神論者たちに教えてくれるものと、予想しています。(49)

率直に、ジャン・ド・レリーはキリスト教におもねるそぶりなどほとんどないいくつかの考察をさらに行っている。レリーはインディアンたちに、全能で恐ろしく、雷を操る神、復讐する神、ヨーロッパのキリスト教の恐怖の種である神について語って聞かせた。すると、彼の報告では、「彼らの意志の固さ、このことについての返答は驚くべきものだった。というのもまるでわたしの話など聞く耳を持たないと言わんばかりに、わたしの話は彼らを仰天させてしまったからである(50)」。しごく健全な返答だが、レリーには奇妙なものに見えた。同様に、ばか正直にレリーは、信仰というものは壊れやすい文化要素であって、啓示ではなく環境に依存していることを説いた。実際、幾人かの若いノルマンディー出身者は、「この土地に八、九年とどまり、現地人に合わせるため無神論者の暮らしをしていたので」、インディアンたちの暮らしぶりを身につけ、神のことは完全に忘れてしまったのだ！(51)

自分自身の利益という点からすれば、旅行は信仰を固めたとレリーは明言した。というのも、人の暮らし方のとてつもない違いを確かめられたからであり、それをレリーはまったく単純にヨーロッパ人の信仰とインディアンの不信仰とに振り分けた。キリスト教の信仰と文明は彼にとって緊密に結びついていた。レリーはそれだけいっそうヨーロッパの無神論者たち、ラブレーやその一味（「ラブレー主義者、神を笑いものにする者、神を軽蔑する者」）に手厳しかった。レリーの証言はわたしたちにはかぎりなく貴重なものであるが、それはブラジルに関する観察以上に、レリーがヨーロッパについて明らかにしたことによる。神を信じない民族についての論争へのレリーの関心は、知識人にとって無神論という問題がどれほど重要だったかを示している。さらに、レリーは無神論者の間でも、神を信じない無神論者と、神は人事に関わらないとしたエピクロス主義者を区別している。このことはわたしたちを、リュシアン・フェーヴルによっておそらくいくぶん性急に棚上げされてしまった用語法の問題へと導くものである。

用語法の重み

《無神論者（*athée*）》という言い方が、すべての宗教的敵対者に対して頻繁に用いられたこと、またその用語がかなりいい加減に、信仰を持つ者を指しながら実際には自分と違った宗旨の者を指し示すためにも用いられたことは否定しがたい。しかしこのことは、生粋の無神論者が存在しなかったということを意味するものではない。格好の類似性が、《ファシスト》という現代語からあたえられるだろう。この語は多少独裁的だと判断されるすべての人に対して、たとえその人がこの名を冠された教義とはどんな実際上の関係がない場合でさえも、ののしりの言葉として用いられた。だからといってこのことは、生粋のファシストがいたこと、また現在もいることの妨げとはならない。

《無神論者》という言い方が最初に最盛期を迎えるのは、十六世紀前半のあいだだったということが明らかになるのは衝撃的である。この時代の最初期では、この用語はギリシア語かラテン語で姿を現し、たとえば一五〇二年のカルピヌスの場合、「《アテオス *Atheos*》、いかなる神も信じない者。《アテウス *Atheus*》や《アテオス *Atheos*》、神も宗教も持たない者（アテイスタ *atheista*）」のように、古代の学説に関して使われたのだった。一五三二年にスカリゲルにあててラブレーがこの語を使ったのも同じくギリシア語だった。一五五二年にギヨム・ポステルはそれをラテン語で使い、デュ・ベレーは一五四九年にフランス語で使った。

この語を用いた人々は、それが何を意味するかを十二分に知悉していた。ときにはわざわざその意味をきちんと定めて手間をかけて、意図的にそれを悪用した。一五六一年の『無神論との闘い』の中でブルグヴィルは、「アテオス *Atheos* はギリシア語であるが、フランス語に転じて、神の存在を知らず、不実で、神を無視するか否定する者のことであり、無神論者とか神を拒む者と呼ばれる」と書いた。さらに彼は、「真の無神論者は永遠なる神を認めない」とも言っている。エルヴェによれば、「神はいないと称する」のが無神論者だった。デュプレオーは、その『異端者アルファベット辞典』で、「神はいないと信じ、人間の問題から神の摂理を奪い去り、すべては運命しだいで、魂は肉体とともに死ぬと考える、無神論者がいる」と認めた。一五七九年の『ポイマンドーレス』〔紀元前二世紀頃の神秘主義者、錬金術師のヘルメス・トリスメギストスが著したとされる『ヘルメス文書』の第一文書〕の翻訳本でフランソワ・ド・フォワは、実際に神を批判する不敬虔と無神論を区別し、後者は「どんな宗教も摂理もないと決め、神についてのこれまで周知だったことはすべて作り話でペテンであり、善性や徳や力を備えたなにがしかの神は存在せず、万物は秩序正しく、順を追って、それぞれがその状態で、作り手も導き手もなく、万物の創造主もいないと考える、われわれが無神論と呼ぶものである」、と言う。スペインのイエズス会士、ペルピニャンは同じ区別を一五六六年にしており、一五九五年にポロは『無神論反駁』で、「真の神、さらにすべての神を否定する者たち」に訴えかける。

この用語の意味はよく知られている。しかしそのことは人がこの言い方を不当に用いることを妨げるものではない。カルヴァンは無神論者とは何であるかということを無視できなかったが、それにもかかわらず、《無神論者》を単に神の全能に信頼を置けない者として取り扱い、また論敵を大部分自分と同じ信仰者として取り扱った。カルヴァンの論敵、アントワーヌ・カタランは、カルヴァン主義者を「エピクロス主義者で無神論者」と形容し、「無神論者で神なき者」という表現のなかに「再洗礼派教徒、ツウィングリ主義者、ルター派、メランヒトン派、カルヴァン主義者、ゼベダイ主義者〔ヤコブとヨハネの父、ゼベダイを崇めるグノーシス主義の一派〕、リベルタン」をひとまとめにした[52]。カタランは、おそらくリベルタンを除いて、これらの人々が神を信じていたことをよく分かっていた。《無神論》は、彼らの信用を落とすにはぴったりの言葉だった。しかしそのことは、そうしたやり方がなにがしかの現実に対応していることを少しも意味するものではない。それは、カトリックの場合でも、プロテスタントの場合でも頭痛の種になった極端なケースに当てはめられたのである。

不信仰を指し示すほかの用語も、十六世紀の神学者たちの間ではまったく同様に正確な意味があたえられ、神学者がそれを混同することはなかった。神学者たちはかなり頻繁に《反キリスト主義者（*achriste*）》という言葉を用いたが、この語は始めギリシア語で、たとえば一五四二年のアントワーヌ・フュメからカルヴァンあての手紙で使われた。ガブリエル・デュプレオーは、「キリストが本当に死者の間から甦ったことはなく、夜のあいだに弟子たちが連れ去った、と今日告白している者たち」との定義をあたえ、さらにつけくわえて、この用語は「数年前に流行った」と一五五九年に書いた。したがってこの語の活動の場は短かった。

さらにもっと長い運命が《理神論者（*déiste*）》という用語を待ち受けていた。これについて、牧師ヴィレは、この語を《無神論者》と対比しながら、その登場がごく最近、一五六三年のことだと指摘している。

トルコ人〔イスラム教徒〕やユダヤ人のように、なんらかの神、なんらかの神なるものが存在することを自分は信じているとそれなりに告白する幾人もの〔リベルタン〕がいる。しかしイエス＝キリストについてや、福音史家や使徒たちがキリストについて証言していることすべてについては、これを作り話や夢物語としている。この一味が自分たちを理神論者と呼んでいるのを聞いたことがある。新しい言葉だ。この言葉を、彼らは無神論者たちに対立させようとしている。というのも、無神論者たちが神なき者たちを意味するかぎり、自分たちはそれなりの神をきちんと信じているのだから、自分たちが神なき者ではまったくないことを理解してもらおうと望んだからだ。神を、彼らは天地の創造者として認めさえしているのだが、イエス＝キリストについては、彼らはそれが何であるか知らず、キリストに関わることも、キリストについての教義に関することも何も口にしない。(53)

この言葉は、十八世紀にはおおいに人気を博することになるが、十六世紀ではあまり用いられなかった。一五七六年に、カストルの市参事会は「理神論者と自称する〔…〕複数の危険な異端者、罰せられるべき一派」を告発した。

《リベルタン（*libertin*）》は、もっと古い。中世から、この語は自由思想の信奉者を指していた。カルヴァンが一五四五年、小冊子『霊的と自称するリベルタンの、不可思議で凶暴な一派に反対して』でこの語を用いたのも、まだこの意味においてだった。彼らは、習俗の放埒さを称賛した。『信仰の害毒』を著して、一五七四年にパリで火あぶりにされたジョフロワ・ヴァレは、おそらくその一味だったろう。ヴィレ（一五六五年）、ナンセル（一五八三年）、ラ・ヌー（一五八七年）とともに、少しずつ用語は不信仰という意味を帯び始めた。《強き精神〔*esprit fort*〕》に関しては、登場するのはラテン語でしかも十六世紀になってからのことでしかない。コタン神父がこの語をフランス語で、「幾人かの人々は自分を強き精神と呼んでいる〔…〕というのも、自分の目で見、触ることができるもの以外には何も信じないと告白しているからである」と定義するのは、ようやく一六二九年のことである。

アンリ・ビュッソンにとって、不敬虔に関する語彙の大部分がこのように現れ、一五四九年頃に突然明確にされるのは、当時の精神状態がそのようにして自覚的な体系に硬化したしるしであり、そのことをもって、ビュッソンは「十六世紀には不信仰は不可能であるとの逆説を受け入れることはできず、むしろ不敬虔はどんな時でも存在したと言わなければならないだろう」と結論する。(54)

信仰の不純性。瀆神的言辞の意味

十六世紀になると状況が容易には神を信じない気風にいっそう好都合になるということ、そのことについての兆候をやはり宗教的実践と信者一般の振るまいの内部そのものにわたしたちは見いだす。衰退の兆しはすでに十五世紀に顕著だったが、それが加速された。その兆しは同時代人によっても、また歴史家によっても確認されている。

ミサへの出席がしだいに事のついでといったふうになった。たとえばブルターニュ地方についてはアラン・クロワがその多くの例を示してくれている。ヴェルトゥーでは一五五四年に、二〇〇人以上の者たちが年に二回すらミサに行かなかった。(55) 同じ年に、ペリゴール地方のいくつかの地区では、状況はさらに悪化していて、それについてはブロエ神父あての手紙がこう証言している。「わが住民は、信仰に関して、ガラマント〔リビア＝ベルベル族の古称〕よりもずっと無知なのです。ボルドーの近くには三十里ほどの森が広がっていますが、そこの住人は、天のことにはなんの気遣いもせず、牛馬のごとく暮らしています。そのなかには五十代の者が幾人かおりますが、ミサのお祈りは耳にしたことなどなく、宗教の言葉を学んだこともありません」[56]。ド・コセ元帥から聞いた話として、一五七一年にはフランス北部の聖堂区では十年以上前から礼拝は執り行われておらず、そこでは農民は「一種の野蛮状態」で暮らしている、とリュシアン・ロミエは報告している[57]。

同様の例がすべての地方に[58]、すべてのキリスト教徒のあいだに溢れていた[59]。フランソワ・ベリオは、一五六五年から一六一五年にかけてのコルシカにおけるイエズス会宣教師の証言を研究した[60]。状況は、彼ら宣教師がこの島はいつかキリスト教化することがあるのだろうかと自問する体のものだった。同棲をし、無知で、ときには人殺しだったりする司祭では、聖務を執り行うことも秘蹟を授けることも不可能だった。信者たちは《主の祈り》も《アヴェ・マリアの祈り》も《クレド》も知らず、好き勝手に自己流の異教のやり方に身を任せていた。ある者はいくつもの神を信じ、ほかの者は何も信じなかった。そこではありとあらゆる迷信的立場が観察され、多くの者たちが、神にまったく言及することなく、実践的無神論の状態で暮らした。

この件は例外ではなく、ボーヴェやロデズのような異なる司教区でも、多くの司祭はようやくラテン語が分かる程度で、戒律と秘蹟の区別もつかなかった。破門の濫用は続き、教会の外に数万の人々を放置したが、彼らはあえて教会に復帰しようなどとはまったくせずにいた。一五三一年から六三年にかけてサン＝ジュネのアヴィニョン聖同区では年に一〇人から二〇人、サン・アグリコルに隣接する聖同区では一五二〇年の一年だけで六五人、フランシュ＝コンテ地方のモローでは一五七〇年に五八〇人が、そしてコー地方のモンティヴィリエでは一四九八年から一五二八年のあいだに破門された者たちを記帳するために二七〇頁の台帳が必要だった。

あらゆる種類の迷信、しかも相変わらず活発な迷信が増大さえしているようであり、それも民衆のレベルだけではなかった。アンリ三世の宮廷では迷信が横行したし、[61] 法学者バルテルミー・ド・シャサヌーは、その『地方議会目録』(*Index conciliorum*)(一五三一年)の一部を、動物の破門の問題にあてることが有益だと信じた。記録されているところでは、ブルターニュやポーランドで、さらにはイタリア南部の州、バジリカータにいたるまで、月への礼拝といった極度に頑固なある種の迷信が、キリスト教徒の隅々まで現れた。[62] いたるところで教会は、フランティゼック・スメールがボヘミアに対してしたように、[63] こうしたやり方に妥協し、同化しなければならなかった。合理的で科学的精神に忠実に従い、迷信の枝葉を断ち切ることがなんとしても必要となったとき、来るべき世代の信仰にとってこれはなんと重たい負債だろうか。この迷信は、適法的な信仰の幹にあまりにもしっかりと接ぎ木されていて、その破壊は樹木全体に及ぶ危険があった。[64]

教会に対する不敬のしるしは、宗教改革の時代に増大したが、プロテスタントから生じただけではなかった。それは、新たな文化的要請に応えることができないように思われる組織、あるいは逆にこの要請にあまりにも見事に適合しすぎて自分の務めを裏切ってしまう組織に対する、増大する離反を表した。こうした現象は十九世紀や二十世紀にも生じた。冗談、人をあざける逸話、皮肉は反聖職者主義に素材を提供し、「民衆の心性は、その内奥において、おそらくある人々が考えるほど信仰に浸りきっているものではない」[65] ことを示す、口調の親密さや自由さをまとっていた。聖職者の欠陥がそうした冗談の汲み尽くせない宝庫を形づくった。普段の失敗ばかりでなく、さらには、ノイローゼ、ヒステリーを起こした場面とか、黙り込み、自殺しようとしたイエズス会士シュラン、あるいは自分を鶏だと思いこんだアルヌーのような奇妙な振る舞いといった、律修聖職者のなかに人々が見つけ始めた心理的混乱がそれだった。瀆聖や瀆神といったケースが目がまわるほどの勢いで増加した。おそらく部分的にはそうした現象にかつて以上に注意を差し向けるようになったからであろう。しかし、宗教への異議、反抗、敵対といった雰囲気が、実際の激増に寄与したことは十分ありえよう。年代記作者たちはそろって不安な面持ちで、足で踏みつけられ、あるいは短剣が突き刺されて穴を開けられた聖体のパン、プロテスタントの考えに加わっているとも思えない人々によってバラバラにされたキリストの十字架像、狂気、泥酔、反宗教的反抗の数多くのケースを伝えている。今掲げた反宗教的反抗という最後の要素が欠けてはいなかったこと、その兆候を大衆演劇、『教訓劇』にわたしたちは見ることができるが、これはこの世紀の初め頃から演じられており、『神を冒瀆する者たちへの教訓』では、悪魔に惑わされた登場人物のなかには瀆神者もいるが《神の否定者》もいて、自由と人間の自立を表明する意志を大声で叫んだ。(66)

へっ、おいらが神様を支配してるんだ。その気になりゃ
もっとひどいことだって神様にやれるんだ。
取っ組み合いで、ルール〔ノルマンディー、ブルターニュ地方で用いられたバグパイプの一種〕を吹いてやる
あいつを地面に叩きのめすんだ
そうなりゃ勝者として、おいら言ってやる
人間様がいちばん強いんだって。

これぞまさしく、天地に対する反抗の精神そのものであって、それが役者をつき動かしたのであり、人

間を解放し、神の後見を振り払おうとする意志、そしてすでに神を殺そうとする願望がそこにあり、それは人間が自分の運命を手中に収められるようにすることをめざしていた。

おいらが創造の神を支配してるんだ
そしておまけに祈りの言葉、キリエ〔主よ、哀れみたまえ〕もな。

ルネサンス演劇は、聖なるものに対する増大する侮蔑、不道徳の全般的な進行をともなう、この罰当たりな異議申し立ての精神の盛り上がりに人々が付き従うことを可能とした。弾圧の増加もまた別の兆候だった。当局の不安は増大し、またその態度も不安に並行して硬化した。決議論者や告解師にとって、色欲や瀆神は、当時の二大罪罰だった。世俗あるいは教会の裁判所は瀆神者の件で溢れかえり、彼らはしだいに厳しく罰せられるようになった。そこに異端審問が加わった。十六世紀にトレドの異端審問所だけでも六四四件の訴訟があり、そのうち六〇〇件が有罪とされたが、この数は告発された件数に比べればきわめて少なかった。(67) スペイン、イタリア、ポルトガルでは、瀆神の訴訟手続きにこの時期以降は《無関心主義》、すなわち宗教はどれも優劣がないと主張するしだいに数を増す人々をターゲットとした訴訟が加えられることになった。スペイン異端審問所による《信仰勅令》は処罰のための勅令を列挙していたが、一五二〇年から三〇年以降のこうした問題点について示唆的なものである。(68)

瀆神や瀆聖の正確な意味合いは、おそらく個々人で違っていた。神をののしり、神に反抗することは、アプリオリには信仰のしるしである。存在しない何者かに向かってののしることなど考えられないからである。十六世紀前半における無神論者の可能性を否定する、リュシアン・フェーヴルを代表とする歴史家たちが主張してきたことが、それだった。実際には、瀆神の深い意味は、いっそう厄介だった。瀆神はなによりもまず、宗教の後見や宗教からの禁止事項といったある状況に対する反抗だったし、耐えがたいと感じる現状に対する反抗だった。当時神は、実在する人物であるよりも、こうした状況の象徴としてよりいっそう体験されていたのだ。そして神に反発する言葉の連発は反対に、唾棄すべきものごとの状態を正当化する神話と考えられた、神の実在を拒否するしるしでありえた。自覚的な瀆神は、精神的な自殺にも等しい、絶望的な狂気の叫びかもしれなかったが、同時に神の非存在への挑発的な提言、あるいはジャン・ドリュモーが書いているように、「無神論への秘密裏の支持」かもしれなかったのである。(69)

悪魔と無神論

十六世紀の当局によれば、無神論の増大はヨーロッパを揺るがした魔法の大流行と結びついていた。ひとりサタンだけが人間に最高の冒瀆の言葉を吹き込むことができた。神の存在を否定すること、それは明らかに、悪魔にとって大きな復讐だった。かくして、『神と悪魔の掟』と題された珍しいテキストでは、サタンがあべこべの宗教への信仰を定着させて、信仰者たちに神の存在を否定するよう求めた。サタンは彼らに向かって、「聖霊たちを信じてはならない」と命じる。(70)一五九二年のスペインの法律のひとつは次のように、無神論を悪魔の道具に属すると見なした。

不幸で忌まわしいことに、この不幸な時代が日々世界の破壊と混乱へとわれわれを運び去っているが、わけても大罪なのは、さまざまな呪文、魔法、ペテン、幻覚、幻術を用いる輩であり、異端、棄教、無神論に続いて、悪魔のいくつかの本物の道具を日々前面に立てて推し進める不敬の徒である。(71)

悪魔、悪霊、幻覚や誤謬の親方が不信仰を人間精神に入り込ませている。これが、魔法使いを裁いた判事たちの言い分である。証言なら、十五世紀末の『魔女への鉄槌』以来ごまんとあった。この本では、悪魔の信心会への入信を、「告解は、信仰の一部ないしは全部を否定することに存する〔…〕。信仰を否定する者たちのあいだにも大きな違いがある。ある者はそうしても口先だけで、心からは否定しないが、ほかの者は口でも心でも否定する」、と説明した。[72]「信仰を棄てて、正真正銘のキリスト教を本当に否定したいか」、と女魔法使いはたずねられる。『魔女の悪魔狂い』でジャン・ボダンは、悪魔は魔法使いに「神を棄て、自分の信仰と宗教を棄てる」よう命じると主張する。そしてボダンは、パリの弁護士の証言同様、「件の者は、神を棄て、悪魔との誓約に手を貸したと告白した」、とのいくつかの証言を伝えている。ボダンはさらに同業者のランベール・ダノーやクロード・ドゥフレを引用しているが、彼らによれば「大部分の魔法使いは神を棄てることに満足できず、依然として悪魔の名前で洗礼を受けている」のである。ボダンの「大急ぎの取り決めで神を棄て、宗教を棄てる者たち」に関する章は、きわめてはっきりと自分の考えを述べている。神の放棄は魔女裁判のほとんどあらゆる瞬間に見られ、魔法使いは「創造主であり、救い主である神を棄てている」ことを、アンブロワーズ・パレは確認する。判事ニコラ・レミは、ロレーヌでは腕利きの専門家で、九〇〇人ほどの魔法使いや魔女を火刑台に送ったが、ひとりひとりの背後に神を忘れさせようとするサタンの確固とした意図を認めた。[73]

こうしたことはまたまさしく、神学者たちが考えていたことだった。「それこそが悪魔が狙う的であり、自分を神のごとく敬わせておいて悪魔が躍起になっていることなのだ」とピエール・ル・ロワイエは宣言したが、ロワイエによれば魔術は、悪魔が神にとって代わる以前に、まず無神論をうち立てるもとになるものだった[74]。アンリ・ボゲは、そのことを一六一〇年にリヨンで刊行された『魔法使いのお粗末な駄弁』で裏付ける。ピエール・ド・ランクルはバスク地方で魔女狩りをしていたが、サタンが神への信仰の放棄を求め、その犠牲者がそれを告白したことを伝え、またシモン・グラールはこの件に関するいくつもの逸話を報告している[75]。

悪魔主義と無神論のこうした結びつきは、わたしたちの主題についてのものごとの見方に関して少なくとも三つの問題を提出する。まず、十五世紀から十七世紀にかけてのヨーロッパを覆った魔術の流行は集団的強迫観念、悪魔を選ぶような攻囲妄想を生み出す、自然または超自然な、現実のまたは仮想の驚異に直面した指導者層や農民世界の集団的強迫観念に対応している[76]。この時代の悪魔主義は、魔女集会、悪魔つき、呪い、そのほかの魔力を表す者としてしか判事やそしてその犠牲者の目には存在していなかった。無神論は、それに結びつけられたのだが、これもまたただの強迫観念、動転した聖職者たちの妄想なのだろうか？

わたしたちはそうは考えない。それというのも、魔術とはなんの関係もなく、事実を確認しているだけの証言は別として、悪魔の仕業かもしれないと思われている現象とその実際の表れを区別しなければならないからだ。後者はきわめて現実的なものである。疫病、戦争、災害、ヒステリーやノイローゼといったケースがそれである。誤りは、それを悪魔のせいにすることである。不信仰についても同様である。不信仰は同時代人、とくに当局者に衝撃をあたえたが、当局は不信仰をそれ以外の災いの種、異端、瀆聖などの列に加えた。まさしく無神論が、大災害のひとつでもあるかのように、その存在は誰も否定していなかった異端の側に数え上げられたという事実が、無神論が実際に行われたということを証拠だてるのに有利に作用した。

もっとも魔女裁判から、魔法使いや魔女たちがもはや神は信ぜず、悪魔を信じていることは明らかだった。このことから、わたしたちの残りの二つの問題が生じる。そのひとつは用語法の問題だが、悪魔を信じて、神を信じないことは無神論だろうか、ということである。残りの問題は論理的な問題であり、悪魔を信じるが、神を信じないということが可能だろうか、という問題である。神＝悪魔という組み合わせは本質的に不可分ではないだろうか。一方を信じるということは、自動的に他方を信じることであろう。悪魔なしの神の存在を第一原理として提起すること、それは悪の問題に関して解きがたい矛盾にはまり込むことである。いずれにせよそのために、わたしたちの二十世紀末であってさえも、教会はやっかいな同僚、神の創造の失敗を説明するには不可欠のこの妨害者をどんな場合でも公式にお払い箱にはできないのである。言い方を変えるならば、相補性は依然として明白である。

ところで、エマニュエル・ル・ロワ・ラデュリが指摘するように、十六世紀にはある種の精神世界の分解傾向が認められる。「聖職者にとっては一大スキャンダルだったが、無神論はすでに前進していた［…］。多くの自由思想家はもはや神を信じていない。しかしほとんどすべての人々はまだ悪魔を信じている」[77]。手に負えない状況だが、そう長続きはしないだろう。二人のパートナーのうちの片方をもう信じないということは、他方の存在を懐疑に曝すことである。十六世紀に起こったことは、まさしく過度の反悪魔主義的抑圧の結果、《強き精神》が悪魔についての自分たちの懐疑論を示し始めたことだった。悪魔は自分の堕落へと神を引きずり込むつもりだった。無神論は、この時期、悪魔信仰の衰退のおかげでかなり頻繁に登場するようになった。教会当局の言い分の、逆説的ではあるが逆向きの証明だった。教会当局は、悪魔はちゃんと実在していて、人々を追い立ててもう神を信じないようにさせると主張する。実際には、悪魔が神への不信仰をそそのかすのは、むしろ悪魔自身は存在しないと信じさせることによってだということが認められる。「悪魔のいちばん見事な狡知、それは自分が存在しないと信じさせることだ」、とボードレールは言った。当時の状況について、ここでわたしたちは、おそらくはこの詩人が考えてはいなかった意味で、それを例証してみよう。悪魔もいなければ、神もいないのだ。

さらに聖職者は、魔術が実際に行われていることを疑う人々に刑を宣告することによって、この狡知をかき立てた。[78] 一五六五年のラオンでの悪魔つき事件の際、人々はユグノー〔近世フランスの新教徒、カルヴァン派〕に向かってその懐疑論を非難した。一五七一年には、改革派の神学者が「司祭や修道士たちが〔…〕精霊の真似をして、幻覚をでっち上げたこと」を責めた。[79] 魔術の実例をヒステリー、無知、ペテンのせいにした医師のピエール・ピグレーのように、また一五五五年にはその同僚ピエール・ブロンのように、さらにギヨム・ブッシェ、ヨーハン・ヴァイヤーあるいはモンテーニュのように、不信仰が非難された。リベルタンの懐疑論者の時代は、遠くはなかった。恐るべきピエール・ド・ランクルは、魔術に関する信仰を持たない者の考え方を反駁するために、さらに自分の論文一冊まるごとを『確固たる確信をもった魔力への懐疑と不信』に費やした。悪魔の積極的な力を疑うこと、それは無神論への道を辿ることだった。

怪しげな状況

たしかに別の人たちは、さらに直裁な道をとり、ある程度の信用を悪魔に預けたままで、神そのものを疑い始めた。悪魔はそれと同時に有罪とされたが、しかし期限付きだった。同時代人たちは、一種方向が逸れた振る舞いのうちに、あいまいな形での不信仰のしるしを見た。

魔術以外に、同性愛、獣姦、堕胎、自殺、異教の好色趣味、星占い、信仰とは相容れないありとあらゆるやり方のぶりかえしが実際に確認されたようだ。同性愛に関して言うならば、悪評は、それがとくに宮廷のまわりの人々の間でかなりおおっぴらにされていたという事実に由来した。キリスト教の開始以来《自然に反する罪》と位置づけられてきたため、同性愛は検閲官からは堕落し、神から離れた、したがって無神論的な精神のしるしと見なされた。アンブロワーズ・パレは、自著『怪物と神異』で「神と自然に反対して手を取り合う無神論者と男色家」を一味同心としたが、そこにはひとかけらのためらいもなかった。《おぞましい悪徳》との非難はかなり頻繁に、ドレ、ミュレ、セルヴェ、ヴァレに向けられた不敬や不信仰への非難と結びつけられた。

獣姦の罪について、「互いに手を結び、自然に反してけだものと羽目を外す男色家と無神論者たちから」怪物が生まれたと書いたのは、またしてもアンブロワーズ・パレだった。十六世紀の複数の書物がこのけだもの狂いの問題をとりあげているが、それは中世初期の贖罪司祭の教科書にはほとんど見られないものだった。このことは不信仰の増大のせいにされたが、時代の道徳的逸脱に関する不安を映し出していた。[80] 同様に堕胎も、当たり前のことのように無神論や信仰の原理の無知と結びつけられた。

自殺のケースは、おそらくさらに示唆的である。ルネサンスのある人々は、自殺者の数が増加していることにきわめてはっきりした印象を持っていた。すでにボッカチオは、十四世紀後半に、フィレンツェで首つりが頻繁に起こっている事実は衝撃的だと考えた。ずっと後になってエラスムスはその『対話集』で死にいそぐ早さを根拠として、人々が死を恐れないのであれば、そうした状況はどうして起こるのかと自問している。さらにその少し後一五四二年には、ルターがドイツでの自殺の疫病について語り、また一五四八年にはマイエンヌの大司教がまた別の例を示したが、ヌーレンブルグでは一五六九年に一四件が調査の対象とされた。同時期に、アンリ・エティエンヌは「われわれの時代について言えば、男も女もそうなのだが、その「自殺の」話は耳目を驚かすものだ」と明言し、モンテーニュは父親から聞いた話として、ミラノでは一週間で二五人の自殺があったと伝えている。[81]

こうした印象は、数値として確かめることは難しいが、当時の人々の不安を駆り立てた。彼らの大部分は、そこに悪魔の影響の二次的な現れか、あるいは両者はともに密接に連携していたのだが、不信仰、無神論そして瀆神の結果を見ていた。実際もっとも目を引いたケースでは、カルダーノ、ミュレといったその信仰が疑わしい連中も自殺者の中にいたことだ。ミュレは食を断って死んでしまおうとした。フィリポ・ストロッツィ、ウォルター・ローリーもそうで、ローリーもやはり一度自殺未遂をやらかした。ボナヴァンチュール・デ・ペリエは、一五四四年に自害したが正真正銘の無神論者で、セネカや古代ギリシア・ローマの人々を称賛し、一風変わった悲観論的な精神の持ち主だった。無神論と自殺の結合は、明らかに神話に由来する。しかしここで重要なのは、人々がこの結合を打ち立てることができ、それが信用に足るものと思われたことであって、このことは、社会が無神論の規模の大きさを意識したしるしなのである。《異教の習俗》の増大、それには古代ギリシア・ローマ文明の復活がともなうが、このこともまた信仰を眠り込ませ、神を沈黙に追いやることに手を貸すものだった。芸術や文学でも、いたるところに見られるエロティシズムに彩られた神話的な物語がくり広げられ、ここでもまた宮廷の人々のあいだで、宗教的信仰にとってはあまり都合のよくない雰囲気が作り出された。

最後に占星術の極端な人気をつけくわえておこう。占星術は多くの神学者から、神への信仰と競合し、それに取って代わる可能性のある、唯物論的で自然主義的な体系と受け取られた。天体の法則は自由意志を否定し、出来事をひそかに教え、避けようのない決定論に従って物体を動かすもので、神の法を打ち壊すものだった。占星術師は当然のことながら、宗教への絶対的服従に抗議することには気をつけた。かくしてシモン・ド・ファールは、一四九四年から九八年にかけて執筆した、『もっとも有名な占星術師たちの撰文集』で、天体は人の気質をその気にさせるだけであって、それを決定するものではなく、肉体に働きかけても精神には及ばないことを忘れないようにと念押しした。ファールによれば、占星術は純粋に科学的な活動であって、宗教の領域に足を踏み入れることはなく、宗教を補うものであり、モーセ、ダニエル、ヨブはやはり占星術師だった[82]。

こうした議論は、教会当局にとってみればあまり説得力がなかった。当局としては、占星術が万用暦とその《運勢》とともに民衆のあいだで広まるのを目にすることにも不安を覚えた。すべてこうしたことは、月崇拝のような古い自然主義的な迷信を強め、神的な超自然を犠牲にして神秘主義の発展を促すことでしかなかった。ルッジェーリのような幾人かの宮廷占星術師が無神論者だという評判は、占星術と不信仰の結びつきを際だたせた。ピエール・ル・ロワイエは『幽霊と精霊の出現に関する論考』で、占星術が無神論の元凶だとはっきり打ち出す。

やはり占星術師たちによれば、運勢の星は神と力や平等を競うほど力のあるものなのだそうだ。これはとてつもない瀆神ではないだろうか。まさしく、それこそが無神論の見事な始まりであって、このような輩や自然主義者たちがいとも簡単に不敬に走るのを許してしまうことに驚く必要はない。神の広大でけっして倦むことのない摂理を否定し、多くの力を星にあたえ、自分を主、宇宙の秩序をつかさどる者としておいて、宇宙の日々の営みを取り去ってしまおうとするのは、神の無知へといたるひとつの段階なのだ[83]。

ル・ロワイエは、魔術師シモン、チェッコ・ダスコリ、アリ・アベン・ラゲルといった、実在したあるいは架空の占星術の著名人を《リベルタンかつ無神論者》であり、宗教上の出来事を星の影響下に置き、星を肉体ばかりでなく魂を支配する、正真正銘の神に取って代わる本物の神に仕立て上げようとするものだと非難した。

こうして、その時代を生きた多くの人々にとって、十六世紀は無神論に有利な時代だった。悪魔、異端、不道徳、異教、占星術が表に出てきたことの背後には、共通の現象、最後の時代の前兆となる不信仰の増大が認められると、人々は思った。彼らにとって、危険は現実的なものだった。一五一六年からトーマス・モアは、『ユートピア』の理想都市を描いて、無神論はそこでは不名誉なものだと明言した。そうした態度は道徳と法のすべての基礎を損なうからだった。無神論者は市民の資格にも、人間としての資格にもそぐわない。無神論者は自分を《下劣な動物的物質主義》の列に貶めているからである。しかしながら、この偉大なユマニストはここでは当時の宗教側の暴力とは対照的な寛容の精神によって際だっていた。無神論者は軽蔑されはしたが、容認された。「人間には自分の望むものを信じることが許されていない」からである。次の一節は意味深長なものである。

ただし立法者は、魂が肉体とともに滅ぶとか、世界は摂理なしに偶然によって動くといった主張によって、人が人間の尊厳を貶めることを、敬虔なる峻厳さをもって禁じる。したがって、現世の後で罰が悪徳にくだされ、徳が報いられる、とユートピアの住人は信じる。これとは違った考え方をする者、そうした者を住人たちは、人間の魂の気高さを下劣な動物的な物質主義に貶めるのだから、一個の人間とさえみなすことはない。住人たちはそうした者を市民の列に加えることもしない。自分を引き留める恐れというものを持たないので、この者は国の法や習慣をまったく重んじないからである。法を超えるものを何も恐れず、自分自身の肉体の彼方へと向かうどんな希望も持てないとしたら、違法な手段で法を変え、あるいは暴力で法を破壊することを、人は実際ためらうだろうか。それゆえそのように考える者はどんな名誉、どんな司法職、どんな公職もユートピアの住人から期待してはならない。住人はそうした者がいる所ではどこでもその者に軽蔑の眼差しを注ぐのだ。まるで本性下劣で、財産もない者でもあるかのように。とはいえどのような肉体の苦痛も彼に科すことはできない。人間には自分の望むものを信じることが許されていない、と住人たちは確信しているからである。(84)

キリスト教世界の枠のなかで発展してきたために、神学者も法律家も当然無神論には厳しい目を向けてきたし、無神論に時代のすべての禍を結びつけた。不信仰がすべての思想家の精神にこのような形で姿を現したことは、すでに重要な兆候だった。今しがたわたしたちは消えることのない風聞という形で、時代状況が無神論思想に有利に働いていることを見てきた。今必要なことは、その証言と具体的なケースを検討することである。

そのためには、無神論は社会の疫病神、追放すべきものと見られ続けたことをたえず念頭に置いておくことが肝要である。当時誰一人無神論者の肩書きを名乗ることなどできなかった。不信仰は、この上なく柔軟で回りくどい仕方で自分を表さなければならなかった。無神論者は、本心を見せず、筋道を混乱させ、人を面食らわせる矛盾したもの言いをしなければならなかった。おそらくお互いのあいだでは、彼らはもっと率直に事を運べたかもしれない。だがわたしたちには当然のことながら、ずっと控えめな書かれた証言しかないのである。

無神論は、その形態のいくつかは中世の間は潜在的なものだったが、十六世紀には自覚的な現実となった。自覚的とはいえ、それは死刑の下では口にすることのできないものだった。だからそれを探り出すためにわたしたちが入手できるのは、敵意に満ちた証言とほのめかしや偽装に溢れた書物だけである。これほど困難な状況のなかで無神論が生まれたという事実のおかげで、無神論は独特の色彩を帯びるようになった。十六世紀の無神論は、体系的な無神論、冷静な無神論になることはできなかった。そんなふうに、見事に練り上げられた発表という形式で、自分の考えを表す可能性などまったくなかったからである。その無神論は、異議申し立てと対立、そして問いかけの無神論でしかありえなかった。初期には、反抗の表現として、否定的で攻撃的な形でしか自分を表すことができなかったのである。

第五章

十六世紀の無神論に関する証言

十六世紀の無神論者、それはまずわたしたちが見いだす敵対者たちの証言のなかに存在する。その証言は注意深く取り扱わなければならないものだが、その数、その多様性、その生まじめさから不信仰者の存在はまったく疑いの余地のないものとなる。この世紀のあいだにカトリック同様、プロテスタントの審問所で有罪とされた事例を検討してみるならば、慎重さという至上命令のおかげで無神論者が自分から矛盾することを言うようになったり、また少なくともあいまいで、ほのめかしだらけのやり方で自説を表明するようにし向けられたり、あるいは本当は体系など持っておらず、どちらかと言えばクレドの専制に対する純粋な反抗の態度の表明だったりすることが確認される。なかでもとくにこの反抗的態度が支配的だったように思われる。そして、ときには告発する人々のあいだにも告発される人々のあいだにも同一の人物が見受けられることに驚かないようにしよう。それが時代の宗教的混乱の一部をなしていたのだ。この時代、誰ひとり自分自身のために無神論者の肩書きを求めることができず、異議を差し挟みはするものの、無神論者はそれに耐えるしかなかったのである。

カルヴァン、不信仰の啓示者

もっとも決定的な証言のひとつは、ジャン・カルヴァンの証言である。この人物の極端に走る性格を承知のうえで、カルヴァンの証言を当然のことながら慎重に検討しなければならない。一五三四年から、カルヴァンは『魂の目覚め（プシコパニキア）』で、無神論にごく近いものと位置づけた異端の一形態、死後の魂の休眠への信仰が存在することに警告を発した。その説によると、魂は「肉体なしには生き続けられず、人間が完全に復活するまでは肉体とともに死に、滅びる」のである。この異端者によれば、「人間の魂は徳、実体なき活動の働きにほかならない」。カルヴァンによれば、それこそが無神論の最初の形態、不死なる魂に闘いを挑むものであって、カルヴァンはそれを、《感覚の人》の説、「動物はその死後に何も残らないのとまったく同様に、人間もその死後になんの定めもない」と信じる者の説、エピクロス主義の再現と同一視した。(1)

一五五〇年刊行の『醜聞録』と題された論考では、もろもろの生粋の無神論がとりあげられた。不敬は、それまで「隠れていたのが姿を現した」ものだ、とカルヴァンは嘆いた。悪魔にそそのかされて、奴ら「真理の仇たち」は「神の言葉を醜悪なものとし、〔…〕信仰を破壊する」ことに専念して、あらゆる宗教的信仰に攻撃を仕掛ける。彼らのやり方は、厳格な宗教改革者にとっては唾棄すべきあざけりだった。彼らは「ウソ八百を並べ立て」、キリスト教世界、カトリック教会と同様にプロテスタント教会までもの笑いの種にし、「教皇主義者たちの愚行や冗談をからかい、まさに笑い飛ばしている」。これがエピクロス主義者であり、「悪魔に酔い痴れた者」、「エピクロスの道楽者」であり、自分たちの快楽を満たすことしか求めず、神は存在せず、「自分たちの魂については、〔…〕犬畜生となんの違いもない」と信じているのだ。「絞首台に吊される刑を受けた」者の死がすべての人間の永遠の生をもたらすことができると信じられるためには、「まったくの気違い」になる必要があると、彼らは考える。信仰を持つ者は彼らの目には、「間抜けで、世界中の阿呆の上を行く愚鈍」、「お粗末で安易な言葉」で書かれた「まったく下品な代物」である聖書の中身を検討もせずに受け入れている、と映る。どうやったら神が人間の本性と合体できたなどと信じられるのか。「自然理性」は「人間の感覚」と同じく、こんな無駄話に信頼を置くことを禁じている。こんな作り話を、とりわけ、神を本物の専制君主にし、それが実行されればあらゆる出来事は「必然性によって」生み出されることになるのだから、すべての決まりやすべての法をむなしいものとすることになる予定説を無に帰するには、悪の存在だけで十分なのではないだろうか。宗教は、地獄への恐れを抱かせることで、人間を従属状態に保つためにだけ作られたのだ。こんなもの言いをするのはいったい誰なのか。何よりも宮廷貴族、上級ブルジョワジーの連中、「使徒座書記官とそのほかの丸帽をかぶった輩〔大学博士たち〕」、「出納長や大商人」であり、そこで信仰を笑いものにする「饗宴や楽しい集まり」で不敬の言葉を交わし合うのだ(2)。

九年後の『キリスト教綱要』では、カトリック教会との論争とは別に、カルヴァンは第一章からすでに、「今日でもなお幾人もの人々が神のおられることを否定する方向に進んでいる」と述べて、不信仰の問題を検討している(3)。明らかにこうした精神状態はカルヴァンを当惑させる。神はカルヴァンにとって自明の理だからである。彼にとっては、「神とわれわれの認識は一体のものである」からだ。たとえ「民衆やいちばんの阿呆の間でも」、もっとも粗野な者からもっとも学のある者まで、神の観念はすべての人々のなかに根づいている。この種の無理解はわれわれにとっては、無神論者が存在する兆候である。カルヴァンは、この嘘のような話、つまり何か考えのつかないものを勝手に作り出すことなどできないからである。何か考えのつかないものを勝手に作り出すことなどできないからである。

はどうでもよいもの、「空虚で無味乾燥」なものであることを認める。

この宗教改革者は、そうした疑い深さが入り込む道筋を分析しようと試みる。それはまず、感覚的な色欲であり、それが良心の呵責もなしに自己満足を計ろうとして、良心を眠り込ませてしまう。放蕩者とエピクロス主義者が「投げやりになり、神がおられることを否定する」。事実、自分たちの情念を好き勝手に満たすため、彼らは天界を空無にし、神を殺そうと企む。こうした逸脱にはまた別の理由がある。思い上がりがそれで、信仰をまともな根拠もないただの臆見とみて、その証拠を求め、それに疑いの目を向けるのである。こうした態度の背後には当然悪魔が控えていて、悪魔はあらゆる手だてを講じて、キリストの神性と精霊への疑いをかき立てては、「われわれの信仰をひっくり返そう」と試みる。

カルヴァンが十分に理解していたことがある。それは、古代ギリシア・ローマ思想への愛着、「世界中の宗教をもの笑いの種にして」信仰を侮蔑するディアゴラス、とくにエピクロスの発見が「神の否定」へと導くということだった。これら古代の人々は「ひやかし好き」、「人をばかにする輩」にすぎなかった。「運命の輪こそがめぐって、人間に働きかけるのであり」、偶然が世界を支配し、神は無関心で「世界を治める苦労から逃げ出した」のであり、宇宙は「いたるところに広がった」精神と「ありとあらゆる大きな物体によって」動かされていて、すべては自然から生じたと教えた。つまり「自然を万物の作り手で主人とする」ことによって、彼らは汎神論的であると同時に、自然主義的で無神論的でもある信念によって精神を蝕んだ。「これは、エピクロス主義者たちの疫病神」であり、この疫病神の言いようでは、「小さくて、取るに足らない細かなホコリ同様に空中を飛び回り、偶然にぶつかり合う」原子で宇宙が構成されているのだ。ルクレティウスについて言えば、彼は「すべての宗教を無に帰するための犬のように」ほえ回り、ホラティウスはすべての宗教に意義を唱えていた。最後にカルヴァンは、世界霊魂説とともに、アヴェロエス主義者たちの役割をも忘れはしないのである。

今日多くの者たちはこれらのウソに幻惑されたままになっている、とカルヴァンは書く。彼らは、世俗の権威や宗教的権威に抗議の声をあげる。不正だと言って天を責め、ペスト、戦争、飢餓の責任を天に負わせる。彼らはそうしたものに「憎悪」を抱く。死を前にして絶望にかられる。その態度はまさに「一斉蜂起」、「強情と絶望的なまでの熱狂」、「無頓着と反逆」そのものである。「今日、幾人もの怪物じみた輩が、そして事実上自然をないがしろにして恥ずかしげもなく、人間の本性のうちに蒔かれたすべての神の種を脇に除け、それを取り出して神の名の下に葬り去ろうとしている」。間違いなく、連中は無神論へと定められているのだ。

この恥知らずな異議を唱える連中は群れなす質問を立てるが、それは人生と世界の神秘を前にし、また宗教がもたらす回答の不十分さを前にして、たえずくり返される人間の問いかけの一覧表だった。人間を創造する以前、神は何をしていたのか。なぜ神は自分を現すまでにこれほど長い時間待たねばならなかったのか。自分の被造物を地上で待ち受ける哀しい運命を神は予見していたのか。聖書の持つ霊感、モーセの存在、「おびえきった女たち」によって、「恐怖から狂ったようになった何人かの不幸な弟子たち」によってしか示されない、イエスの復活についてどんな証拠があるというのか。なぜこの世のあらゆる悦楽を犠牲にして、おそらくは「たえずわれわれの手からこぼれ落ちる闇」でしかない、まったく当てにならない将来の至福を確かなものだなどと言うのか。どうして神は自分の作物の地獄墜ちの責任者、アダムの罪を止めようとしなかったのか。どうして神は幾人かの者だけにしか啓示をしなかったのか。どうして神は「はっきりした言葉で、どんな象徴も使わず」に、はっきりしたやり方で自分を示そうとはしなかったのか。どうして神は悪を行うように定められた罪人を罰するのか、「そうやって残酷に自分の被造物」を揶揄しているのではないか。どうして宗教と宗派の「これほど混乱した」こんな多様性があるのか。「宗教は幾人かの狡猾な者たちが抜け目なく悪賢い巧妙なやり方ででっち上げたもので、そうした手段を使って民衆のなかの単純な者たちになにかの枷をはめよう」、「ばか正直で愚かな者たちにつけ込もう」とするものだということを、この多様性は示しているのではないか。

カルヴァンによれば、こうした問いは「反軽信主義が根づいた」、盲目的で、堕落した精神を表すものだった。実際このような精神の持ち主は、自然主義的汎神論を経由して、啓示を否定する理神論から無神論へと進む、多様な立場をカバーするものだった。そこにはあらゆるレベルの《不信仰》の立場があったが、その共通な特徴は、カルヴァンがはっきりと認めたように、反逆、「背教と反抗」だった。もっとも十六世紀初頭のこうした不信仰者たちは、宗教的構築物に対抗できる一貫した世界体系を用意してはいなかった。キリスト教世界のど真ん中で自分を口頭で表明した最初の無神論は、信仰体系を前にしての否定的な無神論だった。その不統一ぶりがまず二重真理説と唯名論によって明らかにされ、それがギリシア・ローマ思想の再発見によって確認され、拡大された。ルネサンスの無神論は、疑いから始まったのである。

一五七〇年以前の無神論に関する証言

これ以外の多くの証言がカルヴァンの証言を裏づける。一五四二年に、アントワーヌ・フュメは書簡で、パリにリベルタンのグループが存在することを明らかにした(4)。一五四五年からは、パリ大学区長シモン・ヴィゴールが、今度は一連の説教で、「なんらかの神なるものが存在するということが、人間精神に根づいていることはあまりにも自然であることが根拠となって」それまでは極端に稀とされた無神論の発展を告発した(5)。まさしく問題となるのは、「神はいない」と主張する厳密な意味での無神論である。そうした無神論者は、ギリシア・ローマの哲学者からアイデアをもらい、「自然理性」と「人間の判断力」を用い、「宗教を消し去ろう」と望んでいる。彼らの意図ははっきりしていた。つまり、「神を目にすることなど少しもない、したがって神はいない」、「誰も世界を作ろうなどと望まない、したがって世界創造を信じるなど狂気の沙汰だ」というのである。ここで問題となるのは、まさしく感官の証言しか信じない懐疑論である。

一五五〇年代にサン・ジェルマン・ロクセロワで行った説教で、フランソワ・ル・ピカールも、パリのど真ん中に「今日神を知らない連中がいる」こと、そしてさらに「神も、神の摂理もないと口にするほど有害な者たちがいる」と言い、「そうした連中は無神論者（*athei*）、すなわち神ナシ（*sine Deo*）と言われている」と伝えていた。(6) ル・ピカールはこうした無神論を思い上がりと肉欲に帰して、そこにいたるプロセスを分析しているが、それによればサタンの教唆で「人々は教会に行くことから遠ざかり」、それから祈るのをやめ、神を冒瀆し始め、地上の幸福だけを追いかけ、霊性のすべてをうち捨て、感覚しか信じなくなり、唯物論に落ち込む。ついでさらに実践的唯物論、《神の忘却》のうちに暮らし、地上での欲求の充足しか考えない者たちの唯物論にもル・ピカールが言及していることを記しておこう。

ル・フェーヴル・ド・ボドリが一五六八年に書いているのも、やはり十六世紀中葉の頃のことについてである。彼はこう記している。「十五年以上も前のことだが、なんとも悔しいことに人の皮をかぶりながら、あえて神も摂理もすっかり否定するほど怪物じみた精神の持ち主がいることを確認させられてしまった」。(7) 一五五三年には、ミシェル・セルヴェ〔セルヴェトゥス。三位一体説を批判して、一五五三年ジュネーヴでカルヴァンにより火刑にされたスペインの神学者〕が、世界中の不敬虔の明らかな伸展は、時代の終末が近いことのしるしであると考えた。(8)

一五六〇年代始めに、それまで対立したカトリックとプロテスタントの教理問答書が手を携えて、同じ判断を下すようになった。一五六三年にフランス語に訳されたブレンティウスの教理問答書は、当時の「不信仰な人々」から提出された問いかけ、たとえば、どうやって復活した者はこの世でやっていけるのか、片輪者はどんな状態で復活するのか、幾度も結婚した者は誰と一緒に暮らすのかといった問いを検討した。このような好奇心はもっとも、一部はすでに福音書に見られるものだった。ブレンティウスによると、ある者たちは、肉体の復活や魂の不死、さらにはキリストの神性さえも否定している。[9]ブレンティウスはこれらの誤りをサタンのせいにしたが、サタンは人間に、もう感覚しか信じないように、また神の存在の有形の証拠を求めるように促すのだという。こうしたことはブレンティウスにエピクロス主義者や懐疑論者を思い出させた。彼の区別によれば、理神論者は「各人は、誠実に生きることを手だてとして、自分の宗教のうちで救われると考え」、自然主義者は「世界、自然、ユピテル、あるいはほかのどんな名でその精霊が呼ばれようと、そんなものはそれほど事態を改善しはしないと考え」、有神論者は、その考えによれば神は個々人の運命には関わらず、唯物論者は魂の不死を否定し、反キリスト主義者は福音書を信ぜず、そして無神論者は「ある者たちは神のあることを疑い、ほかの者たちはただ神のあることを否定する有害な連中」である。無神論者によれば、神への信仰は「民衆に義務を」課すためにでっち上げられた迷信である。モーセや使徒たちが書いたものは純粋に人間的なものであって、著者たちはだますこともだまされることもできた者たちだった」。そして最後にブレンティウスは、多くの者にとって悪の問題が躓きの石であることを確認した。悪人たちがはびこり、彼らが「もしなにほどの神があれば、これほど大きな不正に神は我慢ならないはずだから、どんな神もいない」と考えていることに、人々はショックを受けたのだった。

三年後の一五六六年に、トリエント公会議の教理問答書は同様の確認をした。同書は一連の流行の異論を枚挙したが、それらの異端はある種の研究が示唆したような受け身の信心とか全面的な軽信といったものから、当時の人々がどれほど隔たっていたかを示している。この手の素朴な良識にかかわる問いは、その低俗さゆえに、答えをもたない神学者たち、言葉だけで無内容な霊的考察にうつつを抜かす神学者たちをいらだたせるに十分なのだ。その問いとは、とてつもないデブ、はげ、ちんば、腕のないかたわ、めくらはどんなふうに復活するのか、聖母マリアはどうやってうまく妊娠できたのか、どうして聖霊は名前がないのか、どうやったら神の子になれるのか、三位一体はどうやって説明するのか、といったものである。『教理問答書』はこうした懐疑論の兆候に苛立ちを隠せず、中身のない好奇心、理屈をこねようとする精神の危険を想い起こす。神はわれわれに語られ、その玄義はわれわれの考えの及ばないものである。論証抜きに信じよ。そこでピリオド、これがすべてだった。[10]『教理問答書』は《無神論》の用語をまったく用いてはいない。しかし、この本が反論する《不敬》な理論の背後に、創造と摂理を否定し、世界の永遠性を疑い、悪の問題を提起する、そうした立場の現存を感じ取ることができた。

プロテスタントのピエール・ヴィレには、用語上の恥じらいはなかった。ヴィレは一五六三年に『キリスト教綱要』の序文で、理神論者や「無神論主義者」の増加のおかげで、初版は一五五六年だったテキストを改訂せざるをえなくなったと説明する。ヴィレは、彼なりにはっきり区別している、この二つの疫病神と闘うことを事実上認めた。ヴィレの定義によれば、理神論者とは教育があり、たいがいは知的にも優れ、自分が暮らしている国の宗教に上辺だけ合わせることにはきわめて有能だが、プロテスタントとカトリックの対立を利用して、自分の宗教、世界を創造したかもしれないが、それ以降は自分の作物に無関心な《なにがしかの神がいる》ことだけを認める宗教を打ち立てようとする輩だった。すべてはしたがって、偶然と人間の自由にゆだねられ、啓示による聖書は「作り話と夢物語」にすぎないとされる。理神論者は魂の不死とキリストの神性を否定し、信仰を持つ者はすべて単純な精神の持ち主と考え、世界に向けて懐疑的・侮蔑的・悲観的な眼差しを注ぐ。

《無神論主義者》について言えば、それは「神なき者」、あるいは「まったく神のいらない者」のことである。彼らは、世界を皮肉な眼差しで見るだけでは満足しない。「自分たちの誤りと無神論で他人を毒し、他人を退廃させることなしに、誤りと無神論のうちで自分たちだけが朽ち果てる」のが嫌さに、彼らは熱心な勧誘をするのだ。その結果彼らはおおいに数を増し、どれだけすごいかと言えば「神のご配慮がなければ、迷信深い者たちや偶像崇拝者たちよりも、ああした怪物どもと闘うことにいっそう苦労しなければならない時代に立ち至った」ほどである、とヴィレは言う。こうしてヴィレによれば、無神論は一五五六年から六三年のあいだにすべての異端を凌ぐ重大な危険となったほど、目を見張る伸張を見せた。

さらに二年後の一五六五年に、ヴィレはふたたび『対話でなされた幕間劇』と題された奇妙な著作でこの問題をとりあげ、「リベルタン」を論じた第二章では、二人の対話者であるティトとダヴィッドが、反キリスト――カトリック教会――の周辺には、カトリック陣営ばかりでなくプロテスタント陣営をもむしばむ無神論の危険があることを示す。ヴィレは注意深く、無神論者を自分が「物乞い」と呼ぶただの無関心な者たちから区別する。無関心な者たちはあらゆる宗教を同列において、自分たちに都合のいいものにうわべだけ従う。だがそこから彼らは究極の段階、無神論へと飛躍し、そうなると「神を揶揄し」、「信仰もなく、戒律もなく、宗教もなしに」暮らし、「福音もミサも、そして説教師も司祭も」気にもかけない。念頭にあるのは、物質的な欲求を満たすことだけで、エピクロス主義者のように快楽を追い求める。支配者という社会的カテゴリーに属する者たちは、自分の不信仰を見せびらかし、仲間を集って、あからさまに信仰を抱く者たちの「夢物語」をもの笑いの種にすることをはばからず、かくしてこうした連中があちこちの都市に見られることになる。他方で、おそらくは古代ギリシア・ローマの哲学者たちを読んだことによって無神論者になった知識人たちは、もっと口が堅かった。そして、民衆のあいだには実践的な無神論者がいた。

とはいえ、宗教的狂信のこの時代にあって注目すべき事実は、ヴィレが無神論に対してさえも、寛容であることに賛意を示したことである。彼はジャンヌ・ダルブレ〔アンリ四世の母〕が国内で布いた政治を称賛したが、そこでは「幕間」と言われる状況、「そのおかげで誰もが思いのまま、自分の良心に促されるままに、人に迷惑をかけずに自分の宗教のなかで暮らし、互いに迫害することは許されない」状況が支配した。ヴィレによれば、こうした寛容はなるほど無神論の伝播に好都合ではあるが、「剣では、また火あぶりや囚人服では良きキリスト教徒を作れない」とヴィレが書くように[11]、迫害よりもましだった。迫害では良心を強いることはできないからだ。

一五六〇年代の転換期に無神論が占めた重要性に関するこうした証言は、また別の著者たちによっても確認される。一五六三年にルター派の歴史家、ヨーハン・スライダンは、ドイツで無神論の生成を示す現象を目撃した。つまり、「幾人もの者たちが今では無神論主義者となり」、多くの者が「何であれ何ものをもう気遣うことが無くなってしまい、まったく何も信じなくなった[12]」。一五五九年にガブリエル・デュプレオ＝プラテオリュスは、こう伝える。

数年前のことだが、勉学のためにポワティエに向かう途中、わたしはオルレアンに寄った。知り合いだったラテン語学者でもあり、ギリシア語学者でもあったこの町の住人のひとりが〔…〕、ごく内輪の話だがと断って、この宗派［無神論者］のかなりの数の信奉者たちが、キリストに悪意を持っているだけでなく、神の存在や神の摂理について疑いを抱いていると、話してくれた[13]。

ほかの者たちはキリストを信ぜず、キリストのことを「並ぶ者のないペテン師」と呼んだ。

ヨーロッパ的現象

パリ、オルレアン、ベアルン地方をはじめフランスのほとんどの地方、そしてまた同じくドイツで無神論者が反論の余地のないほどに顕現するのは、したがって一五六〇年頃だった。しかしものの見事にターゲットとされた国はイタリアであり、イタリアは当時不信仰の強烈な評判をとったが、それはパドヴァ大学ばかりでなかった。世紀の初めから、マキャヴェリはローマのいたる所、とりわけ聖職者のあいだに広がった不信心について証言している。

われわれ名門イタリア人が宗教もなく、良俗も持たないというこうした最初の義務を負ったのは、それゆえ教会のおかげであり、聖職者たちのおかげだった。だがわれわれは、自分たちの身の破滅の源ともなったものよりもいっそう大きなものを、彼らに負っている。それは、教会がこの不幸な国の不和をこれまでたえず維持し、また倦むことなく維持し続けていることだ[14]。

枢機卿たちは、その懐疑論をまき散らした最初の連中だ。連中がありうるかぎりいちばん犯罪的な傾向に身をゆだねているのは見ての通りである。それというのも、連中は地獄の劫罰など歯牙にもかけず、信じてもいなければ、恐れてもいないからだ(15)。

一五四三年に、フランスのオーベスピヌ家と英国のプール家の告解師だったユマニスト、ジャンティアン・エルヴェは教え子と一緒にイタリアに旅行した。彼はそこで出会った無神論者の数に衝撃を受け、フランソワ一世にあてた『神意について』と題された献辞で、「無神論者の名前を持つこの忌まわしい党派が生まれたのは、いえむしろこの党派が地獄を引き起こしたのはそう昔のことではありません」と書いた(16)。一五四〇年に、エティエンヌ・ドレは、不信仰者との嫌疑を否認して、そういう状態はイタリア人固有のものだと述べ、こう語った。

お前にはわたしの心に、イタリア人には固有でもフランス人には未知の傷痕、魂の死すべき運命という感情を刻みつける厚かましさがあった。わたしの手になる書き物で、ほんのわずかでも不敬（わたしは魂の死を前提する意見を不敬と呼ぶ）の疑いをまともな精神の持ち主に持たせるようなものが一冊でもあるか(17)。

一五三五年の著作で、ドレは盲目的信仰を称賛し、無神論へと導く自由検討の精神を断罪するまでにいたった。ある一節でドレは、こうした理屈屋たちの運命的な道筋を辿っているが、それはおそらく彼自身のものだったのであろう。

おおいにキリスト教の信仰箇条を議論しよう、なにもかもその気まぐれのせいにしてしまおう、宗教をいわば磨き上げ、洗練しようとしたので、またおおいに底の底まで玄義を探ってやろうともしたので、そのうちの幾人かはそれまで敬っていたものを投げ捨て、キリストのしきたりを軽視し、神がこの世界のことに関わることを否定し、すべてはこの世とともに終わると言うまでになった。これがわれわれの時代に猛威をふるい、ルター派の忌まわしい好奇心が呼び起こしたペストである(18)。

スイスもやはり打撃を受け、いくつもの世間を騒がせた事例がそれを証拠づけたが、そうした事例は不信仰者たちの重要拠点の存在を示した。一五四七年にジュネーヴで執行され、のちにわたしたちも触れることになるジャック・グリュエ事件に関して、カルヴァンは一五五〇年五月の書簡で、受刑者の家で見つかり、グリュエの不信仰の陳述を示すものである手稿を公表し、公開で焚書に処する、との決定を下した。この宗教改革者は、騒乱の元凶となり、模倣行為を引き起こしかねない「これほど忌まわしい瀆神」、「神に対するとてつもない瀆神とキリスト教への侮蔑」を伝えることをためらったが、しかし「かくも下劣で、極悪非道の一党の共犯者や支持者を見せしめとするために、さらにはこれほどの重大な過ちを許してもらおうとか、隠してしまおうとする者たちの口をふさぎ、そうした輩はどんな刑に値するかを示すために(19)」、事件を公にすることに決めた。したがってカルヴァンの告白からも、十六世紀中葉のジュネーヴには自由思想家のグループがいたことになる。

同じ頃、一五四七年と五三年に書かれた作品で、当時疑わしい精神の持ち主とされたギヨム・ポステルが無神論者の存在について明言している(20)。この神秘主義的な自由思想家は、きわめて意表を突くやり方で、「摂理を否定し、けもののようなやり方で暮らす」、「無神論主義者」や「感覚におぼれた者たち」、「神と理性に耳を貸さない魂の持ち主」をかなり頻繁に批判した。古代ギリシア・ローマの人々、とくにプリニウスによって表明された無神論は、今日力を取り戻し、かつてよりも危険なものになった。「かつてこれほど大きな神と神の掟に対する悪意、不正、侮蔑はなかった」ほどである。

別の大変重要な証言、それはユマニスト、アンリ・エティエンヌのものである。エティエンヌは『ヘロドトス擁護』の二章を割いて、不敬の増大を論じている。知識人たちはもはや教皇やカトリックの宗教を攻撃するだけでは満足せず、「もっと遠くへ進み」、「そこから神の存在、摂理、キリストの神性を否定する「れっきとした無神論主義」に到達した。それは、著作に登場する老人が「罰せられないままでいるひどく恐ろしいいろいろな行いを目にしたので、神がいるのかどうか疑うことがよくありました」と打ち明けているように[21]、理性、古代ギリシア・ローマの思想、さらには悪の存在を目の前にした異議申し立ての影響だった。

あらゆる色合いの思想が姿を現した。ある者は、理神論者と特徴づけられるが、「あらゆる手立てを講じて神への思いを捨てようとつとめ」、見せかけの宗教は保持して人生を楽しもうとしている。ほかの者たちは極端にまで進み、「まったくの無神論主義者」となった。一般的には知的な職業についている者、貴族、ブルジョワたちがカトリックやプロテスタント双方の宗教の信者の敬神に対して皮肉やあざけりや「もの笑いと嘲笑」を働き、「あのくだらないルクレティウスが信じなかったのと同様に、神も神の摂理も信じない」と明言している。幻滅し、世知にたけた彼らは、天国や地獄を揶揄し、地獄は狼男ほどの真実味も持たず、「小さな子どもにするおどし」のようなものだと言う。こんな作り話を信じる者は、「哀れなばか」なのである。

アンリ・エティエンヌにとって、これらの無神論者は実際には絶望者、反抗者である。ある者たちは自殺し、ほかの者たちはひどい瀆神の言葉を吐きながら死ぬ。エティエンヌはこの不幸な連中全員のリストを掲げる。そうした連中、書籍商のジャン・アンドレ、ドミニコ会士デ・ローマ、領主のジャン・ムニエ、ごろつき中尉のジャン・モラン、高等法院参事官のリュゼ・デ・ザスとクロード・デ・ザスたちを、エティエンヌは明らかにその死刑執行の瞬間まで天を呪うヒステリー患者と見ていた。その一方でエティエンヌは『すばらしい話』で、この「下劣な無神論主義者」たちを、死を前にして怯えていた者と描いた。アンリ・エティエンヌはさらにイタリア人、カトリーヌ・ド・メディシスを「王国、とりわけフランスの宮廷を無神論主義者で一杯にした」と非難した。彼によれば、無神論はとりわけイタリアからやって来たものであって、信仰を違えた異端よりもずっと質の悪いものだった。

一五七〇年以降の不信仰の再発

アンリ・エティエンヌが作品を書いたのは、一五六六年だった。一五七〇年代になるにつれて、証言のリズムは加速し、全ヨーロッパから届けられた。単に情報源が増えたのだろうか、それとも無神論が本当に広まったのだろうか。宗教戦争の混沌とした雰囲気のなかで、告発は数を増し、非難の応酬はふくれ上がり、ときには言葉が思考を追い越した。いずれにせよこうした宗教紛争の逆説的帰結のひとつは、一部の人々の信仰の喪失だった。このような対立に衝撃を受け、人々は摂理についても、神の存在についてもまったく信頼を失ってしまった。

それこそが、戦の達人で争いが人心に及ぼした結果を観察するには都合のいい位置にいたプロテスタントの大尉、フランソワ・ド・ラ・ヌーが考えたことだった。一五八七年の『政治・軍事論』[22]で、フランスには「百万人の無神論者ないしは不信心者」がいると、ラ・ヌーは見積もった。それは架空の、おそらくはかなり誇張された数字で、国家の指導者たちに強烈な印象をあたえるためのものだったが、このまじめでどちらかと言えば寛大な信仰者の驚きの度合いを示すものでもあった。こうした状況を説明するために、ラ・ヌーはありきたりの要因を数え上げる。世俗の書物を読むこと、とくに古代ギリシア・ローマの哲学者の本、それだけでなくさらに彼が責任の大部分を押しつけたマキャヴェリの本、『アマディス』、『ペルスフォレ』、『トリスタン』のような猥褻なあるいはただばかばかしいだけの小説を読むこと、ありとあらゆる放埒な暮らしぶり、日がな一日呪いと瀆神の言葉を吐くことに明け暮れる近習社会のような場所に足繁く通う悪習、そこでの暮らしぶりが宗教の勤めにはふさわしくない「外国に旅行すること」、懐疑論に手を貸す大学教育、情念と不品行を満たすために神を忘れさせようとするエピクロス主義が、そうした要因だった。だがラ・ヌーはそこに、「百万ものエピクロス主義者やリベルタンを生み出した」宗教論争と宗教戦争をつけ加えた。信仰を抱く者が犯した暴力と残虐行為は、「食おう、飲もう、すべての喜びをつかもう、おそらく明日は死ぬ身だから」をモットーにした兵士たちの暮らしぶりを数に加えなかったとしても、多くの人々の心に疑いの種を蒔いたのである。

とくに無神論者が見かけられたのは、都市部においてだった。ラ・ヌーは無神論者を二つのカテゴリーに区別する。これは実践的無神論と理論的無神論というわたしたちの区別に対応する。一方には「なんの気遣いもなしに」暮らすブルジョワたちがいて、彼らの心配事は「ブドウ酒、羊の腿肉、九柱戯〔ボーリングに似た遊技〕」の域を出ることはなく、まるで豚のようだ。他方にはずっと知的で、ものごとをよく考え、哲学をし、理性を働かせる人物たちがいて、彼らはその雄弁やその知恵を働かせて「議論の精妙さ」によって「うぶな魂」をひきつけるので危険である。彼らは、上流社会の気品ある精神の持ち主を演じ、信仰を皮肉りながら、宮廷に数多く居座っている。

世紀末に別の新手が現れ、それがリベルタンとともに加速し、ラ・ヌーを激しくいらだたせた。この信仰を持たない者たちは、もう反抗の態度は表には出さなかった。うわべは順応主義を決め込み、そのおか

げで彼らは「われわれが手にし、われわれにとってかくも貴重なごくわずかな自由を、謂われもなくわれわれからもぎとるいくつものことに隷従しすぎることなく、自ら進んで自制できる」のである。彼らのモットーは、「汝の暮らしを隠せ」だった。目立った勧誘活動もなかった。彼らは自分たちの不敬の言葉を「秘密裏に、自分たちの信徒集団に属する者たちのあいだの」集まりのためだけに取っておいた。公の場では、普段通りの礼拝に従ったが、そのおかげで完全な自由と独立を守ることができた。

ラ・ヌーが告発するこうした欺瞞は、おそらく部分的には当時の不敬や無神論に対する当局の態度の硬化によるものだろう。宗教的・世俗的権力は、そうした動きの重要性を察知していた。一五八五年には、エクス公会議が無神論者を徹底的に追求し、必要な場合には世俗の手を借りてでも彼らを罰するように求めた(23)。一五八八年と一五九四年四月六日付の国王宣言は不敬や瀆神に科すべき罰を、初犯には一〇エキュ、再犯には二〇エキュの罰金、三犯には「見せしめのための極刑」と定めた。波風立てずに過ごせるものなら、口が固いに越したことはなかった。

そうした信仰を持たない者、彼らは何を信じているのか。彼らの有害な議論が広がるのを恐れて、ラ・ヌーはそれを明らかにするのをためらう。しかし何を守るべきかを信仰者たちが知ることが必要だったので、これら無神論者や不敬の徒の特徴的な原理を彼は数え上げた。いつでも一貫した体系をなしているわけではないが、その原理はラ・ヌーによれば、自然の観念を中心にして整理され、「自然に合致した格率に従うこと」が必要だった。その法則によって、世界のすべての生命を司るのが自然だからだった。こうした自然主義はむしろ唯物論的であって、魂の不死も否定された。それはまた合理主義でもあった。人間理性がわれわれの導き手であり、「世俗的精神」に基づき、聖書の「途方もない想像力」を投げ捨てなければならない。宗教とは「人を憂鬱にする」信仰であり、死を前にした臆病者である。地獄の恐怖は、民

衆を服従させておくためにでっち上げられた作り話である。

わたしたちが、一五七六年に出版された『反マキャヴェリ論』[24]で、イノサン・ジャンティエに見いだすのもほとんど同じ描写である。表題からも、フィレンツェ人マキャヴェリとその弟子たちへ向けられた非難のほどがうかがわれた。ジャンティエにすれば、不信仰はイタリアから広がったのであり、イタリアではマキャヴェリの書いたものが「無神論と不敬の種を蒔いた」が、今ではフランスでも多くの無神論者が数えられる。ラ・ヌー同様ジャンティエも、「聞くに堪えない言葉を善良な人々の耳目に曝す」べきかどうか自問自答したうえで、そうしようと決める。危険について公衆の目を開かなければならないからだった。

さて以下に掲げるのは、そうした無神論者が何を考えていたかである。彼らは、「無神論主義者のなかの博士、無知の教師」であるエピクロスからアイデアを拝借し、ルキアノス、マルティアリス、ティブルス、カトゥルス、プロペルティウス、オウィディウス、ポルフュリオスのような危険な古代ギリシア・ローマの詩人や作家の作品をおおいに楽しんだ。これらの先人から出発して、彼らは自分たちの学説を打ち立てた。神はおらず、永遠な宇宙があって、ある者にとってはこれが神であり、あるいはこの宇宙が世界霊魂によって動かされた。世界霊魂は天体あるいは偶然によって操られ、それによって原子の結合が起こる。当然摂理はなく、人々は自分の《運命》と妥協しなければならず、定めを前にして《徳》を発揮し、動かしがたい死に立ち向かわなければならない。理性が彼らの唯一の導き手であり、それとは反対に聖書は作り話である。彼らは異教徒を葬り去り、ギリシア・ローマの科学を覆したからと、教会を攻撃した。

ジャンティエはしたがって、無神論が伝播する過程における古代唯物論の再興が持つ責任をラ・ヌー以上に強調した。しかし彼は、宗教論争や享楽を求める精神の役割を忘れてはいなかった。無神論者の振る

舞いについてのジャンティエの描写は、その敵意に満ちた偏見から歪められた。彼によれば、卑劣漢、偽善者たちは身を隠しているか、さもなければ、たえず瀆神の言葉を口にする恥知らずがいるのだ。ジャンティエが関心を寄せる人々について彼があたえた描写はさらに興味深いものである。無神論者は、まず「無神論主義者や神やすべての宗教の中傷家」が集う宮廷で、財界で、とくに銀行家の間で、説教師や将校の間で、教会のなかでさえ見られるが、そこでは大品級〔カトリックでの司祭、助祭、副助祭の叙階〕に就かず、聖職禄からうまい汁を吸っている聖職者たちに「無神論がしみこんでいる」のだ。

ジャンティエの言葉は、翌年国王顧問ピエール・ド・ラ・プリモディによってその用語にいたるまで裏付けられた。ド・ラ・プリモディは一五七七年に、『アカデミー・フランセーズ』で、信仰を持たない「数多くの」者の存在を証言し、三年後にはまたさらに増加した数の無神論者の存在を証言した(25)。とくにその数が宮廷に多かったのは、彼が観察に都合のいい位置にいたからだったが、そこではまた「あらゆる肩書きのすべての身分に」信仰を持たない者がいた。もっとも優れた知識の持ち主が、エピクロス、ルクレティウス、ガレノス、プリニウス、さらにはアヴェロエスからアイデアを得て、世界の永遠性を主張し、創造と魂の不死を否定した。彼らの主義主張は、書かれたものよりも内輪の会話でいっそうはっきり現れた。というのも、ある者は瀆神的な態度を表に表したが、たいがいは敬虔心を装ったからである。

聖書は彼らの攻撃の格好の的だった。「作り話」の寄せ集め、そこにはエヴァの創造、キリストの復活と昇天のような、本当だとは思えないことが含まれていた。これは全部愚かな精神の持ち主にとっては結構なものだとしても、理性の光を要求する人々は「自分が目にし、自分が経験したこと以外は信じない」。だから、誰もまだあの世から証言しにやって来た者がいないことに、彼らは驚いた。もっともそんな者はもちろん存在しなかった。魂、「血液」あるいは「気息」あるいは「精気、動物精気」にすぎないものは

肉体とともに消え去るからだった。たまたま神が存在したらの話だが、神は人間の事柄には関わらないだろうし、人間の事柄は「運命か、賢慮かはたまた人間の狂気に導かれているのだ」。もしかしたら神は自然かもしれないが、自然は狂っていて、「邪悪な母親」で、すべての人を死へと誘う。無神論者は手慣れた問いを立てる。この時よりもなぜあの時に神は世界を作ったのか。その前は何をしていたのか。摂理が存在するなら、悪はなぜあるのか。要するに、聖書の預言者や族長は「年寄りの夢想家」にすぎないのだ。宗教は人間の発明にすぎず、「愚鈍な者やばかな奴」のためのものなのは明らかだ。それというのも、「人の暮らしにとっては、人々がこうした臆見についているほうがいいのだ。それなしには人間社会は不可侵のままではいられず、手綱を締められるようにそうした恐れでつながれていなければ、人間はまともなことは何もできない」からなのだ。(26)

反体制的無神論

こうして、十六世紀の終わりには無神論の輪郭が明らかとなった。それは一貫した学説というよりも、古代ギリシア・ローマ思想に、そして合理的批判に依拠した、汎神論、理神論そして厳密な無神論の間でまだためらいながらの宗教への反抗であった。

一五八〇年から一六〇〇年までのあいだに証言はさらに数を増した。一五八六年には、すでに引用したピエール・ル・ロワイエが、「悪人と文人の大部分が無神論者で宗教を持たない者である」中国からキリスト教国であるヨーロッパまで、「この情けない時代に無神論者は蟻のように群がっている」、と書いた。彼らが師と仰いだのは、エピクロス、デモクリトス、ルクレティウス、カッシウス、ケルスス、ガレノス、ポルフュリオス、アフロディシアスのアレクサンドロス、アヴェロエス、マキャヴェリ、ポンポナッツィ、

カルダーノであったが、彼らはこぞって「自然こそ導き手」とみなした[27]。一五八八年には、峻厳な神学者ピエール・クレスペはイスラム教徒、異端者、「わがフランス中をうごめく無神論主義者」に反対して一冊の本を書き上げた[28]。クレスペが彼らをひとまとめにしたのは、そうした連中が共通して自分たちの肉欲を満たすことができるとの理由で、神の掟を厄介払いしようとの望みを抱いているからだった。どんな異端者も不敬の徒も神の完全な放棄へと到達する。そういう哀れな連中は、「もうあまり揶揄することもなく、完全に無神論主義者になり、時にはこちら、時にはあちらを信じることのほうを好む」。彼らは古代ギリシア・ローマの哲学と「自然理性」に依拠する。クレスペがあたえる彼らの描写は、わたしたちがこれまでに幾度となく列挙したものに対応する。クレスペが追跡したのは、とくに三つの世界、軍隊、宮廷、知識人のあいだの無神論者だった。兵士たちの間では無神論は実践的なものであり、放蕩、暴力と略奪の習慣に結びついた。宮廷では、それはキリスト教の玄義、処女性、摂理、三位一体といった考え方を「嘲弄する」行為であり、信仰を甚だしく皮肉り、「どこに神はおられたのか、どこに住まわれていたのか」と問いただす行為だった。知識人については、まだあえて公に口を開き、その思想を書き表すということはしなかったものの、私的な付き合いでは互いに胸襟を開いた。いずれにせよ、状況は深刻で、「無神論はしたい放題で、多くの者が神を知らないふりをし、信仰も良心も無くしている」、とクレスペは書いた。その証拠として、モーセや使徒たちやイエスに向かって瀆神の言葉を吐いたとして一五八二年に火あぶりの刑にかけられた、元兵士で学校教師だったあのノエル・ジュルネをあげればクレスペには十分だった。

一五八〇年代のもうひとり別の観察者は、神学者とはまったく関係がなかったが、農村社会のきわめてすぐれた描き手であるノエル・ド・ファーユであり、一五八五年に書かれた『無神論者や神なしに生きる者たちに反対してある貴族にあてた、多重婚の夫からの書簡』[29]で、彼もまた不信仰の増大を証言している。

広まってゆく無神論の起源、悪の問題、玄義への異議、社会秩序の塁壁としての宗教に投げかけられた非難についてわたしたちがこれまで豊富に示してきたことが、彼において確認されているのが見られる。神学者ではないもうひとり別の観察者はブルボネ地方の山林行政長官、アントワーヌ・ド・ラヴァルで、彼は一五八四年に宮廷での無神論、放蕩、信仰への「嘲笑」の広がりを目にして憤りを覚えた。後の著作で、ラヴァルは「不敬、瀆神、無神論」が謳歌しているのを嘆いたのだった[30]。

また異なる照明が、説教師でもあり偉大な、少なくとも地中海一の旅行家でもあり、一五九四年の『罪業全書[31]』の著者でもあった、フランシスコ会士のジャン・ベネディクティからあたえられた。彼の場合でも、古代ギリシア・ローマ思想の有害な影響、宗教上の争い、今生きていることを享受しようとするエピクロス主義的な欲求、といったありふれた主題が見受けられるが、彼はさらに民衆がその中で生きている宗教について、「この貧しい王国では民衆の無知は、彼らがきわめて往々にしてけもののように暮らすほどに大きくなっている」、と民衆の深刻な無知を挙げる。民衆は信仰の基礎すら知らず、そのために実践的無神論を生きることになる。つまり、無知とは「見事な無神論への通り道」なのである。だから問題となるのは、上流階層だけではなかった。ベネディクティのもうひとつの新しさは、彼が打ち立てた無神論と魔術との結びつきである。無神論者は「ものごとを逆さまにして神に属する名誉を大悪魔サタナスにあたえ、称賛している。無神論者は自分たちの洗礼も宗教も否認する。創造主に罵りの言葉を投げかける。信じられないほど淫らなことをする[32]」。

こうした悪魔崇拝と無神論の結合のあいまいな性格はすでに論じた。実際ベネディクティは、すべての宗教を同一次元におく理神論、運命論的な自然主義、魂を《血液》、《釣り合い》、あるいは幾人かのエピクロス派の医学者の見解に従って《気息》とみなす唯物論が混ざり合い、さらにある場合には完璧な無神論が混ざり合う、漠然とした反体制的な立場に直面しているのを感じた。彼によれば、こうした思想は食卓での会話でごく普通に交わされ、下層の庶民のあいだでは、無神論はたとえば太陽や月の崇拝といった不条理きわまりない迷信と共存した。ベネディクティは個人的に、「太陽が本物の神」、それを「至上の光、至上の精髄」と呼ぶと打ち明けた「哀れな男」を知っていた[33]。

一六〇〇年の接近は警戒を強めさせた。ある人々にとっては、無神論者の数の増大は反キリストの到来、審判が間近いことのしるしだった。そしてこの増大を、誰も疑わなかった。ピエール・マチューは一五九七年に、こう記す。

> この地方に入り込んだ不敬の徒は本当に無神論者の魂を抱き、神の摂理については軽蔑したようにしか話さず、ことごとく否定し、その魂は肉体に飲み込まれていて、この次の生も、この次の死も考慮しない[34]。

一五九九年に、改革宗教派のマルニクス・サント＝アルドゴンドは、無神論へと道を開く宗教紛争が原因で、キリスト教が崩壊していくのを目の当たりにした。対立というみじめな光景を前にして、この信仰者は真理がどこにあるのか分からなくなった。彼は「絶えざる良心の不安にためらっていたが、それは最後には無神論と不敬の深淵へと墜ちていくものであった」。彼には「神も本当の宗教も存在しないということなのか、それとも各人が自分の気まぐれで神を自分に都合のいいように使っているのか」、と考えることがあった[35]。

司法官で歴史家のフロリモン・ド・レーモンは、一六〇〇年頃にかなり評判になった『異端の歴史』の著者だったが、レーモンによれば、宗教紛争は無神論の拡大を生み出す元凶だった。この紛争が、人々の心に疑いを据えつけたからだった。しかしレーモンからすれば、すべての誤りは改革派に帰されるものだった。宗教的自由という考えは、必然的に相対主義、信仰の平等化へと導くため、危険なものだった。「新奇さ」はいつでも「呪うべき無神論」に達する。歴史家としての知識に優れていたため、彼はそのことについて十六世紀の全過程にわたってヨーロッパ中から得られた数多くの例を示した。ポーランドで、ドイツ西部ファルツ地方で、ボヘミアで、スイスで、イタリアで、そしてベルギー南部ブラバント地方で魂の不死を否定し、運命と自然の支配を宣言するいくつもの党派が見られた[36]。

一六〇七年にトゥールーズの修道士、ブランコーヌ神父もまた信仰箇条の混乱と不確かさの君臨を証言した。占星術、運命の力、自然主義の間で混乱は極限に至り、多くの者が「丸い機械〔地球〕」を神が創造したことを疑った[37]。一六一二年にイエズス会士のジャック・ゴーティエは、前世紀にはかなりの数の信者が「エピクロスの奈落に、あるいは無神論に」沈むのが見られた、と書いている[38]。同じ年に説教師アントワーヌ・トロサンは、「ひどく下品でばか」で、サタン自身にそそのかされたように、地獄をもの笑いの種にする無神論者の「一党」を描いた[39]。

地中海から英国まで——民衆的懐疑論

どんな国も免れることはできなかった。地中海ヨーロッパでは、それまでは異端、瀆神、無関心主義といった軽罪を取り押さえていた異端審問所が、不信仰や懐疑論に攻撃を仕掛け始めた。これは彼らの不安がつのっていることの兆候だった。リスボンでは、一五九四年二月十二日の信仰に関する勅令がはじめて、天国や地獄を疑う罪や、生と死だけが唯一現実的なものだと主張する罪を導入したが、これらの罪は一五九七年、一六一一年の勅令でも再録された。同時期にシチリアの異端審問所は断罪されるべき事例のリストに項目を継ぎ足したが、その表現は奇妙なことに、すでにわたしたちが引用した著者たちに見られるものと類似していた。たとえば「天国や地獄はない」、「あるのは生まれることと死ぬことだけだ」、「人間の魂は気息にすぎない」、「血が魂だ」といった具合である。[40]

一五五七年のローマでの禁書目録の実用化にともない、[41]異端審問所は同様に不信仰を広める恐れのある著書の追放を企てた。ミラノ勅令（一五九三年）、アレクサンドリア勅令（一五九五年）、フェルラーラ勅令（一五九六年）は、書店や印刷所で押収された書籍の目録の提出を求めた。スペインやポルトガルの歴史家たちによれば、こうした検閲の開始はイベリア半島では有効だったが、イタリアではたとえば二世紀のあいだ（十六世紀半ばから十八世紀半ばまで）に、一五六八年にルッカでエラスムスのひとつの版を数に加えただけであり、一五五五年から一五八七年にかけて調査対象となった二〇の目録からは、押収された三四二五巻がリストアップされたが、そのうち六四〇巻がエラスムスだった。同様にヴェネツィアでは、一五六二年と一五六九年に異端審問所に予防検閲を行って介入することが許可され、二八の書店が裁判にかけられ、一一五〇巻が押収された。[42]イタリアの歴史家、アントニオ・ロトンドにとって、こうした検閲こそが十七世紀から十八世紀にかけてのイタリアにおける無神論の弱さ、さらにヨーロッパの知識人との断絶とその後の遅延の理由のひとつだった。[43]無神論を理由とした異端審問所の審判の統計はそうした事例の稀さを示した。ヴェネツィアの異端審問所では一五四七年から八五年までで一六件、一五八六年から一六三〇年までで二一件、一五四七年から一七九四年までの期間全体で九〇件、そしてフリーオリの異端審問所では同時期にわずか一三件、ナポリの異端審問所では二四件だった。スペインでは事例はさらにいっそう多かったのだが、統計からは「異端的・瀆神的命題」のなかから無神論の割合を区別することはできなかった。[44]

ヨーロッパのもう一方の端、エリザベス朝の英国では、異端審問所は問題にならなかったが、まったく同じくらいに無神論に頭を痛めた。同時代人の幾人かは王国の無神論者九〇万人を話題にさえしたが、当時のイギリス諸島の少ない人口を考慮すれば、これはフランスに関するラ・ヌーの百万人という数字よりもさらに信じがたいものだった。イギリス人の三人に一人が無神論者になってしまうからだ。このような数字が一人歩きしかねなかったことのほうが問題の深刻さをはっきりと示している。イギリスの歴史家は誰もが、清教徒と当時はごく少数派でしかなかった国教会派との間の表面的な論争の背後でエリザベス朝を特徴づける驚くべき宗教的無関心を認める点では意見が一致している。彼らの一人は、この時代は「二十世紀以前の最大の宗教的無関心の時代」だったとまで書いている[45]。

教会裁判所は、多少誇張されたこうした断言を例証する事例に溢れかえっていた。たとえば一五九八年に、たしかに教会を建てるためではなく、壊されるようにと多額の金銭を提供したチェシャーの住民たち、あるいは教会に向かう人々に犬を放ったイーリーの肉屋、二十回の説教よりも一回の芝居のほうが人は良いことをたくさん学べると言ったロンドンの役者、さらには人から自分の魂の救済には気をかけないのかとたずねられて、「わたしが金持ちになろうとお前さんたちの知ったことか、それにわたしの魂を神が持っていくのか、悪魔が持っていくのか知ろうなんてことはどうでもいいことだ」、と答えたヘリフォードの高利貸しがいた[46]。

こうしたいくつかの例は、イギリスの農村や都市での生粋の実践的無神論を示唆するものである。都市の聖堂区ロンドン、田舎の聖堂区エクセターの司教たちは、一六〇〇年にともに信者たちのあいだで、「神の存在に関する質問があまりにもしょっちゅう議論の種になっていること」に愚痴をこぼした。信仰の本質的諸点についてもっとも多彩な見解が披露された。一五七三年にケントのある住民は、「太陽や月や大地や水を神が作った」ことを否定し、さらに死者の復活を否定し、一五八二年にサーリーの判事は、「神が世界を創造されてこのかた神は世界とはなんの関わりもなく、世界は神に導かれてはいない」と言い、一五六三年にノーフォーク州ヘヴィンガムのトーマス・ロヴェルなる者が、大胆にも自分には分からないことだがと、こう述べた。「わしらは御子なる神を信じている。父なる神を信じているからだ。だがその同じ御子なる神は自分の生まれ故郷ではまったく信じてもらえなかったし、そこから追放されてしまった。だったら連中はわしらより悪賢いのだ」。エセックス州ブラッドウェルの農民は、「万物は自然から生じるという考えに賛成で、自分は無神論者だと認めている」と述べた。一五七八年に、キリストの神性と復活を否定し、新約聖書は「ばか話、人の物語、いやむしろ作り話」でしかないとはっきり述べたために、マシュー・ハーモントはノリッチで火あぶりにされた。事例は次の世紀のはじめにもまったく同様に数多くあったし、無神論の主張は明確だった。ラトランド州のある男は、「神がいないこと、神には救うべき魂などないこと」は確かだと考え、一六三五年に、ダーラムでブライアン・ウォーカーは、「神も悪魔もいるとは思わない、自分は目に見えるものだけを信じる」と公言した。彼にとっては、チョーサーは聖書に勝るものだった(47)。

こうした一連の人物描写は、事例が底辺層、身分の低い農民や職人に由来しているだけにいっそう驚くべきものだった。これは、貴族的リベルタンの悪意に満ちた宣言を否定するものである。その宣言では、従属状態に置いておくために愚かな民衆に取っておかれた信仰を貴族たちだけが超え出ると言われていた。こうした例が信じられるものであれば、民衆はそれほどだまされやすくもなければ、またエリートたちが考える以上にずっと批判的だった。こうした事例はすべて司法資料室からもたらされたもので、そのことはまたこれらの懐疑や無神論の表現には、死刑執行にいたる相当の危険が秘められていたことを思い起こさせる。したがって考えられることは、大部分の懐疑論者は自分の考えを胸に収めておく最低限の慎重さを持つよう仕向けられていたことである。とはいえ、指導者たちのうちでももっとも明敏な者たちはそれに欺かれはしなかった。十七世紀の後半になるとノース侯は、来世を信じる者の数は「とりわけ下層民のあいだでは」きわめて少ないと述べるのである。

それぞれの宗派がこの点、あるいはあの点を疑いの対象とした。ある派は一五七三年に、イーリー聖堂区で、地獄は寓話にすぎないと主張した。キリストの神性はきわめてしばしば疑問に付された。一五四二年にダートフォードの住民が、「キリストが聖処女マリアから受けた体は天には昇らなかったし、天にはいない」と公言し、一五五六年にキリストは主の右側に座していると称する輩を気違いとみなしたのは、タンストールの司祭だった。一五七六年にノーフォークのある男は、何人ものキリストがいると言い、一五八〇年代のことだが、エドワード・ケリーはキリストの神性を否定し、一五九六年には、「キリストは救世主ではなく、福音書は作り話だ」と言ったために、ある人物が裁判にかけられている。

エリザベス朝社会における無神論の恒常的な存在の別なしるし、それは無神論にそそのかされたという多くの清教徒の証言である。リチャード・バクスターやジョン・バニャンのような者までが時には信仰を失ったと告白した。一五九七年にモンソン卿夫人は、「悪魔から命を終わりにするようにささやかれ、神がいるかどうか疑うことを考え」、そのことを占星術師に打ち明けた。一五七四年に、ジョン・フォックスは、ある法学生が悪魔にそそのかされ、地獄では苦しまない、神はいない、キリストは神の子ではなく、聖書は間違いで、万物の根本は自然だと言われたことを伝えている(48)。

イギリスには無神論者が九〇万人いると一六一七年にスペインの大使が書いたのは、こうした事情からだった。どれほど誇張されたものであれ、この数字は暗示的である。大使は、君主が神学に没頭しているにもかかわらず、廷臣たちがフランスにおけるのと同様悪意に満ちた懐疑論を振りまいているのを目の当たりにしたのである。知識人、大貴族、学者が無神論で評判を立てた。もっとも目立った人物は札付きの信仰を持たない者たちだった。クリストファー・マーロウは「新約聖書は雑に書かれていて」、モーセは魔法使いで、キリストは同性愛の私生児だと考えた[49]。ウォルター・ローリー卿はこう宣言する。「われわれはけもののように死ぬ。旅立ってしまえば、われわれに関して残るものは何もない」。ローリー卿は無神論者サークルの中心人物で、牢獄で自殺しようと試みた[50]。エセックス伯はその不信仰でよく知られていたが、その審判の際にコーク判事は起訴状に以下のような罪状をつけ加えようとした。つまり、クリストファー・ブラント、フランシス・ベーコン、トーマス・ハリオット、ジョージ・ガスコイン、ジョン・カイウス、ニコラス・ベーコン、オックスフォード公といったきわめて無神論の疑いの濃い人物のもとに足繁く通っていたというのである。

したがって、十六世紀は無神論の広範な誘惑によって特徴づけられることは否定しがたい。無神論はすべての社会層に禍の種を蒔いた。民衆層の幻滅した世俗的無関心から大貴族の懐疑的な軽蔑にいたるまで、荒れ狂った宗教的受難のこの時代は、同時に底深い懐疑に戦慄を覚えていたのである。そしてもし、いずれにせよ何もなかったとしたら、物質以外には何も、自然以外には何も、この世の生と死以外には何もなかったとしたら、聖書、世界創造、イエス、宗教、すべては懐疑に曝され、この奥深い波は、これまで歴史家の注意を引きつけてきたカトリックとプロテスタント間の表面的な騒擾よりもずっと深刻で、ずっと根本的なものであるだろう。殺し合う少数の狂信家が生み出す喧噪と恐怖の図絵の背後で、無関心、信仰の部分的なあるいは全面的な問題視がゆっくりと進行している様が垣間見られた。宗教戦争以上に、十六世紀は懐疑の時代だったのではないだろうか。

第六章

批判的無神論（一五〇〇―一六〇〇年）

フランソワ・ベリオは、『十六世紀、フランスにおける無神論と無神論主義者』に関するその研究でまさしくこう記す。

実際には公明正大な無神論と科学的な唯物論を欠いていたものの、この時代はそれにもかかわらずキリスト教との深刻な断絶の動きを体験した。瀆神、瀆聖、放蕩、サタン崇拝等々は、どれもがキリスト教道徳と信仰に対する一種の反抗の現れである。同時に都市近郊では世俗法からも教会法からも逃れた社会層が出現し、他方で地方全体は、その地理的位置関係から恩恵に浴することがなかったため、実際にキリスト教とは無縁に暮らした。不安感を助長する歴史的変動、世界の発見、古代ギリシア・ローマの合理主義あるいは唯物論の再発見は自分自身の力におびえたかのように、思想を取り巻く環境そのものをひっくり返した。［…］都市や田舎の大衆のあいだでは、彼らにとってはまったくもって不可能だった公正無私な合理精神が欠けていたために、暴力的な反抗の動きに突き動かされた、本当に非宗教的な人間がいたことにどんな疑いもない。大地や季節の間近に住む粗野な人々のあいだに現存するこうした《無神論》のさまざまな形態を無視しては誤りを犯すことになるだろう[1]。

不信仰者たちの信仰箇条

それゆえベリオにとって、悪名高き不敬の書、『三詐欺師論』が十七世紀になるとすぐに、ルネサンス期の著者の誰かの手になるものとされたことは驚くに当たらなかった。この謎に満ちた著作が人の口にのぼり始めたのは、一五三八年から四〇年にかけてだった。多くの人がその出生の秘密を探ろうとした。ラテン語のテキストはおそらくは一六四〇年、一六五〇年代という日付しか持っていなかったとしても、その中心的な思想はすでに述べた異議申し立ての動きに対応していた。そこから得られたアイデアは無神論的というよりはむしろ理神論的だった。冒頭から著者は遠慮がちな疑いを込めて、「神は存在しないのではないか? いる、存在するとしよう。[…] だが神が礼拝を求めているとは、何ひとつ言われていない。[…] 崇拝の目的はなんなのだろうか? 神は礼拝を必要とするのか[2]」。神がいるとすれば、それはしたがってはるか彼方にいて、無関心な神であり、エピクロスの神々のようなもの、あるいはさらに正確に言えばオリゲネスがそれに加えた反駁によって知られているように、『キリスト教徒を反駁する真正なる議論』におけるケルススの神々である。自然主義的合理主義の信奉者、ケルススは宗教の創始者たちに立ち向かったが、そうした創始者とは彼によれば捏造者、詐欺師であり、とくにモーセは巧みな魔法使い、イエスと使徒は、作り話で民衆のくずの心をとらえる者たちだった。あと『三詐欺師論』の著者に残されているのは、そこにマホメットを加えることだけだった。この三人の人物は、啓示を伝えると称してはいたが、宗教を興すために霊感を受けた者と見なしてもらおうとする誰もがそうであるように、詐欺師だった。

新しい宗教を始めた者にはすべて詐欺師の疑いが持たれる。新しい教義あるいは新たな改革を、そしてそれを至上の、目に見えない権威に基づいて導き入れようとするのは誰か。そうした者は当然のこととして、一般の感情に逆らうことになる詐欺師と映らないように、特別な啓示を楯にとって自分の権力を生み出す。(3)

彼らはそれぞれが自分のやり方を持っていた。モーセやマホメットには政治的暴力、イエスには狡智であった。ユダヤ教やキリスト教は、神が自由な人間を創造し、人間が誘惑に屈するに任せ、そうやって自分が創造したものに苦悩と死の罰をあたえるのだと主張する点において、とくに醜悪なものである。そんなことをする者は、誰であれ家長の名に値しない。「剣をとれ、お前たちは使うなと言って、それをお前の子ども、お前の友人に向けるがいい。そうすれば確実に予測できるが、彼らはそれを自分たちに向かって、そして無辜な後の世の人々に向かって用いるようになるだろう。わたしはこれをお前の父親としての感情に訴える。そうするかね。そんなことをして身を守ろうというのは冗談ではないかね」(4)。いやもっと上がある。自分の数百万の創造物を地獄に墜ちるに任せてしまったことを償おうとして、神は自分のただひとりの息子を磔刑にゆだねたのだ。『三詐欺師論』の著者によれば、キリスト教は唾棄すべき宗教である。さらにはすべての宗教がごまかし、卑しい者の無知を利用した強者の思いつきだった。こうした宗教は、互いに敵対しながら、単にそれが多様であることで信用を落とす。賢明な者はしたがって疑うべきであり、自分の理性だけに従うべきである。「誰をも信じなければならない、それはばかげたことだ。誰も信じてはならない、これがもっと確かなことだ、正しい途に就くまでは」(5)。「自然の光明」は、われわれを世界の永遠性と実際には自然そのものであろう神の信仰へと導いてくれるのだ。

この謎に満ちた論考の現行ラテン語テキストが一六五〇年前後の日付を持つとしても、十六世紀からこのタイトルを掲げた一群の手書き本が流通していたことは確かだった。この手稿群はこれまでに見つかってはいないし、まさに伝説となりながら風評やうわさとしてしか知られていない。一五四三年来ギヨム・ポステルはこの手書き本のことを口にし、続いて一五八一年にはジェネブラールが、そしてフロリモン・ド・レーモンが一六一〇年に、またスペインのカルメル会修道士ジェロニーモ・デ・ラ・マドレ・デ・ディオスが一六一一年に口にした、という具合だった。その少しのちにカンパネラは、「ドイツから『三詐欺師論』という本が来たが、アリストテレスやアヴェロエスの教義に合致していて、それによれば、律法者はすべて詐欺師で、誰よりもイエス゠キリスト、モーセ、マホメットがそうだとのことだ」、と断言する[6]。一六三一年には、メルセンヌが手稿から数節を引用している。それはメルセンヌの友人が彼のために書き写したものだったが、それまでは誰もテキストそのものを手にしたことはなかった。英国のエリザベス女王が、続いてスウェーデンのクリスティーナ女王がそれを探させたが、うまく行かなかった。

一六四二年にはじめて、ある人物がこの手書き本を発見したと宣言した。英国人のトーマス・ブラウン、『メディチ家の宗教』の著者であり、彼は手稿に関してそれらしい評論を物していた。言及は十七世紀後半にはさらに数を増し、そうして一七一六年、ライプニッツの決定的な手紙が一冊の小冊子をよりどころにする。それは二八頁からなり、所有者はジャン゠フレデリック・マイエ、彼自身それを一六八〇年に購入した。たとえばラ・ヴァリエールは、一七六五年に手書き本の一冊を三〇〇リーヴルで手に入れた（これは適正配当分〔旧体制下で聖堂区司祭が十分の一税の徴収官から受け取った収入〕による司祭の年収一年分だった!）フランソワ・ベリオは、ラ・ヴァリエールのような十八世紀に好奇心旺盛な愛書家たちが探し求めた、この本のさまざまな写本の歴史をたどった。ラ・ヴァリエールが入手した一冊はその後王立図書館に、次いで国立図書館に移された。[7] アンリ・ビュッソンはこのテキストを研究し、結論として、それは「あのプロテウス〔ギリシア神話で海神ポセイドンの従者、予言と変身の術に長じた〕のように、変幻自在なテキストのヴァリエーションのひとつにすぎない。十六世紀全体を通じて、そしておそらくはそれ以前も、この反宗教的冊子を書き、書き写し、流通のルートに乗せた不信仰の者たちがいた」、と述べた。[8]

『三詐欺師論』の現存するもっとも古い諸版には十七世紀末の日付が添えられているが、この時期、作品はヨーロッパ精神の危機の時代の最中にあって第二の青春を迎えた。テキストそのものはおそらく一六五〇年頃に書かれたものであろうが、それはさらにずっと以前の、今日では失われてしまった手書き本の翻訳をもとにしていた。印刷された完本はなるほどきわめて少数だった。というのも警戒怠りないローマの図書検閲聖省は、この書名を禁書目録に掲げることが有益との判断さえ下さなかったからである。それにしても、十八世紀では無神論はほとんど対価に値するものだったことは明らかだった。そしてラテン語版の『三詐欺師論』は、十六世紀のテキストと比べてさえ、その表現がどちらかと言えば穏健と思われたものもあったのは確かである。

とはいえ、主題は時代の空気に合っていた。そしてジャン・ジャック・ドゥノナンによれば、写本・刊本はポーランドまで流布した。ヴォルテールも当然これに関心を持ち、その一方でドルバックやネージョンはフランス語で『三詐欺師論論考』を書いたが、これはきちんと一七八三年に禁書目録に登録された。作品の思想はいずれにしても大胆なもので、たとえばディジョンの人、ベルナール・ド・ラ・モノワが十八世紀のはじめに疑ったように、碩学たちが十六世紀にこのようなテキストが存在したことを疑うには十分すぎるほどだった。だがそれは誤った考えではあった。十六世紀の著者の幾人もが、それを発見できなかったにしても、この作品について語っていたからである。こうした事情は、ルネサンスの不信仰の大胆さが時代を越えてさらに遠くまで進み、啓蒙期の好敵手を驚かせるまでに至っていたことを裏付けるものである。

デュプレシー゠モルネのキリスト教護教論に登場した無神論者

十六世紀の教会当局は、この点で誤ってはいなかった。彼らの対応は、引き起こされた不安に応じたものだった。不信仰への抑圧は一五七〇年代から目立って厳しくなり、そのことが数多くの死刑執行に現れた。断罪の理由はさまざまで、あらゆる種類の異端が含まれていたが、しだいに《無神論》の用語がそこに姿を現すのが見られた。

当局はまたペンでも応酬した。無神論反駁書の数が増し、中世末には信用を失ってしまった、神の存在を証明しようとの使い古しの気遣いがまたぞろ姿を現した。この種の最初の作品は、ライモンデ・デ・スボンデの著作だったが、その題名は示唆的だった。『当代の人々の間で優れたる博士、レーモン・スボン（ライモンデ・デ・スボンデ）の自然神学。本書では自然の秩序に従ってキリスト教、カトリックの教えの真理が証明される』、一五六九年にモンテーニュによってフランス語に翻訳された同書は、「肉体がなければ自分たちの魂は何ものでもないと判断し、魂の暮らしと寿命を自分の体の命とその寿命に合わせようとし、したがって来るべき善に無頓着であり、さらには永遠の劫罰を揶揄し、それを回避するどんな努めにも手をつけずにいる人々」に向けられていた。論証は同時に自然と聖書の検討、つまり創造に関する書物と啓示に関する書物の検討に基づいていた。

一五八五年にアランソン公の評定官、ピエール・ド・ダンマルタンは神の存在を証明するため、宇宙の驚異から引き出された哲学論議を自分流に用いた。(9) さらには古参の教父たちに応援が求められた。それは彼らの護教論的弁証法をラテン語の分からない者、ギリシア語の分からない者にも使えるように翻訳することであり、一五七〇年にはジャンティアン・エルヴェがアウグスティヌスの『神の国』をフランス語に訳した。さらにマルシリオ・フィチーノのような神学者ではない大家に助けを求めさえした。フィチーノの『キリスト教』も一五七八年、ギィ・ル・フェーヴル・ド・ラ・ボドリによってフランス語に訳されている。ド・ラ・ボドリはその意図を書簡体推薦文で明確に表明している。「快楽を好み、堕落した幾人もの人々の心と精神にそっと忍び寄る無神論と不敬」と闘うことが肝要なのだった。[10]

無神論者に反駁する数多くの護教論的著作のなかでも、フィリップ・ド・デュプレシー＝モルネのそれは注目に値する。一五八二年に、デュプレシー＝モルネは『無神論者との闘い』(*Athéomachie*)を公刊したが、そのタイトルも方針も明々白々だった。[11] 社会にはびこる「乱暴な無神論」に闘いを挑むのが課題である。本書全体が事実上この用語の周りに次のように執拗に構築されていた。第一章では「怖気立つ無神論の原因」を研究し、第二章では「無神論者の誤謬と愚劣さ」を前にして神の存在を証明し、次いで「無神論に固執する世間の人々の無分別」に反駁するために聖書そして新約聖書の起源を分析した。

デュプレシー＝モルネは、「頭の鈍い人物の常軌を逸した考え」と形容したこの《無神論》の語に、摂理や魂の不死を否定した理神論と同時に、厳密な意味での唯物論をもひとまとめにしていたようである。というのも、彼は無神論を「神、全能の創造主あるいはその摂理を否定する」行為と定義していたからである。このような「むなしい考え、不信仰と絶望的な無感動がまといつく、このおぞましい無神論の怪物」は、神によって前もって用意されていた。無神論者は「秘密の契約」に従って、不信仰が広がることを許し、悪魔に仕える彼らを使って自分の怒りを示した神に望まれさえしたのだ。それにしても、これは憂慮すべきことだった。

生涯を通じて無神論を支持するのは実際には不可能だ、とデュプレシー＝モルネは記したが、実例は憂慮すべき仕方で増大していた。興味深い確かな事例を挙げよう。無神論者たちは武器を聖書そのものから汲み出し始めたのであろう。ソフィスト流のやり方であいまいな箇所、とりわけ『詩篇』や『知恵の書』を使って魂の不死を否定した。実際この種の悟りきった文学、とくに当時『伝道の書』と呼ばれた、『コヘレトの言葉』のような本から、「この世のほかにあの世はない、むなしく、何と哀れなことか。死後には善人も悪人も、人とけもののあいだにさえもなんの区別もない」という結論を引き出すことは、無神論者には有利だった。デュプレシー＝モルネにとっては、そうした不誠実なやり方が問題だった。この種の考え方は、それをどう考えるかという論争の主題としてのみ、聖霊によって定められてきたからだった。ところが浮かび上がってきたのは、聖書の自由な検討というプロテスタントのやり方に勢いづいた新たな危険だった。人々は、聖書と言われるこのもろもろ雑多な寄せ集めのなかから、すべて正反対のものを取り出せることに気づき始めていた。これは、御言葉の権威から引き出された護教論の議論を根底から掘り崩すものだった。聖書のお粗末な語法の誤りや反道徳的な言辞を利用しようとする、哲学精神がすでに姿を現しているのが見られた。

『無神論者との闘い』は、地上の悪、不正義の勝利の問題を無神論者がどれほど重視しているかも示唆した。神は、もし存在するならば、こうしたことを許すのか、ということだ。要するに、無神論者らは人間と動物を区別せず、すべてが同じ歩みで全的な死にいたると考えた。

さらに議論を発展させたものが、一五八一年に刊行された『無神論者、エピクロス主義者、異教徒、ユダヤ教徒、イスラム教徒そしてほかの不信心者に反駁するキリスト教の真理について』、と題されたデュプレシー＝モルネのもうひとつの大部の著作だった。この大規模な攻撃で、デュプレシー＝モルネは数章を無神論者にあてたが、『無神論者との闘い』におけるよりはずっと慎重な姿勢を示した。ひとつの宗教に与することを拒否する理神論者と無神論者を注意深く区別し、無神論者を「自分の理解できないことについては判断を停止する」連中、という幾人かの極端なケースに絞った。もっとも、これはむしろ懐疑論や不可知論の立場に対応するものだった。明晰なデュプレシー＝モルネはそうした人物が歴史上つねに存在したことを認める。しかし彼は、無神論者たちの動機を物質的な富や肉欲の享受への単なる欲求に引き戻す。感覚的な快楽の追求に息を詰まらせて、「彼らは神も、自分自身も信じようとはせず」、「なんとかして自分には魂などないのだと言い聞かせようとする」。

その目的のために無神論者たちは、信じないための口実でしかない、役にも立たない質問、詭弁を持ち出す。神に肉体がなければ、神は動くことができない。神に肉体があれば、神は滅ぶべきものであり、誘惑を受けなければならない。これは神観念に反する。誰もこれまで目にしたことがなかった神をどうやって信じるのか。創造は誤った考えである。なぜなら、ごく最近のものでしかない世界がその時すでにこれほど人で溢れていたことをどうやって説明するのか。世界は永遠なのか、それよりも厳密に言えば世界が神であると考えたほうがいい。世界の変化は思いがけないこと、天体の影響、偶然によって起こる。一人きりでこれほど長く暮らしてきた後で、どのような関わりがあるかは分からないが、ある時突然神が世界を創造しようと思いついたのはなぜか。神が、「この地上の掃きだめ、多くの変動を蒙るこの最低の領分でたくさんの個々のものごとの世話をする」などと考えるのはばかげている。神が世界の導き手だったら、どんな自由もなかっただろう。魂については、ひとつひとつの死が全的で決定的であることをすべてが示しているというのに、どうしたらそんなものが信じられるのか。不死があるなら、「魂が生きているなら、どうしてそうだと言いに来ないのか」。「感覚的で、植物的な魂」、「物質とともに滅びる魂」しかありえない。魂は肉体と切り離しがたく結びつき、肉体とともに息をし、肉体とともに死ぬ。だから、腐り果てる死体しか目にしていないのに、肉体の復活をどうやったら信じられるというのか。

キリスト教に関するかぎり無神論者は、聖書の権威に異議を申し立て、その議論は研ぎ澄まされていることがうかがえる、とデュプレシー＝モルネは伝える。聖書という粗雑なテキストについては、古代ギリシア・ローマの著者たちが何ひとつ語っていないのに、どうしたらそれが神の言葉たりうるだろうか。その昔、人は七〇〇年から九〇〇年生きたのだと信じられるのか。エジプトに入った七〇人のヘブライ人が、出るときには六〇〇万人になっていたことも。こんな未開人がノアの方舟やバベルの塔といった壮大な作品を作ろうなどということがありえたのか。蛇は口をきくことができたのか、ではこの手のほかの作り話はどうか。モーセは魔法使い、預言は錯覚ではないのか。キリストについて言えば、「その生涯で人が記憶に値するようなことをしたのか」。古代ギリシア・ローマの偉人に比べれば、彼は何者なのだ。「自分の生涯について、その教えについて書き物ではわれわれに何も残さなかった」男が、処女から生まれただって。それは、「奇妙な話」だ。おまけに、神の子、そんなことが考えられるか。「なぜ神はこの時ではなくあの時に自分の愛しい息子を遣わしたのだ、なぜもっと早くでももっと遅くでもないのか」理解できない。復活について言えば、おそらく「隠れんぼをしたのだ」。

最後に、あのとてつもない躓きの石、悪の問題があった。万人にではなくむしろひとつの民族になぜ神が言葉をかけたのかも、わけが分からなかった。だがそれにしても、自分が犯した過ちのために、なぜ父親は子どもたちを罰するのか。なぜ悪がなされるのを神はそのままにしているのか。「なぜいくつもの病気が、そしてなぜ最後には死があるのか」。なぜ悪人たちが栄えるのか。「ほとんどいたるところから聞こえてくるつぶやき」をとりあげることで、デュプレシー＝モルネはたとえ自分は玄義に従う立場に身を置いてはいても、こうした問いかけを見過ごせずにいたのである。

分かっていたことだが、一五八〇年代の無神論は、もはや合理的な要請を満足させられなくなっていた信仰を前にした人間精神の問いかけ、反抗に根ざしていた。そこにはさらに、デモクリトス、エピクロス、ルクレティウス、アフロディシアスのアレクサンドロス、ユリアヌスらの古代ギリシア・ローマ思想、そしてアヴェロエスから世界霊魂説を借用した議論がつけ加えられよう。さらにデュプレシー・モルネは、実践的無神論の状態にあって、こうした問題に思いをはせることもなく暮らしている人々のことを忘れはしなかった。

シャロンの讃辞

この時期に書かれたその他多くの無神論者反駁の護教論的著作のなかで、イエズス会士アントワーヌ・ポスヴァンが一五八四年と八五年に書いたもの(12)と、一五九三年のピエール・シャロンの『三真理論』を挙げておこう。このシャロンの著作には類似した主題が見られるが、まず目につくのが信仰を持たない者のさまざまなタイプの分類の試みである。ある者たち、それをシャロンは「理神論者、見かけ倒しの無神論主義者」と性格づけるが、彼らは「無力で、怠け者で、配慮や摂理のない」漠然とした神を信じ、別の者たちは「懐疑論者」ですべてを疑い、判断を下すことを拒む。第三のカテゴリーは生粋の無神論者で、彼らは「神などまったく存在しない」と宣言する。彼らに関して、無神論者は稀であると考える点で、シャロンは奇妙なことにデュプレシー・モルネと同様の見解を抱く。こうした人々は相当の精神力を持たねばならない、というのがその理由である。実のところ、その立場があいまいだと判断されてきた重要人物の側からのものではあれ、わたしたちがこのような讃辞に出会うのは初めてのことである。シャロンからすれば、敵意に満ちた世間のなかで、攻撃や批判、さらには信仰社会で形成された真情に対する懐疑の的にされながら、無神論を倦むことなく支持するには、特別な「魂の冷静さ」、「極度に強く、大胆な魂」が必要だった。「支えもなくたったひとりで」、「不安と絶望」に立ち向かう無神論者には悲劇的偉大さがあった。

無神論者以外の者はずっと順応主義的だった。無神論の原因はいつでも同じで、感覚的快楽、宗教上の争い、自由検討の精神、古代ギリシア・ローマ思想、不正の支配、神罰だった。無神論者の議論を紹介しながら、シャロンは何とか繕おうとはしたが懐疑論への共感は隠しきれなかった。そのため、宗教が「高位高官にはおおいに都合のよい巧みな作り物」と言われると、また「神がいたならばありえなかった、あるいはまたまったく別のものになっていた」ものがたくさんあることが確認されて、摂理の不在が告発されると、そして神の存在を証明することの不可能性が指摘されると、「神や摂理が存在することを示すに足る必要十分な根拠」はまったくないことになってしまった。キリスト教は非合理な宗教であるが、それに反して理性はわれわれの唯一の導き手でなければならなかった。

ピエール・シャロンのあいまいさ、わたしたちはそれを、十六世紀に裁判にかけられたすべての不信仰の有名な事例に見いだす。それを検討すれば、こうした事例がもっとも相対立する視点を正当化するのに役立ったことが確認されたとしても驚くにはあたらない。ある者にとっては、ラブレー、ポステル、ドレ、セルヴェ、カルダノスたちが、そしてほかの者にはデ・ペリエが、ある点ではまったく異端的だったとしても誠実な信仰者であり、また別の者にとっては、彼らの回りくどく矛盾した思考は、その無神論を、あるいはある者にとっては彼らの漠然とした自然主義的理神論を覆い隠すためのついたてにすぎなかった。少なく見積もっても、こうした事例はこの時代を表す信仰の分裂を例証するものだということはできよう。

しかし時として、それはさらに遠くまで進むこともある。

ラブレー、リュシアン・フェーヴルによればこの善良なキリスト教徒に、わたしたちは言及した。しかしながらアンリ・エティエンヌにとって、この作家はルクレティウス以上の信仰は持ち合わせていなかったことを思い出す必要がある。「ありとあらゆる宗教を揶揄する精神の持ち主に関しては、われわれの時代がかのルクレティウスをフランソワ・ラブレーのうちに甦らせたことを誰が知らずにいるだろうか。[…] 精神から憂鬱を追い払うことだけを目的としているふりをしながら、連中の目的が真のキリスト教を皮肉ることにあるのをわれわれが知らないとでも言うのか。[…] それはつまり、あの危険なルクレティウスが思った以上に神や神の摂理を信じないということなのだ」[13]。ベネディクティ、デュムーランも同意見であり、一六〇八年にフランソワ・デ・リューは、「フランソワ・ラブレー、れっきとした無神論主義者」について語った[14]。ラブレーの評判はこうしてうち立てられたが、ある者はラブレーのなかに『三詐欺師論』の著者の可能性すら見ようとしていた。ただし、問題になっているのが小説であって、その登場人物たちの思想を何もかもラブレー自身に帰すことを許すものなど何もないことは確かである。

イタリアにおける不信仰、アレティーノからブルーノまで

この世紀の前半では、とくにイタリア人が疑われた。ピエトロ・アレティーノ（アレタン）からは聖人の香りはしなかった。その官能的な詩や聖職者への絶え間ない攻撃のおかげで彼は検閲者の格好の餌食とされたが、彼のほうは権力者の庇護のおかげで検閲者たちを鼻の先であしらえた。なにしろ、無神論者だったとしても、教皇、カール五世、フランソワ一世、メディチ家、ティツィアーノやほかの者たちに守られている男に向かって何ができるだろうか。そのおかげでアレティーノは、自分の喜劇のなかでキリスト

や魂の不死についてきわめて大胆な意見を言うことができた。『宮廷婦人』（一五三五年）、『タレンタ』（一五四二年）、『哲学者』（一五四六年）では、雰囲気はまったく反宗教的で唯物論的だった。同じ雰囲気がマキャヴェリの演劇作品を支配した。『マンドラゴラ』（一五一五年）には官能的なエピクロス主義が見られるが、地獄が笑いものにされ、堕胎が奨励された。教皇レオン十世がこの作品を評価したことが、当時何が容認されていたかをよく語っている。マキャヴェリは、『黄金のロバ』のような詩作や戯曲ではさらにはっきりと考えを述べている。この作品は、自分の思想、死の恐怖、野望、幻滅にむしばまれた人間よりも、動物のほうがずっと強く、うまく適合し、いっそう幸せだという、世界についての現実主義的で冷静な総括だった。「人を皆殺しにし、人を磔にし、人の皮をはぐのは、人間しかいない」。唯一の解決、それはものを考えることなく現実を享受することだ。「むなしい思想で自分を苛むことなく、己の身を沈めて浸りきったこの泥沼のほうが、わたしはずっと幸せに生きられる」。そしてロバの結論、それは実践的無神論の擁護だった。

フィクションである作品の解釈はデリケートな問題であるが、現実との照合は正統思想を暴露するものとなる。ところで、マキャヴェリの書簡はこの点でほとんどあいまいさを残していない。このフィレンツェ人はそこでは運命論者、エピクロス主義的自然主義者として現れ、ある友人にあてて、「後悔して何もやらないよりも、やって後悔するほうがずっとましだ、とボッカチオが言ったのは正しかったと思っているし、これまでもそう思ってきたし、そしてこれからもずっとそう思うだろう」、と書き送る。

ほかの人物の場合ではいたるところで摂理が働いていることを示す歴史の研究が、マキャヴェリの場合では運命の支配を確認する役割しか果たしていない。宗教は、国家の良好な運営を確保するための手段以上のものだったためしは一度もなかったし、ソロン、リュクルゴス、ヌマ、すべての偉大な統治者はそのことを十分に理解していた。「神への恐れのないところ、帝国は押し潰される」。モーセやマホメットは宗教の力を利用する術を心得て闘いを指揮し、サヴォナローラもまた策略を弄して「自分は神と会話をしたと信じ込ませ」ようとした。宗教は、マキャヴェリがその『ディスコルシ』〔原題『ティトゥス・リウィウスの初篇十章にもとづく論考』〕でくり返し述べたように、君主にとっての最良の塁壁だった。

> 至高存在への恐怖がもはや存在しない国家に禍あれ。宗教の欠如を補う君主による恐怖そのものによって仮にも救われないかぎり、国家は滅びる。しかし、君主は生きているあいだしか支配できないから、そうなると国家にとっては短期間に解体となる〔…〕。逆に、宗教的で、したがって善良な感情に満ち、まとまりやすい人々によって構成される国家を維持することほど容易なことは何もない[15]。

宗教的信仰が弱まれば、異議申し立てや反抗の精神が広がる。古代ギリシア・ローマ世界で起こったことがそれだった。「かの神託が権力者の思いのままに語り始めたとき、そして民衆が不正に気づいたとき、そうなると人々はあまり信じなくなり、蜂起の用意ができていることを示した」。異教の宗教はこうして死滅し、キリスト教が取って代わった。それはマキャヴェリにはまったく悲しむべきことのようだった。というのも、おそらくは誤って理解された新しい宗教は、「人々をさらに弱い者にする」からだった。キリスト教は、「怠け心で宗教を解釈した者たちの卑劣さ」が原因となって、服従の宗教になってしまった。しかし、宗教も滅びるものである。「存在するこの世のすべてのものには終わりが待っている。ここでわたしは、国家ないしは宗教といった構成体のことを話題にしている。これらの組織は生まれ変われないのだから、続くことができないのは日の目を見るより明らかである」。これは、キリスト教は変わらないという有無を言わせない教えとは正反対の新たな視点だった。宗教の内側に時間的・歴史的次元を導入して、マキャヴェリは宗教に死毒を植えつけたが、その恐るべき効き目は十八世紀から広がり始めることになる。宗教の歴史を描くこと、その誕生、生き様、衰退、死を記すこと、それは無神論の温床を作ることではないだろうか。

比較歴史学は、絶対的真理に対してはほとんど好意を示すことがない。このことは、もうひとりのイタリア人、その評判がやはり疑わしかったジローラモ・カルダーノについても認められる点である。一五五〇年の『精妙さについて』において、さまざまな宗教が互いにどれほど争っているかを確認した上で、カルダーノはとくに天体からの影響の違いを説き、「偶像崇拝、キリスト教、ユダヤ教、イスラム教の戒律」の比較を企てるが、これらの宗教のうちでどれが最良のものであるかについては語っていない。「勝ちを決めるのは偶然次第」というわけだ。だから次世紀の検閲者たちは、カルダーノを無神論者の列に加えることになる。ガラース神父によれば、「カルダーノ、かつて存在したもっとも無謀な物書きのひとり、いたるところで無神論に傾いた人物、彼は二つの理由からいわゆる海の永遠性なるものをひけらかし、かくして海には始まりがけっしてなく、したがって世界にもないと結論する」[16]。ガラース神父はまたカルダーノを、「人間の魂は馬の魂と同じ類、同じ本質からなるとする意見に与する者、かの呪われた教説を罰せられもせず、公にした当代随一の無神論主義者、それこそ聖カルダーヌスである」と非難した[17]。カルダーノは無神論者だという点では、メルセンヌ、トマジーニ、レノーも同意見だった。他方ノーデ、パーカー、ラ・モット・ル・ヴァイエはカルダーノにただの懐疑論者か、あるいは向こう見ずな不敬者を見ていた。

現代の有識者は誰もが一致して、カルダーノのうちに、奇蹟の拒絶、世界の永遠性、魂の不死への懐疑といった、パドヴァ思想との強い連携を見いだしている。『我が人生の書』で、カルダーノはやはり異端の立場をとるが、けっして神の存在をはっきりと否定していない。それと同じように、微細物質を本性とする魂が脳室に宿っているとの、物質＝力関係に依拠する大胆な説の創始者、ナポリ人のテレージオを無神論者と位置づけられるだろうか。碩学ラ・モノワは、ユマニスト、ファウスト・デ・ロンジャーノが「わたしは『真理の神殿』と題した別の著作に取りかかっていますが、おそらくは三十巻に分けられることになる一風変わった企画です。ユダヤ教、キリスト教、イスラム教またそのほかの宗教も、すべての宗派が根絶やしにされるのが見られるでしょう」と告げた[18]この書簡について、どう考えたらよいのだろうか。この計画が実行にうつされたかは、誰も知らない。いずれにせよ、なんの痕跡も残っていないのだ。そしてフートが「無宗教」と特徴づけた、フィレンツェ人、フランシスコ・プッチは次々とカトリック、プロテスタント、またカトリックと変わり、実際に異端的な予言者と言われたが、むしろただの夢想家ではなかっただろうか[19]。

やはりイタリアに関してだが、一風変わった人物、シエナの人ベルナルディーノ・オッキノは、一五六三年にキリストの神性に関してユダヤ人とキリスト教徒のあいだに交わされた『対話』を刊行した[20]。幾度となくくり返されてきたやり方のおかげで、ありとあらゆる大胆さとありとあらゆるあいまいさがもたらされた。こうしてオッキノは救世主について古典的な議論をすべてユダヤ人の口に詰め込んだが、それに対してキリスト教徒からの《反論》はかなり劣勢に見え、巻末でのユダヤ人の改宗も真実味が薄かった。彼らは、それにこんな会話で人を、とりわけチューリッヒの牧師たちを欺せるものではなかった。彼らは、その手口をこう告発した。

オッキノはユダヤ人の口を借りて、イエス゠キリストの教義を論じ、それに冒瀆の言葉を投げかけさせるが、このユダヤ人の議論には弱々しい反論を加えるだけだ。オッキノは異端者と闘うという口実で連中を総動員して、聖なる三位一体やイエス゠キリストの神性に刃向かわせる。その結果異端者をとがめるどころか、神の御子の神性を証明する聖書の数節を歪曲して連中の都合のいいようにさせていると思われる。この三〇の対話の目的はキリスト教の教義に向けて懐疑をばらまき、不和を誘い、騒乱を引き起こすことだ。(21)

だからといって、オッキノには無神論者とされる点は何もなかった。とはいえ十七世紀から、ある人々は彼にそうした形容をかぶせ、『三詐欺師論』の著者である可能性を見いだそうとした。このことは、騎士修道会士ディグビーが書いた一六四〇年の手紙から分かることである。

ベルナルディヌス・オキヌスは立派な一目瞭然の無神論者でした。彼はカプチン修道会の熱情溢れる創立者で長老だったのですが、異端者になり、その後でユダヤ教徒になり、終にはイスラム教徒になってしまいました。それやこれやで、彼はとても執念深くなり、この世の最大の詐欺師と自分で命名し、その中にわれらの救い主キリストもくわえた、モーセ、マホメット、この三人に逆らう書物を書きました。(22)

シエナのベルナルディーノが無神論者で通用するのであれば、ジョルダーノ・ブルーノが同じ評判を受け継いだとしても驚くにはあたらない。それというのも、「ブルーノは宗教そのものの土台を攻撃したし、啓示を否定し、キリスト教のもっとも堅固な基礎をひっくり返した［…］。彼が死刑の罰を受けたのは無神論者としてなのだ」、とジャン゠ピエール・ニスロンは書いているからだ。(23) そしてそのことをグジェ司祭は、「哲学者だとはいえ、この男は不敬の徒でした。無神論者の作にうってつけの稀覯書、『傲れる野獣の追放』と題された対話が理由となって、彼は人形(ひとがた)で火あぶりに処されたのです」と裏付けた[24]。これ以降ブルーノの思想に関する研究は、彼の尋問調書書類も含めて、実際のところ啓示崇拝の反対者であり、真理の全き所有者とうぬぼれるドグマティストの敵対者ではあるが、神性の深い意味を失わずにいたきわめて複雑な人物像を解き明かしてくれた。

この波乱の人生を送ったドミニコ修道会士は、一五九二年に異端審問所の命により逮捕され、はじめはヴェネツィアで、それからローマに移送され、一六〇〇年二月十六日に火あぶりにされるまで、そこで七年間の獄中生活を送った。ブルーノはかなり早くから象徴の重要性を理解していた。もっとも、厄介な象徴ではあったが。というのも、ドグマティックな信仰であれ、無神論であれ、実際にはどのような思潮も彼の内には認められなかったのだが、その人を惑わす思想はどんなタイプの信仰や不信仰とも合致したからである。

訴因ではさらに、錯綜した形で神学、科学、哲学を一緒くたにされたが、これは異端審問官の思想でもそうなのだが、ブルーノの思想でもきちんと分けられてはいないものだった。この元ドミニコ会修道士によれば、啓示という考えには、原罪のそれ同様に意味がなく、彼の目には、イエスは神から格別の助力を受けた者だった。しかし検邪聖省がブルーノに関して非難したことは物質世界と神との関係にも触れていた。彼の学説の中核は汎神論的特徴を備えていた。つまり、神は世界に内在し、物質を動かす霊的力であり、物質の奥深くに身を潜めていた。ブルーノは、聖霊や世界霊魂の介入を原子のレベルにとどめていて、原子こそが生命の核をなし、聖霊が入り込むようになる場所であり、そして原子は神と共に永遠なのだった。諸々の原子は内側から働き、偶然によってでもまた無秩序な仕方ででもなく、ただ組織的な意志に従ってのみ互いに結合し、しだいに複雑な、そしてしだいに完全な構造へと進んでいく。[25] したがって部分的にはブルーノは、デモクリトスやエピクロスを拒否していることになる。

世界は全一であり、無限である。無限が二つあっても、一方が他方の外あるいは一方が他方と並んでというような形で共存することはできない。神はしたがって世界とは切り離されず、世界の内にあり、世界に内属する。とはいえ、ブルーノの書いたものからこうした汎神論に含みを持たせることも可能である。『無限、宇宙および諸世界について』で、ブルーノは絶対に共存することのない神と世界のあいだの論理的秩序の分離をほのめかす。

宇宙はまったく無限であると私が主張するのは、宇宙には果ても限界も表面もないからである。宇宙は全体としてみれば無限ではないと私が主張するのは、われわれが理解することができる宇宙の各部は有限だからである。神はまったく無限であると私が主張するのは、あるゆる限界を自分のうちから排除し、その属性のおのおのは一にして無限だからである。そして神は全体として無限であると私が主張するのは、神がそっくり世界の内にあり、その部分のおのおのに無限な仕方でまた全的な仕方で存在しているからである。それは宇宙の無限性とは逆であって、宇宙はそっくり全体の内に存在しているのであって、われわれがそこで気づくことのできる部分部分に存在しているのではない。もっとも無限との関係でそれらは部分と呼ばれうるにすぎないのだが。[26]

こうして一六〇〇年にはブルーノは、誰も関わり合いを持ちたくない、ただひとりの人物になってしまった。ガリレイにせよ、デカルトにせよ彼のことは口にしなかった。メルセンヌは彼のことを、「理神論者、無神論者あるいはリベルタンのなかでも、もっとも手に負えない思想家」と呼んだが、リベルタンは自分たちからすれば神秘主義的な夢想家に見える男の道連れになるのを拒んだ。ドイツ人、ガスパール・スキオピウスの証言によれば、ブルーノは判決を聞いて、「わたしに断罪するあなたがた、この判決は、わたし自身よりもおそらくいっそうあなたがたを恐れさせていることでしょう」と述べ、火刑台の上では手渡されたキリストの十字架像を払いのけたが、そのことは、宇宙と一体化するには彼にとってはどんな仲介者も必要なかったことを意味した。ある者にとっては究極の背教だったが、ある者にとっては汎神論的確信への究極の忠節だった。[27] ブルーノの思想が脚光を浴びるようになるのは、信仰箇条、そして信仰と不信仰のあいだの境界に亀裂が生じた、現代においてである。

ドレ、グリュエ、セルヴェ――自由思想の殉教者たち（一五四六―一五五三）

イタリアの外では、耳目を驚かすほかの事件が十六世紀に見舞ったが、これは当局からはつけ狙われ、また自分自身でも自らを知ろうと努めていた無神論を表現することの難しさを示した。一五四六年にパリで印刷屋のエティエンヌ・ドレが二年間留置され、「不敬」、「返り咲きの異端の無神論者」、「エピクロス主義者でサドカイ派」として告訴され、火刑台に上げられた。ブルーノとは反対に、ドレはヨーロッパ中の自由思想家から仲間扱いされたし、またその先駆者でもあれば、旗頭だった。[28] とはいうものの、出版界のこの向こう見ずな冒険家の思想の所在をはっきりさせ、彼のなかで挑発的言辞と内奥の確信を区別することはかなり難しかった。一五〇九年にオルレアンで生まれ、パリで出版者のニコラ・ベローからルクレティウス、プリニウス、キケロについて手ほどきを受けた。十八歳になるとドレはパドヴァに留学し、次いでユマニスト、シモン・ド・ヴィルヌーヴの指導のもとにキケロ思想を深め、やがてデ・ペリエやニコラ・ブルボンと親交を結んだ。トゥールーズで、それからリヨンで幾度か逮捕されたが、助けられたのは王の恩赦のおかげでしかなかった。もっとも、無神論者としてのドレの評判は、すでに一五三五年、当時彼は弱冠二十六歳だったが、確固として打ち立てられていた。ちょうどジャン＝アンジェル・オドンのこの年の書簡が、その証拠となった。

ボローニャでは彼と堅い親交で結ばれていました。彼の口ぶりにも、彼の著作にもキリストに関するものは何も見られませんでした。キリストについて心の中に何か秘めていたかは、神のみぞ知るです。ドレが自分からわたしに語ったのですが、フランスへ逃げた時には、身の不幸をかこつため、新約聖書でも旧約聖書でもなく、キケロの書簡集『友人について』を身につけていました。キケロを真似する者たちは誰もが同様の堕落、同様の破廉恥さを身につけることをわれわれが知っていなかったら、あなたにドレの振る舞いは不敬だと申し上げてしまうところです［…］。パリ大学や高等法院が彼に重罪を科すつもりかどうかは知りません。こうした無神論者は、《平和だ、平和だ。食べようそして酒を飲もう》と喜びのうちに叫ぶとき、（使徒の手紙で言われているように）それに値する罰によって粉々にされることも起こるからです。(29)

事実、一五三四年から三五年にかけてのドレの対応や行動や書いたものから、ドレははじめ懐疑論者か不可知論者のように見えた。一五三四年の檄文事件（同年十月十八日宗教改革派がフランソワ一世の私室の扉に反カトリックの檄文を貼った事件）の際に二〇人近くのユグノーが死刑にされたあと、ドレはギヨム・セーヴにあててこう書き送った。「わたしは、この悲劇の見物人を決め込んでいます。きっとわたしはこの犯罪者たちを気の毒に思うでしょうし、彼らに同情します。でもあんなばかげた頑固さやあんな我慢ならない執拗さで自分の生命を危険にさらすのは、まったくばかげた、まったく愚かなことだ、というのがわたしの評価です」。一五三五年の『キケロを模倣することについての対話』では、神学は、そもそも信仰の喪失に至りかねないむなしい仕事だと、ドレははっきり言う。「自分たちが指し示した玄義を根本から検討した後で、多くの者たちはそれに軽蔑の眼差しを向け、根拠のないものだと思い、キリストの宗教を忌み嫌うようになることが起こる」と書かれていたが、[30] これは個人的な体験の跡なのだろうか。最後には有名な一節で、ドレはこれらの連中、とりわけ神学者を攻撃する。とくに自分たちが神々の助言を得られる者でもあるかのように、人がまったく分からない問題について自信たっぷりに延々と議論をくり広げる神学者たちを槍玉にあげた。

まるで自分が天上の権威者たちと縁続きで、ユピテルの空を神々と分け持っているかのように、どんな時でも神々のことを口にし、どうやったら天国に至れるのか、あるいはどうやったら暗黒の王国の闇に潜り込めるかをあなたがたに説く連中の狂気以上にグロテスクに見えるものはこの世に何もない。なんと愚かで耐えがたい連中なのだ！　まるで天の命令をわれわれに伝えるために、ユピテルと神々の食卓に着いているかのようだ！[31]

この手の不可知論者は何を信じるのだろうか。自分の子どもが生まれた時に書いた詩で魂の不死に触れているが、おそらくドレはそれを信じていないだろう。もっとも、詩ではドレは厄介事を避け、自分の評判を落とさないようにとの気遣いを見せた。彼が直面した不死、それはむしろ地上の栄光が手に入れられる不死だった。「わたしの願いは死を克服することです。そして生命あるかぎり、自分の不死を確かなものにできる高貴さと勇気を手に入れることです」、とドレは述べる。
もちろん奇蹟も、預言も、超自然の顕現も、摂理もドレは信じなかった。運命は彼にとって、世界を導くものだった。つまり、「すべては巧みな自然の至高の能力とその驚嘆すべき力から生じる」のである。エピクロス的な自然主義と運命論だろうか。それが実際ドレの秘められた思想にいちばん近いものだった。キリストについては、ドレはその著作でまったく問題にしていない。神はどうかと言えば、何度もくり返して自分は神を信じていると言ったのは確かである。だがこのあいまいではるか彼方の神は、かなり汎神論者の神に類似している。こうしたことすべては、神学的真理を保持した者たちがドレをためらうことなく無神論者の列に加えるには十分すぎるものだった。ヴィザジエによれば、ドレは「ルクレティウスの物まね猿」でしかなかった。

あざ笑うがいい、ルクレティウスの物まね猿め、人々の救済のために御子が亡くなられることを望まれた神の存在を天にかけて否定し、死の歯牙から人類を解放したアダムの過ちを否定し、最後の審判と地獄の業罰を否定する、お前の説にわたしを引き込むなぞできるものか……

フロリドゥス・サビヌスはドレに反論して、『ステファヌス〔エティエンヌ〕・ドレの誹謗に反駁する』とのパンフレットを著し、そこで「お前は当然のことながら神についてのお前の意見が表に出ないようにしている」と述べ、自分の無神論を隠しているとドレを非難した。カルヴァンも同意見だったし、ドレは「神もなければ、キリストもいない」男だとカステリヨンは書いた。
ドレは、一五四六年にパリでカトリックの手で火あぶりにされた。翌年ジュネーヴで、プロテスタントが「挑発的な冒瀆者にして無神論者」というほぼ同じ理由から、ジャック・グリュエを処刑した。もっとも人物像も背景も、ふたりはまったく異なっていた。グリュエはそのいかがわしい素行、その危険な発言、その政治的な反体制的精神で知られていた。グリュエの告発理由は主として市の改革派牧師、とくにカルヴァンを侮辱する張り紙が発見されたのちに逮捕された。グリュエの告発理由は主としてその個人的な会話の内容に基づいていたが、死刑執行の二年後、グリュエの家からラテン語の手書きの小さな覚え書きが発見された。それは、ジュネーヴ市参事会の要請で親友たちがグリュエの書いたものだと折り紙をつけた正真正銘のもので、まったくの不信仰の宣言だった。カルヴァンはこれを公開の火刑の儀式で焼かせたが、それは市の不信仰者層への警告の働きをした。この覚え書きは今ではもう存在しないが、告発の正当化の目的でジュネーヴ市参事会の記録簿にその分析が残されていた。十八世紀には、グリュエのものとされた書簡の内容が書記の一人の手で書き写され、『もっとも明晰なる読者』と題された。グリュエは自分が書き手であることは否定したが、その書簡を持っていたことは認めた。

この二つの資料のおかげで、それが本物だという条件付きではあるが、グリュエの思想をはっきりさせることができる。フランソワ・ベリオはこの問題を長期にわたって検討した。裁判が執行された異例な状況、わたしたちがこれまで見てきたもの以上にさらに遠くまで進んだ告発された文書の並外れた大胆さ、一部はカルヴァンに結びついた不利な証言の疑わしい特徴、これらすべては実際に、それをひとまとめにして無神論や牧師に対する政治的対立の信用を失わせるための裏工作があったことを信じさせるに足るものである。当然フランソワ・ベリオは、事実そうだったとの判断を下した。カルヴァンがそうした瀆神の言葉を作り出せたかと言えば、心理的には不可能と思えるし、これらのことが本当らしく思えてしまうのは、十六世紀半ばのジュネーヴに実際不信仰者層が存在していたことのしるしである。

まさしくジュネーヴに十六世紀前半を通して、ジャック・グリュエと名乗る奇妙な人物が存在して、ブール・ド・フォンの大邸宅の奥で、あるいはモラール広場の散歩の途中で「モーセが書いたり、教えたりしたこと、ありゃーただみんなに命令するためのものだった」とか、「導き手になってもらわにゃならない自然の法があるだけさ」とか、宇宙の神秘については、プラトンやアリストテレスを思い起こせば、少しは「真理」というものがくみ取れるだろうよ、などと独り言を言ったのは確かな根拠をもって断言できる。(32)

フランソワ・ベリオが引用した二つの資料の断片は説得力のあるものだった。注目すべき大胆さでキリスト教がうち捨てられた。つまりそこでは、預言者たちは「気違い、夢想家、幻想家」、使徒たちは「ならず者、ろくでなし、変節漢、のろま、脳なし」、聖母マリアは「色気違い」で、「福音書はウソの固まりだらけ、文字は全部でたらめで悪意に満ち、イソップの寓話ほどの意味もない、こんなものはウソで固めた気違いの教義だ」、と書かれていた。キリストについては、こう書かれていた。

イエスはろくでなし、ウソつき、気違い、女たらし、性悪でひどい奴、哀れな幻想家、鼻持ちならない思い上がりだらけの不作法者、そして当然磔になってしかるべきずる賢い奴だった［…］。アルデンヌ地方のイエルジュ家の連中が自分たちのシナゴーグにいると思い込んでいたのと同じように、イエスは自分が神の子だと思い込んだ。偽善行為をして当然の報いで縛り首にされ、哀れにも狂気のうちに死んだ奴。冗談好きの気違い、おぞましいならず者、とてつもない酔っぱらい、腹黒くて絞首刑にされた奴、こんな奴が世の中にもたらしたものと言ったら、ありったけの悪意、多大なる不幸や異常事、そして作り出せるだけのありとあらゆる恥

辱と侮辱だけだ。(33)

しかし、グリュエの攻撃はキリスト教だけにとどまらない。「神など何ものでもない」、「人間はけもの同様だ」という文言を覚え書きに読むことはできるが、その一方で『もっとも明晰なる読者』へあてた書簡では、これ以上に明言しているものはないほどである。

世間の連中が何を口にし、何を書いているかは知らないが、神の力について書かれたものはすべて欺瞞、夢想、幻想だ。［…］人間は大地の実質から創造され、その始めがアダムだと幾人かの賢人は言っているが［…］。

心底わたしとしては、世界には始めがなく、終わりもないだろうと考える。実際、この世の始めのものごとを正確に描ける人とはどんな人物だったのか。創世を描いたモーセを措いて誰もいはしないが、そのモーセすら自分の時代までの二千年に経過したことを書いたのだ。それにしても、モーセが書いたことはすべて自分の心のなかにあったことで、モーセ自身が言ったことや啓示されて言ったことにはなんの権威もない。わたしとしては、大勢の人がモーセに反対しているのだから、その権威を否定する。［…］やはりそのモーセだが、わたしが言ったように、彼は自分が最初に書いたものは神から啓示されたものだと断言している。そんなことはわたしの知ったことではない。モーセの後に、ヨブやイザヤやそのほかの古老のように、さらに多くの事柄をでっちあげ、また別の作り話をつけ加え、記した者たちが続いた。そして当代では、また別のウソをでっちあげたヒエロニムス、アンブロシウス、〔尊敬すべき〕ベーダ、〔マイケル・〕スコット、アクィナスやそのほかの無教養な連中が続いた。

〔…〕

それにしても、どれほどの誇りが連中の神とやらにあるのだろうか。人間を作って、生命をあたえておいてその後で、二時間あるいは三日したら死をもたらすとは、ぞっとする話だ。人間を創造しておいてぶち壊しにするなんて、ありえない話だ。それに、魂は肉体のなかに存在するとある者は言い、魂は精神だとほかの者は言う。それではこの精神は肉体から離れたら、どこへ行くのだ。最後の降臨を待ちながらどこかでじっとしているのだと君が答えるなら、なぜ神は精神の場所を移すよりも自分自身の体の中に置いておかないのか。ある者は神の栄光を讃えながら安んじ、ほかの者は地獄に住まうと君が言うなら、地獄にいる場合には何かの本質が姿を現すか、そうしたことについてはけっして何も分からないか、どちらかだろう。〔…〕

わたしとしては、人間が死んだらどんな生きる希望もなくなると考える。〔…〕わたしは、占星術の哲学者たちのほうが真理に近いと思う。ただ本当は、何ひとつ太陽や月や星や四大元素に動かされることはないと考えている。とはいえ、誰もその作り手でないのであれば、誰がこれらの事物を作ったのかと君がたずねても、何を君に答えてよいか、わたしには分からない。[34]

見事に言ってのけたものだ。ジャック・グリュエもやはり、十六世紀でありえるかぎり無神論と近親関係にあった。そして二つの書物が本物であれば、カルヴァンの告発はその点では誇張されてはいなかったように思われる。たしかに、グリュエはカルヴァンの政治的反対者の中心人物のひとりだったことは指摘できる。カルヴァンに対する陰謀の企てに加担していたし、カルヴァンはカルヴァンですぐさま自分の敵を「リベルタンで無神論主義者、それは主を悲しませるすべての輩にあてはまる万般の罪」と形容した、とジェローム・ボルゼは書いているからである。[35] しかし引用された二つの資料は、私的な会話の証言、カルヴァンの著作の余白に残された手書きの注記、大の読書家だったらしいグリュエの家にあまり正統とは言えない著作があったことで十分に補われている。

さらに有名なミシェル・セルヴェの場合はなおいっそうはっきりしていない。カルヴァンが一五五三年に火あぶりにしたセルヴェは、確実に無神論者ではなかった。セルヴェは復活と魂の不死を信じる、とはっきりと宣言していたのである。

すべての異端のなかで、すべてのそのほかの罪悪のなかで、魂を死すべきものとすることほど悪辣なことはない。そんなことを口にする者は、すべては死すべきもの、人もけものもひとつだということを除けば、正義も復活もイエス＝キリストも聖書もあるとは信じない。わたしがこんなことを言ったら、自分で自分を死罪にするだろう[36]。

しかし、千年至福説に近いセルヴェの思想はあまりにも厄介でカトリックの立場もプロテスタントの立場もそこには認められず、安易な同意が打ち立てられて、セルヴェを無神論者、あらゆる宗教の否定者に仕立て上げたほどだった。その点について判事たちは、「この呪われた人物は、どんな教義上のシミもその汚れに隠して残さなかった、この者にはすべての宗教を廃絶するのが目的で、神の御言葉からわれわれが抱く光明を消し去る以外になんの計画もなかった」、と述べた[37]。

実存的反抗としての不信仰

当時を支配した混乱を象徴するのは、セルヴェに対するギヨム・ポステルによる無神論との告発だった。

セルヴェはここではヴィルヌーヴと呼ばれた。

不敬のうちに生きよ、畜生同様に禁じられていることに身を任せよと人々に説くのが常套手段なのだ。自分たちの不敬を公然と宣言する者たちさえいる。その証拠としては、唾棄すべきヴィルヌーヴの『三預言者論』、『世界の鐘』、『パンタグリュエル』、その著者たちが昔はルター派の首領だった『新インド』だけで足りる(38)。

ところが、この同じギヨム・ポステルは、彼自身が『三詐欺師論』の著者の一人かもしれないと疑われていたのである。それももちろん、根拠はない。ポステルの評判は、カバラ〔ヘブライ神秘説〕、東方諸国、すべての宗教の統合にその関心が向けられていたことに基づいているが、こうしたことは、各宗派の狂信者からすれば、無神論も同然だった。ところがポステルは、時代の最大級の罪悪、悪魔にそそのかされ、見逃すわけにはいかない罪悪とみなした不信仰をエネルギッシュに一片のあいまいさもなく断罪した。しかしポステルは、やはり千年至福説の信奉者の側に立っており、それは十三世紀の初めにフロリスのヨアキムが行った歴史の仕切り直しを思い起こさせずにはおかない〔ヨアキムは歴史を散文詩、父の時代（旧約の時代）、子の時代（新約の時代）、そして聖霊の時代とし、この最後の時代は西暦一二六〇年になると考えた〕。一五四七年の『秘密の鍵』で、ポステルは歴史の四つの時代についての自分の考えを展開し、幼児期は多神教の時代、青年期はモーセの律法の時代、成年期は恩寵とキリスト教の時代、そして老人期はわれわれがそこにさしかかった時代であり、その過程で理性と信仰の一致のおかげで玄義が明らかにされる《世界再興期》に対応する。こうしたキリスト教的合理主義は、全世界の神学的融合を実現するものとなるだろう。こうしたことすべてには無神論的なものは何もないが、そこにはまた正統的なものも完璧なまでに見られない。信仰を合理化し、キリスト教を進化のまっただなかに位置づけようとするこうした意志は、多くの者にとっては疑わしいものに思えたのだ。

ポステルの同時代人、フロリモン・ド・レーモンはポステルの擁護に回り、「連中が無神論者の烙印を押したこの人物に対して行った侮辱に復讐」してやると断言した。ポステルは若い頃魂が「探求のなかに」あったのだ、とレーモンは紹介するが、それは今日ものごとを究めようとする者が落ち着かない人と言われるのと同じである。

> 多くのさまざまな宗教が世界を揺るがし始め、それが潑剌とした青春期の恐れを知らない大胆な若者の精神を驚かせたこの時代、ポステルは信じることとしか知らなかった。それで彼はあちらこちらと遍歴するようになった。ギリシアやドイツそしてほかの国々のイスラム教、ユダヤ教、キリスト教を、書物を丹念に読みながら極めようとしたのだ。(39)

続いて、自分の体系をはっきりさせるると、ポステルはカトリックの一大擁護者になろうとした。のちにはジャン・ピエール・ニスロンも同様の見解を表明した。もっともポステルの合理主義的な意図に関してはまったく留保つきだった。

ある者たちはポステルを無神論だとか、理神論だと言って非難するまでになっているが、彼が書いたもののなかで神を前提とせず、また聖書が神からの霊感を基盤とするものであることをはっきりと認めていない箇

所はひとつもないのだから、そんなものは取るに足らない非難だ。［…］

ポステルは、理性と哲学によってキリスト教の教義のすべてを、玄義さえも例外とせずに証明しようと望んだ。自分の自然理性がほかの人々のものよりはるかに抜きんでていると思いこんで、彼は自分なりのやり方で、地上のすべての人々をイエス＝キリストの信仰に改宗させるのだと信じたのだ。(40)

これが十八世紀のひとつの判断だった。二百年前には、ギヨム・ポステルのキリスト教統一運動はいかがわしいものとされていたのだ。そして、その告発者の一人、ピエール・ド・ラ・ラメあるいはラムスは、自身が『三詐欺師論』の熱心な読者であるとの理由から告発された。フロリモン・ド・レーモンはこう記した。

子どものころ、プレールのコレージュで『三詐欺師論』の一冊をラムスが手にしているのを見た。彼はその高邁で卓越した学識でかなり注目されていて、哲学でこね回した宗教の秘密をいくつも探し出しては頭を混乱させた。この腹黒い本は、それを見てみたいという衒学者のあいだを手から手へと移っていった。(41)

宗教の正統な擁護者に対するこれもまったくむなしい告発だった。しかしそれは当時無神論かもしれないという疑いがどの程度広がったかを示している。もう一人別のユマニスト、マルク・アントワーヌ・ミュレも世紀半ばにその犠牲となった。はじめはパリで、次いで一五五四年にトゥールーズで告発され、ミュレはその後ヴェネツィアやパドヴァで教えた。スカリゲルは彼について、「神を信じ、神を信じなければならないと確信していたならば、ミュレはこの世でいちばんのキリスト教徒になれただろう」と書き、次の世紀にはアンリ・エルンスティウスが、ミュレがやはり『三詐欺師論』の作者かもしれないとの風聞を流した。事実、古代ギリシア・ローマ哲学の大の愛好家だったミュレは、くわえて同性愛者とのうわさの犠牲となり、それがミュレの告発の二つの理由となった。

俗権や教会当局が男色と無神論とを結びつけることが頻繁に起こったことを、わたしたちはこれまでに指摘してきた。この意味で自然に反する罪をなすりつけられて告発された者のリストは長大なものとなった。ミシェル・セルヴェ、ジョフロワ・ヴァレ、ジョルダーノ・ブルーノ、ルチリオ・ヴァニーニ、ジャック・グリュエ、エティエンヌ・ドレ、デ・バロー、ラ・シャラードらの名前が挙げられる。道徳的放逸と知的放逸のこうした同一視は、告発者の視点に立ってみれば了解可能である。彼らの目には、神の存在という根本的な真理を否定し、あらゆる絶対的価値を捨て去り、宇宙に関わればまた同時に道徳的・知的でもある世界の神的秩序を放棄する者となる、そうした者は天地創造以前の混沌に舞い戻ってしまう。告発された側からすれば、不道徳＝無神論という結びつけは荒っぽい誇張であり、不信仰がエピクロス主義を下劣とする考え方に結びつくようないくつかの場合に当てはまるにすぎなかったが、このことは、ルネサンスの理論的無神論がカトリックやプロテスタントの宗教的教義の息苦しい枷に対する精神のより一般的な反抗のひとつの要素であり、宗教ばかりでなく世俗的権力に向けられた広範な自由の要求であるとの考えをさらに強めるものだった。反抗は世紀末、政治的・宗教的混乱がそうした権力の威信を失墜させた時にさらに強化された。

『世界の鐘』（*Cymbalum mundi*）（一五三七年）の不可知論的メッセージ

その最後の例を、一五四四年に自殺したボナヴェントゥラ・デ・ペリエに見ることにしよう。正真正銘の無神論者にふさわしい終わり方だ、そうアンリ・エティエンヌは書いた。エティエンヌはペリエの猥褻文書、とくに『世界の鐘』に厳しい批判を浴びせた。一五三七年刊行のこの匿名の著作は、フランス国立図書館に収められた一部に残されるクロード・ド・レトワールの手書きの注記が証言しているように、間もなくその作者が明らかにされた。注記には、「著者、ボナヴェントゥラ・デ・ペリエ、このおぞましい本に見られるように腹黒い男で無神論者」とあった。[42]この時代のもっとも不敬な書物のひとつと見なされた著作は、マルグリット・ド・ナヴァールの近従小姓の評判を確かなものとしたが、デ・ペリエは女王から受けた恩恵のおかげでようやく当局の追求を免れることができた。ガラースやメルセンヌからラ・モノワにいたる十七世紀と十八世紀のあらゆる批判と検閲の伝統は、デ・ペリエを取り返しもつかないほどに生粋の無神論者に分類した。こうした判断が絶対視されなくなるのは、ヴォルテールの世代だった。

ソルボンヌから告発され、禁書目録に載せられたが、『世界の鐘』は危うく消え去るところだった。原本は二冊しか残っていないのだ。彼を攻撃した者の多くはその本を一度も目にすることはできなかった。多くの場合がそうであるようにそのおかげで、この著作は神話的な性格を帯び、とくにカトリックにとっては象徴的存在となったが、他方マルグリット・ド・ナヴァールの取り巻きのプロテスタントはそれについては慎重に沈黙を守った。

作品に目を通してみよう。タイトルそのものが神秘的であり、おそらくは人間の虚栄心を連想させるものであろう。そのサブタイトル、『おおいに古典的で、楽しく、滑稽な四つの詩的対話』、それはルキアノス、ケルスス、オウィディウスからアイデアを得たギリシア・ローマ風の詩の体裁をとった娯楽作品だった。実際には、それはあらゆるドグマティズムに対する、また古代ギリシア・ローマの時代から真理を所有すると言ってきた自称学者全員に対する諷刺である。デ・ペリエは、占星術や錬金術と同じく古代宗教の化けの皮を剝がした。神話への揶揄はキリスト教に対する遠回しの批判だったが、そのいくつかは奇蹟や治癒、魂の不死、摂理、創造をペテンとしたように、あけすけなものだった。すべてのこうした「良い知らせ」は実際には「作り話」、「悪弊であり、欺瞞」にすぎず、権力者や金持ちの役にしか立たない。キリスト教への批判は時としてさらに直接的なものとなる。カトリックは断食や独身や贖宥をするから、またプロテスタントはその厳格さと慢心のおかげで、ともに気違いだ。「天国やエリュシオンの園〔地上の楽園〕、悪徳や徳、生と死、戦争と平和、過去や未来、すべてのことに理屈をつけて、判断しよう」と称する輩はすべて気違いないしはおぞましい連中だ。

大胆不敵な本だ。『世界の鐘』は、「わたしは神（*Dieu*）を認めない」、「神のくそったれ（*corbieu*）」、「神のちくしょう（*vertudieu*）」といった響きの良い罵り言葉で強調された冒瀆の文言で彩られた、不作法きわまりない書物だった。しかし、とりわけ真理に到達することなど不可能な人間が愚かしくも自分の短い人生を、絵空事を追い求めることにむなしく費やしていると指摘する、辛辣で悲観論的な懐疑論の書だった。「そうやって行き当たりばったりにやってみたところで見つけることもできず、おそらくはありもしないものをただ探すためだけに短いこの世での時間を無駄にする」ことが、なんの役に立つのか、と言う。[43] 二番目の対話を締めくくる逸話は、本書の精神を見事に映し出している。メルクリウス〔ローマ神話の商売の神〕が人から世界の秘密を最後に明かしてくれと頼まれると、メルクリウスは意味の分からない言葉をブツブツ呟きながら立ち去る。それは対話者にはこう聞こえた。「ありもしないわずかなものを見ようと期待する大ばかで、できもしないことを望む者よりもさらに不幸なのが人間だ[44]」。

いちばん賢いやり方は沈黙することだ。本当のことが何も分からないときには、何も口にせず、人並みに暮らすほうがよい。「たっぷり走って、働いて、息がきれたふりをしなければならない」のだ。[45] ある者はうまい具合にそうできるだろう。だがデ・ペリエのように、人生そのものであるこんな哀しい茶番に耐えられず、哀れな場面の結末を見る前に舞台を去ったほうがよいと思う者もいるのだ。デ・ペリエは懐疑論者、いやむしろ不可知論者だった。『善行の士、守銭奴、お芝居』といった彼の別の著作からは、唯一人類の誠実な導き手である理性にしがみつこうとする人物像が見えてくる。『新たなる気晴らし』のようなほかの作品では、持ち前の辛辣さを教会、その悪徳そして神学者のばかさ加減にぶつけた。デ・ペリエは、徳の尊重に基礎をおき、超自然的なものに依拠することを完全に放棄するエピクロス主義の道徳を誉め称えた。

もし人間が、そして自殺が不可思議なものにとどまるとしても、デ・ペリエのメッセージはきわめて明快である。彼は、すべての者にとって楽観主義の時代ではなかったルネッサンスの、あまりにもしばしば隠蔽されてきた側面を描き出した。ヨーロッパ社会の内奥に秘められたすでに実存的不安と呼びうるもの、宗教がもたらす既成の答えに満足できず、理性へと向かいながら、実存の意味を解明するには理性は多すぎることもまた少なすぎることもあることを認める、人間の生の苦悩の目覚めをデ・ペリエは体現していた。多すぎるのは、宇宙の神秘からの解放とその了解への軽率な期待を引き起こすからであり、また少なすぎるのは、すぐに理性の限界に突き当たり、心の内に苦々しい満たされない思いを残すからである。理性は信仰を打ち倒すには十分な力を備えているが、それに取って代わるだけの力は持っていない。理性は確かなものを打ち壊すが、自分が作り出した空虚を埋めることはできず、もはや意味を持たない人生にあって、生涯沈黙のうちに担わなければならない重荷、自らの無知をただひとつのこととして自覚した存在、中間者の位置に人間をうち捨てる。これがデ・ペリエが、そして彼だけではなくルネサンス期の多くの無神論者、第一世代の無神論者たちが見いだしたことだったが、彼らは彼らでまだ世界体系のむなしい再構築を試みようとはしていなかった。

このような展開はヨーロッパ文明の内部で深刻な危機に道を開いた。わたしたちがほかの著作で示したように、[46]十六世紀末に自殺が知識人たちの大きな関心事となるが、これは偶然だろうか。わたしたちはそうは思わない。経済的・社会的・宗教的・地理的・科学的混乱があまりにも一点に集中しすぎて、無神論や知識人の不安が形作られたのである。この時代の自殺は、信仰を持たない者よりもむしろ信仰を持つ者の行いだった。しかし無神論の興隆は実存の意味への深刻な問いかけと対応し、またそうした問いかけは、《このままでいいのか、いけないのか》とのシェークスピアの問い〔小田島雄志訳『ハムレット』白水社、一九八三年、一一〇頁〕の誠実な心と不可分なものではないだろうか。ヨーロッパ精神の最初の危機を画する問いだった。

社会からはみ出た階層における実践的無神論の重要性

さまざまな不信仰のもう一方の端では、まずは王侯君主の宮廷を謳歌した実践的無神論がくり広げられるのが十六世紀に見られた。この時代のほとんどすべての検閲官が、極論を抱く者たちが肩を並べ合うこの小宇宙に腰を据えたふしだらなエピクロス主義を告発した。ここでは、キリストの鞭打ちの宗教劇も寵臣たちのばか騒ぎも見物できた、アンリ三世の宮廷の怪しげな雰囲気をとりあげれば足りるだろう。カトリーヌ・ド・メディシスと一緒にむりやり連れてこられたイタリア人たちが、たいがいは宮廷での道徳的退廃と不信仰の責任をとらされた。女王の伝記作者は、彼らを「王国、わけてもフランスの宮廷を無神論主義者で満たした」、「無神論の乳を飲んで育った、無神論主義者の血統」と呼んだ。[47]女王に関しては、作者によれば「神など持っていなかった」。多くの若い廷臣たちは宗教に対する軽蔑の念を感化され、互いに瀆神の言葉を言い合った。アンリ三世の宮廷、そしてエリザベス一世の宮廷が敬神で名声を博するなど、もはや及びもつかなかった。

実業家たちの世界も病に冒されていた。多くの銀行家、徴税請負人、商人がみな富を増やすことに頭がいっぱいで、宗教のことなどほとんど気にもかけなかった。たとえば、アルベルシュタットの商人は「こんなふうにいつも歓喜の時を過ごせたなら、あの世など欲しくはないが」と言った、とシモン・グラールは伝えている。

しばしば指摘された世界は、医師の世界だった。一五九五年に本を書いたメルキオール・ド・フラヴァンによれば、大部分の医師は「神が啓示した御言葉よりも自分たちのヒポクラテスにいっそうの信頼を寄せる」点で、互いに一致していた。ド・フラヴァンは彼らのあいだからたくさんのエピクロス主義者を告発し、またそこに唯物論者を見ていた。[48] 神学者たちがまだ神罰と見なしがちだった病気の自然的な原因を探ろうとしたという単純な事実が、彼らをいかがわしい者に仕立て上げた。そのことはまた、いくぶん耳目を驚かすようなやり方でメルセンヌ神父が断言したことでもあった。もっともメルセンヌは近代機械論科学の信奉者のひとりだったのだが。神父は、無神論の原因のひとつとして、「ある者たちが自然現象に没頭し、すべての運動、結果、属性、その一部である変様を自然的原因に結びつけ、その結果彼らの目には何も自然を超えるものはないと思えてしまう、あの常軌を逸した関心と過度の熱意。そのために哲学者や医師たちが無神論へと傾斜し、ついにはそこに落ち込んでしまう」ことをあげた。[49] 心身関係という微妙な研究には最適な位置にいたが、医師たちは往々にして心の問題を棚上げにし、あるいはそれを物理的過程の現れとする傾向があった。アンドレ・デュ・ブレーユは一五八〇年に、医師たちを「放蕩者」、「女たらし」、「無神論主義者」と呼んだ。[50]

ゴリヤール以降、高校生や大学生の世界もやはり疑われていた、パリの高等法院は彼らの酒食好淫、放蕩に対する判決を連発した。大都市では、俳優や喜劇役者がやはり、暮らしぶりや芝居の不作法さが原因で、自由思想との確固たる評判をとっていた。あらゆる規制をまぬがれ、しばしば内縁関係で暮らし、ほとんど教会へは行かずにいたため、彼らは伝統的信仰の埒外にあったのだ。

追いはぎ、ペテン師、盗賊、いかさま師、売春婦、こうしたすべての類のはみ出し者が必然的に無神論者であるわけはなかった。しかし彼らの暮らしぶりは、宗教にほんのわずかな余地しかあたえなかった。ピエール・ド・レトワールが、「この決然たる者たちは、まるで信仰もなければ宗教もない者でもあるかのように、神の審判になんの恐れも抱かず、毅然とした態度で死んだ」と証言しているように[51]、公開処刑の際に幾人かは宗教的救済をすべて拒んだ。まったく同様に衝撃的なのは、悪名高い強盗カルフールの死刑執行を見ていた匿名の目撃者の証言で、カルフールは瀆神の言葉を吐き、悔悛、「人々が彼のためにすることもできた懇願も、彼の告解司祭の忠告も」すべて拒んだ。ここには、無神論のもっとも確固たるケース、あらゆる社会的規範の外側で生きることに慣れた人々に見られる、断固とした実践的無神論のひとつのタイプがあるのではないだろうか。なんのかの言っても、根っこでは疑うことから抜け出せず、どう議論したらいいのかということに気を使ってばかりいる知識人の理論的無神論とは反対に、この強盗の無神論は宗教的言説を受けつけず、その立場は絶対的なものに達した。素朴な者の信仰もあれば、素朴な者の不信仰もあるのだ。

これらの下層世界、反社会の無神論者はほとんど問題とされない。彼らの無神論は思想ではなく、存在様式だからである。強盗の世界には幾人かの断固たる無神論者が含まれていたが、ほかの大部分はやはりその立場がきわめてあいまいだった。たしかに、これは正確な例ではないかもしれない。『貧者に関する覚え書き』は一万人に及ぶパリのルンペン・プロレタリアートの暮らしぶりを描いたが、彼らが瀆神の言葉とまったくの宗教的無知のなかで暮らしていたことを、この本はわたしたちに示してくれる。多くは「知っているのは告解と聖体拝領だけだと認め、ほかの者たちは四年も五年も告解もせず、聖体拝領も受けず、一度もミサに行ったことはなかった」[52]。だが何年も前から破門されている幾人もの農民の精神状態、それがもっとましだと言えるだろうか。当然のことながらものを盗み、淫姦の罪を犯し、当局を罵り、聖職者や秘蹟を揶揄し、必要なら人殺しもやった。ヨーロッパのあらゆる大都市から寄せられた証言は、それを裏づけている。十六世紀の膨大な都市下層民は、宗教とはかけ離れたところで暮らしていた。とはいえ、彼らが活動していたのはキリスト教の枠内においてだった。十字架、キリストの十字架像、墓地、鐘、教会、礼拝堂、礼拝行列、修道院、彫像、律修聖職者や在俗司祭、祝日、これらすべては教会の、したがって神の存在を呼び起こすものだった。彼らの暮らしぶりとキリスト教道徳のあいだには異論の余地のない矛盾があったことは、それ自体無神論の絶対的な証拠とはならない。おそらくは彼らのあいだにも、相当数の迷信をともないながら、信仰と不信仰の想定しうるあらゆるレベルがあったのであろう。

ヨーロッパ各地に爪痕を残した傭兵や外国人傭兵についても同様のことが確認されよう。彼らの評判は知られている。「放浪者、役立たず、人殺し、女房や娘の略奪者で強姦者、瀆神者で神の否定者、イスラム教徒だろうと不信心ものだろうと、どんな敵も及ばない悪行を尽くして、あらゆる悪の深淵へと急ぐ者」たちだ[53]。これが、自分の軍隊に関するフランソワ一世の見方だった。この点に関して雪崩をうって押し寄せる証言は、探索にかける手間を省いてくれる。住民たちの不満、当局の繰り言、ブリューゲルの絵、デューラーのデッサン、起原もいろいろの物語、これらはヴァロワ家やハプスブルク家の無規律な兵士集団の道徳的レベルについて疑う余地のない証言だった。宗教戦争時の軍隊はどうだったかと言えば、野営地によるが、寺院や教会に怒りをぶつけ、瀆聖の限りを尽くし、「どんなごろつきを兵隊にして異端に対する戦争に連れ出したか、わたしには分かりません。連中は無神論者、瀆神者、泥棒、ならず者、瀆聖者だからですし、百回の縛り首に値します。こんな連中に勝利を神がおあたえになるなどということがどうしたらできるのでしょうか」、とクレスペ神父が述べたように、[54] カトリックの軍隊自身がれっきとした無神論者の群れと見られるほどだった。神聖同盟の同様な軍隊のなかには、一五八九年の別のテキストの指摘によれば、「無神論主義者、人殺しの強盗、扇動者、神をけなす者」がいた。これらの兵士は、「まっさらな無神論であるが、この名称に、わたしがこの世で想像できるかぎりのすべての不敬を含める」とされたが、[55] 祭壇の略奪から、聖水盤に糞をして聖別された聖体のパンを踏みつけにするにいたる彼らの《武勲》を著者は数え上げた。こうした「カトリック」の兵士たちの「心にあるのは無神論」だとする、著者の判断に同意しないわけにはいかない。

紛れもないしるし、それは十六世紀の軍隊で増えつつあった瀆神、不敬、瀆聖を禁ずる王令だった。一五三四年、一五三七年、一五四三年、一五四四年、一五四六年、一五五一年、一五五三年、一五五七年、一五六六年、一五七九年、これらすべての王令はまったく無益だった。軍隊はしだいに無神論者の大軍団に類似していった。こうした現象は、次の世紀の初めには三十年戦争時の膨大な傭兵部隊とともに、さらにその規模を増した。フランコ・カルディーニは『戦争の文化』で、この社会学的事実を実に明快に述べている。一部のはみ出し者、盗賊、放浪者、悪たれ、精神異常者、サディスト、社会的不適格者をその列に加え、軍隊はそれぞれ三万人から五万人の在居者を収容する巡回監獄、移動総合病院の様相を呈した。さらにこの部隊は恒久的なものでなければならなかった。ばらばらになれば、公共の秩序が脅威にさらされる。くわえて、反抗を避けるにはそれなりにきちんと、しかし餌であり続けるにはそれほどきちんとではなく、俸給が確保されなければならなかった。部隊は国中を略奪し、殺し、犯し、荒らし回り、苛みながら、生きていった。ジャック・カロの版画をご覧あれ。それこそがワレンシュタイン公とコンデ公の栄光ある軍隊が、まだ大規模な囲い込みを果たしていなかった社会の屑で作られていたことの現れであり、まるで未来の監獄の住人、徒刑場の住人、ガレー船の住人、刑務所の住人、精神病院の住人が原野をさまよっているかのようである。社会の不安定な均衡が保たれていたのは、このような対価を払ったうえでのことだった。(56)

この軍紀の乱れた兵士の群れの改宗の努力は、軍隊付司祭職の創設によって試みられた。フランスでは、一五五五年と五八年のアンリ二世による二つの王令によって、連隊ごとに従軍司祭を置くことが求められた。フランス従軍司祭長は軍隊の司教と見なされはしたものの、揉め事の調整役しかあたえられなかった。司教たちは本物の《軍隊聖堂区》は望まず、ローマの介入を許すようなスペイン式のシステムを拒否したからだった。実際一五七九年以降、アレクサンドル・ファルネーゼは中隊ごとに従軍司祭を置くことを要求し、一六四四年九月二十六日インノケンティウス四世の教皇書簡は、国王から任命され、ローマから教会法で定められた聖職任命権をあたえられた、従軍司祭や司教代理をスペインに設けた。こうして軍属司祭が誕生する。

リシュリューは一時軍隊に属する従軍司祭の一隊の編成問題に直面するが、十七世紀では部隊が必要とする司祭を割り当てるため配属地を司教と交渉することで済ませられた。この微妙な仕事のために、高位聖職者たちは、傭兵と接触して善良な者たちを危機に遭遇させたくなかったので、たいがい質のよくない部下を選んだ。全体の道徳的水準は、したがってほとんど上がることはなかった。

フランス軍に配属されたイエズス会士は、兵士にその務めを思い起こさせるためのいくつもの信仰の手引き、『キリスト教徒兵士のための教書』、『輝ける兵士』、『兵士のための助言』、『兵士の鏡』、『良き兵士』、『キリスト教徒兵士の手引き』、『キリスト教の戦士』、『キリスト教の兵士』、『魂の主』などを作った。オージェ、ベンボ、ル・ブラン、ポスヴァン、グラッフ、アンドラーラ、マルセル、サイリの各神父は、三十年戦争の兵士がそうだった忌々しいけものの風習をキリスト教化しようと試みた。だがグリンメルスハウゼンの有名な物語〔『阿呆物語』〕が示しているように、(57) これは大した成果は上がらなかった。指揮官たちは信仰深かったのだろうか。普遍化できるものなど、何もない。アンリ・ビュッソンにとってみれば、この点ではアンリ・エティエンヌに従って、たとえばピエロ・ストロッツィはれっきとした無神論者だった。(58) 下僕、秘書、召使い、大貴族の執事といったほかの諸階層もとりあげられよう。カトリックのアルテュス・デジレによれば、これらの放蕩者は無神論の重要な要因だった。

家から出ることもなく、飲んで食べること以外は何もせずにいる、この私的使用人の猿どもがいて、奴らは《宗教ナシ》だが完璧な無神論主義者で、一方で人の言葉尻をとらえてはからかい、その一方でそれぞれの宗教に合わせて主君や奥方におべっかを使っては喜ばせる。いつでも無神論の玉を抱えていて、そのおかげで永遠の劫罰に引きずられ、落ちていくのだ。(59)

こうして予想しうるどんな疑いをも払いのけて、十六世紀にはあらゆる形態で無神論は現前した。告発によって明らかにされる存在であって、自分から主張されたものではなかったが、それは本物だった。宗教的情熱が激化したヨーロッパでほかに在りようがあっただろうか。無神論は、すでに見てきたように、中世においても不在ではなかったが、どちらかと言えば潜在的な形態で存在していたのだ。

十六世紀になって変わったこと、それは、信仰の枢要に関わる異議を唱える立場と言動を通じて、無神論が即自的にも対自的にも認められたことだった。言葉は誤って使われたとしても、また信仰と不信仰の境目がたいがいははっきりしていなかったとしても、告発と密告の量、主張と証言の一致は、とくにいくつかの社会層は不信仰によって相当に冒されていたことを示している。

不信仰は、密かに個人的にあるいはあいまいな文書の形で意見を表したが、けっして日の目を見ることはなかった。無神論は理性の名において、とくに生への欲求の名において抗議の声をあげた。この無神論の最初の自覚的表現には、教義や禁令の多くの再検討がともなった。宗教改革とともに教会を揺るがした深刻な危機が、それまではまったく問題とされてこなかった問いを立てるのを促す顕示者の役割を果たした。古代ギリシア・ローマ哲学への賛美が、異議を唱えようとする者たちに説得手段をもたらしてくれた。だがこの初期の無神論者たちはまだ一貫した教説は持てずにいた。彼らは多少とも思想の一匹狼だった。互いのあいだにはなんの了解も、なんの一致もなかった。多くの者はまだ理神論者であり、汎神論者だった。あらゆる色合いの違いがあったし、それぞれが否定しても、いつも同じ点に関わるとは限らなかった。問いは持っていた。しかしまともな答えはごくわずかだった。

とはいえ、宗教に責任を負う者たちは不安に駆られ、反論し、拒絶し、抑圧し、問いかけに答えようと試み、あるいはそれを黙殺した。宗教紛争が沈静化し始めた十六世紀末には、無神論は脅威として、対抗者の信仰告白よりも止めどなく恐ろしく危険なものであるかのように、社会的事実として姿を現した。というのも、カトリックとプロテスタントの間では同じ言語が話されていたからだ。無神論、それは根本的に別物だった。こうした事情にもかかわらず、神学者の大半は恩寵、自由意志、聖体の秘蹟、予定説、ミサ、教皇に関する論争で頭がいっぱいになっていて、無神論者の異議申し立ての重要度がまだ推し量れないでいた。

　こうした無自覚を利用して、無神論はさまざまな形で基礎を固めてゆき、世界観としての輪郭を描き始めた。その展開は、十七世紀初めの危機と一六八〇―一七二〇年代の危機というヨーロッパの二つの文化的危機の恩恵を受けることになる。一六〇〇年代の批判的で半非合法的な無神論は、一七三〇年以降の体系的な無神論にその場を譲ることになるのである。

第Ⅲ部　ひとつの精神の危機からもうひとつの精神の危機へ

（一六〇〇—一七三〇年）

第七章

ヨーロッパ精神の第一の危機、リベルタン的懐疑論者（一六〇〇―一六四〇年）

十七世紀初頭は、近代の真の意味での開始、すなわち知的なレベルで諸々の価値の永遠性を問題とする点での始まりを画する。確かなものたちがしだいに速さを増して摩耗し、争い合い、受け継がれながらもますます辛辣になる批判精神にむしばまれた。そしてこの確かさの移ろいやすい性格が懐疑主義の興隆に貢献した。その過程もはじめは緩慢で、思想界のエリートにしか関わらなかった。しかし一度開始されると、何ものもその歩みを止められない。中世的信仰のほぼ全員一致的なものから現在の信仰の極端な分散まで、宗教思想の一種のエントロピーを目の当たりにすることになる。

ヨーロッパ精神の最初の危機と呼びうるものは、ユマニストの考察や宗教戦争によって十分に準備されたものだった。この危機は、いわば一六〇〇年のハムレット、不安に満ちた優柔不断者の問いかけに具現されていた。付言すれば、すべてが運命的な盲目さの仕業だったシェークスピアの作品にどれほど神が不在であるかということに、人はこれまであまり注意を払ってこなかった。時代は問いかけに向かっていた。

だがこの問いかけに対して神学者たちは、機械論的科学がその基礎を崩しつつあったアリストテレスに基づく脆弱な体系を差し向けることしかできなかった。一六三三年のガリレイ事件での繕うしまのない失策は、まさしく有力宗教の広範囲にわたる後退を画していた。権威に訴えることや絶対主義の枠内で政治権力と連合することで《偉大なる魂の時代》の間は輝かしい外面を取り繕えたとしても、懐疑主義はその陰で歩みを進め、ポール・アザールが見事に描き出した一六八〇―一七二〇年代の第二のヨーロッパ精神の危機の際にはいっそう構造化され、またいっそう体系化されるのである。第一の危機から第二の危機へと移るあいだに、リベルタンの懐疑的異議申し立てはメリエ神父の峻厳で体系的、そして攻撃的な無神論へと変わっていく。これはまだ知識人の問題でしかないが、より広範な人々への影響は十八世紀になって自ずと明らかになるだろう。

不信仰の分野で、一六〇〇年から一七三〇年にかけて人々が辿った道筋は相当なものだった。一六〇〇―一六四〇年代はリベルタンの時代であり、人目を欺く時期であるが、その背後に神の不在という口実を盾にとって、ただ人生を享受することだけを追求する思慮を欠いた陽気な享楽家を見てはならないだろう。それこそは、もちろん宗教的検閲官が振りまいたイメージであるが、そうしたグループの奥底にある本性からはかけ離れたものだった。

リベルタン思想

一六〇〇年頃になると、一五八五年以来自由思想家の同義語としてヴィレが用いてきた《リベルタン》の用語が、同時代の支配的信仰を拒絶し、そこからの解放を希求する人々の潮流を指し示した。しかし、そうした自立精神の持ち主について振りまかれたうわさのおかげで、それは逸脱だ、とのある種の含意がまとわりついた[1]。

事実、一六〇〇年から一六四〇年にかけてのリベルタンはまったく思想の統一を欠いていた。誰もが貴族のサークルに所属していたが、彼らの唯一の共通点は知的な大胆さだった。豊かな学識のおかげで、彼らは懐疑的でおまけに世間の道徳を逆なでするような精神の持ち主になったが、身の安全という明白な理由から、それは表には出さずしかも秘密にし、しばしば表向きはきわめて迎合主義的な立場をとった。さらに、彼らの書き物のなかに不敬なテーマが見つけ出されるのは、その死後でしかないというのがたいがいの場合だった。こうして、一五九〇年生まれのジョゼフ・トルイエは、医学を修めた後、ベジエの司教の随員として一六一四年にローマに居を定め、ローマで枢機卿や大使たちの周りで医学の才能を発揮した。その書斎から多数の反宗教書が見つけられたのは、トルイエの死に際してだった。

こうした秘匿の強制に順応する者もいれば、聖書の自由解釈学の先駆者の一人で、東洋学者で法律家のギヨム・ゴルマンのように、それに苦しめられる者もいた。彼は一時バスティーユに投獄され、「幾人もの人たちが知らないでいることを知るのは不幸なことだ。皆が知らないでいることを知るのは危険でさえある」と書いた。

テトラド〔「四人組」。ガブリエル・ノーデがギィ・パタン、ラ・モット・ル・ヴァイエ、ガッサンディらとともに結成したグループ名。ギィ・パタンの代わりにガリレイの支持者ディオダーティの名があげられることもある〕のような小グループが開いた非公式な集まりでは言葉は解放された。この集まりは一六三〇年頃、エリー・ディオダーティ、フランソワ・ド・ラ・モット・ル・ヴァイエ、ガッサンディ、ノーデの四人の周りに作られたが、そこでは碩学オージエ・ド・モレオン、弁護士シャルル・フラミュス、ルネ・ド・シャントゥクレ、東洋学者ジャック・ガファレル、サン゠ジレスの小修道院長エティエンヌ・プロー、ヴィルロックの領主フランソワ゠オーギュスト・ド・トゥーが顔を合わせた。だがド・マロル、バソンピエール、メルセンヌ、ド・トゥーそれぞれの神父の家のサロンや書斎ではやはりかなり自由に会話が交わされたようだ。《礼儀にかなった自由》が支配するこうした集まりで、敬虔なコエフトー司教も無神論者ド・ヴィオーと議論をしてもショックは受けなかったようだ。育ちの良い人々のあいだで、あらゆる仮定が検討にかけられた。博識の懐疑論者、彼らはたいがい君主の司書であり、手厚い庇護を受け、最高級の特権を享受していたが、それはすべての宗教の誘いを受け入れず、自分は高度な精神の持ち主なのだから不信仰という贅沢が自分だけには許されると自認して事足りる、という範囲においてだった。そして、その一方で民衆は伝統的迷信のうちに保たれるべきだとされた。

無神論あるいは理神論を標榜することは、理論上は死罪に値し、幾人かは不幸にもそれを体験することになるのだが、『ビューロー・ダドレス〔テオフラスト・ルノードが創設した無料の求人・求職斡旋所兼情報紹介所〕に寄せられた論題と講演総集』が示すように、(2) 知的サークルにおける議論には時として驚くべき自由も認められた。もっとも知名度の高かった議論の場のひとつは、有名なアカデミー・ピュテアンだった。ピエール・デュピュイ、ジャック・デュピュイ兄弟が主宰したこのアカデミーは、ル・トゥーの高等法院長の館で一六一七年から四五年まで催された。そこには、あらゆる意見を持った医師、碩学、司法官、大使が集まり、宗教体系を比較対照し、その矛盾をあげつらい、教義を検討した。大部分は懐疑論者か不可知論者で、個々の信仰箇条は捨ててしまい、開明され、民衆の誤りを矯す者という意味で、自分では《世慣れした者》、《光明を得た者》と称した。ところが反動宗教改革が公式の場や日常の宗教生活のなかでも目立つようになると、そのために教養ある人々のサークルでは、信仰が議論の対象となった。伝統的信仰を俎上にあげることは、宗教戦争の時代ほど攻撃的ではなかったものの、上流社会の流行の一要素となった。

こうした学識者の自由思想の起原は、この十七世紀初頭の社会的＝文化的発展のうちに求めるべきものである。リチャード・ヘンリー・ポプキンは多くの反論を招いた逆説的な説明を展開した。[3] 一六〇〇—一六四〇年代の懐疑論は、ポプキンによれば、宗教改革による宗教上の危機の結果であり、また同時にエラスムス以降、プロテスタントの主観的ドグマティズムに対抗するためにカトリック思想が練り上げた回答でもあった。すべての合理的な知識の基礎を打ち壊したことは、かえって信仰絶対主義型の宗教の強化に有利に働いた。ある種のリベルタンの用意周到な宗教的義務はこの方向に進んでいるかに見えた。実際には、彼らが礼拝を表面的には遵守することを説いたとしても、それは彼らにとってすべての宗教に優劣がないからであり、また多数派の宗教を尊重しておくことが不可欠な社会的・民族的統合のファクターだったからである。

さらに説得力があるのはジャンニ・パガニーニの説明であって、パガニーニは一六〇〇年代の懐疑論を信仰に関する解放を求める自発的な運動と紹介した。[4] 懐疑論の興隆は、宗教紛争に直面した知識人の成長と同時にイタリアの自然主義の影響によるものだった。ジャン・ボダン（一五三〇—一五九六）やピエール・シャロン（一五四一—一六〇三）のような人々は、時代の雰囲気が生み出したそうした懐疑精神の見事な証人だった。

ジャン・ボダンはとらえどころのない精神の持ち主で、時代のあらゆる矛盾と関わっていた。経済学者で思慮深い政治理論家であれば、同時に確固とした魔女狩りの支持者だった。寛容を奨励する合理主義的懐疑論者でもあれば、同時に無神論の敵対者でもあった。『歴史方法論』で宗教の比較研究に打ち込み、風土の違いを強調してそれぞれの違いを説明し、相対主義的な精神で不敬虔の歴史を書くことを求め、『国家論』では「少しずつではあるが、宗教への侮蔑から、無神論主義者の唾棄すべき一党が離れていった［…］」、無神論主義者からは無数の親殺しの殺人、毒殺が起こった」、と述べた。

ボダンがもっとも完全な形で自分の宗教思想を表したのは、『七賢人の対話』においてだった。リベルタンたちがおおいに称賛することになる、この興味をそそる本には、宗教上の七つの立場を代表する七人の賢者、カトリック、ルター派、カルヴァン主義者、ユダヤ教徒、イスラム教徒、理神論者、無関心派が登場する。彼らは仲良く暮らし、それぞれの立場の長所について議論を交わす。全員一致で、彼らは不道徳へと誘い込み、人間を動物の状態に落とす無神論を非難する。驚くべきやり方で、やはり彼らは宗教上の議論に敵意を示す。そうした議論が信仰を弱め、懐疑へと導くからだ。彼ら自身の会話がその模範なのだ。というのも、さまざまな宗教、とくにキリスト教はどんな批判からも免れないからである。キリスト教は並々ならぬ激しさでユダヤ教徒、イスラム教徒、理神論者、無関心派から悪し様に扱われる。イエスの位格が情け容赦なく異論の標的にされた。その無垢な考え方、神的本性、奇蹟の数々、サタンからの誘惑、手遅れの召命、復活は多くはケルススやユリアヌスに由来する議論で否定された。三位一体、聖霊、原罪は、理性と自然法則への挑戦と考えられた神人同形説、秘蹟、儀礼はキリスト教の陰鬱な性格とされ、すべて情け容赦のない批判のターゲットにされた。

この雪崩のような攻撃を前にして、カトリックのコローニは防戦一方で崩れそうになり、「うんざりだ、いつだってまたやり直しだ」、そう叫んだ。コローニの答弁はみじめで弱々しいもので、信者たちの信仰を強めるにはなんの役にも立たなかった。コローニが《証拠》として聖書のテキストを持ち出すと、こうたずねられた。「そんな十分な証人、そしてその担保となるような権威ある人はどこにいるのかね。それからその担保だが、それにどんな不確かさの余地もないような確実堅固な信用をあたえられる保証人はいるのかね」[5]。コローニの対話者、理神論者のトラルブは、「自分には説得力ある議論が必要であり」、すべての対立する宗教のなかで、「ものを見、何が良いか悪いか、あるいは真か偽かを判断し、知るために各人の魂のうちにかの神があたえたもう、天啓の光」、ただ理性だけを導き手にすると宣言した。無関心派のスナミーと一致して、コローニは懐疑論へと傾く。「かくも多数の宗教のうちには、二つのことしかありえない。宗教は何ものでもないというのがひとつ、あるひとつの宗教が他の宗教よりも真であるということはないというのがもうひとつである」からだと彼は言う[6]。

本書の結論は明らかに理神論的で相対主義的だ。さらにその結論はスナミーの口から語られる。どんな宗教も責めてはならず、疑いを抱いても、自分の国の宗教を行わねばならない、というものだった。彼は、無神論が社会的混乱を引き起こさないという条件で、無神論さえ認める。次世代のリベルタンは『七賢人の対話』への称賛を宣言することになるだろう。これはノーデのお気に入りの本だったし、パタンやクリスティーナ女王はそれぞれ一冊ずつ持っていた。内面の大いなる自由と結びついたこの外面の順応主義は、タルマン・デ・レオーによってマレルブの言葉とされた、以下の一節に表現される。「ほかの者たちのようにわたしは生きた、ほかの者たちのようにわたしは死に、そしてわたしはほかの者たちが行く所へ行きたい」。

リベルタンたちがシャロンに負っているものも、相当なものである。前章で人物像のあいまいさを指摘したが、シャロンのやり方はボダンのそれにかなり似ている。賛成論、反対論双方を提示し、どちらの側にも立たず、そうやって相対主義と理神論型の自由思想に手を貸し、あらゆる宗教に優劣はなく、どれもがすべて同じ手段、奇蹟、啓示預言に訴えるのだが、そのおかげでかえってどれもが疑わしくなってしまう。宗教に勝るもの、それは理性に従う知恵である。こうした内容が一六〇五年以降禁書目録に載せられ、リベルタンたちの座右の書ともなる、シャロンの論考『知恵について』の教訓だった。たとえばドービニャック師は、その小説『マカリーズ』で王子の教育の基礎をこの著作においた。

混乱した新たな文化的背景

自由思想の生成においてもっとも複雑なのは、近代科学やイタリアの自然主義との結びつきである。ガリレイの表現を用いれば数学言語を用いて書かれた宇宙という観念、コペルニクスの理論、人間や動物についての新しい生理学の概念、これらを啓示宗教の批判はどの程度まで使ったのだろうか。言い方を変えれば、科学、それは十九世紀になると無神論の重要な同盟軍となるのだが、すでにそのようなものとして十七世紀のリベルタンたちは科学を見ていたのだろうか。

すでに古いものとなったが、『パスカルとその時代』で、フォルテュナ・ストロウスキーがこの問いに否定で答えた。彼は、リベルタンがガリレイ事件すら調べてみようとはしなかったことを改めて指摘した。[7]同様に、フランス自由思想へのイタリア思想の影響をすべて否定したが、フランス自由思想の立場は純粋に実存主義的なものと想われた。この立場は一九一七年以降ジャン゠ロジェ・シャルボネルによって『十六世紀のイタリア思想と自由主義的潮流』において確認された。[8]さらに近年ジョン・ステファンソン・スピンクは、自然法則の不変性と宇宙全体に広がっている知性の存在を強調するイタリア自然主義は、確実にリベルタンのものの考え方に影響をあたえ、たとえば、多くの点で矛盾を含んではいるものの、神と物質世界の完全な分離を主張したことを示したが、こうした考えは機械論的唯物論の基礎のひとつだった。[9]そしてグランニィ・パガニーニからすれば、リベルタンの潮流は、とくにラ・モット・ル・ヴァィエのような論者の場合かなりしばしば近代科学を参照した。

実際には新興科学のもっとも熱心な信奉者はリベルタンの側にも、そして反対者の側にもいた。パスカル、メルセンヌ、デカルトは熱心なキリスト教徒ではあったが、ガリレイ事件の誤りを残念に思い、機械論やコペルニクスの体系に好意的だった。それに対抗して、教会参事会員ガッサンディは原子論の熱心な擁護者だったが、それだからといって原子論を宗教への武器とはしなかった。逆に碩学リベルタン、ギィ・パタンは医学における自分の時代遅れの考え方にしがみつき、苦い経験をしながらも血液循環理論に反対して名を轟かせた。したがって、状況はかなり錯綜していた。教会と近代科学の同盟のもっとも確固たる支持者は、リベルタンに対するもっとも執拗な敵対者のひとり、ほかならぬマラン・メルセンヌ神父であり、神父は科学と宗教をベースにした文化的全体主義を夢見ていた。[10] 科学によって神父は新しい科学、ガリレイのそれのような機械論的科学を理解していたのだが、神父によれば科学と信仰のあいだに不一致などあるはずがなかった。一六三三年になるまで、メルセンヌ神父は類まれな楽観主義を発揮した。神父によれば、すべてが聖書と一致することを示してくれれば、教会にはアリストテレスを諦めて、原子、天体や地上の運動が壊敗することを受け入れる用意があった。そのことをメルセンヌ神父は一六二三年に、『創世記についてとかく取りざたされたる問題について』で、こう述べる。

神学者は、理性を欠いたいかなる権威にも屈することはない。神学者が全身全霊を込めて自らを捧げるのは、真理の至高の作り主、神だけだからである。[…] そして彼らは、地球の運動や天の不動性を受け入れ、惑星や恒星や太陽が四元素から構成されていること、あるいはさらに天が滅ぶこと、それが大気同様流動的であること、原子が遍在し、万物を構成していることを認める用意があるとさえ、わたしは言おう。それが聖書の真理と一致すると判断するならば、神学者たちは、アリストテレスから教えを受けた実体、形相、質料を捨て去ることだろう。

科学は単に知識の源泉であるばかりでなく、道徳的価値でもある。メルセンヌは科学の神秘主義者である。彼によれば世界はとてつもない物理的問題であり、われわれがそのすべての解決を得るのはあの世においてである。しかしわれわれはそれを知るためにわれわれにできる限りのことを、この世でしなければならない。典型的な有徳な人生とは、科学の探究に捧げられた人生なのだ。そうすることによってわれわれは、すべての御業を注がれて種々の機構を作られた神という名匠の活動に参与できるからである。

教会には科学以上の良い同盟者はいない、とメルセンヌは断言する。彼の考えによれば、信徒たる者は「良きカトリック教徒であると同時にすぐれた数学者」でなければならなかった。それにオラトリオ会やイエズス会はこの時期、天文学者、物理学者、化学者、生物学者など第一級の科学者を綺羅星のごとく輩出していた。ガリレイ事件の結果が表に現れるのは教会の思惑に反して、ずっと後のことでしかなかった。さらに、教会当局やリベルタンは客観的に見ると、呪術や迷信という共通の敵を持っていた。トリエント公会議後の教会は、あらゆるタイプの世俗的なものによる聖なるものの汚染に対する闘いを始め、古い自然主義的な信仰から引き継いだ多種多様な物活論的な残り滓を取り除きながら、信仰を合理主義的なものにしようとしていたのである。どちらの場合でも、世界を脱神聖化しようの努力がなされ、世界を機械の状態に還元することが課題とされた。当時は気づきもされなかったが、そうした企ては信仰にとって危険なしとはならなかった。教会は神的なものにふたたび超越的な性格をあたえることを期待した。しかし神的なものがいったん分離されると、人間精神との結びつきが問題とされる危険があった。リベルタンにとって、聖なるものと世俗的なものを分離することは、なによりも聖なるものを排除することだった。迷信と呪術に対する闘いはあらゆる超自然的な影響を世界から追い払うのに役立った。神は、存在すればの話だが、世界に干渉しなくなるのである。

厳密でありたいとの欲求から、トリエント公会議後の教会はそれなりの準備をして神的なものを長い期間をかけて消し去ることにした。だがこの神的なものは世界のなかにしか姿を現さなかった。絶対的なものをもっとも渇望し、世俗的なものからの断絶をもっとも希求する極端な信仰者ジャンセニストは、サント＝ブーヴが見て取ったように、それとは知らずに信仰の基礎を掘り崩すことに躍起になっていた。純粋なキリスト教を擁護するつもりで、聖と俗の分離を強調し、ジャンセニストは聖職者民事基本法〔聖職者の特権を剝奪し、公務員として扱う法律、一七九〇年成立〕の条件を整えた。身軽になったある種の合理主義的キリスト教には好都合ではあったが、彼らは神との具体的な結びつきを断ち切った。ジャンセニストの個人主義的な道徳、教会内部で彼らが引き起こした争い、聖職者に向けられた彼らの反抗的立場は、長期的には教会から信徒たちを引き離すことに肩入れしたにすぎなかった。それは頻繁に奏でられる不信仰への前奏曲だった。ジョゼフ・ド・メーストルは、たしかに誇張しすぎだったが、どんな時でもジャンセニストのうちに無神論者に準ずる者たちを見ることになるのである。

要するに、知的に混乱した時代の最後の兆候、それが秘教的な宗派の増大だった。知識や価値が分裂したあらゆる時代同様、ヨーロッパ精神の第一の危機の時代も、合理的なものと非合理的なものという逃避とも見なしうる、相反する二つの傾向の発展によって特徴づけられる。

時代はルネ・デカルト（一五九六―一六五〇）を、しかしまたヤーコブ・ベーメ（一五七五―一六二四）をも生み出した。前者はスコラ哲学の廃墟の上に人知の壮大な合理的体系を再建しようとし、後者は、世界が神の存在に与るという神秘的なグノーシス主義に逃れようとした。ふたりとも神を信じ、そしてふたりとも、自分から望んだことではなかったが、宗教を弱体化させた。神を自分たちの企てに縛りつけることは泥沼にはまり込むことであったが、そうすることでデカルトとベーメは信仰にとっては困難な明日を用意してしまったのである。

ベーメは、とくに十七世紀初頭のドイツで認められたグノーシス主義的潮流のもっとも著名な代表者のひとりだった。ゲアハルト、ユング、アルテュシウス、コメニウス、シュップ、モラーヌス、シュペーナー、チルンハウス、トマジウス、アンドレーエ、薔薇十字団もまた同じように一風変わった精神の持ち主たちであり、秘教的な宗派が群がっていた中央ヨーロッパにおける思想の氾濫がその証拠となっていた。[11]彼らの神秘神学は、宗教改革の時代以降の宗教思想の混乱を示し、また信仰の分裂の好例であり、しばしば起こる懐疑主義への前兆だった。

不信仰の増加を前にした不安、その証言

混乱した知性と湧き出るような思想、それこそが一六〇〇―一六四〇年代の文化を特徴づけるものだった。古典的な宗教史学はこの時期について、宗教戦争の恐ろしい体験の後にやって来た驚嘆すべき再生という牧歌的なイメージを長い間あたえてきた。聖フランソワ・ド・サール、聖ヴァンサン・ド・ポール、パスカル、ベラルミーノらが輝くばかりのそして人目を欺く外観を形づくり、そこで絶対的な信仰、愛徳、神学の再生がなおのこと精彩を欠いた現実を闇に葬り去っていたのである。現実には、宗教の代表者たちは心配だった。プロテスタントの分裂以後、そのことについては諦め始めていたとはいえ、彼らはさらにもっと根本的な危険、大幅に歩みを速めた無神論、不信仰の勃興を認めざるをえなかったのである。

一六二三年にメルセンヌは、五万人もの無神論者がパリにいると警告の叫びをあげた。[12]おそらくはあま

りにもすぎた誇張だったろう。のちにはそれを彼自身訂正した。しかしこのことは多くの人が分け持つ不安を示していた。フランスには「無神論者、理神論者、リベルタン、異端者、離教者、神の御名をのろう者と瀆神の言葉を口にする者、そしてその他の不敬の輩」に溢れている、と聖体会は不平をぶつけた。コタンは「人の口に上るのはもうあのリベルタンのことだけだ」、と一六二九年に書いた。一方ルネ・デュ・ポンは『精神の哲学』で、この時代の人々は「神への奉仕のために命じられることは何でもばかに」し、「宗教の第一の基礎や原理」に疑いの目を向けていると認めた。ピエール・ボーダン、ラコニス、ルブルヴィエットは神を信じない者たちの数に衝撃を受けた。ユゼスの司教グリエ猊下は、宮廷や上流社会に次のような人々が見かけられるのはありふれた光景だと証言する。

遊びでもなければ、怒りからでもなく、荒々しさが理性や自由意志を弱めてくれるので、自分たちの悪意の口実になるはずのどんな情念もなく、冷静に、意図的に、そしてなんの益がなくとも神とあらゆる宗教の反対者として姿を現そうとする断固たる欲求から、自分から進んで不敬の徒、悪者であると公言し、人が主イエス＝キリストを信じているのは、自分たちにとって憎悪と揶揄と侮蔑の対象だと自慢した。(13)

説教師たちは明らかに、こうした脅迫を告発する第一線にいた。以下にとりあげるのはフランシスコ会修道士ジャン・ブーシェであるが、一六三〇年からブーシェは宗教の真理を疑問視し、無神論者やエピクロス主義者を公言するあらゆる人々を攻撃した。「奇妙な話だが、彼らだけに目に見えるものがあり、高貴の方々に話を聞いてもらえ、社交の集まりに快く迎えられるのだ」。彼らリベルタンには信仰について生意気な好奇心が許される。

なぜ神は世界に法則を授けたのか。なぜ姦淫は禁ぜられるのか。なぜ神の御子は受肉されたのか。なぜ四旬節なのか。なぜ肉食が禁ぜられるのか。そうやって、いつもあなたに「なぜ」を投げつけるあの跳ね上がった髭をつけた気取った連中などこれからは見られなくなるでしょう。こんな手合いが当代の立派な精神の持ち主とされ、神さえもその行いを正しいとしなければならないのです。こんな手合いのエピクロス主義者でおまけにリベルタンである連中はもう無神論の瀬戸際にいるのです。(14)

数は多いが、これら不信仰者たちは雑多なグループを形成していた。ドロドンは、緻密な議論をする「洗練された無神論者」、「放蕩者の無神論者」、「無知な無神論者」を区別した。イエズス会士コーサンは、「明らかな不敬の徒」、「ぐらぐらして疑り深く、どっちつかずでほとんど宗教には無関心な風の輩」、「口ばかり達者な連中」、挑発者、「猫をかぶった」不信仰者、「無神論者と見られたり、思われたりしないように」ミサに行く口の固い連中に言及していた。ガラース神父は「ディオゲネス主義者」、無礼で人をばかにする不信仰の徒、「腹を立てて手のつけられない」無神論の信奉者といった違いを見ていた。ピエール・シャロンはこうした人々を、不信仰にいたった原因にしたがって学問があると慢心して盲目になっている者たち、気力を失った者たち、自由を否定して必然論を唱える者たち、宇宙の秩序を区別しない者たち、気ままな暮らしができるようにと神をお払い箱にする者たちに分類した。

裁判の増加もこうした不安を立証したようだ。一五九九年から一六一七年のあいだにパリでは不敬の告発が九件あり、そのうち七件が死罪、一六一七年から一六三六年のあいだには一八件で一六件が死罪、一六三六年から一六五〇年のあいだには二二件で一八件が死罪となった。一六三六年の王令は、不敬の蔓延と取り締まりの強化の必要性を警告した。だが数字は現実のきわめて漠然とした反映でしかなかった。というのも、告発された《不敬の徒》が関係していたのは、とくにチポリウム〔聖体拝領用のパンを入れる容器〕の窃盗あるいは魔術の容疑に関するものだったからである。とはいえ、ときには医師ラ・フレスネイの場合のように、無神論との告発が記録に残されることもあった。一六一四年にエクスで縛り首にされたある若者は、「頑なにその不敬を守り」、飲み食いすることしか頭になく、「神に向かっておぞましい瀆神の言葉」を口にしたエピクロス主義者だと説明された[15]。一六一九年から二五年にかけては、世間を騒がせた数件が検閲官の警告を裏つけた。一六一九年のヴァニーニの処刑、一六二二年にはフォンタニエがパリで火あぶりにされ、一六二五年にはテオフィル・ド・ヴィオーの追放刑が執行された。

別の指標、それは不信仰を擁護する著作の増加だった。フランスでは一六〇〇年から二二年のあいだに一一種、一六二三年から四〇年のあいだに三一種が数えられた[16]。これ以降は、著者たちはもう問題を偽ろうとも無神論者の議論を隠そうともしなくなり、それがいたるところで流通した。一六二五年に、「無神論者と闘うために、その理屈を暴き出すためだけに無神論を知らせることを目的に無神論者の理屈を黙らせる」のはもう問題にならない。「それほど無神論者の理屈は広がっていて、それを隠すことは問題ではなく、治療と予防に力を尽くすだけだ」、とシロンは書いた[17]。

無神論者に反駁する著作はあらゆる社会層から届けられた。神学者はもちろん、コトン、レシジュ、ガラースのようなイエズス会士、メルセンヌのような碩学、カンパネラのような修道士、さらには哲学者や英国の国璽尚書〔ニコラス・〕ベーコンのような政治家までもがそこに加わった。ベーコンは『随想集』で、人間を動物の地位にまで貶め、人間の品位を汚すとして無神論を糾弾した。そうなればもはや、人間は卓越した本性である神とは結びつかなくなるからだった。とはいえ彼の目には、迷信はさらに質の悪いものだった。なぜなら、迷信は神にはふさわしくない考えをまき散らすからだった。

一六二一年に『無神論と異端について』でジャック・セルヴェは、今日わたしたちがあたえるような意味で、無神論者とは何かを精確に定義したが、他方一六三一年の『勝利した無神論』で、カンパネラはこの語にマキャヴェリストという意味をあたえた。またレシユスはどうかと言えば、彼は信仰の敵を二つのグループに分類した。一方には、道徳に異を唱える者たちがいて、他方には教義に異を唱え、神の存在を攻撃する者たちがいた。レシュスによればリベルタンの数は多く、ひとりひとりとりあげてみればほとんど無名に等しいが、完璧な無神論への道を歩んでいた。

護教論者の多くは、ほかの者たち同様冒険旅行の結果を利用しながらも、神への信仰という大学での月並みな論法を用いていた。コタン神父にとって、アフリカ人、インド人、ユダヤ人は全員、「普遍的で永遠なる主を崇拝する点で」一致していたし、ドロドンやルブルヴィエットによれば、人食い人種も至高存在を認めていた。ガラースがカナダ人を例にとれば、ガマーシュは中国人、日本人、アラブ人、アメリカ人の信仰を引き合いに出した。彼らについて、ジャン・ブーシェは「近年になって新世界を発見した人々は彼の地の者たちには王もなく、執政官もなく、学問もなく、法もなかったが、宗教なしではなかったことに気がついた」、と書いた。(18)

だが理性への呼びかけも無視されたわけではなかった。ラコンブ神父にとって、「理性にわが身をゆだねようとする優れた精神の持ち主が、無神論者の一党になんらかの確実性を見いだす可能性がある」などということはありえなかった。コーサン神父、イヴ・ド・パリ神父、さらにスリジエ神父、アブラ・ド・ラコニス神父も同じように不信仰に対して論理の体系的使用を実行した。ほかの神父たちは古代ギリシア人やローマ人への崇拝を攻撃した。ジャン・ブーシェ神父の目には、スタティウスは「無神論のいちばんの教育者で、サタンのいちばんの教え子」であり、ルキアノスは「預言者、元老院議員で当時の優れた精神の持ち主たちの博士」だった。

護教論者のなかでも、その著作の重要性により、またリベルタンの世界とその思想についてもたらしたきわめて重要な証言によって、三人〔メルセンヌ、ピエール・コトン、フランソワ・ガラース〕の名前が傑出していた。この三人の宗教家は、知識人社会や宮廷に足を運んだが、そこでは不敬が人に感化しやすい一種の流行になっていた。一五八八年生まれのミニム修道会士、メルセンヌ神父はヨーロッパ中が学者、碩学に数えたすべての人々と文通した。信仰と科学の統合という彼の夢についてはすでに述べたが、この統合はメルセンヌにとっては当然のことであり、教会の勝利を確固たるものとするために不可欠なものだった。おそらくはこの二つの領域を分離することのうちにメルセンヌは将来の争いの兆候を見ていたのであろうし、心からの地動説信奉者だっただけに、ガリレイ事件によって深く心を揺さぶられた。無神論とリベルタンの興隆に不安を覚え、『創世記についてとかく取りざたされたる問題について』で、彼は不敬へと導くすべての体系、ストア主義、エピクロス主義、懐疑論、理神論を攻撃した。そこでメルセンヌは魂と超自然的なものに関するパドヴァ派の議論に反論を加えた。

一六二四年に『反教会狂いあるいは理神論者の四行詩』が現れたとき、メルセンヌは大部の二巻本『当代の理神論者、リベルタン、無神論者の不敬』でこれに応えた。そのなかで、メルセンヌはあらためて神の存在を証明しようと努めた。とくにジョルダーノ・ブルーノの説を攻撃して、実体性と神の内在性の統一のような概念はまっすぐに無神論に進むとした。すべての存在に同じ運命を約束されることが、そこから当然予想されるからである。翌年には、『懐疑論者やピュロンの徒を反駁する科学の真理』がこの問題にあてられた。次いで一六三四年には、政治家や哲学者たちの無神論に反駁を加えるため『神学、自然学、道徳そして数学の諸問題』で、相変わらず科学をベースにした新しい神の存在証明を練り上げた。

　イエズス会士で、国王アンリ四世の告解師だったピエール・コトン神父がとった立場は、まったく次元が違っていた。宮廷世界に暮らしていたため、わたしたちにとってコトンはこの世紀初頭の貴族社会における信仰の堕落についての貴重な証人である。実際数年間にわたってコトンは、信仰に賛成したり反対したり議論を交わす宮廷人たちの傍らでおしゃべりや話し合いをノートに書き記し、それを『賢者たちや世の大貴族との会話における神学者』にまとめ上げた。もっともこの本が出版されたのは、著者の死のずっと後の一六八三年、ミシェル・ブトー神父の手によってだった。序文や著作の構想から、不信仰の興隆がエリートたちの間ではかなりの度合いで社会現象になっていたことが見て取れる。著者は会話が事実に基づいていることを請け負っているが、第一の対話は無神論者をとりあげ、第二の対話は多様な宗教について、続く対話は反キリスト論者、反三位一体論者をとりあげていた。

　著作からは、リベルタンと彼らの手口の多様性が確認でき、それはまさにとらえどころのない世界だった。彼らはずる賢いやり方を用いて、会話の節々にその議論を潜り込ませ、心のなかにこっそり疑いを持ち込んだ。狩りのことを話しているとしたら……。それこそ彼らにとって、魂の不死と動物の知性について注意を促す好機だった。話の輪の中に若者や奥方がいたら……。お世辞を言って、エピクロス主義者を装うのだ。聖職者がいたら……。ずっと暗い顔をして同時にいくつもの質問をして、話し相手の足下をさらってやる。ときには自分たちの善良なる信仰に抗議の声をあげておいて、わざわざ不信仰者の役を演じ、そのおかげで包み隠さず自分たちの考えを詳しく述べることができた。

　コトンは、こうしたリベルタンたちの肖像のコレクションをまるごと見せてくれた。彼らは危険でもあれば、また魅力的だった。「その勇気、知性、学識そのもので相当評判だった若い貴族」がいて、「もっとも神聖な真理に対する疑い」をいたるところまき散らした。[19]「あまり素行のよくない」ある騎士は古代ギリシア・ローマの大ファンで、ちゃんとした理由が示されなければ何も受けつけなかった。たえず油断のならない厄介な質問を連発する侍従、また別の者は神学にとても詳しく、もとはカルヴァン主義者で今はカトリックになっていて、教会の歴史に少し好奇心がありすぎだった。さらに別の者はその肖像がこれまでにとりあげてきた幾人ものリベルタンに合致してしまうのだが、大貴族の取り巻きとして、またその庇護のもとで暮らし、秘密の集会に足繁く通い、《無神論者の親方》ヴァニーニの弟子で、外面の順応主義の陰に不信仰を隠し、結婚もせず自由気ままに暮らした。[20]誰もがそろって《大衆》への深い軽蔑と自分たちの知的優越についてのきわめて高尚な観念を抱いていた。伝統的な信仰から自分を解放するにはほかの者より「多くの知性と勇気を持つこと」、そして「最強の知性と最高に啓蒙された精神は神を認めない」、という確信が必要だった。[21]

実際には彼らのうちの多くは、本当の無神論者であるよりはむしろ理神論者だった。というのも、受肉、三位一体、原罪、贖罪、旧約聖書の作り話、こうしたキリスト教のなかにあって彼らには神の品位を落とすものと思われるものを拒否していたからである。理性に認められるのは、人間が罪を犯すことを知っていてあらかじめ地獄落ちの罰を定めた、全能であると同時に限りなく善である神が世界を創造されたということだけである。神学には矛盾が多すぎる。純粋理性に従い、外観上は自国の宗教に合わせるほうがましだった。少数派はさらに遠くまで進み、神は「まぼろし、夢」であり、神が存在するとのしるしはすべて想像力の産物か欺瞞であると主張した。これらの正統派の無神論者がすでに宮廷社会の陰ではびこっている、コトンはそう言った。

ガラース神父から見たリベルタン思想（一六二三年）

十七世紀前半の四半世紀における不信仰のさまざまな形態とその発展に関するもっとも膨大な証言は、もうひとりのイエズス会士フランソワ・ガラース神父の著作である。一六〇〇年にトゥールーズのイエズス会の修練所に入ったが、激しやすく、豪放磊落、どちらかと言えばものごとをまとめられず、常日頃から大げさな物言いの人物だった。そのガラース神父が一六一八年―二二年にプロテスタントに反駁する著作を出版した。(22) それから一六二二年から二三年にかけてはリベルタンを反駁する千頁を超える大部の著作をまとめ、『当代の才人たちの珍妙なる学説』と題し、テオフィル・ド・ヴィオー事件の真っ最中、一六二三年八月に出版した。出版の前日八月十九日に、ヴィオーは一六二三年に出版された匿名の不敬の書、『諷刺詩集』の著者と見なされてパリの高等法院により生きたまま火あぶりにされた。ガラース神父の本はしたがって時宜にかなったものだったし、偶然の一致ではなかった。一六一九年トゥールーズにおけるヴァニーニの刑死以来、リベルタンはもっぱらうわさの種になっていた。テオフィル・ド・ヴィオーとその仲間は、持ち前の不敬でパリの居酒屋に来る客たちを引きつけていた。すでに一六一九年に追放刑を受けていたが、この詩人はモンモランシー公の庇護下にあった。パリに戻ると、ヴィオーはこれ見よがしにカトリックの宗教的要請に従ったが、そんなことで誤魔化される人は誰もいなかった。一六二三年七月十一日に逮捕命令が出され人形（ひとがた）で処刑された後、あらためて追放刑を受けヴィオーは一六二五年に死んだ。(23)

ガラース神父がペンを執ったのは、この最近の事件が好例だった不信仰の脅威に対抗するためだった。数ヶ月かけて友人のヴォワザン神父の手を借りて膨大な資料を集めた。ヴォワザン神父は若きデ・バローの元家庭教師の資格を持っていたが、また評判のリベルタンで、この世界をよく知っていた。「幾人かの無神論主義者が知性のでまかせの美しさを口実にして宗教と闘い、どれほどサタンに後押しされ、取って代わられているかを目にして、それこそわたしは自分が最前列に出ることを抑えられなかった」、とガラースは書いている[24]。

最初に難しかったのは、リベルタンを定義することだった。それに本当のことを言えば、ガラースにはそれをはっきりさせることはできなかった。「リベルタンという言葉で、わたしはユグノーも、無神論者も、カトリックも、プロテスタントも、政治家も考えていない。ただこれらの資質のある混ざり合いを考えているのだ」。「無神論者」とはガラースによれば一般的な用語で、たとえばルターを「完璧な無神論主義者」としたように、そう自分でも用いいまた濫用した。

そうは言っても不信仰者のあいだにある相違には気をつけながら、ガラースは努力して分類してみようとはした。彼によれば、プロテスタントはこれら不敬の徒の前衛をなしていた。プロテスタントたちは「取るに足らない無神論主義者」であり、自分たちには気に入らない教義を捨て去って無神論への道を開く者だった。ユグノーと無神論者とキリストの架空の対話で、ガラースはユグノーにこう言わせている。「わたしといたしましては、主よ、あなたがお作りになられたようですので、わたしは何かを信じたいと切に願っております。もちろんすべてではありませんが」。それに対して無神論者はこう宣言する。「やんごとなき陛下、わたしはそんなものは何も信じておりませんし、陛下についての消息はすべてありそうもない作り話と考えております[25]」。

リベルタン、彼らはどうかと言えば、その暮らしぶりでとくに際だっていた。

われらが酔いどれ、居酒屋の小僧っ子、敬虔な心に動じない者、自分の腹よりほかには神がいない者、《酒瓶団体》と呼ばれるあの呪われた団体に引き込まれた者、年をとるのをいいことにして、年寄りになったら慈悲を受けて神の腕に抱かれると思いこむ。だからこそ、人が彼らをリベルタンと呼ぶのはまさに至言なのだ。それこそまさに無神論の見習いが言いそうなことだからだ。この宗教に与していたのが、エピクロス、アピシウス、そしてこの摩訶不思議な説にかつて与していたもっとも高名な博士ヘリオガバルスだった。[26]

それとは別に、ガラースによれば、シャロンの弟子の懐疑論者、聖なるものを笑いものにする皮肉屋、そして神の存在を否定する「狂暴で気の狂った無神論主義者」が見られた。

度を越した悪意を抱く連中を、わたしは不敬の徒、無神論主義者と呼ぶ。彼らは神に対する身の毛もよだつ瀆神の言葉を臆面もなく口にし、忌まわしい暴言をまき散らし、そのいとわしい大罪をソネットに載せて世に送り、パリをゴモラに仕立てあげ、『諷刺詩集』を印刷させた。そんな不幸に陥ってしまったからその暮しぶりはねじ曲がり、彼らの悪徳を教えたり、白い紙を赤くしないようにしたりと、人々があえてそれをひとつひとつとりあげては反論を加えるほどだ。[27]

こうした生粋の無神論者は取り返しがつかないが、数は多くはないとガラースは言う。デュプレシー＝モルネやモンテーニュが強調したように、変わらない態度で支持し続けるのはきわめて難しい立場だからである。腹を立てたり、情念に駆られたり、意気消沈したときには神を否定できても、そこからこの否定を生涯にわたる確固たる信念とするには断絶があった。ひとかけらの信仰がなくても人は生きられるなどとは、ガラースには思いもよらなかった。宗教に浸りきった世界のなかでは、信仰はたとえばやがて日の目を見る保険がそうであるように、精神の一部門、基本構造だった。そうした信仰なしに、どうやったら生き続けられるだろうか。ここでまったく思いがけずガラースは、シャロンがしたように、無神論者の精神力の強さを讃えてしまう。自然に反した条件の下で生きているために、彼らはたえず「不安」、「不幸」、「つらい思い」を抱かなければならない。[28] あの世で生きる希望もなしに、おまけに地獄落ちにされたら、もう嘆くよりほかないだろう。それにしてもなぜあの無神論者どもは、神の賜物だという信仰を受け入れなかったのだろう。

リベルタンから生粋の無神論者にいたるまでは数多くのニュアンスがあるが、前者から後者へは自然の流れで導かれる。ガラースが本を書いたのは、のちになってパスカルがそうするように、前者を引き留めるためだった。このイエズス会士はだから、将来を見越していたのだ。

このことからわたしは読者にこう警告しようと思う。わが新参の独断家に対して分け隔てなく神についてのいくつかの知識をあたえ、無神論主義者やリベルタンについて何回かいろいろと話しているのは、無神論にもいくつかの段階があり、わたしの本の本体は一般的にはこの怪物の全体、とりわけリベルタンに向けられていることを読者に覚えておいてもらいたいためである。それは、いわゆるお見事な精神とわたしが呼ぶ連中が大きな信徒集団を作っているからであり、またまだまったく無神論者とはなっていないからである。連中が改宗する希望はあってもごくわずかかもしれない。だからこそわたしは良心に駆られてこの仕事に取り組んだのだし、それが連中の役に立つのであれば、わたしは心安らかにいられるだろう。[29]

一度必要な区別が立てられたので、ガラース神父はリベルタン思想の輪郭をはっきりさせようとし、それを八点にまとめた。この不信仰の信仰箇条はある面ではわたしたちが知っているものに十分対応するものである。

一、世間には良き精神の持ち主はきわめて限られるが、間抜けつまり世の常の人々はわれわれの説に耐えられない。それゆえこの説を勝手に口にしてはならず、内密にそして心を許せ、策略にたけた人の間でだけ口を開け。

二、優れた精神の持ち主は世の習わしと国の決まりによる以外は、神を信じない。

三、美しい精神の持ち主は自分の信仰に安んじ、ただの大衆向けのちっぽけながらくたの寄せ集めだらけでありきたりの信仰にやすやすと捉えられることはない。

四、すべてものごとは運命によって導かれ、支配される。運命は撤回できず、けっして間違わず、動ぜず、必然的で、永遠で、何をしようとも万人にとって不可避である。

五、バイブル、あるいは聖書と呼ばれる書物は異教徒の本であり、たくさんの良いものが収められている。しかし永遠の責め苦で脅かされ強制されて、良き精神の持ち主もすんでのところで、トビアの犬〔旧約聖書続編トビト記六章二節に登場するトビトの息子の犬。トビアの旅にはつねに天使と愛犬が寄り添ったと言われる〕の尻尾まで、そこに書かれていることすべてを信じるところだった。

六、自然以外にこの世に至高存在はない。その自然な力と能力を行使してわれわれが求められるものについては、体についても感覚についても何も拒まずに何事においても自然を満足させなければならない。

七、神が存在することが例示されたら、神がいると告白したほうが、迷信深い人々と絶えず密接に交わるには都合がいい。それだからといって、純粋に知性的で物質からは分離された被造物があるとは限らないのだ。自然にあるものはすべて複合体である。したがってこの世には天使もいなければ悪魔もいないし、人間の魂が不死だという保証もない。

八、幸せに暮らすにはどんな疑念も消し去り、表に出さないことが必要だというのは本当だ。だが単純な連中を怒らせたり、迷信深い精神の持ち主だと思われたりしないようにするためには不敬とか放蕩者と見られないようにしなければならない。[30]

これらの項目を読むと、リベルタンと無神論者の間の違いはどこにあるのかと首をひねりたくなる。自然と運命とが唯一認められた神的なものであって、そのためにリベルタンにかなりの汎神論的な色合いがあたえられている。従うべき親切な導き手として表されている自然は、われわれの幸せのために作られている。

彼らによれば、神が自然であり、自然が神である〔…〕。この自然という神あるいは神という自然は、まったく創世記に言われていることそのままに自分の作るものすべてを愛する〔…〕。この自然、われらが善良なる主人がわれわれを地上に置かれたのはただその宝物とその善意の賜物を享受するためであり、この規則に従って目が見たいと望むものは目に何も拒まず、耳が聞きたいと望むものは耳に何も拒まず、われわれの感官がその自然な働きに従って行おうと求めるものは感官に何も拒んではならず、その逆をすることは自分を歪めることであり、自然に暴君のように命令し、自然を否定することである。[31]

ガラースによれば、こうした自然主義はまっすぐ無神論に向かう。リベルタンは、啓示という考えを拒否し、聖書が含むばかばかしさをあざ笑う。ヨナの鯨〔旧約聖書ヨナ書二章一節〕、九六七歳のメトシュラ〔共同訳聖書創世記五章二七節によればメトシュラの死亡年齢は九六九歳〕、神の祝福を受けて自分の娘たちをはらませたロトのきわどい物語、バラムのロバ〔モアブの王バラクにイスラエルの民を呪うよう頼まれた預言者バラムが王のところへ行く道中、ロバに乗ったバラムの前に天使が現れたが、ロバには見えたがバラムには見えなかった、民数記二二章二一節―二九節〕、エデンの園で口をきく蛇、これらについて彼らは自問する。「蛇は尻尾の先でぴょんぴょん跳ねながら歩いたのか。それとも放たれた矢のように突き進んだのか」(32)。彼らのお好みの旧約聖書のエピソードはトビアの犬の尻尾のようなものであって、主人が帰ってくれば喜びそのしるしに尻尾を振るのだ。こういう言い方がガラースを激怒させた。

このトビアの犬の尻尾は、アルキビアデスの犬の尻尾〔アルキビアデスは自分の高価な愛犬の尾をわざと切り取って評判を立てようとしたことで知られる典型的放蕩者〕がアテナイのばかと怠け者を養うために作られたように、明らかにリベルタンの怠惰な精神を養うために作られたようだ。自分たちの救済の玄義について思いをはせ、語り、瞑想する代わりに、トビアの犬の尻尾について駄弁を弄してもの笑いの種にしているからだ。まるでそれがとてつもない結果をもたらし、その尻尾が無神論主義者の躓きの石ででもあるかのようだ。百人のリベルタンのうちで、聖書を揶揄したがる八十人がそうやってやがてあざけりの的になるだろうし、けっして尻尾から始めるものではないとの諺とは逆のことをすることになるだろう(33)。

だがもっとも重大なことは、リベルタンが聖書を自分たちのもともとの目的に利用して、そこから無神論に好都合な議論を引き出したことである。彼らは矛盾を見つけてもまったく心が痛むこともなく、『知恵の書』や『伝道の書』に魂の不死を否定する多くの表現を見つけ出す。そして結局は、聖書は彼らにとって古代の作り話以上の価値はなくなってしまうのだ。

魂は死すべきものだ。天国もなければ地獄もない。悪魔は子どもじみた作り話にすぎない。ガラースによれば、リベルタンは誰でもこの問題にとりわけ関心を寄せていた。「リベルタンが心を打たれたいと思う最大の欲求のうちのひとつが、悪魔を目にすること」であり、そのためにリベルタンは魔術師に呼びかけたりもする。リベルタンは「反キリスト主義者」、つまりキリストの神性をすべて否定し、「ほかの連中と変わりない人間」にしてしまう。奇蹟は、「民衆をその務めに縛りつけるうまいやり方」でしかない。悪の問題ももちろん、神への重要な言いがかりのひとつとして悪用され、もし「われわれのしていることをすべて見ているなら」、神はわれわれの罪の元凶に違いない。われわれは実際運命に支配されていて、どの宗教にもなんの違いもない。「イスラム教徒もいれば、異教徒もいれば、キリスト教徒もいて、異端者もいる」、だからどうだと言うのだ。それぞれが自分の国の宗教に従うことだ。宗教は人民を服従させておくためだけの政治的でっち上げでしかないのだから。

ガラースによるリベルタンの立場と起源

ガラースによれば、リベルタンたちは自由になったエリートを構成していると思い込んでいる。その仲間は三つのカテゴリーに分けられ、シャロンが下劣な精神と呼び、迷信なら何でも信じる機械仕掛けの、あるいは粗野な精神の持ち主、シャロンによればありきたりで、民衆の意見を軽蔑し、自分で宗教を選ぶ高貴な精神の持ち主、そしてシャロンの分類では最上位に位置するが、すべてに秀でた超越的なあるいは「厄介払いされた」精神の持ち主からなる、とガラースは書く。人間の大多数を構成するのは愚か者だが、自由思想家は「卓越し、並の人間を越えた精神の持ち主」である。

この強き精神の持ち主たちは、信仰の絶対的自由、全面的な自立を要求する。「人間精神は生まれつき自由で、束縛をまぬがれている」と彼らは主張する。[34] 異端者は全部、プロテスタントにいたるまでこの「自由」の語を口にする、とガラースは指摘する。そしてこの自由、それを彼らは自分たちの放蕩と不敬のために欲しがる。このイエズス会士は数頁を費やして、リベルタンたちが飲み屋やパリのイル＝デュ＝ポン＝ド＝ボワの礼拝堂に集まって、どぎつい反宗教的な物まねや猥褻な言い草と瀆神の言葉を混ぜ合わせた瀆聖に打ち興ずる集会の様子を描いた。あらゆる篤信の勤めをばかにするため、彼らはためらうことなく徒党を組んでやって来ては、教会の説教を笑い、ユグノーの峻厳さを茶化す。だがたいがい彼らは秘密を守り、偽善者面をして、それこそかけ値なしのえせ篤信家として振る舞う。ガラースが作り上げたリベルタンの肖像は、どうしようもないほどタルチュフ〔モリエールの戯曲『タルチュフ』に登場する当時の偽善者の典型〕を連想させる。

気違いのふりをするのはどうかねと聞かれたら、無神論主義者はキリスト降誕祭に一度でも告解しに行くだろうし、三度でも四度でもいろいろな博士のふりをしておしゃべりをするし、宮廷の殿方や権威筋にうまく取り入ってその庇護のもとに入ろう、うまく口をきいてもらって宮廷に引き留めてもらおうとするだろう。「なんという優雅なお方、すばらしい知性の持ち主、見目麗しいお姿。そいつは、本当はできればそんなものなしで済ませたいだけのただの口からの出任せで、好き勝手を言っているにすぎない。それを言うのも気晴らしのためなのだ。というのも、わたしは聖体拝領するのを見ました、わたしは会話に加わりました、とそいつはしょっちゅう告白しているからだ。いつも説教を耳にし、宗教家のところによく通っているのだ」。そうだ、だがそれこそかの呪われたコンスタンティノープルのテオフィロスが自分の不敬を覆い隠すために修道士や聖

人たちとやったことなのだ。(35)

こうした態度をとることで、リベルタンたちは「社交の集いの門口から閉め出される」こともなく、「ポストを得る」こともでき、さらには単純な連中を怒らせる」こともなく、「迷信にとらわれ続ける」こともなく、「神などいないというあの金言を人から持ち出されると怖じ気づく機械仕掛けな精神の持ち主」とも一緒くたにされることもなくなる。周囲の人々を欺すために、しばしば「道化た言動」をしてみせ、冗談めいた口を利くが、「あいまいさと当てこすり」だらけである。本当に心を許すのは互いのあいだだけ、自分たちの秘密の集まりにおいてだけなのだ。彼らの書いたものさえ会話体のあいまいな形式で、宗教の擁護をやって見せても宗教の立場が抱える問題を余計に目立たせてしまう類の弱々しいものだ。あるいは彼らは人を攻撃するために矛盾だらけの本を作ったのかもしれない。

誰がそんなリベルタンなのか。どんな社会層に属しているのか。ガラースは彼らのあいだを区別して、宮廷人や大貴族、軍人、そしてとくにお偉方に自分を売り込むために不敬な書物を著す放蕩者の若い知識人をあげた。そのうちの幾人かはイエズス会のコレージュ出身だった。要するに彼らは、デモクリトス、ディオゲネス、ディアゴラス、ルクレティウス、ポリフュリオス、プリニウス、ユリアヌス、エピクロス、そして近代人ではポンポナッツイ、マキャヴェリ、カルダーノ、メゼンティウス〔シャロン『知恵論』第一巻二二章にその名が見られるが、メゼンティウスは古代エトルリアの王。ガラースあるいは著者の記憶違いか〕、ルッジエーリ、パナ男爵、ヴァニーニといった質の悪い先生に倣ったのだ。ガラースはヴァニーニの著作にメスを入れる。彼はモーセのペテンをロムルスやマホメットのそれに引き比べて、聖書を笑いものにした。受肉、悪魔や地獄の存在を否定し、全能の神による世界と人間の創造を否定し、発展の自然過程によって人間はサルの子孫であるかもしれないとそれとなく言った。「オナガザルやサルの子種がその後成長し、完成し、人の姿をとるようになった[36]」。

ガラースによれば、無神論には幾人かの場合、とくに憂鬱症の場合には心理的＝生理的原因がある。憂鬱質で陰気な体液というのが、当時は自殺を筆頭にすべての常軌を逸した行為の原因とされた[37]。しかし精神面と生理学的次元の区別はまだあいまいだった。一五八六年にたとえば『鬱病論』でティモシー・ブライトは、鬱病を神の報復、悪魔の誘惑の結果としていた[38]。一五八〇年にはラ・プリモディが『アカデミー・フランセーズ』で、絶望のような心理的結果は黒胆汁によって引き起こされるとし、英国の医師ピーター・バルーフは一五九六年にこの指摘を確認した[39]。一六〇七年にはフェルネルが「憂鬱質」を土の元素と人生の秋に結びつけて、「どろどろした粘り気があり、気質が冷淡で無愛想なものとなる」体液によるものと定義した[40]。この体液が脳のなかで過剰になることが悲観的な考え方のもとになり憂鬱症の害をもたらし、強迫観念に取り憑かれたようにひとつのものごとに注意が固定されてしまう。「すべて彼らの感覚は脳のなかに広がった憂鬱質によって歪められてしまう」とワイアーは書いた。シドナムによれば、この黒胆汁はある者たちを自殺へと追いやる。彼らは「死ぬことを恐れている、ところがほとんどの場合自分で死を選んでしまう」のだ。すでに一五八三年にピーター・バルーフは、憂鬱症を病んでいる者は「死を望み、そしてたいがい進んで自殺する事態に直面し、実行してしまう」ことを指摘していた[41]。

ガラースの論文に先立つ二年前、一六二一年にロバート・バートンは有名な書物『憂鬱症の解剖』を出版していた。この病はとくに学問のある人々を傷つけ、その瞑想を病的な思考のくり返しに変えてしまう。バートンのこの病気の記述は古典的である。つまり、何にでも対応するおかげで生理学的でもあれば類推法にかなうものでもあったからである。ここでとりあげられているのは、四大元素のなかでもっとも陰湿な土と、惑星の中でもっとも陰湿な土星を組み合わせた黒胆汁の過剰だった。このような気質は生まれつき備わっているもので、そのためにある種の人々は陰湿な気質になるように定められている。とはいえそうした気質も、社会環境や個々人の振る舞い方によって矯正されたり、重篤化したりする。面白いことに、バートンは憂鬱症を行き過ぎた宗教心と結びつける。つまり憂鬱症は、地獄についての恐怖政治じみた信仰が引き起こす絶望が誘発させる可能性があるのだ。バートンはこの宗教的絶望の責任を、カトリックにもプロテスタントにも同様に負わせている。前者は、その迷信と偶像崇拝の信仰によって悪魔の働きを手助けする。そして後者は、その黙示録的説教によって恐怖をまき散らす。善良なる国教会派の一員として、バートンは釣り合いのとれた、控えめな人物だった。宗教にしてもほかのことにしても、やりすぎてはいけなかった。無神論は避けるべきものであるが、それは悪魔が師匠だからだった。だからといって、過度の宗教心がましというわけではない。禁欲主義は精神の不調をもたらす。聖書の勝手な検討は絶望に導きかねない。カルヴァン主義の予定説は、何をしようとある種の人々は地獄に落ちるのだと説教するために、絶望のファクターとなる。不幸な人々は、精神が虚弱なのですでに地獄にいるかのように思い込む。「そうした人々は苦痛を感じ、悪魔と話し、キマイラ〔ライオンの頭、ヤギの胴、ヘビの尾を持ち、火を吐くギリシア神話の怪獣〕、不吉な影、熊、フクロウ、サル、黒い犬、怪物、おぞましい叫び声、不安を呼び覚ます物音、叫び声、痛ましいうめき声を聞いたり、姿を見たりする(42)」。

ガラース神父は、『憂鬱症の解剖』を読んだことがあったのだろうか。ほとんどその可能性はない。しかし彼もまた、多少今日のわたしたちの《ストレス》に似た、ひとりひとりのあらゆる病を説明すると思われる、こうした解釈に助けを求めた。「黒く憂鬱質の煙気」が脳を冒し、無神論を引き起こす可能性がある(43)。もっともそれは無神論が原因となって心気症がひきおこされないかぎりにおいてであるが。大急ぎではあったが、ローマのパッサレーリ病院で精神病を研究したことがガラースに、いずれにしてもこの二つの現象のあいだには関連があるとの確信をあたえた。彼はそこに傲慢さと怠惰な精神の役割をつけ加えた。

ガラースは続けてこう記す。嘆かわしく、憂慮すべきことは、自分の知り合いの幾人かのポワティエ人の例が示すように、無神論がほかの社会層にも広がりはじめていることだ。「ポワティエの年寄りの無神論主義者」は、「物体の永遠不滅性以外に、世界に神など」いないとはっきり言い、別の者は一六〇一年に、村の娘たちの踊りを楽しむために市の立つ広場に自分を埋葬するよう頼んだ。ガラースはさらに、一五七三年の聖木曜日にパリで火あぶりにされた男の例をあげているが、それは理神論の書物『キリスト教徒の至福』の著者ジョフロワ・ヴァレであり、この書はプロテスタントの峻厳さもカトリックの仰々しさも、また無神論者の否定もひとまとめにして拒絶していた[44]。

『珍妙なる教説』周辺の論争

ガラース神父の著作の受けとられ方は、今ひとつ芳しくなかった。リベルタンの側からすれば、それは納得できないもので、ガラースを中傷だと責めた。つまり「ガラース神父の処世訓」は、彼らの表現に従えばでっち上げの塊にすぎない。敬神家の側でも、用いられた形式からして、熱狂ということからはほど遠かった。プロテスタント側、カトリック側双方の改革が結び合って影響を受けて、宗教が自分の世俗的なあるいはあまりにも純粋に人間的な面をすべて取り除こうとしていた時代に、ガラースの下品さは衝撃的なものに思えたのである。トビアの犬の尻尾に関わる一節を先に引用したが、ゲ・ド・バルザックはあるイエズス会士にあてて、この手の脱線は良き趣味に反するもので、学識ある者の著書にふさわしいものではない、と書き送った。そうした悪ふざけや下品さは、宗教の尊厳を守ることが問題になっているときには、場違いなのだ。

一六二三年十月に、フランソワ・オジエ神父は、『フランソワ・ガラースの珍妙なる学説に関する審判と譴責』と題された辛辣な著作で、礼儀にかなった攻撃を仕掛けるのが適切と判断した。ショメーユの小修道院長だったオジエは、善をなしたというよりも損害をもたらした、とガラースを非難した。第一に、リベルタンのすべての無茶苦茶や無神論者のすべての議論を千頁にもわたって、しかもフランス語で広げて見せることが有益だろうか？　そこにこそ、信仰の擁護者にとっての本当の問題があったし、それはすでにカルヴァンが提起した問題でもあった。ガラース自身自分の本のなかで、信仰を持たない者たちの説を「白日の下に」さらし、「逐一」再現する必要があるだろうか、と自問していた。彼は、それはもう誰にとっても隠れのないことと説明して、この問いに肯定で答えた。この点では、リベルタンと変わらない精神状態の持ち主だったオジエは、逆にこの種の論争は学者の間で穏やかなやり方で展開されるべきであるが、ガラースの手法そのものは低い身分の読者の関心を引き、疑いを抱くことさえなしにすませてきた無神論者の議論を、彼らに知らせることになると考えた。つまり、「ガラースはあまりにも大衆的な文体とやり方で、彼の本を読めば民衆の屑までもが引き込まれるようなことを書いている」のだ(45)。翌年第二版が出たからといって、ガラース神父の千頁の本に「民衆の屑」が殺到するなどということはほとんどありえない。しかし、この指摘は大きな意味を持つ。大部分の教会責任者にとって、キリスト教徒の民衆は信仰の真理を理解できないのであり、それゆえに聖職者の専門領域である神学論争からは切り離しておかなければならなかった。民衆は理解することなしに信じなければならなかったのである。オジエはそのことをもってリベルタンへの非難を正当化した。くわえて、すべての真理が口にしてよいというものでもなかった。ほとんどどこにでも無神論者がいること、彼らがまじめな議論をしていることなど、民衆は知るべきではなかった。

ガラースを「ラブレー」、「神と人を愚弄する者」、「悪ふざけと冗談話の親方」だと非難しつつ、ガラースが自分の扱っている主題の高みにはふさわしくないこと、たとえば誠実で尊敬すべき著者シャロンの書物の本当の意味をまったく理解していないことをオジエは非難した。

> ガラース、わが友よ、シャロンの本はあなたのそれのごとく、卑しく民衆的な精神にとっては少々高級すぎます。天体にしてもあらゆる種類の蒸気を餌にしているわけではなく、上質で卓越した著者のものであっても、われわれの精神もあらゆる種類の読書から好ましい養分はとれないのです［…］。お話しなさい、ガラース、あなたの常日頃の方たちと、マロやムラン・ド・サン゠ジレといったまっとうな博士がたと。彼らからなら、セザリウスの討論集会、あの見事な手本の宝庫、ラブレーなど、あなたはとても立派な証拠を引き出せるでしょう［…］。それを読んで、あなたの良い気質をお保ちなさい。さもないと、世の人々はまったく言葉を失って笑い出すことになります。シャロンの本には手をつけずにおきなさい。誠実すぎて、あなたの本よりずっと強くてずっとまじめな人向けなのですから。(46)

こんな指摘も意表をつくものではなかった。そこから分かるのは、この時代の著者たちの考えや学説がどれほどあいまいでさまざまな解釈を受け入れられるものであるかということである。シャロンはリベルタンの側からも、信仰家たちの側からも求められていたのだ。

ガラースは、こんなふうに扱われっぱなしでいる人間ではなかった。高等法院主席検察官、マチュー・

モレにあてた趣意書で、彼は自分を誹謗した者たち、リベルタン、無神論者として扱われたと眉をひそめたプロテスタント、世間から顰蹙を買うのを心配する敬神家たちに逐一答えた。手ぬるいやり方や遠回しにごまかしたり、問題に沈黙したり、声をひそめようとする者たちに対して、ガラースは逆に無神論の差し迫る脅威に向かって非常手段に訴えてでも片をつける必要であることを弁じる。当然のことのように、ゲ・ド・バルザックはその気取った態度が痛烈に非難されて厳しい反論を浴びせられ、オジエは信仰の擁護のための冗談や笑いの効用を思い起こさせる、三〇〇頁に及ぶ『弁明』をすでに一六二四年一月に突きつけられた。ほほえみを浮かべた宗教のほうが、多くの宗教擁護者のやつれた陰気くさい顔よりずっと人を惹きつけるのだ。シャロンについて言えば、誤魔化されないでほしい。「彼は宗教心をじわじわと、まるで絹のひもを使うように封じ込め、絞め殺し、自分の読者をエピクロス主義の哲学へと誘い込む[47]」。

翌一六二五年に、ガラースはまたとてつもなく巨大な二つ折りの本を生み出し、そのなかでいっそうの厳しさと控え目な装いで自分の『珍妙なる教説』、それは『神学大全』であるとの考えをあらためて述べたが、この本はソルボンヌの出版許可を得て刊行された。シャロンは、そこでもまた好ましくない著者として名指しされた。「わたしはシャロンの個人的評価についてつべこべ言うつもりはないが、なんとしても彼の説をすべて呪うつもりである。ダヴィデが悪人たちにしたように、すべてけなしてやる[48]」。それ以外は、体裁が違ったことを除けば、目新しいものは何もなかった。ガラースは警告を発する。無神論が前進している、その目的は神の観念をきれいさっぱり消し去ることだ、と。

法令、王令、勅令、判決によって、頭の足りない者が描き、でっち上げたキマイラとしての、あの神の名を消し去らねばならない。神はいない、この命題を措いてほかに注意深く学ばなければならないものは何もない。これが子どものイロハ、成人のあいさつ、老人の知恵、すべての学問の要石、すべての芸術の目的とならなければならない[49]。

今度はジャンセニストの側から反論が上がった。一六二六年はじめにサン＝シラン司祭は、『フランソワ・ガラース神父の神学大全に含まれる重大な欠陥と誤謬大全』と題された三巻本を匿名で出版した。その語調は極度に軽蔑的なものだった。サン＝シランはまったくのところ太鼓持ちどころではなかった。この本質に迫るには、人を退屈でうんざりさせることも必要であり、冗談は無知のしるしし、浅薄さは卑俗性のしるしでしかないのだ。ガラースは客寄せの道化、自分の力量を越えた問題に迷い込んだ哀れな説教師にすぎない。「以前ときどきうわさに聞いたことを、あなたは経験からわたしに教えているだけだ。説教者であると同時に申し分ない学者であるとはなんと難しいことか[50]」。サン＝シランはどっしりと重い三巻本の端から端まで使って、自分にはそう考えられるという聖書解釈のごく些細な誤りまであげつらうのだが、奇異なことに彼もまた、リベルタンの大家のひとりシャロン擁護の立場をとった。

結局、リベルタンがこの論争の最大の勝者だった。論争には、彼らは高みの見物を決め込んだ。カトリック教会内部の争い、とくにイエズス会がジャンセニストにしかけた喧嘩は、確実に不信仰の増大に手を貸してしまった。しかもそのやり合いは長く続いた。互いに欠点や弱点をくどくどとくり返し、立場を硬化させ、充足的恩寵や効果的恩寵といった二義的な問題に注意を向け、一方は厳格な主義を、他方は固いことを言わない主義を増長させ、そして互いにいがみ合うカトリックのぶざまな様を見せつけることによって、モリナ主義者〔モリナはスペインのイエズス会士、神は恩寵を信ずる者すべてに至福にいたる力をあたえたと説き、論争を引き起こした〕とジャンセニストは宗教についての尊敬を弱め、宗教の主だった識言者たちに足場をあたえた。最後のジャンセニストのはらわたで最後のイエズス会士の首をくくりたいと、やがてヴォルテールが願うことになるが、その毒舌はこうした争いの論理的到達点でしかないだろう。

主だったリベルタン社会

リベルタンをその敵対者の目から見た後で、今度は彼らと直接接触するのが適当だろう。これは困難な使命である。彼らを取り巻くそれなりの秘密厳守というやり方があったからである。彼らはほとんど書き物の跡を残さなかったし、手がかりを残さないため、その跡も往々にしてあいまいで矛盾に満ちていた。歴史記述の古典となったいくつかの注目すべき研究が、幸いこの雑多な世界の知識をすっきりさせてくれた。シャルボネル、ビュッソン、パンタール、スピンク、ズュベール、アタン、トカンヌ、オストロヴィキー、ルクレール、そしてほかの人々のおかげで、わたしたちはリベルタン運動の諸思想、行動、主要人物の輪郭を多少なりとも描けるようになった[51]。

ルネ・パンタールの研究は、今日でも本主題に関するもっとも完全な研究の地位を保っているが、結論として、「アンリ四世の治世の末期もしくはルイ十三世の幼少期に、社交界の人々のあいだ、そしてさらに学識ある人々のあいだで不信仰が広がり、それがときにはほとばしり、ときには自分から姿を隠し、あるいは知られずにいた[52]」と記している。運動の漠然とした性格のために厳密すぎる分類はできないが、それでも著者は三つの主要なカテゴリーに分けている。科学の革新によって困惑したまじめなカトリック。彼らは疑問や批判を呈して、今日わたしたちが《調査中》という状態にあった。ガッサンディ、ガファレル、ブリオー、ローノワ、マロル、モンコニーがそうだった。束縛を解かれたプロテスタント。彼らは、たとえ不信仰に身を任せることになろうとも自由な哲学的思索をくり広げた。ディオダーティ、プリオロー、ソルビエール、ラペイレールらである。そして、ル・ヴァイエ、ブルドロ、トゥルイエ、キエ、ノーデ、ブシャール、リュイリエといったれっきとした反キリスト教的不信仰者がいた。信仰と理性の分離の支持者ではあったが、彼らは合理主義と懐疑論のあいだで揺れ動き、そのために一貫した体系をうち立てるには至らなかった。世紀中頃まではむしろイタリアの自然主義に傾いて、超自然的なものとは性が合わなかった。

ジョン・ステファンソン・スピンクは、彼なりの仕方で二つの大きなグループを区別した。一方の側にはリベルタンで学識ある懐疑論者、有識者、司書、説教師たちがいて、洗練され、控え目で表向き順応主義を装っていた。他方の側にはロクロール、ロマンヴィル、オードサンス、クラマーユ、サヴァリーのような過激な自然主義者、青年貴族がいて、反抗的で、苛立ち、挑発的だった。白黒をつけたい欲求、絶対的なものへのある種の渇望に突き動かされて、彼らはときには無謀なやり方で自分たちの過激な考え、必要ならニヒリズムにいたるほど否定的な考え、そしてたいがいは猥褻な考えを声高に叫んだ。彼らが証明したこの種の激高は、社会がしだいに硬直した特徴を顕わにすることへの絶望の表れ、一種の若者特有の抗議だろうか。一六二三年の『フランシオンの滑稽譚』の冒頭で、ジョルジュ・ソレルが語った《お知らせ》で、彼は肯定的な答えの側に立って次のように弁護した。「そもそも真理が公に明かされることが妨げられているこの時代の退廃に押されて、わたしはこのようにし、ものごとの奥底を見通すことのできない無知な者たちにはおそらく愚かな言動だらけと映る夢想で、わたしに向けられた主だった非難を包み込んでしまわなければならなかった」。

ジョルジュ・ソレルがこの本を刊行したとき、彼は二十歳を少し越えたばかりであり、若いリベルタンたちの良い見本だった。彼らの集まりには、貴族、司法官、商人、金融業者の子弟が見られた。いくぶんかは同様の集まりがジャンセニストの側にも見られた。一方は峻厳な敬神へ、他方は不信仰へと引きこもる、社会の閉塞状態に対する同一の抗議なのだろうか。問いを立てることしかできない。この若者たちにとって、世界を率いるのは運命であり、神々は人間のでっち上げだった[53]。

もっとも騒々しいリベルタンの世界は、国王の弟オルレアン公のような、彼らが入り浸っても免責特権を保証できる権力を持った人物の身近な取り巻きのあいだで作られた。このオルレアン公という軽率で、意志薄弱で、リシュリュー卿の不倶戴天の敵でもあった人物にとって、瀆神家の徒党を維持することは、自分の独立を示すことでもあった。オルレアン公の館には、ブリサック、カンダル、バショーモン、ロクロール、オービジュー、フォントラーユ、ラ・リヴィエールそしてド・ブロ男爵が足を運んだ。男爵の作った不敬な小唄が手書き本の形で徘徊した。そこには攻撃的な無神論が表明されていた。

わが輩は由緒正しきクソ野郎、
責められたことなぞただの一度もござらぬ
秘蹟を食いものにしてもな。
ちくしょうめ、七日ごとに軽蔑してみせよう
あれをもっとはっきり見せてな
わが輩の洗礼名をとりあげようと構わぬ。
[…]
わが輩よく分かってござる
わが輩たちが何ものでもなくなることを

わが輩たちが逝った後は。(54)

同じスタイルの多数のほかの匿名の小唄が公共図書館に保管されていて、勝利を収めたカトリック教会の最盛期の驚くべき反宗教的激しさを証言している。たとえば以下に掲げるのは復活祭の《頌歌》だが、それにはキリスト教の玄義を笑いものにし、不死を否定する二つの小唄がついていた。

さあこの喜ばしき日よ、その歴史を信じればだが、
その日われらが創造主はすべてを栄光に包まれ
死に勝ちを収め、地獄を出られた、
友よ、奴を信じるなら、ロバに蹴られろ。
奴の向きを変えて縛り首にするなら、ものが見えてるってもんだ
復活したらだって、そんなこと誰もちっとも見ちゃいない。

父なる神を語らんことを、
心底三位一体を
処女が母たらんことを
救い主の復活を
そして鳩の姿の聖霊が
爆弾のように落ちてくるように

そんな奴らの運命など構いやしない
ブドウ酒さえ手に入りさえすれば
なんでこんなに鐘が鳴る。ミサか。
死んだ奴を復活させられるのか。
知恵を尽くして信じにゃならん
魂は体と一緒に死んじまうんだと。(55)

不信仰の前進とおおいに関わる別の世界、それは医師の社会だった。十六世紀から、彼らの不信仰との評判はたえず増し続けた。神学者の判断では、彼らの学問の進歩は彼らに精神をないがしろにして生理学に過大な役割をあたえさせることになった。一六三八年にたとえばある医学の博士論文候補者は、徳を身体的な原因から説明した。多くの者は霊的な魂に関しては不審を抱いていた。たとえばラ・フレネは、魂は死の瞬間に消え失せると考えた。聖体は彼にとっては「わずか一切れのパン」にすぎず、「十字架の上で間抜け」を演じる神には軽蔑しか抱かなかった。リヨンの医師、ルイ・ド・セレスは理論的にはプロテスタントだったが、「その者に二百エキュをあたえる者がいれば、男はミサに行きもしようし、四百エキュでユダヤ教徒に、六百エキュでイスラム教徒になるだろうし、千エキュなら天国での取り分を捨てもするだろう」、と言った。(56)

メルセンヌは、「ラブレーのように諧謔家で道化だが、ラブレーよりもなおいっそう意地が悪い」医師に会ったことがあると伝えているが、その医師は地獄、天国、教皇に反論する本の収集をしていた。この医師のウアルテは名うての唯物論者だった。その同僚のバザンは数多くの不敬の書を持っていて、全部の宗教に通ったあげく今では理神論の立場を奉じていた。彼によれば、聖書は物語、キリスト教は作り話、イエスはペテン師だった。神は第一原理であるが、「その下にいるわれわれのことには一切関わらず、われわれに礼拝さえさせれば足りる」のである。つけ加えれば、魔術と闘っていたこの時期祓魔師（ふつまし）〔悪魔祓の資格を持った聖職者〕たちは、総じて悪魔つきの症例を認めず、それを精神障害から説明する医師の存在にいら立ちをつのらせていた。それは悪魔の働きへの信仰を掘り崩すものだった。

心や体を病んだ者の枕元での司祭と医師の張り合いはすでに十五世紀に医師ジャック・デスパール（一三八〇—一四五八）が伝えていたが、彼自身パリの司教座聖堂参事会員だった。ごく当たり前に気違いと悪魔憑きを神学者と民衆が混同することに、彼は激しく抗議した。「愚かな気違い」は、医師に診てもらう代わりに聖人の助言を求めに行っては、「俗信」を軽々しく信じる聖職者に励まされる。

憂鬱症の患者や狂人たちに向かって、お前たちの体の中に悪魔がいるというのが、そう言い慣れてしまった俗衆や神学者の意見である。こうした俗見を当てにする人々はその病の手当のために医師の助けを求めずに、神からその力を授かり悪魔を追い払えるという評判の聖人の助けを求める〔…〕。こうした聖人の手助けを得られると期待できるのは、彼ら専用の教会で九日間祈禱を行い、鉄やそのほかの鎖でつながれた自分以外の病人の傍らで互いに邪魔し合う場合に限られる。もしこの九日間祈禱の代わりに医師の助言に頼ったりすれば、聖人の助けが否定されたり、邪魔されたり、遅らされると愚かな俗衆は判断する。実際、信仰とは神や聖人の力を感じなければならないということであり、聖人は医師と医師の業に嫉妬している。(57)

デスパールはまた、人々の脳を狂わせる狂信的な説教者にも批判を浴びせた。これ以降、医学と宗教のあいだの溝はただ広がるばかりだった。

最後に貴族や医師以外に、無視できない数の不信仰の聖職者、メリエの先駆者がリベルタンの列に数え上げられる。彼らは本心を偽る。「うまく立ち回って全生涯を自分では一度も持ったことがなかった信仰で満たすあやしげな聖職者。無関心で反軽信主義、彼らはまったく抑えが効かなかった。最初から良識に反するウソをつく術を身につけはしなかったが、彼らは本心を偽り、言い逃れをすることは学んだ。生涯を通じて、うわべだけの断言で人を手玉にとる狡猾な手練手管を研ぎすます。スータン〔カトリック教会の聖職者が平常着る足下までの長い服、カソックとも言う〕をまとった信仰を持たない者にとっては、なんとも奇妙な難行苦行だ」、とルネ・パンタールは書いている[58]。例として、国王つき教戒司祭、カッサンの小修道院長のジャン＝バティスト・ユーロン、ヴィルロワンの大修道院長のミシェル・ド・マロルの名をあげておこう。二人とも懐疑論者の放蕩者だった。

ブルジョワ知識人社会もやはりそれなりにリベルタンの割り当てを提供していた。一六一九年から二三年に書かれ、『反狂信論あるいはえせ敬神家』とも呼ばれた有名な啓蒙詩『理神論者の四行詩』を彼らのうちのひとりである哲学教授のものとする点では一般的な合意がなされていた。著者は古代ギリシア・ローマ思想の教養を身につけ、六百の四行詩で理神論の考え方をくり広げ、神についてのキリスト教の考えを神人同形説としてしりぞけた。啓示、原罪、死後の刑罰、それぞれの礼拝は一貫性も論理もない人間の作り事とみなされた。徳は単にものごとの秩序に合致することに存するのであり、報償や懲罰の体系など必要としないし、第一そんなものは不公平この上ないものだった。

神の意志に従って行動する者たちを
神が罰するように願う
そうした狂信家たちの不敬以上の不敬が考えられるだろうか
それで神の正義を証明しようというのだ。[59]

この著作にはストア主義の魅力が顕著だった。それは多くのリベルタンも同様で、彼らにとってはセネカがエピクロスとこの魅力を奪い合っているのだ。

まとまりの悪いテキストではあったが、『四行詩』は手書き本の形で世に姿を現し、メルセンヌが『理神論者の不敬』と題された一三四〇頁の大部の著作でこれを批判することが有益だと判断したとしても、この著作そのものをメルセンヌはおそらく知らなかっただろう（それが思わぬ形で広告の役割を果たしてしまったのだ）。この年のガラースとの紛争が示すように、公の論争のほうが確実にリベルタン思想伝播のもっとも強力なファクターだった。

はっきりしないケース――ガッサンディ、パタン

リベルタンたちの立場の極端な多様性は、いちばん有名なケースを少し検討しただけで明らかになる。まずは当代随一の碩学のひとりで、教会の要職者からはエピクロスを再興しようとしていると恐怖の眼差しで見られていた、司教座聖堂参事会員のガッサンディの場合のようなはっきりしないケースである。実際には、この名前を口にしただけで教会の憤激を買うには十分だった。ガッサンディにまといつくリベルタンとの評判は、イエズス会士ラパンとダニエルの邪推による告発に基づくものでしかなく、きわめて独

立した哲学的立場はとってはいたにせよ、当の参事会員は誠実なキリスト教徒であった。

一五九二年にディーニュ近郊に生まれ、一六一七年に修道会に入り、一六二三年にはディーニュ大聖堂の司教座聖堂参事会主席、一六四五年にパリでコレージュ・ロワイヤルの数学教授になり一六五五年に没したピエール・ガッサンディは、全ヨーロッパの学者との文通を通じて、あらゆる文化的革新の合流点となった。当然懐疑論者でスコラ哲学は放棄していたが、ガッサンディは一六二六年から、友人たち、とくにベークマンに推奨されて、エピクロス哲学に惹かれた。ガッサンディがこの哲学に手をつけ、原子の実在と、自らを組織しながら思考を生み出すその能力に確信を持ったのは、自然学者としてだった。

一六二四年に原子論に関する博士論文の口頭審査をしたことで、ジャン・ビトーとエティエンヌ・ド・クラーヴを告発したばかりだった教会当局の側と衝突する危険という困難が待ちかまえていることを、ガッサンディは百も承知だった。その際ソルボンヌは、「万物は不可分の原子から構成される」との言明を「誤っており、無礼で信仰に反する」ものとして禁じた。こうして、原子論はほとんどイタリアでしか発展することができなかった。イタリアでは、フランス人のジャン・クリゾストム・マニャンがパヴィーアで原子論を教えていた。もっともガッサンディは、神を原子とその運動の創造主とすることで、教会を味方につけるのは不可能ではないと考えた。

さらにガッサンディは、エピクロス主義の枠内で神の存在の証明を目論んだ。神の観念は生得的なものではなくまたまったく経験に由来するものでもない。第一原因、至高の知性としての神は、人知が及ぶ世界を創造された。この創造、ガッサンディはそもそもそれを、教会への忠誠心から《無からの》創造という考えに同意してはいたものの、永遠の物質をもとに考えようとした。神は宇宙に秩序と調和を立てられたが、それはある種生命ある機構体であり、拡散する感覚能力を備えていた。物体は諸々の存在に作用を及ぼす微細粒子を発散する。

これらすべては、世紀末にアントワーヌ・アルノーがその例を示すことになるように、危険な帰結をはらんでいた。存命中一六四九年にエピクロスの生涯と著作を紹介する一七六八頁の大部の著作を公刊したガッサンディは、きわめて多方面からの攻撃を受けねばならなかった。イエズス会はもちろんのこと、天文学者のジャン＝バティスト・モランは無神論者としてガッサンディの死刑を主張したし、デカルトは私的な書簡で自然学の問題で論争を交わした。

ガッサンディは、そのエピクロス主義から神学者の目にはいかがわしく映ったが、彼の個人的な信仰はほとんど問題にされなかった。ほかの者たちは、ギィ・パタン（一六〇〇—七二）のようにもっとあいまいだった。一六五二年以来医学部長だったこの医師は、懐疑的精神の持ち主だった。イエズス会の敵として、パタンは好んで民間信仰のありそうもない話を指摘し、信仰を弱体化させるプリニウス、タキトゥス、ウァロ、セネカ、キケロらの数節を収集し、魂の不死を笑いものにし、説教をバカにし、理論的に断罪するために、十六世紀の著者たちのありとあらゆる不敬を指摘した。その告白でパタンは、自分は新しいものには反対であり、目に見えるものしか信じないが、とはいえ神学では多くの信用のおけるものを受け入れる用意があると宣言した[60]。この相当に辛辣な人物の思想をはっきりさせるのは困難であり、自由思想家との評判はいくつかのあやしげな逸話にしか基づいていなかった。

ノーデとル・ヴァイエの懐疑的悲観論

別の医師、別のあいまいなケース、ガブリエル・ノーデ。このマザランの司書は類いまれな碩学で、その明晰で几帳面な精神は巨大な教養で他を圧倒した。パドヴァに滞在し、そこでクレモニーニの講演を聴き、その批判的合理主義を強化し、いつでも民衆の人の良さにつけ込むペテンやまやかしと論争する用意を調えていた。一六三〇年にバニー枢機卿に随行してふたたびイタリアに赴き、一六三九年にローマで歯に衣を着せない悲観主義的な著作、『非常手段に関する政治的考察』を著した。民衆の愚かさと不安定さから引き出された結論は、全能の国家と同盟した伝統的宗教は俗衆を従属のうちに保つことに貢献するのだから、そのためにプロテスタンティズムやジャンセニズムのような宗教上の革新に反対しなければならない、というものだった。

ノーデの批判精神は広範な歴史についての深い学識に基づいていた。その知識に導かれて、ノーデはあらゆる形態の神秘主義を告発し、神話や伝説を情け容赦なく打ち砕き、薔薇十字団を攻撃し、とりわけキリスト教を含む宗教の誕生と不可避的な衰退についての衝撃的な統合理論を作り出した。君主制は「一連の蛮行や残虐行為の先頭に立って、宗教と奇蹟を働かせるあの作り話やペテンのいくつかを使って始まった」とノーデは書く。改宗によって、クローヴィスは政治的策略を弄したにすぎず、次いで修道士たちが悪魔との戦いというありもしない話をでっち上げた。続けて彼は、宗教は帝国と同じ成り行きをたどり、宗教もまた滅ぶべきもので、「異端や無神論によって、廃れ壊滅する状態に宗教もある」と言う。

ノーデによれば、近年の大事件、活版印刷の発明、大航海による発見、地動説、プロテスタントによる教会分裂はいやおうなしに宗教を弱体化し、宗教は衰退に向かう。ノーデはそのしるしとして、フランソワ一世の治世以前には存在しなかった無神論者の増大に関心を示した。

天文学内部において新しい体系が生み出され、哲学、医学、神学においてもさらに新たなものが導入され、一五四二年［コペルニクス〔の歿年〕］以降無神論者の数はいっそう目につくようになり、そしてコンスタンチノープルの占領以後すべてのギリシア人そして彼らとともにその学問もヨーロッパ、ときにフランスとイタリアに避難したが、こんなことは過去数千年起こらなかったことであり、このことに疑問の余地はまったくない。わたしとしては、わがフランスの歴史にもっとも通暁した人々に挑戦し、文芸の復興者との異名をとったフランソワ一世の治世以前に無神論の廉で告発された人がいたら、それが誰かを示してもらいたい。そしてメディチ家のコジモやロレンツォが示した温情に先だって、それと同様なことをイタリア史のなかでわたしに示そうとしても相当に困ってしまうだろう。(61)

宗教は先例のない危機の矢面に立たされた。「この古い神学上の異端が新興勢力に比べたら無に等しいものになることを恐れる」、とノーデは書いた。ほかの宗教と比較して形式的にはキリスト教を疑問の余地なしと称しながら、ノーデはそれにもかかわらずキリスト教の終末を、「だからローマがいつまでも聖父の座だと思い込むような、ひ弱な精神の誤謬のうちにとどまっていてはならない」、と予言する。

パリに戻り、ガブリエル・ノーデは《テトラド》の主要なメンバーのひとりとなり、そこでなおいっそう懐疑的な精神の持ち主、フランソワ・ド・ラ・モット・ル・ヴァイエ（一五八八―一六七二）と親交を結んだ。元法学者で、法律を捨てて自由に研究に打ち込み、この時代の偉大な碩学の一人となったル・ヴァイエは、教育学、政治学、道徳的著作の書き手だったが、その主著のタイトルは、『懐疑論哲学』、『懐疑論の饗宴』、『懐疑論者の独白』、『賞むべき無知について』、『異教徒の徳について』、『宗教の多様性について』、『オラシウス・ツベーロにより古代人をまねて作られた四つの対話』、というようにかなり示唆に富むものだった。この徹底したピュロンの徒は、謎のほほえみを浮かべ、慎み深く、質素な暮らしぶりだった。しかしそれは一六四九年にオルレアン公の家庭教師に任命される妨げとはならず、さらに驚くべきことには一六五一年にはルイ十四世の家庭教師に任命されたのだ。太陽王は師の影響を残すことはなかったが、ル・ヴァイエは、世の中で生きていくことを容易にするための人間の発明である、すべての宗教に対する容赦のない批判の方向へと向かう。

神々や宗教からわれわれが学ぶのは、道徳生活、経済生活、市民生活のために、また哀れな死すべき者たちにあらゆる愚行からまぬがれて暮らせるような確かな規則をあたえようとして、もっとも有能な人々が諸現象を解明するために自分たちの理論に従ってもっとも合理的だと考えたことにほかならない。[62]

旅行記に依拠してル・ヴァイエは、真理や神の存在が普遍的だとの考えに異議を唱える。善と悪、真と偽は相対的な観念であり、ささやかな解脱のうちに身を置いて判断を一時停止することを、英知は求める。ル・ヴァイエはソクラテス、ディオゲネス、ゼノンを称賛するが、彼の真の師匠はピュロンである。ピュロンの絶対的懐疑主義は彼には真のキリスト教的な慎みにふさわしいものに思えた。懐疑論哲学とは、ル・ヴァイエによれば、次のようなものである。

キリスト教に反することがもっとも少ないもののひとつ、そしてわれわれの宗教の玄義を従順に受け入れることができるもののひとつである［…］。われわれの宗教が基礎を置くのは慎みであり、あるいは神がその類いまれな恩寵で報いてくださる尊敬すべき精神のへりくだりである。見事に表された精神の貧しさはキリスト教の富であることは確かなことであろう。天の王国は知性貧しき者にかくも明らかに約束されているからである。それゆえわれわれが、人間の生来の無知に基礎を置き、すべてのうちでわれわれが信ずるものに反することがもっとも少なく、信仰の超自然的な光を受け入れるのにもっともかなった懐疑論体系を奉ずるのは、謂われがないわけではない。この点では、それこそが最良の神学にふさわしいと言おう。(63)一六三〇年に匿名で出版した『オラシウス・ツベーロにより古代人をまねて作られた四つの対話』で、ル・ヴァイエは神への信仰をすべて根本的に批判し、神を自然の秩序とその力の誤った解釈を基盤とする非合理的な立場に還元した。

とはいえ無神論者はこうした議論をうまく回避し、彼らはそんなものには証拠になるものが何もないと主張する。正確な論理学の規則に従ってこれは彼らにはかなり容易なものとなり、それでこうした主題について自由な生き方を手に入れることができ、ある者は自然の驚異、天体の食、地震、稲光とか似たようなことがわれわれの精神に、それを神に由来するものとの第一印象をあたえてしまうと考える。(64)

ボルネオからアフリカへの、またメキシコから中国への旅行記をふたたびとりあげてル・ヴァイエは、多くの民がどんな神の観念も持たず、それだからといって徳のある暮らしぶりは妨げられず、それに対して過度の宗教心は迷信を生み、狂信や無秩序の要因となることを明らかにする。ル・ヴァイエは、以下の文章でベーコンの『随想集』をほとんど一語一語反復する。

『随想集』におけるベーコン大法官によれば、無神論は感覚、哲学、生来の憐憫の情、法、名声そのほか徳への導き手として有益なあらゆるものを人間にあたえてくれる。だが迷信はこれらすべてを破壊し、人間の知性のうちに絶対的専制を自分のためにうち立てる。それだから無神論はけっして国家に害をもたらさず、遠くを見すぎないので人間が自分自身を見通せるようにしてくれる。そして思うに、アウグストゥス・カエサルの時代と同じように時勢は無神論に傾斜し、さらにわれわれの時代について言えば、いくつかの地方に限ってのことだが世俗的な世の中となり、迷信が複数の国家の混乱の種となっているところではとくにそうだ、とベーコン卿はつけ加えた(65)。

『異教徒の徳について』で、キリスト教は道徳にとって少しも不可欠なものではない、とル・ヴァイエは強調する。「無神論者との評判を立てられてしまうが、自然理性の正しい使用に目を配る者は誰でも」有徳の士である。恩寵について言えば、そんなものは幻想(キマイラ)である。それを納得するには、すべての自然の禍、この「自然に恥辱をあたえる数千の怪物」の存在を確かめれば足りる。真理を弁別することの不可能性のうちにあって、「それゆえにこそあえてわがいとしき懐疑論名、誉ある無知を告白しよう」とル・ヴァイエは言う(66)。実践面では、ラ・モット・ル・ヴァイエは冷静で小心な順応主義で満足したが、どれほどル・ヴァイエが当局を欺きおおせたかは分からない。

ヴォクラン、デ・バロー、ヴィオーのエピクロス主義的悲観論

ロングヴィル公の説教師、フィリップ・フォルタン・ド・ラ・オゲット（一五八五—一六七〇）もまた、一六五五年の『遺言書』で子どもたちにその遵守を勧めた厳格なカトリシズムの外観の下に、自分の理神論を隠していた。一六三三年からメッツの高等法院長だったルネ・ド・シャンテクレは、やはり自国の宗教にとどまるべきだとする無関心派だった。一六〇四年にヴァンドーム公の、次いで一六〇九年に将来の

ルイ十三世の説教師となったヴォクラン・デ・イヴトーは敬神派の手で宮廷から追放されたが、無神論者との評判をとった。ヴォクランは、フォーブール・サン＝ジェルマンの大邸宅で洗練された穏やかなエピキュリアンの暮らしを送った。「あまり神を信じていない、おまけに少年愛を行っている、と人々から非難された」、とタルマン・デ・レオーは記す。すでに見たように、敬神家の心のなかではこの二つはしばしば結びつけられた。一六四五年に、ヴォクランは「サルダナパロス〔伝説上の最後のアッシリア王、首都陥落に先立って、王妃・財宝とともに自ら焼死したと伝えられる。ドラクロワの『サルダナパロスの死』で有名〕として生きる」と歌ったソネットで、世間の顰蹙を買った。実際には、ソネットについての放蕩家たちの陰口のほうが根拠のないものだった。

こうした陰口は、パドヴァでのクレモニーニのかつての弟子、ジャック・ヴァレ・デ・バローについてもまったく同様だった。実際、デ・バローは深刻なペシミズムをともなった懐疑論者で、自分の思想を数行の詩句に表していた。

大衆の誤謬を免れた精神を持つこと
玄義に払うべきあらゆる尊敬を抱き
なんの後悔もなしに、道徳的に生きる
十全たる確信のもとに現在をわがものとし
将来に恐れも希望も抱かない
いかなる場合も待つは穏やかな死のみ(67)

デ・バローによれば、理性はわれわれの悲惨をわれわれに知らしめることにしか役立たない。われわれにはただ唯一の展望として死があるだけで、われわれは盲目的で狂暴な自然と虚無に包まれている。

泣く、うめく、苦しむ、弱い者も強い者も、
不確かな人生の運命の流れるままに、
どれほど辛い道筋を棺へとわれわれは引きずられるか、
貧しさ、病気、そしてそれに続く死。

永遠の眠りが死の後に続く、
生命から離れると、わたしは虚無に入る、
ああ、痛ましきわが身の有り様よ！(68)

すべてが死によって終わるのだから、人生を最大限楽しむべきだ、とデ・バローは考える。だがこうした懐疑論者の大部分は放蕩とはなんの関係もなかった。一六二〇年代にきわどい詩、ポム・ド・パンの居酒屋への入り浸りでもっぱらのうわさとなり、自然の法則に従って生きることを期待したテオフィル・ド・ヴィオーでさえ、人が彼のせいにしたやりすぎすべては一度もしてはいなかった。一五九〇年にアジャン近郊のプロテスタントの一家に生まれ、放浪詩人の暮らしを送り、次いで一六一三年からカンダル伯の、一六一九年からはモンモランシー公の執事を務めた。ヴィオーは、自分が受けたプロテスタント教育の痕跡は何も残さず、詩作では自然が表す神秘的なエネルギーの存在を信じる、汎神論的で神秘主義的な

自然主義者としてはっきりと姿を表す。ヴィオーによれば、人間は物質から生まれ、数あるうちの一匹のけものにすぎない。「自然以外の神を認めてはならず、自然にはまるごとゆだねねばならず、そしてキリスト教は忘れて、けだもののように万事自然に従わなければならない」。こんなふうに一六二三年〔この年ヴィオーに死刑の判決が下される〕の判事はヴィオーの思想を要約したが、彼の思想は考え抜かれた体系ではなく、幻滅し、世間の顰蹙を買う、瀆神の激しいいら立ちが刻み込まれた作品のなかに表れていた。

テオフィル・ド・ヴィオーは騒ぎを好む小グループのメンバーのひとりとして姿を現したが、すぐにイエズス会からスケープゴートに仕立て上げられた。イエズス会は当時パリ大学に入り込もうと試み、あらゆる機会をとらえて異端やリベルタンに対する闘いにおける自分たちの熱意を証明しようとしていた。こうして一六二三年にはっきりと不敬の色合いを持つ共著、『諷刺詩人のパルナッソス山』が現れると、テオフィルと仲間の数人の逮捕が布告された。首謀者として隔離され、欠席裁判で死刑を宣告され、ヴィオーは逃亡せざるをえなかった。見つけ出され、再度判決を受け、死刑判決が追放刑に減刑されたが、その健康は入牢のために危機的状態になり、彼を見放し、ヴィオーは一六二六年に死んだ。

この事件は、リベルタンはどんなときでも政治的・宗教的大波乱に意のままにされることを示している。穏やかな人生を送り、大貴族の教育係を務めた者もいれば、思想はそれほど過激でもないのに、挑発的な気質のために第一線に躍り出て、危うく火あぶりにされかけた者もいた。このような不安定で動揺止むかたない状況では、陰口や中傷がしばしば重要な役割を演じた。無神論との評判のいくつかは風聞にしか基づかず、出どころというわけではないのに、ギィ・パタンはしょっちゅううわさの種にされた。以下に例として掲げるのは、ナヴァールのコレージュでのかつての師、クロード・ブリュルジェについてパタンが書いたものである。

昔この修辞学の教師を知っていたという人たちに会ったことがある。その人は、師はどんな宗教も気にかけず、古代ギリシア・ローマのふたりの人物、ホメロスとアリストテレスに高い地位をあたえ、聖書のなかでもモーセと預言者すべてを揶揄し、ユダヤ人や修道士を嫌悪し、どんな奇蹟、預言、幻、啓示も認めず、煉獄を揶揄していた、とわたしに話してくれた〔…〕。この世でいちばん愚かな本は『創世記』と『聖人伝』であり、天を穢すなどとはまったくの作り話だ、と言っていたのだ。[69]

教会が聖書から力を奪い取り、意味を改ざんしたと示そうと試みることで聖書に敬意を払った者もいたにはいたが、こうした聖書への蔑視はリベルタンの間では広く見られた特徴だった。[70]

唯一ギィ・パタンのみがやり玉にあげたそのほかの人物のうちから、自然学者、王立植物園長で、一六四一年に亡くなったギィ・ド・ラ・ブロスをあげておこう。パタンは個人的には彼を嫌い、エピクロスの豚の列にくわえていた。

悪魔ならこの男の血を抜いて、あの世に送ってくれるだろう。偽善者、無神論者、ペテン師、人殺し、実際そうだった公開死刑執行人にはそれがぴったりだ。死の間際になっても豚以上に神への思いを抱かず、生きているあいだは豚の真似をし、それでこのあだ名がつけられた。なんとある日のこと自分の家をご婦人方に見せ、廷内の礼拝堂にやって来ると、自分のことを指しながら、「ほら、ここが豚が死んだら入れられるサロンですぞ」、とご婦人方に言った。[71]

ゲ・ド・バルザックによれば、別の札付きの無神論者は、ブルゴーニュのコレージュの教授、フランソワ・ギュジェ（一五七五―一六五五）だった。

こうした事例はほかでは確認されず、事実そうだったのか、そうでないのかも分からないが、そのこと自体は最終的には二義的なことである。まさにジョン・ステファンソン・スピンクが書いているように、「こうした証言について認めうる唯一のメリットは、知的な雰囲気に関する一般的な印象をあたえてくれることである」(72)。かなりの数の、そしてかなり重大な無神論の告発がなされたであろうし、それが信頼に足ると思われることが、一六〇〇―一六五〇年代のフランスの知識人や貴族のサークルで無神論が占めた重要性を十分に示している。

しかしこの無神論は概して反抗的な立場にとどまっていて、まだ思想の一貫した体系をなしてはいなかった。十六世紀のユマニスムよりもなおいっそう古代ギリシア・ローマに範をとりながらも懐疑論、悲観主義と同時にエピクロス主義に依拠していた(73)。懐疑論、それは宗教戦争と、カトリックとプロテスタント間の、イエズス会士とジャンセニスト間の争いによって教義さえもが揺さぶりをかけられる文化的転換を目の当たりにして生まれた。ただひとつの助け、理性だけが残された。しかし一六五〇年にデカルトが亡くなったときには、その方法が文化のなかに本当に浸透するにはまだ時間が足りなかった。影響が感じ取れるようになり始めるのは、世紀の後半になってからだった。ただその頃になっても、理性は批判体系に骨格を提供するにすぎなかった。今はまだ、理性には真理に到達することはできないように見えた。思想史とは、ある面では理性の浮沈の歴史である。十二世紀から十三世紀には理性への熱狂が示され、十四世紀、十五世紀には非難・中傷され、ユマニストからふたたび評価され、十六世紀末と十七世紀初めには信用を失墜し、一六五〇年から一七七〇年まではデカルト主義を範として称賛の的となり、それはカントの批判主義によって改めて限定を受けるまで続いた。もちろん単なる上下動が問題ではなかった。各時期が先行する時代時代の経験を活かし、いくつもの潮流が重なり合った。つまり一般的に言って、一六〇〇年から一六四〇年にかけてのフランスのリベルタンは、壮大なドグマ体系の破綻を確認し、真理への到達を断念したのだった。

ほとんどつねに、こうした知性の放棄はペシミズムを、そして往々にしてエピクロス主義をともなった。われわれがどこに進むのか分からなかったとしても、確かなものとして残される唯一のこと、それは死である。そうした状況であれば、人生を楽しもう。とはいえリベルタンの喜びもその反対者たちが言うほど行き過ぎたものではなく、苦みが残された。

さらに、グループは脆弱で不安定だった。ある者は本心を偽り、ある者は挑発した。当局の対応も不確かだった。リベルタンがキリスト教や全宗教を批判しても、ある者は理神論者であり、ほかの者は汎神論者であり、さらにほかの者は無神論者であり、そこには多様なニュアンスがあった。そして、自分をエリートとみなして、彼らは同志を募ることをまったくせず、民衆を軽蔑し、表向きの順応主義を奨励し、公の秩序という名目で絶対主義を支持した。

フランスのリベルタン運動は社会の大きな分派を獲得できなかった。フロンドの乱終息後は、デエノーはオランダへ、サン゠テヴルモンはロンドンへ、といった具合に外国へ旅立つなどの理由からサークルは四散し、残った者たちはいっそう控え目となった。だがリベルタンが激しく叩きつけた無神論の芽は偉大な世紀の後半を通して熟し続け、イタリアの自然主義、デカルト主義的合理主義を養分としながら、ヨーロッパ精神の第二の危機を通じて花開くことになる。一六四〇年からおよそ一六八〇年、九〇年までの間不信仰が、勝利を誇るトリエント公会議後の教会の豪華絢爛さの陰で地下深く前進していた。

第八章
偉大な世紀の不信仰に向かって（一六四〇―一六九〇年）

サント＝ブーヴは、その記念碑的な歴史書『ポール・ロワイヤル』〔一八四〇―五九〕で、こう記した。

十七世紀、それなりの視点から考察すれば、この時代は直線的で途切れることのない伝統のなかの不信仰をかいま見せてくれる。ルイ十四世の治世は、あたかも不信仰によって蝕まれているかのようだ。フロンドの乱は自由奔放な者たちの群れを王に送りつけた。激しく抜け目のないエピクロス主義者、高慢な女たち、レス枢機卿たち、ドン・ジュアンの正真正銘のオリジナル、パラティーヌ大公妃、コンデ公、そして聖なる十字架のかけらを内輪で焼く陰謀を企てる医師で司祭のブルドロ、ニノン、サン＝テヴルモン、サン・レアル、そしてエノー、レネ、サン＝パヴァンといった詩人たち、メレ、ミトンそしてデ・バロー、デズリエール夫人、彼女のことはベールがある面でスピノザに結びつけることになるのだった［…］。若い宮廷は外に漏らしてはならない異教の悪口（あっこう）に溢れていた［…］。だから注意深いキリスト教徒の警告の叫びが理解できる。それにしてもまったく別の意味で驚かされるのは、偉大な治世のもっとも晴れがましい時期に司教座に席を占め、橋のど真ん中にでもいるかのようにものごとの全体を考察し、それを確固たるものとして受け入れ、下々には耳も貸さず（ボシュエこそ預言者だ！）、少なくとも声を上げて大洪水を警告もせずに、ボシュエがある種泰然自若としているようである。

卓越したコンデ公やパラティーヌ大公妃の追悼演説で、ボシュエは自分が褒めたたえているのは老いさらばえてゆく英雄であるかのように装い、最初の、そして奥深い不信仰を聖なるヴェールで覆い、墓の上に勝利のテ・デウム〔国家的慶事や戦勝祝賀のために作られたカトリック教会の聖歌のひとつ、「神ニマシマス御身ヲワレラ讃エン」の意〕を響き渡らせた。とはいえ不信仰は己の道をたどり、王侯貴族から民衆へと移って行った。ルイ十四世治下では、精神の自由は上流階級や一握りの上流ブルジョワジーに限られていて、大通りの下層民は教区民にとどまり、狂信主義にいたるほどだった。カトリック同盟〔宗教戦争期のカトリック過激派組織〕からはまだそれほど隔たってはいないのだ！　我慢を！[1]

危機の増大とボシュエの不安

サント＝ブーヴの見取り図は大筋で妥当なものである。偉大な世紀のあの輝かしいキリスト教的な外面が、実際には密かに進められた破壊工作を隠蔽していたが、その結果は一七〇〇年代に劇的な形で姿を現した。おそらくはあまりにも長い間保守的な歴史研究者たちは、ヴァンサン・ド・ポール、パスカル、ボシュエ、マルグリット＝マリー、バロックの黄金色（こがねいろ）の輝きとイエズス会の宣教に目を奪われ、太陽王の時代を十八世紀の大いなる宗教的危機に先行する華麗なキリスト教の勝利の時代としてきた。同時代人自身、たしかに、しばしば礼拝の豪華絢爛たる聖堂区でのお勤めの一体主義的外観に惑わされ、信仰の決定的勝利を断言した。それでも、である。大聖堂がテ・デウムの鐘や豪華な説教を響かせたその一方で、人に知られることもなくキリスト教の出現以来もっとも恐ろしい反宗教的告発文書を、メリエ司祭は満腔の怒りを込め、自分の司祭館で認めていたのだ。

メリエの爆弾が炸裂するのは十八世紀になってからのことにすぎない。しかし一六六〇年以降不信仰はひそやかに、しかしどうにも避けようがない形で進行した。思想の展開はトリエント公会議が硬直化させた信仰をあらためて問題とするよう導く。イタリア自然主義、ガッサンディ主義の遺産を取り込み、デカルトの機械論を真理の探究に適用し、ホッブズやスピノザの破天荒の概念について議論を交わし、リシャール・シモン、ラ・ペイレールやバーネットの聖書批判の功罪を論争しながら、知的世界はしだいに聖ペトロの岩山〔ローマ・カトリック教会、ペトロがイエスにより教会の岩とされ、天国の鍵を授けられた（「マタイによる福音書」第十六章）ことによる〕から向きを変えて行った。これらの論争の反響はリベルタン第二世代や、国王の取り巻きたちのあいだでさえも自分のエピクロス主義を隠し、自分をさらけ出すにはひたすら恩赦を待つのみといったえせ敬神家の世代にも届いた。さらに重大なのは、おそらく、民衆の信仰心のうちに亀裂が生じたことであり、宣教師の報告がそれを明らかにした。偉大な世紀は、《魂の偉大な世紀》ではない。それは、敬虔なダニエル＝ロプスがその『教会史』であたえた表現だった。それはむしろうわべだけの見せかけの偉大な世紀、紛らわしい世紀であり、公式見解は文化と宗教の完全な相互浸透を宣言する一方で、はじめて文化と宗教のずれが事情に通じた者の目にはそれと分かるようになった時代だった。

サント＝ブーヴが言ったこととは反対に、ボシュエは信仰に反対する脅威が高まって来るのを目にし、さらに自分がまったく無力であることも感じていた。というのも、モーの鷲〔ボシュエの異名〕は合理的な精神の持ち主であり、デカルト主義者であり、その同じデカルト主義が信仰に敵対する途方もない道具になろうとしているのを、漠然としてではあったが感じていたからである。ボシュエはこの亀裂を、一六八七年五月二十一日付の手紙で、こう記す。

デカルト哲学の名のもとに、教会に対して大きな戦が準備されている［…］のが見えます。これはわたしの意見で誤解だと思いますが、一個の異端以上のものが教会の、そしてその原理の内部から生まれているのが見えるのです。そこから、われわれの父祖が守ってきた教義に向かって引き出される結論が予測されます。教会をおぞましいものにしようとし、哲学者の精神のうちに神なるものと魂の不死をうち立てるために教会が教義に期待しえたあらゆる成果を教会から失わせようとするのです。

この誤解された原理のおかげで　別の恐ろしい不具合がはっきりと人々の心をとらえています。明晰に理解されることは認めねばならないという口実が、ある範囲に限られてはいても、それをきわめて真実なこととして、自分はそう考える、いや自分はそうは考えないと、各人に好き勝手な物言いを許しているのです。そしてたったこれだけのことを根拠に万事こう思うだとかああ思うとか言い、われわれの明晰判明な観念以外にも、きわめて本質的な真理を含まずにはおかないが、あいまいで漠然とした観念があることなど思いもよらず、それを彼らは全否定してひっくり返してしまうのです。こんなことを口実に、判断の自由が導入され、伝統を顧慮することなく無謀にも頭にあることすべてを口にするようになりました。これまでこうした行き過ぎは、わたしの意見ですが、新体系〔デカルト哲学〕における以上に現れたことはありません［…］。

一言で申せば、わたしはかなりひどい間違いを犯しているか、あるいはわたしは教会に反対する一大勢力が形作られるのを目の当たりにしているのです。早めに理解し合えるようにしないと、きちんと手を打つ前にこの勢力は折を見て暴発します。(2)

この手紙は、その人自身がデカルトの弟子だった《マールブランシュ神父のある弟子に》あてられたものだった。ボシュエは、宗教に適用されたらデカルトの方法が超自然的なものや奇蹟のようなものを消し去ってしまうことをきちんと見抜いていた。「わたしが気が向けばですが、このやり方で死者の復活も生まれつきの盲人の治癒もすべて自然に還元してあげますよ」というわけだ。

ボシュエもやはり宮廷でのリベルタンの重大さを確認できる十分な立場にあった。復活祭の主日の説教で、ボシュエは彼らを非難した。

リベルタンのことはわたしには何も申されますな。彼らのことなら分かっています。毎日彼らが駄弁を弄しているを耳にしているのです。彼らのおしゃべりで気づかれることは見せかけの才能、漠然とした好奇心、あるいは率直に申し上げればまごう事なき虚栄心だけです。その底には御しがたい情念があって、それが、あまりにも大きすぎる権威から押さえつけられてしまうのではないかと恐れて、神の法の権威を攻撃し、人間精神に生来の誤謬から、幾度となくそう望んでいるうちにこの法をひっくり返せたと思ってしまうのです。(3)

この司教によれば、リベルタンは特別な考えを持ってはいなかった。望むことはただ思うままに、エピキュリアンとして生きることだった。

どこから、キリスト教の真理に反対し、キリスト教のただなかでこれほどあからさまにわき上がるのが目につく、リベルタンのあの群れが生まれたのでしょうか。信じることができない玄義を信じるよう持ちかけられたことにいらだったからではありません。玄義をまともに検討する労をとるなど一度もしたことがないので

すから。［…］予定説の秘密が手の届かぬままでありますことを。一言で申せば、天にあってはお気に召すまま神がすべてであられ、またすべてをなされますことを願い、地にあってはあの輩が思いのままに情念を存分に満たすように神がなされることを願います。(4)

宮廷は、神を忘れたリベルタンで溢れていた。だが生粋の無神論者はまれだ、とボシュエは言う。「まず無神論者やリベルタンがいて、ものごとは偶然によってや行き当たりばったりで、秩序もなければ監督もなく、卓越した導きもなしに進行する、と彼らは公然と口にする。［…］大地はこんな怪物などほとんど担ってはいない。偶像崇拝者さえもまた異教徒もそんな輩を憎むだろう(5)」。

文学の証言

また別の格別の証人、同時代人の欠陥についての情け容赦のない観察者、それはラ・ブリュイエールだった。『人さまざま』で《強き精神について》扱ったもっとも大きな章〔第十六章〕についてはあまり注意が払われて来なかったが、こうした精神の持ち主をラ・ブリュイエールは手厳しく批判した。彼らに割かれた三〇頁は、上流社会における彼らの重要度のしるしである。そしてこの側面こそ、わたしたちが留意しておくべきことなのだ。それ以外では、この高名な肖像画家の分析はあまり説得力を持たないからである。そしてその点に関する限り、ラ・ブリュイエールは素朴な信仰を地で行っている。

神がいると思うし、いないとは思わない。わたしにはそれで足りる。世界についての屁理屈はわたしには無用だ。それで神は存在する、とわたしは結論する。この結論は、わたしの本性のうちにある。その原理をわ

たしは子どもの頃にたいそう易々と受け入れ、それ以来さらに年をとってもごく自然なものとして守ってきたから、今更そのことに疑念を抱くまでもない。――でも、そんな原理を厄介払いする人だっておりますよ。――そんな者がいるのかどうか、これは大問題だ。しかしそうであっても、それはただ怪物がいることを証明するだけだ。(6)

その一方で、ラ・ブリュイエールはまともな無神論の可能性など見向きもせずにこう述べる。

無神論は存在しない。いちばんその疑いが濃いとされる大貴族も自分の心のなかで神がいないと決断しなければならなくなると、途端に怠け者になる。その無気力さのおかげで、自分の魂の本性についてや真の宗教がもたらしてくれるもの、そういった重大な事柄についても彼らは無感覚、無関心になってしまう。否定もしなければ肯定もせず、要するに何も考えてはいないのだ。

ところが数行先で、ラ・ブリュイエールは宮廷にはリベルタンと偽善者の二つのタイプの不信仰者がいると断言し、後者についてこう書く。「えせ敬神家は神を信じていないか、神をあなどっているかのどちらかだ。そういう者には喜んでこう言ってあげよう。そいつは神を信じていないのだ」。この章には、この種の支離滅裂な話が溢れている。釈明など必要としない自分の素朴な信仰を宣言した後ではそうなるのだろうが、ラ・ブリュイエールはくり返し釈明し、信仰に都合のいいありったけの決まり文句、上っ面だけのまことしやかな議論を何もかも並べ立てる。彼は書いている。シャム人がわれわれを彼らの宗教に改宗させようとわが国にやって来たとしても、われわれはそんなことは笑い飛ばすだろう。

ところでわれわれも、彼らの国に行って彼らにわれわれのものをもちかける。それでも彼らは笑いはしない。これこそが、われわれの宗教が真理であることの証拠ではないのか。偉大なるラ・ブリュイエールがわたしたちに見せつけてくれたのは、なんとまじめな議論の仕方だったことだろう！　ごちゃ混ぜである。彼はキリスト教の都合のいいものならどんな議論でも利用した。玄義、奇蹟、儀式の美しさ、パスカルの賭け、世界の秩序、自然の驚異、社会の秩序、魂の不死、間違いないとなれば、これ見よがしのデカルト的公式でさえ利用した。「わたしは考える。だから神は存在する。わたしのうちにあって考えるもの、わたしはそれをわたし自身に負っているのではないからである。［…］すべてが物質であれば、またわたしのうちにある思考が、ほかのすべての人の場合同様、物質の諸部分の配列の結果でしかないとすれば、物質的なものを除いたほかのすべての観念をこの世に設けられたのはだれだろうか」。

不信仰は、ラ・ブリュイエールによれば、われわれを違った宗教と接触させ、そうやって相対主義に手を貸す有害なやり方である旅行とともに広がった。他人の宗教からわれわれは何を知る必要があるというのだ。「ある者たちは長い旅行でついには身を持ち崩し、自分に残されていたひとかけらの宗教を失ってしまう。彼らは日々新たな礼拝、さまざまな風俗、さまざまな儀式を目にするのだ……」。

不信仰者のあいだには、世間並みにはしたくないという単なる欲求から、またほかの者は自慢癖からそうなっている者が多い。元気でいるうちはそれでも結構、だが死が近寄ってくると考えが変わる。「暴飲暴食もせず、慎み深く、控え目で、公平で、それでいて神がいないなどと口にする者がいたら、お目にかかりたいものだ。口にしても、少なくとも関心がないからだ。だがそんな奴などいはしない」。無神論者は自然学では原子論者だ、と著者は記す。「原子に依拠する者たちが真理を探ろうとほんのわずか力を出しても戸惑うさまに、わたしは驚きなどしない。［…］こんな精神の持ち主が不信仰や無関心に落ち、神や宗教を政治のために用いようとするのも当たり前だ」。

この章はたしかにラ・ブリュイエールのなかで最良のものではないし、その評判も浅薄な弁護の域を出るものではなかった。とはいえそのように『人さまざま』の大部分と同じ質を保つだけの距離をとる余裕もなく、熱心ではあっても不器用にしか《強き精神》に反論できないとラ・ブリュイエールが見えたとしても、この《強き精神》がラ・ブリュイエールにはきわめて危険なものと映ったとは言えるだろう。

こうした危険の印象は、そのために大論文を書くことが必要だと判断したパスカルから、ギィ・パタンにいたるまで多くのほかの文献資料によっても確認される。パタンは一六六二年十一月十一日にこう書く。「ロクロール殿がイタリアに軍を送る良策を提案されたようです。つまり、リアンクール殿が二万人のジャンセニストを供出され、テュレンヌ殿が二万人のユグノーを、そしてご自身は一万人の無神論者を供出されるのです」。ニコルによれば、今やプロテスタンティズム以上に重大なものがあった。「この世での重大な異端はもはやカルヴァン主義でもなければルター主義でもなく、無神論であること、そして善意の者、悪意の者、毅然とした者、優柔不断な者、引きずり込まれた者などありとあらゆるタイプの無神論者がいることをご承知いただく必要があります」。またほかの箇所では、「近年の重大な異端、それは不信仰です」と彼は書く。ライプニッツによれば、一六九六年には理神論自身が過激な無神論に追い越され、ライプニッツは「誰もが少なくとも理神論者でありますように、すなわち万事は至高の英知によって統べられていることを十分に確信しますように」、と祈った。

ルイ十四世の文学的栄光を支えた者たちのあいだでも、誰もがラ・ブリュイエールのような単純な信仰心を持っていたわけではなかった。自分のサロンにエピクロス派の叙情詩人を集めたラ・サブリエール夫人にあてた発言に表れているように、生涯一度も教会に足を運ばなかったラ・フォンテーヌが、どれほど汎神論的物活論の疑いをもたれたかは周知の事実である。モリエールについて言えば、シャプランの証言では一六五九年以前にルクレティウスの翻訳を企てたし、グリマレによればピュロン主義とエピクロス主義の間を飛び回っていた。モリエールの『タルチュフ』は今でも謎めいたあやしげな作品であり、欺瞞なのかそれとも敬神なのか、その本当の標的が何なのかをはっきりさせるのは難しい。その点で『ドン・ジュアン』は、聖なるもののあらゆる形態に対する人間の反抗を体現している。スガナレルはこう言う。

言っておくがね、おいらのご主人さまの中にゃ、これまでこの大地が生んだ極めつきの大悪党、ヤクザ者、犬畜生、悪魔、イスラム教徒、天国も地獄も信じない異端者、世の中を本物の野獣として生きる狼男、エピクロスの豚、人様がしてくださるキリスト教のどんな忠告にも耳を塞ぎ、おいらたちが信じることは何もかもばか話扱いする本物のサルダナパロス〔メソポタミア神話に登場する紀元前七世紀のアッシリア王。放蕩の挙句圧政に耐えかねた民衆の蜂起により宮殿ごと焼き殺された〕が住んでらっしゃるんだ。(7)

あるいはドン・ジュアンは、質問をはぐらかすそのやり方でそう思わせておく、単なる不可知論者なのかもしれない。

スガナレル：まさか、ご主人さまは神様をまったくお信じではないとか。
ドン・ジュアン：うっちゃっておけ、そんなことは。
スガナレル：つまり、お信じじゃないんですな。じゃあ地獄は。
ドン・ジュアン：おいっ！

スガナレル：まったくご同様で。じゃあ悪魔はいかがでございますかな。
ドン・ジュアン：あー、あー。
スガナレル：やっぱりほとんどだめ。あの世は信じていらっしゃらない。
ドン・ジュアン：はっ、はっ、はっ！[8]

ドン・ジュアンの悪魔的美しさと偉大さは、伝統的な宗教の息詰まる重圧をはねのけ、人間としての自立を求めるある種のリベルタンと無関係なものではない。タルマン・デ・レオーから「とにかく王国で最大の瀆神家の気違い」と呼ばれた、ロクロール騎士はその極端な例証である。[9]これもタルマンによるが、「トゥールーズで彼の者同様の気違いが見つかりましたが、ロクロールは九柱戯の最中にミサを非難し、うわさでは女たちの恥部に聖体のパンを授け、犬たちに洗礼を施して結婚させ、考えつくあらん限りの不敬を行い、またそれを口にしているそうです[10]」。その報いで、ロクロールは一六四六年二月十七日最初の逮捕に見舞われた。釈放されたものの、彼はまた破廉恥な暮らしを始めた。ヴァンサン・ド・ポールやほかの敬神家たちは、女王に彼の首を要求したし、聖職者会議は宮廷に代表団を送り制裁を求めた。一六四六年四月十五日ロクロールはバスティーユに入牢させられたが、マザランの取り巻きから声が上がった。「こんなつまらぬことで身分のある者を逮捕」させるとは。自分の裁判では神と立ち向かわなければならないことを予想して、ロクロールは反論する。「神はわたしほどたくさんの友人を高等法院にお持ちではない」。とはいえ、彼は逃亡したほうがずっと無難だと考えた。タルマンはさらにロクロールの友人、「不敬で名高い」ロマンヴィルについて語っている。彼が重病になると、彼を回心させようとやって来たフランシスコ会修道士をロクロールは鉄砲を手にして迎えた。「お引き取りください、神父殿。さもないとお生命を頂戴しますぞ。奴は犬のように生きました、だから犬のごとく死なねばならぬのです」。

タルマン・デ・レオーの『寸話集』はこれと似たケースをふんだんに載せていて、悪口や誇張を差し引いても、リベルタンの伝統が、ヴァニーニの弟子のパナ男爵、平然と自ら生命を断ったリオトゥレ、クラマーユ伯とともに一六六〇年代まで続いたことを示している。クラマーユ伯はやはりヴァニーニの弟子で、「二つの宗教を和解させるには、お互い向き合ってわれわれが認めている信仰箇条を身につけ、それで満足しておけば足りる。そうしたらパリで町人どもの担保をくれてやる、それを守れば誰でも救われるのだ」、と言い切った[11]。同様の理神論的態度がボーリュー男爵、ルネ・ドーデッサンにも見られ、彼は「八十一の宗教があるが、自分はどれも同じように良いものだと思うと言った[12]」。

タルマンは忘れることなく、ニノン・ド・ランクロ〔十七世紀の高級娼婦、サロン主人〕をそのリベルタン肖像画集に加える。ニノンは、ミオサンやアレクサンドル・デルベーヌ同様不信仰で身を滅ぼした。「宗教が幻想で、そうしたことすべてには真実などひとかけらもないことが彼女にはよく分かっていた。〔…〕何も信じないと告白したし、死にかけたこともあったが病気にはとても強かったこと、またただ儀礼上秘蹟を受け入れているにすぎないことを自慢していた[13]」。

この最後の観察は、生涯の最後のときが新たな重要性を帯びてきたことを証言している。死に向き合う態度が不信仰の正統性に太鼓判を押すか、それとも逆に最後には舵を切って信仰の究極の勝利を画することになるかの試金石、試練だった。真理の瞬間、それを両サイドから食い入るような眼差しで、人々が窺う。ときには瀕死の者の枕元で本物の争いが起こるのに立ち会うこともあった。その賭け金は、相手陣営に抗して一点とることなのだ。タルマンは次のような例をあげる。「ブルルロワと称する老齢のリベルタンが死の間際にあったが、自分の夫の友人のひとりだったので、ノジャン＝ボートリュ夫人が彼のもとに告解師を送った。《こちらにノジャン夫人が遣わされた告解師さまがおいでです》、と言われ、《やれやれ、人の良いご婦人だ。なんともまったくご親切なこと。ターバンでも送ってくれていたら、頭に乗せてやったのに》、と答えた。告解師はすることは何もないと悟った」[14]。

えせ敬神家の時代

ロクロールも再改宗し、告解している。一六六〇年に亡くなったが、彼は事実上物議をかもす初期リベルタンの最後の代表者のひとりだった。というのもこれ以降、専制秩序への回帰にともなって羽目を外した振る舞いは許されなくなり、不信仰は半ば非合法な状態に陥ったからである。一六六五年に、ロッシュマン殿はこう書いた。「火あぶりを怖れ、あらゆる法から死刑判決を受けた不敬は、まず何よりも神に反抗することも、神に戦いを仕掛けることもし続けることができなくなった。不敬にも配慮や策略が、紆余曲折が、そして始まりや悪化がある」。えせ敬神家のときが告げられた。「誰もがほかの者たち同様、きちんと告解し、聖体を拝領して死んだ」、ベールはそう書いた。そしてそのなかには、司教たちにいたるまであらゆる身分の者がいた。サン゠シモンによれば、オータンのえせ敬神家、ガブリエル・ド・ロケットがタルチュフのモデルにされたようだ。一六六七年に司教職に昇進すると、「いかにも愛想よく振る舞い、当世の身分あるご婦人方とも縁を持ち、あらゆる陰謀に加担する」ので、人々はロケットが何を信じていたのかはっきりとはわからなかった[15]。別の例。ダミアン・ミトン（一六一八―一六九〇）、彼は自由思想家の一味だった。メレ騎士もそこに加わっていたが、この騎士については、マレ・マチューが『回想記』で次のように記している。「よく調べてからでないという条件つきで、この男は神を信じていた。『霊魂不死論』なる小論を書いたが、それを友人たちに見せては耳もとで《わたしは死論の側ですが》とささやいた」[16]。

一六五〇年―一六七〇年代の非合法のリベルタンの第二波に関する証言は、一六五三年から七五年までパリでサン゠テティエンヌ゠デュ゠モン教会の司祭を務めていたピエール・ブリエの手書き本の『回想録』が提供してくれる[17]。一六八一年以降に作成されたこの資料のなかで、ブリエは、自分が主宰する聖堂区でどれだけの不信仰者と関わりを持ったかを語り、誰の目にも明らかなケースを引用しているが、その信憑性には歴史家が折り紙をつけた。一六六〇年頃、諮問会議のある弁護士が重病になったと知り、弁護士に秘蹟を授けようとしたが、ひどい抵抗の後でしか部屋に入れてもらえず、おまけに彼は死の間際になって司祭にこう宣言した。

《司祭様、わたしは告解をしたり、聖体の秘蹟を授かったりできる状態ではございません。あなた様は以前キリスト教についてわたしが抱いた疑問を解いてくださいましたが、人に気づかれないように、わたしは外聞をはばかってキリスト教を表向き唱えていたのです。しかし、魂の奥底ではそんなものは作り話だと思っておりましたし、こう考えるのはわたしだけではありません。わたしども、この考えを支持する者はパリでたっぷり二万人はいるからです。わたしどもは皆が知り合いで、秘密の集会を持って、互いの不信心の考えを励まし合ったのです。宗教は、架空の地獄の恐怖によって民衆を君主に隷属するよう、従属するようにつなぎとめるために作り出された虚飾に満ちた方策にすぎない、とわたしどもは信じております。正直に申しますと、わたしどもは地獄も、おまけに天国も信じてはいないからです。わたしどもが皆死ねば、死はわたしどもの味方だと信じております。おられればの話ですが、神はわたしどものことに関わりませんように、また神が後押しして、イエス゠キリストに向かってわたしが吐いたあれやこれやの瀆神の言葉も放っておいてくれますように。

キリストのことを、モーセやマホメットと同じく詐欺師と、神がお信じくださいますように》。また彼がつけくわえて言うには、自分の無宗教の同士たちは、表沙汰にならないようにしょっちゅう告解をし、聖体を受けており、また聖堂区に通うことはしないようにしているが、自分としてはこれほど偽善者であろうとはまったく望んではいなかったし、それだから三十年か四十年前にもう告解にも聖体拝領式にも出るのをやめたとの話だった。[18]

第二の例。不信仰で男色家の神父の例で、ブリエの講演を聴いて動揺し、彼を訪ねてきてこう打ち明けた。

《司祭様、ごらんの通り神父ではありますが、わたしは宗教を持ちません。またそれ以上に驚かれるのは、わたしを不敬の深淵に放り込んだのがわたしの神学の師、博士、教授、説教師そして本の植字工だったということです》。［…］それで彼は、自分の師匠から教えられたことを述べた。

一、キリスト教は作り話にすぎず、キリスト教が何を教えるかを掘り下げるのは少数の人しかいないが、それはキリスト教がありもしない常識外れのことを教えているからである。

二、とはいえ、神がいることは真実であり、神は万物の原理である。しかし神はわれわれのことには関わらない。そんなことは神の偉大さ以下のことだからである。

三、われわれの魂は、本当は身体と一緒に死ぬのではなく、身体を離れるときに天に昇って悪魔と呼ばれる聖霊と一緒にそこで暮らす。

四、天国も地獄も、そして煉獄もない。

五、われわれが罪だと信じる行いはすべて罪ではなく、われわれの情念の性向に由来する純粋に自然な性向である。
六、もちろん原罪もなく、したがってわれわれが抱くすべての性向や情念は自然そのものと同じく無垢である。
七、治安と宗教は、自分を他人の主人にしたいと望む人々の発明である。[19]

ブリエが引用する第三のケース。パリ、次いでモンペリエの学友たちから不敬の訓練を受けた医師のバサン。ユダヤの、プロテスタントの、イスラムの宗教を試してみて、彼は「すべての宗教は夢想で、宗教のまやかしと神への怖れで臣下を容易に手なずけるための君主のしきたりにすぎないことを確信した」。バサンは断固としてすべての啓示をしりぞける。「あなたがたの聖書は正真正銘の絵空事で、退屈極まりないおびただしい話が詰まっている。いくつものくだらないことや矛盾やいくつものありそうもないこと、いくつもの考えも足りず生半可でおまけに書き方も下手な作り話がある」。バサンの信仰箇条を要約すると、こうなる。「わたしは三つの哲学箇条を信じる。第一、あらゆる作り話で最大なもの、それはキリスト教である。第二、あらゆる絵空事でいちばん古いもの、それは聖書である。第三、あらゆるペテン師とあらゆる詐欺師の最大の者、それはイエス＝キリストである」[20]。彼もまた、神がいてもわれわれには関わらず、死ぬとわれわれの魂は天に帰ると考える。これは、自然主義者の医師で神秘主義者のヤン＝バプティスタ・ファン・ヘルモント（一五七七―一六四四）から拝借した考え方だろう。

これらの証言はほとんどあまりにも典型的すぎて、本当だとは信じがたい。ブリエは、護教論的意図から型にはまった典型を作り出すために潤色し、歪めてしまったのだろうか。まさしくルネ・パンタールは、そう疑った。しかしアントワーヌ・アダンによれば、これらの人物たちはたしかに実在した。ジャンヌ・フェルテは、一六六〇年一月十六日付のルイ・バサンの遺言書を発見した。これらのことからいくつかの点を記憶に留めておこう。まずこうした不信仰者の数の多さ、弁護士があげた二万人の無神論者という数をメルセンヌの六万人〔第七章で著者はその数を五万人としている、著者の記憶違いか〕、ロクロールの一万人に比較しても、相当な数である。数字はすべて気まぐれだが、無視できないグループがあったことを意味している。彼らの集まりの非合法的性格、これは一六五八年にリジュー・ド・ザカリ神父が確認している。師から弟子への不信仰の伝達。リベルタンたちの社会的・知的エリート層への帰属(弁護士、医師、聖職者)。最後にあげられるのは、真の無神論に対するよりも、さらに大きなある種の自然主義的理神論への彼らの傾きである。

《無神論》の語はくわえて、敬神家たちによって乱用され、誤用され、逆の意味で使われ続けた。イエズス会士のアルドアンが『暴露された無神論者』で、この語をパスカルにまであてはめたのがそうだが、そのためにサント=ブーヴはこう言った。「他人をすべて無神論としてしか見ずに、つまりほとんど存在していないかのような神、そしてもはや自然をかき乱すことのない神をでっち上げたと非難しながら、アルドアン神父は執拗に自分の意見を述べた。無神論者だ! 無神論者だ! 同時代のすべての理神論者、有神論者に向かって、アルドアン神父はそう叫んだ(21)」。

エピクロスの流行

十七世紀後半のリベルタンたちには二人の師匠、エピクロスとルクレティウスがいた。彼らはガッサンディを介して二人を称賛した。ディーニュの司教座聖堂参事会員〔ガッサンディ〕の後も、エピクロス主義復興の主だった伝播者が聖職者だったことは注目に値する。シャルル・コタン司祭は、『テオクレトスあるいは世界の諸原理に関する真の哲学』でエピクロスへの讃辞を歌い上げた。他方一六五〇年には、マロル神父がルクレティウスの『事物の本性について』の翻訳を提出した。ただし散文でであり、原子の永遠性についての称賛の調子をもってはいるが、慎重を期した注記をつけてだった。一六六九年にはフランシスコ会修道士ル・グランが、『霊的なるエピクロス』でこのギリシア哲学者を厳格な徳のモデルに仕立て上げ、それをカルヴァン派の牧師デュ・ロンデルが一六七九年に出した『エピクロスの生涯』でまねた。一六八五年には、デ・クテュールの男爵、ジャック・パランが見てくれだけの純真さに訴えて、ルクレティウスの新訳を出した。この古代ローマの詩人の自然学を全面的に是認して、キリスト教の慎ましい信仰があれば唯物論のもっとも見事な体系も十分時代遅れにできる、とパランは断言する。彼は、ほんの形だけ神を残しておいて、自足し、完璧に組織され、いかなる外部からの干渉もなしに機能する宇宙に神を向き合わせた。

エピクロスやルクレティウスとともに、ガッサンディも新たな人望を集めた。彼を有名にしたのが、世界霊魂についての考察を織り交ぜ、一六七五年から七七年にかけて医師のベルニエが刊行した八巻の『ガッサンディ哲学綱要（?）』だった。同様に熱烈なガッサンディ主義者だったのは、詩人のクロード＝エマニュエル・シャペル（一六二六―七八）で、シャペルのおかげでベルニエは、唯物論に傾きかけた放蕩者だったが、「自分たちが卑しくも下劣でもまったくない」ことを思い出させられた。さらに正統派として、ミニム会修道士エマニュエル・メニャンがいた。彼はトゥールーズで自分の修道会の管区長になる以前は、一六三六年から五〇年までローマで教鞭をとった。メニャンによれば、自然と思考には深い統一があり、物質世界は目に見えない段階によって霊的世界に溶け込むが、この段階は諸存在の階梯からなるシステムでもあった。

詩的精神の持ち主にとって、自然と思考の統一は相当に魅惑的な考えだったし、それに対してデカルトの二元論はその厳格な理知主義から無味乾燥なものに見られかねなかった。おそらくはこうした理由からであろう、ラ・フォンテーヌをはじめとする当時の詩人の大多数はエピクロス派でもあれば、ガッサンディ派でもあった。彼らはまた理神論者であり、それは内面で想像力が理性と競い合っている多くの思想家も同様だった。こうしてあの興味をそそられる元フランシスコ会修道士、カルヴァン主義に移ってジュネーヴに居を定めた、ガブリエル・ド・フォワニィは一六七六年に『南方大陸〔オーストラリア大陸〕紹介』を刊行した。これは一種の無政府主義的ユートピアで、そこで人々はまったく自由に暮らし、未知なるもの、「偉大なる全体」を崇拝する。すべてを知っているので、それは口にもされず、祈ってもいけないものだった。この本のおかげでひどい厄介ごとが起こり、フォワニィは一六八三年にふたたびフランスに帰り、カトリックに戻った。

時代はユートピア譚に富んでいた。中世ではこの種の文学が不在だったのに対して、十七世紀でその数は三〇以上、十八世紀では七〇を数えた。これらのユートピア譚は、もちろん現実世界への異議申し立てだった。カンパネラの『太陽の都』（一六〇二年）からフェヌロンの『テレマックの冒険』（一六九九年）まで、ユートピア譚は国家の絶対主義を前にした逃避欲求の証しだった。その大半を占めるのは政治的・社会的批判だったが、宗教批判もまたしばしば顔を出した。もっともはっきりした特徴は、敵対的で不寛容な啓示宗教が、そこでは自然についての一体化された考え方のなかで、宇宙的な理神論に取って替えられていることである。二つの例をとりあげて、この点を説明しよう。

一六五七年にシラノ・ド・ベルジュラックの『月の諸国諸帝国の滑稽物語』が、一六六二年にその対幅

『太陽の諸国諸帝国の滑稽物語』が現れた。前著では月の哲学者が、宇宙は生命であり、創造なしに存在し、永遠の原子で構成された広大な存在であると説明する。われわれの感覚を生み出すのは物体からの微細物質の放出であり、純粋知性は原子の運動の産物である。あらゆる観念は感覚より生ずる。おそらくはガッサンディ、シャペル、マロル、ロオーのもとに通い、カンパネラを介してイタリアの自然主義、同様にテレージオの感覚論哲学を知っていたシラノは、ある種宇宙規模の汎心論のなかで、霊魂から生命をあたえられた世界を構想した。二番目の著作は、自然の単一性、もっとも厳密な一元論を主張している。シラノは、カンパネラの『太陽の都』から大きな影響を受けたが、そこでは、理神論者の太陽人たちが太陽を神の「姿、顔、生きた影像」として崇め、バラモン教〔仏教以前の古代インドの民俗宗教〕の宗教観念を模範としていた。一六六二年には『シラノ・ド・ベルジュラック新著作集』が出版されたが、それは一六五五年に亡くなったシラノがガッサンディ主義の世界を採り入れていたことを示していた。

あらゆる宗教思想に反旗を翻す者として、シラノはまさしくれっきとした無神論者だったように思われる。「シラノはほとんどキリスト教徒ではなかったのと同様、ほとんど異教徒でもなかった。彼の著作には宗教感情の一片の痕跡もない。彼はキリスト教を自然の宗教で置き換えることもしなかった」、とジョン・ステファンソン・スピンクは書いた[22]。シラノの劇作や詩作も彼のために確固たるリベルタンとの評判を築き上げた。とくに、一六五四年に上演された『アグリッピーヌの死』がそうだった。作中で「人間が作ってやったのに、人間を作らなかったこの神々」との台詞が聞かれ、魂の不死が否定される。

生きている、生きるが故に。死ぬ、何ものでないが故に。
なぜに心ならずもあたえられた光明を失わねばならぬのか、

それが失われた後に、何を悔やむことができるのか。

存在しなかったとき、わたしは不幸だったのか。
死の一時（ひととき）後に、消え失せたわれらが魂は、
生の一時（ひととき）前に、そうだったものとなる。

諷刺詩『衒学者反駁』と書簡『四句節反駁』で、シラノはあいまいだった思想を解き放ち、パスカルに先駆けて賭けの思想を手にし、逆の決着をつける。いわく、神が存在するなら、どんな手だてを尽くしてもわれわれを救うだろう。

一六七五年に一冊の空想譚『セヴァライト人物語』〔英語版のタイトルは『セヴァライト人あるいはセヴァランビ人物語（*The History of the Sevaraites or Sevarambi*）』〕がロンドンで、そのフランス語版『セヴァランブ人物語』が一六七七年に匿名で刊行された。その著者はフランス人、ドニ・ヴェラ（あるいはヴェラース）、南仏アレスのプロテスタントの家庭に生まれ、兵士だったが弁護士になり、一六六五年にイギリスに渡り、そこでロックをしばしば訪れ、次いで一六七二年にオランダに移り、最後には一六七四年にパリに戻り、知識人社会と交友を結んだ。セヴァランブ人が住むヴェラースの空想の国では、人々は太陽崇拝を実践しているが、それは賢者スコロメナスから次のように説明される。世界は永遠で無限、そこでは物質と精神が統一している。ひとりひとりの精神は、偉大なる全体から放出され、その死まで身体を活かし、その後でほかの者に移る。偉大なる全体あるいは至高存在はその僕、太陽の姿で崇拝される。宗教は自然に対する人間の感謝を表すいくつかの儀式に縮小され、教義は含まない。賢者スコロメナスはくわえてひとりひと

りの告解が狂信主義と偏見を伴うことで、どれほど人類に害を及ぼすかを説明する。

ヴェラースの空想譚はまた、詐欺師オミガスについての思い切った物語を詳細に述べる。オミガスは自分から太陽の子と名乗り、奇蹟を行い、片輪者を治癒すると称し、自分の顔を輝かすことができた。オミガスには小グループの弟子たちや女たちが従ったが、それは彼がとても二枚目だったからだ。オミガスの物語は明らかにイエスのそれだったし、すべての《預言者》を警戒しなければならないことを示した。

リベルタン第二世代の意味するもの

ドニ・ヴェラースはリベルタンであり、たしかに無神論に近かった。彼は、アカデミー・ピュテアン〔創設者にちなみ《デュピュイの書斎》、《アカデミー・デュピュイ》と呼ばれた、パリで催された学者の集まり〕を受け継いだ半ば秘密の集まりに通った。このリベルタン第二世代たちは、アンリ・ジュステル、ラ・サブリエール夫人、そしてショーリュー神父の家に集まった。神父はタンプル騎士団から家を一軒借り、その使用はヴァンドーム兄弟の次男の裁量に任せた。ほぼ三十年近くのあいだ、シャペル、マレジュー、ラ・フォンテーヌ、ニノン・ド・ランクロ、騎士でもあったブイヨン公爵の奥方、ド・シャトーヌフ、クルタン、セルヴィヤンらの神父たち、フォワ公、ラ・ファール、徴税請負人のソンナン、ジャン＝バティスト・ルソー、そしてやがてはヴォルテールといった、詩人やエピクロス派の貴族たちがそこで顔を合わせた。

社会的には、サークルは拡大した。大貴族、医師そして聖職者がつねに数えられた。だがさらに数を増す法服貴族、法曹家、利に賢いブルジョワ、徴税請負人、投機家が加わった。これらの人々は控え目だったが、幾人かの例外はあった。ブロの男爵で卑猥な詩人クロード・ド・ショーヴィニー（一六〇五—五五）、『女神たちの淫売屋』の著者で『神と人間の大逆罪』を書いて処刑された哀れな男、クロード・ル・プテイ（一六四一―六二）、一六八三年の改宗までゴシップの種をまき散らした女装趣味のショワジー神父。この両性具有の神父は、バレス公爵夫人からもお声がかかったし、その評判は神学校以来知れ渡っていた。この例は、身分ある人物に対するときには聖職者採用時の道徳規準がかなり柔軟でありえたことを示している。(23)

この時期のリベルタンたちは、多くの者が詩、エッセイ、歴史書を書いたが、その文書を支配する基調は、穏和で悲観論的なエピクロス主義だった。たとえばショーリュー神父によれば、こんなふうだった。

死はひとえに人の世の果て、
苦悩も富みも後は追わぬ。
そは確かな安らぎの地、われらが禍の終り。
そは永久（とわ）の休息の始まり。

リニエールの領主、フランソワ・パイヨはシャンソンやエピグラムの書き手だったが、「盲滅法にエピクロスの助言に追従し、[…]あまりにも盲滅法に自然を信じすぎる」、とボワローから非難された。国王諮問官、ジャン・ドエノー（一六一一―八二）は自分の無神論を隠さなかったが、セネカの『トロイアの女たち』の次の一節を慎重に訳している。

すべてがわれらのうちで尽き果てる、われらが没するそのときに。
死は何ものも残さず、死そのものも何ものでもない。

われらが長らえるわずかのときも
ほんの一時のことにすぎぬ。

同様のメランコリックな諦観が女性にもあった。フランソワ・パイヨの愛人、モンベル夫人、そして分けてもデズリエール夫人。夫人は本物の女学者で、ガッサンディを研究し、不信仰とうわさされ、自分の娘に洗礼を授けたのは娘が二十八歳の年になってからだった。デズリエール夫人の穏やかな不敬は、ギュイヨン夫人の敬虔主義を思い出させずにはおかない。終局の死を待ちながら、情念に左右されることなく生きねばならない。その理由を、デズリエール夫人はその詩「花々」に記す。

一度わたしどもがこの世にあることをやめてしまえば、
愛らしい花々よ、これが永久の別れとなりましょう。

両極端は、やはりサン゠テヴルモンにおいても結び会う。多くの点でアンチ・パスカルだった彼も、そうとはいえパスカル同様の憂慮を表した。若い士官だった頃ガッサンディの哲学から影響を受け、エピクロス主義者、悦楽の宣伝者となり、快楽、優雅さ、洗練さを追求した。だが彼のなかには根本的に悲しく悲観的なものがあった。パスカル同様、サン゠テヴルモンも人生における気晴らしが重要であることを認めるが、パスカルとは逆に気晴らしが必要で、それが救いになるのはわれわれの悲惨から、われわれの虚無から逃れるためである。サン゠テヴルモンはそれに動じないようになりたかった。それがものを考えない幸せだった。

十七世紀後半の自由思想は、ジャンセニズムやキエティズム〔瞑想を通して神への献身を説く神秘思想〕と同様の憂慮を表現した。三つの潮流という形で、同一の社会カテゴリーがその不安を表明した。かなりの対立した運動が問題となるにせよ、その並はずれた相違にもかかわらず、彼らの敵対者によって作られたアマルガムのうちにわたしたちはその証拠を得ている。パスカルが無神論者と呼ばれたことも見たし、イエズス会士の目にはジャンセニストは不信仰者に勝る者ではなかった。サン＝シモンが伝える、次のような逸話も、ルイ十四世にとって無神論者はポール・ロワイヤルのメンバーよりも好ましいものだったことを示している。オルレアン公〔フィリップ二世〕がスペイン行きのお供にフォンペリュテュイを連れて行くのを知って、王はオルレアン公にこう言った。

《これはしたり、わが甥御殿。いたるところアルノー殿の尻を追い回しておる、あの気違い女の小せがれがジャンセニストですと。その者が同行されることを朕は望まぬ》。《ごもっともでございます、陛下——オルレアン公は王に答えた——母御が何をしたか、わたしは存じませぬ。しかし息子のほうは、ジャンセニストでございます！　この者は神を信じておりません》。《まさか——王は言葉を続けた——、朕にそれを請け負われるかな。そうであれば、不都合はない。連れて行かれるがよろしかろう[24]》。

ジャンセニスト、キエティスト、リベルタンは、このように権力者からは同一次元に置かれていた。こうした人々は、それぞれのやり方でトリエント公会議以降のカトリック教会への拒絶を表明していたからだった。死によって不安になり、悲観主義に陥り、強迫観念に悩み、実存を自分たちに耐えさせてくれる生の哲学を彼らは求めた。ある者は虚飾を取り去った信仰に、他の者は神の愛に身をゆだねることに、そして三番目の者は快楽の賢明な配分と個人の不死の否定に、その哲学を見いだしたのである。自由思想は当時何よりも実存的な問題へのひとつの回答だった。したがってそれは教義による以上に生き方に現れるものである。リベルタンたちにあっては、無神論、理神論、汎神論は混乱した形で混ざり合ったままだった。

二元論的心性

すでに述べたように、時代は聖と俗の分離、信仰を内面化し、信仰を迷信の感染から予防する目的で教会の責任者自身が望んだ分離へと向かっていた。マールブランシュのような宗教心の持ち主であっても、自然の脱神聖化と自らの学問研究のために仕事をしていながら、その危険が見えていなかったようだ。リベルタンの自然主義の対極にあって、マールブランシュは自然を学者として、専門家として見つめた。自然からあらゆる神秘的なあるいは超自然的な力、あらゆる霊的なタイプの介入を閉め出し、たとえば憑依や魔術を心理・生理学的錯乱に帰した。そのために、「このオラトリオ会士は、勢いあまってサタンの終焉を告げてしまうところだった」、とジョルジュ・ギュスドルフは書く[25]。そして神についてさえも、わたしたちはこうつけ加えられるだろう。創造から切り離され、間もなくもうなんの役にも立たなくなる神、と。

この聖俗二元論はしだいに法律学にまで入り込んで来た。グロティウス(一五八三―一六四五)によれば、一方に理性に合致する自然で普遍的な法があれば、他方に神の法があった。サミュエル・プーフェンドルフ(一六三二―一六九四)もこの区別を採用した。二つの法のあいだにそれなりに調和があれば、それぞれは自分の領域に閉じこもったままでいるべきだろう。グロティウスもプーフェンドルフももちろん信仰を持っていたが、神自身に自然法を変更する力があるとは考えない。自然法は理性を基盤とするものだった。

こうした方向をたどることによって、急速に神法はぼやかされ、理神論の波が押し寄せることになる。ドイツの法学者トマジウス（一六五五―一七二八）の場合がそうで、彼は神を道徳や法から退かせ、これらを自然理性にのみ基づかせた。東洋学者アウグスト・ファイファーから無神論との告発を受け、トマジウスは一六八九年にライプツィヒ大学での講義を禁止された。

デカルト哲学、反軽信主義の要因か

二元論的心性には、したがって危険な成り行きが待ちかまえていた。敬神派からはその責任がデカルトに押しつけられ、ボシュエはデカルトに宗教に敵対する思想の先導者を見ていた。こうした疑惑に根拠はあるのだろうか？　同時代人のある者、プロテスタントのフートのような者はデカルトのうちに、彼を無神論として告発する手がかりを見つけたりしたが[26]、ルネ・デカルトの個人的な信仰心は問題となっていない。この哲学者自身も、ユトレヒトやライデンの神学者たちが広めるそうした誹謗に幾度となく不平を漏らしたし[27]、一六四〇年十月二十八日付のメルセンヌあての手紙では、無神論と、事物の性質に依拠するアリストテレスの自然学を無視して形態と運動で自然を説明することとを混同している連中に毒づいている[28]。さらにデカルトの死に際しても、ソメーズ・フィスは一六五〇年二月十九日、姪のブレジー伯爵夫人にあてて、デカルトは洗礼を受け、ペストにかかって死んだ子どもたちの隅に埋葬されたと書き送っている。「無神論だ、不敬だと非難された」ことがその理由だった[29]。

根拠のない非難だった。だがそれはデカルトの、そして彼の方法が持つ過度の慎重さに由来するものだった。一六三三年ガリレイの有罪判決を知ったときに、数年間の研究の成果だった『世界論』という大論文の公刊を断念した当の人が、「自分に混乱をもたらす恐れのあるあらゆるものの影さえも避けたいと思うほど熱烈に平穏を愛する者」、と自分自身を定義した。[30]「自分は平穏のうちに暮らしたいとの願いのために、わたしは自分の理論を自分のために表に出さないようにしなければなりませんでした」、デカルトはメルセンヌに打ち明ける。さらに進んで毎回本を出版するごとに前もって「聖なるパリ大学神学部学部長殿ならびに博士の方がた」の承諾を求め、ビュルマンとの『対話』では、自分が『方法序説』で道徳を語ることを控えたのは「教育家やその同類のせいであり、それも彼らが自分のことを宗教も信仰もない者だとか、またわたしが自分の方法で信仰と宗教をひっくり返そうとしているとかいったことしか言っていないようだからです」、と説明する。[31]

これほどの慎重さも、疑わしく見られかねなかった。それをちょうどボシュエは、「デカルト殿は教会から悪評を浴びせられることをたえず恐れていたし、この点ではデカルト殿は用心されていたように見えるが、その用心のいくつかはときに行き過ぎてしまった」、と言外にほのめかした。[32]不敬な思想の秘密をデカルトは隠さなければならなかったのだろうか。どんな場合にせよ、そんな必要はなかった。デカルトが公の著作におけるよりもずっとオープンに胸のうちを明かしていた書簡は、深く信仰を宿した人物像を示していた。無神論を拒絶したが、彼はそれを知的な次元でも受け入れられなかったし、神の存在の合理的証明を手にいれたと確信していた。しかし理解されないことを恐れて、論争に身を投じることは拒否したため、かえって不信仰者たちの思うつぼにはまってしまった。以下に引用するのは、メルセンヌがデカルトに一冊を送ってその意見を求めた、奇妙な《匿名の無神論者の論文》についての、デカルトからのメルセンヌあての返信である。

この手書き本の一冊をお送りくださるために貴殿がとられたご配慮に衷心より御礼申し上げます。著者が神に反対して持ち出す言い分に、またほかの無神論者たちのそれに反駁するための、わたしの知りうるかぎりいちばんの近道は、明晰な論証を見つけることで、それが世の人々に神が存在することを信じさせてくれるのです。わたしとしては、完全にわたしを満足させてくれるようなもの、そして神が存在することを幾何学の何かの命題の真理性をわたしが知っているよりもさらに確実にわたしに知らしめるようなものを発見したとあえて誇るつもりはありません。とはいえ、わたしが理解しているのと同じやり方でそのことを世の人々に理解してもらえるようにできるかは分かりません。すべての人々による万人の一致で、無神論者たちののしりの言葉には十分足りましょう。仮に確実に彼らを説得できないのだとしたら、個人はけっして彼らと論争してはなりません……。

いつの日か形而上学の小論を書き上げるつもりだなどとは申しません。それをわたしはフリースラント〔オランダ北部の州〕におりました際に書き始めましたが、その要点は神の存在を証明することと、肉体から切り離された魂の存在の証明であり、このことから魂の不死が帰結します。と申しますのも、神に刃を向けようなどという大それた恥知らずな者がいるのを見るにつけ、わたしは腹が立つからです(33)。

ところが、神に味方して闘い、論争の場に足を踏み入れることを過度の慎重さから拒否したために、デカルトは不信仰の疑いをかけられてしまった。デカルトの知的な力に惹かれたベリュール枢機卿は、一六二七年に信仰擁護のためにペンを執るようデカルトに依頼した(34)。神を真理の保証人とするデカルトの方法は、それはそれで信仰にとっては潜在的に危険なものである。

それこそが、まさしくパスカルが案じたことだった。「わたしはデカルトを許せない。デカルトはその全哲学のなかで、できることなら神なしで済ませたいと絶対に思っただろう。しかし世界を動きださせるために、神が指をひと弾きするのを邪魔だてはできなかった。それさえ済めば、もう神はデカルトにとって用なしなのだ」[35]。そしてきわめてデカルト主義的だったマールブランシュさえ、デカルト的二元論は物理的世界に、そこから神を排除するにはほんのわずかなことで足りるような自立性を保証していると感じていた。もちろんデカルトは、聖アンセルムスの存在論的証明に合理的内容を付加して、神の存在を《証明》した。神は《このうえなく完全な存在》である。ところで、存在とは一個の完全性である。ゆえに、神は存在する。しかしこの哲学者は自分から、こうした論証が哲学者たちにしか妥当せず、一般の死すべき者に対しては古くからの結果による証明に訴えなければならなかったことを認めたが、この証明は相変わらず信用しがたいものだった[36]。さらに神を理性の唯一の保証とすることは、理性が神の存在の唯一の保証であるのに対して、多少神秘化の様相を呈した。この点の弱点をガッサンディはするどく見抜いていた。無限な存在が実在するためには、その観念を持つだけでは十分ではない、そうガッサンディは書いたのだった。

デカルトの哲学や自然学のいくつかの間違いようのない特徴が、また無神論者に武器をあたえる可能性があった。実体を延長と、質を物質諸部分の配置と同一視すること、それは聖体の秘蹟における実体の変化をきわめて困難なものにする。動物を感覚的霊魂さえ持たず、その感覚は心臓の発酵によって引き起こされるものとし、理性的霊魂を人間のためだけに残しておいて単なる機械にすること、それは無神論者たちに助け船を出すことである。フロワモンは一六三七年九月十三日にデカルトにこう書き送っている。「動物から植物的で感覚的な魂を取り除いてしまうと、無神論者に門戸を開くことになります。彼らは理性的な魂の働きをそれと同じ原因のせいにし、われわれの霊的な魂の代わりに物質的な魂をくれることでしょう」、と。動物＝機械論から人間＝機械論に移ることは、唯物論者の視点からすれば、それほど難しいことではない。魂を物体の様態とすることによって、デカルトの弟子でオランダ人のレギウスはやがてこの一歩を越えることになる。(37) 猜疑心が忍び込む。とくにイエズス会士の間ではそうだった。彼らを安心させるためにコルドモアは、「世界体系と動物霊魂に関してデカルト殿が書いたことはすべて創世記第一章に由来すると見えることを証明するために」、書簡を認めた。

一六八四年、デカルト派のダルマンソンは『機械に姿を変えた動物』で、デカルトが動物にあらゆる感性を拒否しているがゆえに、信仰にとってずっと好都合であると論じた。もし、原罪とはなんの関わりもなかった動物が苦しむことにでもなれば、それは神が罪なきものを苦しめていることになるからである。さらにはもし、非物質的で不死な魂は持っていないのに、動物に意識があるとしたら、人間もそういうことになりはしないだろうか。ついでに言えばこうしたことが理由となって、動物機械論を採用していたポール・ロワイヤルでは、良心の呵責に責められることなく生体解剖がなされたのである。逆に一六七〇年には、後の十八世紀になると幾人もの著者が彼にならうことになるのだが、ヴィレール神父が動物に非物質的な魂を割り当てた。だがそうなると、その魂が不死だということを妨げるものは何だろうか。ガッサンディやメニャンには、第三の解決法があった。動物には生得的な微粒子から構成される物質的霊魂があり、そのために動物は思考の原初的形態を持つことになる、というものである。問題は厄介だった。そしてまったくいずれにせよ、動物＝機械論はデカルトを教会の目からは疑わしい人物とするのに十分な危険な仮定だった。

さらにデカルトの弟子たちの間では、形而上学の割合が少しずつ減って、自然学の割合が増した。ピエール・シルヴァン・レジス（一六三二―一七〇七）は、唯物論に陥らないために必要な最小限のものだけを形而上学として保持した。人間は思考する存在で、精神と肉体の結合であること、人間は神の観念と世界の観念を待つこと、それだけでこの二つの存在を証明するには足りたのである。目的因は科学的探求から排除されたが、一六九三年のライプニッツからニケーズあての手紙が注意を促したように、そのために摂理と神の善性に関わる観想がしりぞけられた。

これらの理由があいまって、デカルトの死後聖職者からの非難がデカルトの思想に襲いかかった。一六五二年、マルセイユのアンドレ・マルタンのような、デカルト哲学を範としていたオラトリオ会コレージュの教授たちに懲戒処分が言い渡された。一六五四年と五八年にオラトリオ修道会総長は、すべての教員に対して一般の哲学に従うよう要請した。一六六一年に、デカルト説のいくつかがル・マンで禁止された。一六六二年、ルーヴェン大学神学部はデカルトから引き出された五つの命題を告発した。一六六三年、デカルトのすべての形而上学に関する著作が禁書目録に載せられた。一六七五年、サント・ジュヌヴィエーヴのベネディクト会士たちはデカルトを教えることを禁じ、一六七八年にはオラトリオ会もまったく同様な措置をとった。一六七七年ソルボンヌは、アンジェの教授プランをその講義ノートによって告発した。一六七八年サン・モールのベネディクト会士たちは、「デカルトの見解を教えることを哲学教授たちに」禁じた。この教授たちは一六七九年から八〇年にかけて、ジャン・クティエ、ジャン・デュ・アメルによるソルボンヌの講義で攻撃された。一六八〇年に、レジスはパリでデカルトについて授業をすることを禁じられ、デカルト思想は一六八二年と九六年にイエズス会のコレージュから締め出された。リセ・ルイ＝ル＝グランの校長、アンドレはデカルト主義を理由に一七〇六年に罷免され、一七一三年には教職を解かれ、次いで一七二一年にはバスティーユ牢獄に投獄された。一七一三年、別の教授が禁止処分を受けた。

一七〇六年と一四年には、イエズス会がデカルト哲学の三十の命題の教育を禁止する教義表明を公にしたが、そこには体系的懐疑、複数の実体の永遠性、物質と延長の同一視、現在のそれとは異なる宇宙の秩序の不可能性などの命題が含まれていた。

それにしても、デカルトの著作はそれ自体信仰の内容に反するものではまったくなかった。一六六八年にデカルトの著作に依拠して、『無神論主義に反駁する当然の告白』を書いたのは、デカルト機械論の著名な信奉者だったライプニッツだった。理神論は無神論への一段階であると見て、それに反対したライプニッツは、デカルトもまたキリスト教に有益なものとして用いられることを示した。現実には、信仰にとってデカルトが体現する危険性は、その著作のなかにもまた彼の精神状態のなかにあるのでもなかった。知性の独立、あらゆる代償を払っての真理の探究、理性に基づかない観念の拒否、方法的懐疑の実践、これはすべて伝統や権威への隷属から個人を解放するものだった。

デカルト主義がほかの思想潮流よりもいっそう広範にさまざまな社会層にきわめて急速に伝わっただけに、デカルトの著作に向けられた脅威は憂慮すべきものだった。時代の半ば以降、デカルト哲学は洗練され、教養ある世界、今日わたしたちが大衆と呼ぶ世界で流行となった。デカルトの著作はどこでもフランス語で手に入った。弟子たちが講演をし、上流社会のパリのお歴々が出席した。主要な著作の抜粋や要約がデカルト哲学を単純化し、『デカルト殿の諸原理による幸せに生きる術』（一六六七年）のような耳あたりの良い形でその思想を伝えた。コンデ公ルイ二世やリュイーヌ公のような大貴族がその例で、ご機嫌とりがその真似をした。女性たちがとくにデカルトに夢中になった。彼女たちは、ルネ・バリの『ご婦人方の知性向きに誂えた精妙なる哲学』、デカルトを範にとった論文『両性の平等』（一六七三年）の著者でもあったプーラン・ド・ラ・バールの『ご婦人教育』（一六七四年）を通してデカルト哲学を味わった。ガラン夫人、サブレ侯爵夫人、ロネ嬢、メーヌ公爵夫人は熱心なデカルト派であり、メーヌ公爵夫人は神と同じく堅くデカルトを信仰していたと言われる。セヴィニェ夫人は紛れることなく称賛に値し、もと秘書のコルビネーリは屈服させられて、公爵夫人にあてて一六七三年にこう書き送っている。「わたくしはデカルトの哲学に没頭しております。この哲学は容易なだけに、また物体と運動しか世界に認めず、明晰で明瞭な観念が持てるものしか認めませんから、それだけいっそう美しいものに思えます。彼の形而上学も気に入っております。その原理は容易で、結論の出し方は自然です。あなた様はこれだけをご研究でしょうか。ビュシー嬢たちと一緒にお楽しみになられることでしょう。驚くべきことにグリニャン夫人もデカルト哲学をご存じで、そのことを敬虔に話しておいでです[38]」。

スピノザ、ホッブズ、パスカル、ユエ——守勢に立つ信仰

デカルトが信仰にとって単なる潜在的な危険でしかないとしたら、スピノザは当初から宗教の公然たる敵として立ち現れ、彼に非難の雨が降り注いだ。十七世紀の慎重な著者たちはたいがい彼の名に言及することを避けるか、そこに《哀れな》とか《呪われた》といった貶(けな)し言葉を添えた。嫌われた哲学者の多くの著作がそうだったが、スピノザの著作はとくにうわさで人に知られるようになり、敵方による恣意的な単純化や歪曲が見られた。一六七七年の『エチカ』が再版されたのは、一八〇二年になってからだった。つまり、ごくわずかの冊数が流通しただけに違いなかった。ユダヤ教の信仰を持ち、貧しい身分、そして大部分の読者には理解不能、スピノザは忌み嫌われるあらゆる要素を兼ね備えていた。彼は実際に一六七三年からスイス人ストゥップの本、『オランダ人たちの宗教』を通じて知られることになるのだが、スピノザは「きわめてくだらないユダヤ人で、好ましいキリスト教徒ではない」、とストゥップは断言した。

ストゥップによれば、スピノザの神は全物質世界の総和か、あるいは万物に広がった本性を持つある種の精神にすぎなかったが、これは極東との度重なる接触のおかげで当時のヨーロッパ人にとっては馴染みのある考え方だった。『ジュルナル・デ・サヴァン』は孔子に関するいくつかの論文を掲載し、孔子はイエズス会士クプレの『支那の哲学者、孔子』（一六八七年）の対象にもなった。他方ではベルニエがインド人についての書簡を書き、ラ・ルベールはシャムを研究（一六九一年）し、マラバル人〔インド南西部、アラビア海沿岸地方の住民〕の宗教に関心が集まった。世界霊魂という考えは、レムリー（一六四五—一七一五）や『自然の全体系に関する考察』（一六八三年）におけるブーランヴィリエのような錬金術師によっても同時に悪用された。要するに、スピノザはこうした東洋的な考え方の変種だとされた。

現実には、スピノザの汎神論は独特で複雑なものだった。神と世界は不可分で共存していた。世界はひとつの実体で、その外には何も存在しなかった。世界は、自分自身と宇宙の内在因である神の必然的な顕現である。神と世界が不可分とは、明らかにキリスト教の教えとは逆のことだった。それはまた神‐世界の二元論に基づくデカルト哲学とも逆だった。それゆえにフランスにおけるスピノザ哲学に攻撃を仕掛けた最初の人物は、キリスト教徒でデカルト派だったマールブランシュだった。それは、一六八八年の『形而上学対話』においてだったが、そこでマールブランシュは、「宇宙を自分の神にした当代のこの不敬者」を話題にした。マールブランシュによれば、そこにあるのがほぼ唯物論であることが問題だった。「この上なく完全な存在、それが宇宙であり、それが存在するものすべての集合であるとは［…］。なんという怪物、アリステオス〔が伝える鳥の怪物、グリフォン〕、なんと驚くべきばかげた幻想（キマイラ）」。

それはだからもう決まったことだった。スピノザは根っからの無神論者なのだ。まさしくその線上において、一六八五年の『転覆された無神論の基礎』におけるアムステルダムの牧師ピエール・ポワレから、一六九六年の『転覆された新たな無神論』でのベネディクト会士フランソワ・ラミーまで、このユダヤ人に怒りを顕わにしたのだった。ラミーの著書には彼の企図を励ますボシュエやフェヌロンの手紙が添えられた。デカルト派として、ラミーはデカルトとスピノザの師弟関係を封じ込め、スピノザには《大衆受けする》反論と《幾何学的な》反論を同時に加えた。

思想史の視点からは、デカルト主義的二元論とスピノザ主義的一元論という相対立する二つの体系が、ともに無神論に導くものとして非難の的にされた事実が確認されるのは示唆的である。すべての道がローマへではなく、不信仰に通じるかのように見なされた。問題となる哲学体系がなんであれ、事実上疑わしいものとみなされた。一方には新しいものは何もかも拒み、現状維持主義の立場を守ることに汲々とする神学があれば、他方には論理的・認識論的・神学的障害を克服し、まったく自立した形で真理を探究しようとする公共的精神があるという時代の一般的風潮の表れだった。この点では、デカルト主義もスピノザ主義も同様の精神状態を共有していたのだ。だからといってそれで互いに無神論と非難し合うことが妨げられるわけでもなかった。スピノザの最初の伝記作家リュカス〔コレルスとの共著〕は、たとえば「この偉人［デカルト］の信奉者たちは、自分たちの無神論への攻撃を正当化するために、ずっとわれわれの哲学者の頭上に非難を浴びせられるものなら何でも浴びせかけてきた」、と書いている。

そして非難は上首尾だった。アルノーはスピノザが邪悪な者だと知るために、その本を読む必要すら感じなかった。「スピノザの本を読むことはできませんでしたが、それがひどい悪書であることは分かっていますし、貴兄のご友人がそれを読まれても苦労されると確信しております。あれは自然よりほかには神を信じないまったくの無神論者です」、とアルノーは一六九一年十一月三十日にヴォーセルに書き送る。オランダでは、ジャン・ル・クレールが、一六九六年アムステルダムで公刊した論考『不信仰論』で、スピノザの神は物質世界にすぎないと断定し、ハーグの牧師イザーク・ジャクロは『神の存在に関する論述』（一六九七年）で、「スピノザを支持しようとする人々はスピノザを理解もせずにこっそり口にするが、それは自分たちの体系の奥義なるものが、訳も分からず神に反旗を翻そうとする者たちに隠れ家を提供するためなのだ」、と言った。ライデンの哲学博士、ペーター・イェンスもまったく同意見だった（一六九七年）。ベール自身はスピノザの体系は完全に拒否したが、彼を有徳な無神論者のモデルとした。ブーランヴィリエはどうかといえば、『形而上学試論』でこの哲学者の庇護者となることを名乗り出て、そこで「神と事物の普遍性は同一である」と書いた。一七一四年の『新懐疑論哲学』におけるニオールのアブラーム・ゴーティエと同じだったが、一六八四年にマラーナは『キリスト教徒の君主の各地の宮廷におけるトルコ皇帝の密偵』で、物質を唯一の普遍的実体とした。ちなみにマラーナは、メリエ神父が好んで参照した人物のひとりだった。

ホッブズは、十七世紀の哲学を起源とする不信仰の第三の極だった。とはいえ、ホッブズが『リヴァイアサン』の第十二章で宗教問題を取り扱うのは、歴史的・社会学的・政治的視点からだった。そこで彼は、「人間は、自分の前にあるものを遠くまで見すぎ、未来のことに心を奪われるものだから、毎日死の恐怖、貧困、そのほかの災難に心を苛まれ、その激しい不安を和らげるのは睡眠だけである」、といった典型的な心理学的説明をくわえている。そして人間は、自分の置かれた弱々しい状態の原因を探ろうとするが、目に見える原因が目に入らずに、目に見えない要因をでっち上げる。「おそらくはまさしくこの意味において、神々は人間の恐怖が創造した、と幾人かのギリシア・ローマの詩人たちが言ったのであろう。異教の神々について言うなら、これはまことに真実である」[39]。キリスト教徒の神はもちろん例外とされるが、こうした形のうえでの留保を越えて、ホッブズによれば主要な宗教は社会学的な理由から説明され、宗教と迷信の違いは程度の問題であることには変わりなかった。「宗教は目に見えない力への怖れであり、この力が人の思いつきであろうとさまざまで報告で広く承認されていようと、それは取るに足らないことである。だが、目に見えない力が広く認められない場合には、われわれはそれを迷信と呼ぶ」。

自由で合理的な思想がどのような道筋をたどろうとも、それは結局懐疑に、宗教的信仰を問題とすることに帰着するように思われる。そして信仰を持つ者のモデル、パスカル自身も思いもかけずこうした信仰の危機、この十七世紀後半において信仰の地歩を固めることの不可能性を体現していた。パスカルの賭けとは、誰の目にも明らかな無力さの告白ではないだろうか。

パスカルの神は、まさしく隠れた神だった。その存在を証明しようにもできないほど見事に隠れていた。「ここで神の存在とか魂の不死を、あるいはこの種の別の事柄を自然理性によって証明するつもりはない。頑固な無神論者を説得するに足るものを自然のなかに見つけるだけの力が十分自分にあるとは思えないからばかりでなく、イエス＝キリストのおられないそんな知識など無用で不毛だからだ」、と『パンセ』の著者は記す。逆説。デカルトは神の存在の証拠があることを誇った。ところが、パスカルは理性によるそんな論証はただ不可能なだけでなく、極端に言えば不敬だと考える。神はただキリストを介してのみ知られうるし、理性によって証明された神は偶像なのだ。「キリストの愛を抜きにした真理など神ではない」。信仰は、意志の行為に、自由な選択にかかっている。

だから、パスカルは賭けをする。しかしその立場のもろさは幾度となく強調されてきた。まず、神が存在することに賭けても信仰にはならない。そして、賭けの対象が掛け金の存在そのものとなるような賭け、掛け金の価値（この世の生命）が賭けの結果（永遠の生命のあるなし）による賭けをするというのは、非論理的である。パスカルは十七世紀中葉に宗教が置かれていた困難な状況を十分念頭に置いている。実際、宗教は理性的な領域を放棄することで、忠実な信仰に身を寄せざるをえない守勢に立たされていた。

アヴァランシュの司教で高名な聖書釈義学者、ピエール＝ダニエル・ユエはもうひとつの例である。パスカルと同じく、ユエは反デカルト主義者であり、コギトの哲学がそのチャンピオンである人間理性の傲慢を打ち砕き、そうすることで信仰を救うためには、懐疑論以上に優れたものは何もないと考えた。それこそがとりわけ一七二三年に公刊され、彼の死後出版となった『人間精神の弱さについての哲学論考』でユエがめざしたことだった。理性は信仰を害するものだから、理性を打ち壊し、哲学でも、自然学でも、政治学でも、形而上学でも、理性には真理を知ることはできないと宣言しなければならなかった。デカルトの方法的懐疑を、ユエは体系的懐疑に置き換え、信心深い精神をもって、すべての人知を犠牲にしてその廃墟の上に神への信仰をうち立てるほうを選んだ。こうした犠牲は、イエズス会士たちの趣味ではなかったとはいえ、不信仰の昂進に直面した十七世紀の信仰者たちの不安を的確に示していた。失ってはならないものを守るため、ある者たちは焦土作戦を実践したのだ。

原子と不信仰

脅威がいたるところで湧き上がってきただけに、彼らもせっぱ詰まっていた。哲学だけではなく、自然学においても原子論が幅をきかせ、アリストテレス主義＝トマス主義の古典的な体系を揺るがしていた。世紀当初から論争はイタリアで、まさしくローマで始まっていた。ローマではフェデリコ・チェージが創設した名門、アッカデーミア・デイ・リンチェイに所属する異議を唱える知識人たちが、スコラ哲学との闘いに入った。彼らが企画した自然百科事典が教皇庁を不安に陥れ、一六二三年に彼らのひとり、ガリレイが『贋金鑑識官』で自然のすべての現象を説明する理論として原子論を紹介した際には、この問題は大事件となった。つまり、デカルトが展開した理論は、デモクリトス、エピクロス、ルクレティウス、ブルーノ、テレージオ、ヒルさらにはウィリアム・オッカムさえ含めた唯物論の亡霊を呼び覚ましてしまったのだ。歴史家ピエトロ・レドンディによれば、本当のガリレイ事件は地動説ではない。地動説は神学もきわめて確実に協調できるものであって、真の問題を覆い隠す隠れ蓑として用いられたにすぎない二義的な些末事だった。それは、実は原子論だった。「『贋金鑑識官』は、隠されてはいても聖書注解に慣れた者の目には、そして時代を読み解くことのできる者にはきわめて明らかな形で、無神論のにおいのする異教の著者たちのしるしを、また異端のにおいのするカトリックの著者たちのしるしを示していた(40)」。

ベラルミーノ枢機卿は当時新しい危険理論との闘いの陣頭指揮に当たっていたが、アリストテレス主義＝トマス主義の伝統的な信仰をペンの力で守れる有能な科学と哲学の才能の持ち主を探し始めていた。問題なのは、「ローマの宮廷のサロンにまで忍び込んだ無神論と自然主義に対して博識と論争力のある哲学における現実的なプログラム」を考えることだった(41)。枢機卿は手始めにヴィルジニオ・チェザリーニを指名して、魂の不死に関する論文を書かせた。だがこの若者はすぐに原子論に改宗してしまい、逆にルクレティウスの『事物の本性について』の注解を公刊した。チェザリーニが一六二四年に夭折すると、友人のアゴスティーノ・マスカルディはチェザリーニのうちにあった「ほぼ純粋な懐疑主義者の姿」を讃えた(42)。枢機卿たちは明らかに教会の体現者の選択で貧乏くじを引いてしまった。フランスでベリュール枢機卿がデカルトに失望を味わわされたのと同じような思いを、ベラルミーノはチェザーリオから抱かされた。もっとも大胆でもっとも有能な精神がこれ以降は護教論的なものから遠ざかってゆく、それが時代のしるしなのだろうか。

イエズス会の学者たちは、原子論に対する戦闘の最前線にいて、原子論に対して主として実体変化を理解不能にすると非難した。パンとブドウ酒がキリストの肉体と血に移ることとは、彼らによればすでにスアレスが証明したように、物質は《実体》あるいは深奥なる実在と《偶有性》ないしは感覚的外観の統一として表される、アリストテレスの自然学によってしか「説明のつかないこと」だった。聖体の秘蹟という奇蹟によって、聖体のパンはパンとしての偶有性は確保しながら、その実体はキリストの肉体と化す。互いに違いのない原子の寄せ集めの物質では、聖体の秘蹟という奇蹟を概念化することは不可能となる。まさしくそのゆえに、一六二四年十一月五日ローマのコレージュの開設講義で、スピノーラ神父は原子論の信奉者たちを取り上げて、「この手の教養人が宗教に機能低下をもたらす」と明言した[43]。

原子論はイエズス会士の間では一六四一年、一六四三年、一六四九年に禁止となった。一六七六年には、彼らは名うての原子論者、オリベト修道会の神父、アンドレア・ピッシーニの有罪判決を手に入れた。一六七八年にはイエズス会士ヴァンニが、『訓練』で、相変わらず実体変化という視点からだったが、ふたたびこの理論への反駁を取り上げた。一六八八年から九七年まで《無神論主義者》で原子論者のグループがナポリで裁判にかけられ、一六九四年にはジョヴァンニ・デ・ベネディクティスが《新哲学》に対する闘いの歴史をまた取り上げ、教皇庁の顧問神学者アントニオ・バルディジャーニ神父がヴィヴィアーニにあてて近代物理学の著者たちの全員、「そのなかでもとくに文芸共和国と宗教の誠実さに害を及ぼすガリレイ、ガッサンディ、デカルト」の追放が目前に迫っていると告げた[44]。

したがって、原子論と無神論を結びつける危険を冒したのは神学者たちだったが、これは彼らの立場としてはあまりにも思慮を欠いていた。というのも、原子論の信奉者が自分は良きキリスト教徒だと宣言したところで無駄で、教会から疑い深い者、理神論者あるいは汎神論者の仲間に押し戻されてしまうのが関の山であり、そのおかげで、世論は誘導されて科学者たちの科学の成功を彼らの不信仰の増大と結びつけてしまうからである。

しだいに知識人たちは実際にこの理論に与するようになっていた。ガッサンディ以外の名をあげよう。ウィッテンベルグのダヴィド・ゼンネルト（一六一八年の著作から）。ユトレヒトのデヴィド・ファン・ゴルレ（一六二〇年）。ジュネーヴのセバスティアン・バッソ（一六二一年）。化学者のビトーとクラーヴ（一六二四年）。ジャン・クリゾストム・マニャン（一六四六年）・カプチン会修道士のカジミール（一六七四年）。ジャン・バティスト・デュ・アメル神父。医師のトーマス・ウィリス、彼は一六七二年の『動物霊魂論』で汎神論的自然主義の立場に支持を表明し、もうひとりの医師アントニオ・マンジョは一六八五年にリモージュから追放された。一六七七年にジル・ド・ロネはその『自然学試論』で、次のようにガッサンディに従うことを誇った。「ガッサンディに従うことを、そして彼がキリスト教と調和させたデモクリトスやエピクロスの見解を彼とともに擁護することをわたしは誇りに思う」。とはいえ、ロネのキリスト教は一種独特のものだった。それは自然主義と理神論の混交、自然とは切り離された世界霊魂を信じるものだった。

医師のギヨム・ラミー（一六四四―一六八二）はさらに遠くまで進み、原子論＝不信仰の結びつきという噂を広めるのにおおいに貢献することになる。講演のたびごとにラミーはきわめて大胆な話題を取り上げ、洒落を装い、神は創造とそれぞれの被造物の質を賽の目できめたので、摂理も目的原因もないと主張した。一六七五年の『解剖学論』では、ラミーは火の魂を形づくる微細な原子というエピクロス派の理論と、世界の物質的霊魂というストア派の理論を採用した。個々人のなかの不死な魂の存在に関しては、ラミーは神学者にその問題をゆだねた。

人間のなかには、動物のそれのように、死ぬと四散する魂以外に、信仰がわれわれに教えるところによれば、非物質的で不死な魂があり、神の手からすぐに離れ、わたしが先に述べた精神を介して身体とひとつになる。わたしの推論の原理となっているのはこの魂であり、この魂はそれ自体にひとつの自然的傾向があって、万人を神の認識へと導くものである。しかしこの魂は信仰によってのみ知られるものであるから、それについてわれわれが何を信じるべきかをわれわれに語るのは、神学者の仕事である。[45]

ラミーの同僚クレッセがとても確信がある風には見えないと伝えると、ラミーは実際哲学者としては不死を信じていないが、キリスト教徒としてはそれを信じていると答えた。理性は感覚に、感覚は信仰に譲らなければならないからというのが理由だった。十三世紀来教会によって非難されてきた二重真理という古い立場に訴えはしたが、信仰の擁護者たちを納得させるためではなかった。「当然のことながらラミーにとって、信仰とは誰も信じていない事柄を受け入れること以外の何ものでもなかった」、とジョン・ステファンソン・スピンクは記している。[46]

十七世紀における反軽信主義の回帰　ヴァニーニ

ギヨム・ラミーのケースは十七世紀の不信仰のある側面の典型だった。キリスト教の信仰にたっぷりと浸りきった世界で、この信仰を問題とすることはただその外部から間接的にしかできなかった。確かな支えとなるものが何もなかったからであり、当局からの恒常的な脅迫が回りくどい手段を用い、婉曲的な表現を使い、疑いの種を蒔いてもそんな素振りは見せないようにしなければならなかったからである。彼ら懐疑論者を不誠実だとそしるのは正しくないように思える。一方で表現の自由がないなか、彼らには選択の余地がなかった。他方でその矛盾したもの言いは彼らに固有のためらいを反映していた。信仰を持たない者は永遠の地獄墜ちの罰を受けるのは確かだということが、数世紀来不可侵の真理という地位を獲得してきた世界にあって、暇つぶしに信仰に異議を唱えることはできなかった。これらの人々にも懐疑と不安のときがあったのだ。そしてもし偶然それがすべて本当のことだったとしたら。彼らの個人的な理性とほかの大勢の人々の信仰心との闘いは容易なものではなかった。今日であってさえも信仰のなかで教育を受けた人には、不信仰は心地よいものではない。そうであれば、十七世紀にはどうだっただろうか。もっとも強い精神の持ち主でさえもときには疑いを抱くのだ。

ましてや無神論の嫌疑をかけられてトゥールーズで処刑されたジュリオ・チェーザレ・ヴァニーニ（一五八五―一六一九）のような司祭であれば、なおさらであろう。教育者でもあれば哲学者だったこの托鉢修道士の悲劇的な運命は、もうひとりの宗教者ジョルダーノ・ブルーノのそれを思い出させずにはおかないが、その評判は対照的だった。ある人々には極めつきの無神論者、ほかの人々には正統な信仰者と映ったが、ヴァニーニはこの時期の信仰と不信仰の複雑さの申し分のない例証だった。

この人物のやっかいな面は、まずヴァニーニが称賛したカルダーノにならって、逆説と矛盾の技を発揮した著作、たとえば『精妙さに関わる書』に現れた。[47] 同様にトーリサーノ公に捧げられた『永遠の摂理の円形劇場』では、「古代ギリシア・ローマの哲学者、無神論者、エピクロス主義者、ペリパトス学派、ストア主義者」に反対して神の摂理を擁護するつもりだとヴァニーニは告げた。奇妙な擁護論だった。実際そこには創造に反対する無神論者の議論の詳細が明らかな形で展開されているのが見られ、そしてそれへの反論は、「かくも見事に理性に反する体系に立てうる無数の反論は無視することにしよう」[48]、と言って済ませている。あるいはまた、ヴァニーニは「明らかに無神論者たちの君主」マキャヴェリ、あるいは奇蹟を反論した匿名の「ドイツ人の無神論者」の言葉を伝え、自身は自分のほかの著作でこれらすべてにすでに反論してあると指摘するに止める。悪の問題に関しては、ヴァニーニは進んでディアゴラスの議論にボエティウスのそれをもって反論を試みるが、それでもボエティウスは誤っていると断言する。神託や奇蹟で摂理の現実性を証明するというのだが、逆に神託は「作り話」で、「奇蹟は臣下を手なずけるために頭目たちが、そして名誉と尊敬を自分のものとするために聖職者が作り出し、でっち上げたもの」[49]。聖書から取られた議論については、そんなもので言い繕ってもなんの役に立つのか？「わたしがイソップの寓話を聖書とするのと同じように、無神論者もまたたくさんの例を聖書にできる」のだから、と言う[50]。別の手口を紹介しよう。ヴァニーニはストア派の批判という角度からキリスト教を自己矛盾に陥らせる。実際、ストア派は証明抜きで摂理を認める。それゆえ彼らは人間の自由を否定し、神に悪の責任を取らせているとして、無邪気そうにこうつけ加える。「ストア派の見解は一見きわめて欠陥の多いものに見えるが、キリスト教の見解と合致するものである」[51]。摂理は存在する。そうヴァニーニは別のところで書いているのだが、そうであれば祈ることは完全に無用となってしまう。

ヴァニーニはさらに、ほかの宗教同様キリスト教も天体によって決定され、滅びうるものであること、「年老いた女性たち」が信じる聖痕〔キリストの五つの傷跡と同じものが奇蹟的に現れること〕や奇蹟には物質的な原因があること、来世での暮らしや魂の不死については確かなものは何もないこと、神、それが存在するのであれば必然性に導かれること、そして神はおそらくは自然と同一であることをほのめかす。「神とは何かとわたしにおたずねですか。わたしが神を知っていたなら、わたしが神ということになるでしょう。というのも神ご自身を除けば、誰も神を、また神が何であるかを知らないからです。〔…〕神はすべてであり、すべてを超え、すべての外に、すべてのうちにおられる」[52]。

悪の問題ももちろん取り上げられたが、そのほかの問題同様あいまいなやり方によってだった。ヴァニーニは、無神論者によれば「神がわれわれの行いを予見されているなら、神はわれわれの過ちを目にされていて、したがって神はそれを実現されている」ことを思い起こさせる。「神はこの地上のことを完全になおざりにしている」か、あるいは「地上のことに関わっても、神は罪にも禍にもつける薬をまるで持ち合わせていない」かのどちらかである。神は悪を止めることができない。「したがってそうしたければ、神は「世界の果てまですべての悪を無に帰する」こともできるのだ。もちろん、これには神学者の議論を対置しておかなければならない。[…] それは理解できないとヴァニーニは漏らすのだが。(53)

さらに別の箇所でヴァニーニは聖トマスにならって摂理の定義をあたえ、その後でこの定義をばかげたものと呼ぶ。リベルタンに言及して、彼らは異端審問官のせいで見せかけの敬神を装うが、秘密裏に「学問を鼻にかける連中、学識ある連中以上の熱心さでエピクロス主義」を実践している。(54) ヴァニーニ自身は、「わが異端審問官の怒りよりはホラティウスの怒り」のほうが好きだと言う。そこに込められた意味は、自分は信仰者側の議論を反論することはやろうと思えばできるが、慎重だから沈黙を守るということであろう。(55) さらにヴァニーニはエピクロスを範にとっていると言う。「エピクロスは神々についての敬虔と宗教を論じた幾冊かの本を書いたが、同時に神々はこの世のことにはなんのこだわりも持たない、と口にした」。(56)

まさしくここにこそ、読者を当惑させてしまうものがある。仰々しく「聖霊がその代弁者として聖父パウロ五世を遣わされた聖カトリック教会の判断」にゆだねられた、一六一六年の『自然に関する対話』では、ヴァニーニはもっとも非宗教的な議論をオランダ人の無神論者やヴェネツィアのユダヤ人に語らせているが、その内容は『円形劇場』よりもさらにいっそう疑わしいものであり、『円形劇場』で示したいくつかの考えをそこでヴァニーニは否定さえする。信仰、創造、復活の肩を持った議論は打ち壊され、宗教はペテンと扱われ、キリストは称賛された。ただしそれはキリストの二枚舌ぶりについてであって、要するにヴァニーニの言わんとするのは、どうやって徴税や姦通した女についてのパリサイ派の人々の問いを巧みにかわすか〔「ルカによる福音書」第一八章九―一四節など参照〕をご称賛あれ、ということなのだ(57)。『円形劇場』は、無神論者の視点を展開するチェーザレ（ヴァニーニの名前はジュリオ・チェーザレだった）とそれに反論するアレクサンドロスの対話という形式で表されている。古典的な手法で、これを使えば回り道をせずに不信仰者の議論を説明することができる。たとえば人間の創造のように。

> 最初の人間が、豚、蛙の死体の腐敗物（おそらくは天体の影響を被ったに違いない物質）から生まれたと考えた者もいたのだ。というのもこれらの動物の肉体と習性と人間のそれとのあいだには大きな類似性があるからである。他方、これはもっと妥協的だが、エチオピア人にとってだけは猿が先祖となった。同じ色の肌をしているからである。〔…〕無神論者が何度もやかましく言い立てることによれば、最初の人間は獣のように四つ足で身をかがめて歩き、ただ努力だけがこうしたやり方を変えられたが、年をとると少しずつもとの状態に戻っていく。

お人好しのアレクサンドロスの答弁は奇妙なまでに弱々しく、しばしば宗教に反対する非難を取り上げた。

多くの栄光に満ちた殉教者の闘いが証明しているように、キリスト教徒は弱い精神の持ち主ではないと、この無神論者に対してわたしが断言しているそのときに、こうした闘いを狂信的な想像力、栄光への情熱、そしてさらには憂鬱症の気質にこの瀆神者は結びつけるのです。彼は、すべての宗教、いちばんばかばかしいものにでも殉教者がいたと言います。トルコ人〔イスラム教徒〕も、インド人も、今日では異端者も、拷問でさえ押しとどめられない信仰告白者を生み出しているのです。

何もかもが油断のならない批判に興を添えるものだった。たとえば、次の例のように。

グレゴリウス教皇が定められた聖なる顕現を慎ましく信じましょう。こうした事柄を敬神家から小銭を巻き上げるために幾人かの取るに足らない司祭がやった作り事だとするような無神論者たちの考えにわたしは与しないからです。

あいまいなのだ。とりわけその振る舞いや教育において、ヴァニーニはあいまいだった。トゥールーズ高等法院の書記マランファンは、ヴァニーニの後期の活動をこう描く。ヴァニーニの思想の表わし方はこうだ。「まず自分が答えようとする不敬の徒への反論として自分の考えなるものを述べる。だがこの反論をヴァニーニはけっして表に出さないか、出しても目の肥えた者なら、神から見放され地獄に堕ちるべき見解をただ危ない目に合わずに教えようとヴァニーニは望んでいるのだと、正しく判断できるくらいかすかにしか表わさなかった。[58] 敵意に満ちたテキスト、『忌まわしきヴァニーニ博士に関する真実の物語』では、「少しずつ、しかも突然おおっぴらにということもなしにその悪魔の教義の種を蒔く」ことから始めて、ヴァニーニがクラマーユの新参者たちを教えている様子が描かれる。『メルキュール・フランセ』は、悪知恵を働かせてヴァニーニが「その危険な見解を滑り込ませた」、と断言した。そのうえ裁判では、ヴァニーニは自分の信仰を叫び立てた。「このわらのおかげで、神がいると信じるようになった」とわら束を振り上げて言い、毅然と拷問に臨んだ。首切り役人が火あぶりの刑の前奏曲、舌を引き抜く前に、ヴァニーニは「さあ、さあ、哲学者として屈託なく死地に赴こう」、と宣言した。

ヴァニーニの本当の考えとはどんなものだったのだろうか。彼の時代同様今日でも、彼の信念に関してはもっとも対立する判断がなされている。それはヴァニーニの二つの著作『円形劇場』と『対話』から始まった。二冊とも、一六二三年に禁書目録に載せられるまでは、教会当局の覚えめでたかった印刷業者から出ていた。ガラースやメルセンヌによれば、ヴァニーニは唾棄すべき不敬の徒だった。グラモンによれば、「彼は神聖なものを茶化し、受肉の教義を攻撃し、神を無視し、万事は偶然の結果だと見なし、自分で恵み深き母、万物の源と呼ぶ自然を崇拝していた」[59]。ユトレヒトの教授ギスベルト・フートもほぼ同意見だった。デカルトはといえば、無神論の告発を正当化するようなものは何もないとしていたが。一七一二年にアルプは『ジュリオ・チェザーレ・ヴァニーニ擁護論』を公刊したが、そこで彼は無神論だとの起訴理由には価値がないことを示した。イエズス会士たちは、自分たちの敵であれば誰に対してもそういう起訴理由を無差別に用いるからである。ベールにとっては、一六八二年のことだが、ヴァニーニはきわめて濃厚に無神論者の可能性があるが、また完全にオネットム〔十七世紀後半の用法で、廷臣のように礼儀をわきまえた温厚な人を指す〕だった。その一方で翌年ヴィッテンベルクのルター派の神学者ディークマンは、このイタリア人には不信仰なところは何もないと述べたが、この見解は十八世紀初頭のドイツにおける三つの博士論文に引き継がれた。そしてヴォルテールの番だが、『哲学辞典』で無神論との非難からヴァニーニの無実を証明してみせた。それとは反対にライデンのプロテスタントの牧師、ジャック・ソーランはヴァニーニを神の観念の不条理さを証明しようと望んだと非難し、彼を無神論の宣伝家と決めつけた。

下劣な人間だ、前世紀のはじめを生きたが、かつてあった試しがないもっとも唾棄すべき計画を立て、気のあった一一人の仲間とともに不信仰のコレージュを建て、そこから世界中に自分の身代わりを送って、神の存在に関する教義をすべての人々の心から根絶やしにするはずだった。あえて言うが、この男は神がいないことを独特のやり方で証明し始めた。それは神の観念をあたえることだった。神を定義すること、それが神を反駁することであり、神がいないことを明らかにする最良の手段、それは神がいると語ることだったと信じたのだ。[60]

メリエ司祭は、ヴァニーニに信仰の敵対者としての心の友を感じ、ヴァニーニが神観念の相矛盾する特性を枚挙した頁を引用している。[61] とはいえジャン・ドゥプランによれば、「メリエがその頁に加えた解釈は、十分すぎるほど情報を備えた読み手のものであり、ヴァニーニが無神論の罪を科されてトゥールーズで死刑に処されたことを知っており、自分がこの無神論というものについて持っている知識を『円形劇場』に結びつけた」のであった。[62]

おそらく厳密な意味では、ヴァニーニは無神論者ではない。存在の統一を信じ、それを彼は五段階の階層、神、知性体（天体）、人間精神あるいは理性的霊魂、感覚的霊魂、植物的霊魂に区別した。神は、自身のうちの存在するものたちと同等の形相を創造する知的原因である。キリストは有能な人物で、善と徳の支配をうち立てようとしたが、道徳の戒律の大部分は民衆を従属のうちにとどめることを目的とした人々によってでっち上げられたとした。

クレモニーニとイタリアの無神論

ヴァニーニの思想は混沌としていた。その大部分はパドヴァで教わった哲学からアイデアを得たものであり、この思想についてはヴァニーニの同時代人、もうひとりのイタリア人、クレモニーニにその概要が認められる。一六二六年に現今の不敬に関して異端審問官長と会談中に、アンジェロ・カステラーニ修道士は、友人のアントニオ・ロヴェーレの打ち明け話として、クレモニーニがきわめて危険な教授であることを伝えた。それというのも、この教授が逸脱したやり方で自分の疑わしい教義を広めているからだった。アリストテレスの忠実な弟子を装い、アリストテレスは個々人の魂の不死は一度も教えていないと言い、科学と信仰を切り離し、和解させるよりはむしろ二重真理説を実践した。パドヴァのほかの哲学者たち同様、クレモニーニも魂の研究は自然科学の問題で、神の科学の問題ではないと考える。魂は自然の鏡で自然にのみ依存し、人間の特性はその感覚的魂のうちにある。われわれの精神の働きやわれわれの自由も生理学的な条件に縛られていて、やはり医学に依存する。

一六一一年から、ローマでクレモニーニに関する調査が命じられた。そして一六一三年には二冊の概要報告書が、クレモニーニが『天空について』で表した教義が教会のそれとは合致しないことを示した。クレモニーニは、天空の永遠性と必然性、肉体との不可分性を根拠とした魂の死すべき運命を説き、神は単に天空の運動の目的因、世界の運動の機械的な動因でしかないと主張し、こうして神の位格と摂理を台無しにしたと非難された。

誤りを正すようにと強く促されて、クレモニーニは言い逃れをした。彼によれば、自分の著書にはそうした誤りはなかった。さらに魂が死すべきであるのは、魂が肉体に情報をあたえる、つまり自然科学という視点からのみ言えるのであって、神学的な意味からではないとした。同様に、自分が話題にした非人格的な神とは自然学の神であって、宗教の神ではないと言う。天空の永遠性は創造の教義とは無関係であり、単に自然哲学の問題であるとした。

　こうした微妙な区別は教皇庁をそれほど納得させはしなかったのだが、それでも一六一六年の『第五の天空実体に関する擁護論』でクレモニーニは何も撤回しなかった。「魂が、その現実態である、あるいは船の航海士のように住まう肉体なしに存在しうると思うのは、ある種の幻想（キマイラ）である。[…] 世界霊魂にとってみれば、物体と結びついていたほうがいいのだ。そうでないと世界霊魂は存在できないだろう」。このことを人間の魂にあてはめてみれば、人間の魂は明らかに死すべきものとなる。実際、魂とは自らを組織する物質の所産であるにすぎない。神について言うなら、神とは世界霊魂がそこへと向かう目標である。神の思考とは単純で自己の純粋な観想であり、世界とは複合体の領域であるがゆえに神は世界も知らず、また自由とは新しきものを意味するがゆえに、神は自由も知らない。ヴェネツィアの領地だったためにパドヴァが享受していた免責特権に守られて、クレモニーニはうまい具合に追及の手を逃れ、一六一九年に出されたもうひとつの警告も無視して、自分の自然主義的汎神論を教え続けた。

　とはいえ、不信仰がパドヴァの哲学者たちの専有物だったわけではまったくなかった。この人々はアリストテレスに基づくある種の理論的無神論を表していたが、当時のイタリアでは貴族社会、とくに聖職者社会で多数の実践的無神論者が見られた。枢機卿やあらゆる国々からやってきた大使、それに続く医師や出世欲に凝り固まった聖職者、彼らが十七世紀のローマをキリスト教世界で最大の無神論者の集結点にしていた。

　一五七六年来、イノサン・ジャンティエはローマの「鼻持ちならない無神論」に言及した。四分の三世紀後にはギィ・パタンがこう書いた。「イタリアはリベルタンや無神論者、何も信じない連中でごった返していた」。それはカゾーボンやほかの人々も確認した。もっともはっきりとした証言は、ガブリエル・ノーデのものだった。ノーデは『ナウダエアーナ』〔『ノーデとパタンの対話』〕でこの半島での不敬の歴史に関する考察を収集し、それはボッカチオから始まってラレタン、ニッコーロ・フランコ、パリンジェニウス、カルダーノ、ブルーノと続き、忘れられることなくジローラモ・ボーロがつけ加えられた。ボーロ、この「完璧な無神論者」は「異端審問官殿向けのマカロンの一皿とはいかないにしても」、神の世界と想定される第八天球〔コペルニクスによる恒星天球〕の彼方には何も存在しないと主張した。

ノーデの説明では、教皇権力を攻撃するものを除けばローマでは何でも読み、何でも書くことができた。ノーデはウルバヌス八世の侍医、ジュリオ・マンチーニの例をあげている。マンチーニはサン・ピエトロ司教座聖堂参事会員だったが、単純で迷信深い民衆を軽蔑し、四旬節を守る人々をあざ笑い、魂の不死を否定した。彼と面識があったノーデによれば、「現在の教皇は道徳的にはかなりの優れ者の医師を抱えていた。ジュリオ・マンチーニなる人物で、偉大な天文学者であり、洗練された文学的素養を備えた学者であり、聖職禄を得、そうこうするうちにローマで亡くなったが、偉大なそして完璧な無神論者だった。この種の運命しか信じない手合いがイタリア中に溢れていた」(63)。とはいえノーデはあまりにも華美に飾りすぎてしまった。実際マンゾーリ侯爵は「無神論者できわめて良くない暮らしぶりの人物だった」が、一六三七年に斬首刑に処された。ノーデの続きを聞こう。「ローマでは無神論者も、男色家も、リベルタンも、その他諸々の詐欺師も大目に見られる。しかし教皇やローマの宮廷の悪口を言い、イタリアの教会法学者たちがあれほどごちゃごちゃ書き散らした教皇の全能に疑問を差し挟むような者はけっして容赦されない」(64)。ノーデはさらにトロイーロ・サヴェーラの名をあげる。この男は「さまざまな罪状、そのうちのいちばん些細なものが正真正銘、生粋の無神論者」との理由から[65]、世紀の始めに十九歳で斬首された。

オランダと英国——公然化する不信仰

大貴族の随行者のあいだに見られ、その人となりからすぐに不信仰の発信地となったこうした貴族や知識人たちの旅行者を介して、リベルタン的な態度がヨーロッパで広く行き渡った。たとえば医師のピエール・ブルドロはノアーユ公に従って一六三四年にローマにやって来たが、同時にスウェーデンのクリスティーナ女王の側近のひとりだった。『無神論者の教理問答』の著者だったが、ブルドロはそれをストックホルムの牧師たちの最古参者あてに送り、天は空虚で、イタリアでもフランスでも知識人は誰一人神を信じていないと断言した。ひとりの同時代人がブルドロについてこう記している。「あの男が自分の不敬を個人生活の防壁の中に抑え込めたのであれば、自分にもそれが隠せるだろう。だがすべての貴族の高貴な殿方の前であの男がやったことを消し去ることはできない[66]」。クリスティーナの側近の間で宗教をあざ笑う瀆神的な道化芝居をやってのけたのが、この男だった。

ルター派の聖職者がばかにされる。瀆聖的な道化芝居が打たれる。鈍重すぎてすぐは悪意に気づかないような精神の持ち主のまじめなキリスト教徒が罠にかけられる。誰あろう、サミュエル・ボシャールが捕まった。ある日のこと、クリスティーナの書斎で見知らぬ者がボシャールに近づき、「聖書とか言われる例の書物」についてどう考えるかとたずねた。そして無邪気な司祭は周囲のあざけりの的になりながら、聖書の弁護を始めた[67]。おまけにスウェーデンのクリスティーナ女王は彼女自身きわめて好奇心の強い人物で、その挑発的な無神論は、一六五四年に王位を譲った後にアンヴェールで女王に会ったコンデ公のような時代のもっとも進んだ精神の持ち主さえ驚かせたものだった。コンデ公によれば、女王についてはこんなことが言われていた。

女王は神も宗教も知らず、自分に随行する者たちの中にひとりの聖職者もおらず、公然と無神論を告白し、人にも勧め、すべての民族、男か女かを問わず公の場でさえ悪徳行為を認め、瀆神の言葉が混ざらない言葉を口にすることはなかった。[…]（わたし自身あまり良心的とは言えないのだが）彼女が手を染めている悪評には心が痛む。(68)

クリスティーナの教授で宮廷司書だったイサク・フォシウスは、自身が啓示を否定する強き精神の持ち主であり、無神論者として死んだ。

オランダは、かなり不十分なものでもあったがこの国を支配する寛容さによって、ヨーロッパ中のあらゆるタイプの不信仰の出会いの場のひとつだった。「住む者にとっては、ここはありとあらゆる宗教、無宗教ないしは自由思想に門戸が開かれているところだ」、とソメーズは一五七五年創設のライデン大学に関して記した。一五八七年から『政治・軍事論』で、フォスははじめて無神論の歴史を概括した。一六二五年死の床にあったマウリッツ・ファン・ナッサウは、取り囲んだプロテスタントの牧師たちがその口から模範的な信仰告白を待っていたのに、こう言うだけにとどめた。「ただ一言こう申しあげます。二足す二は四、四足す四は八だと、わたしは信じております。このお方が（その場に立ち会った数学者を指さしながら）われわれの信心のほかの諸点を明らかにしてくれましょう(69)」。

イギリスでは同時期にある種の不信仰が発展したが、すぐに独特の性格を帯びるようになった。世紀の初め以来、イギリスにはフランスのリベルタンに相当するものが見られた。それは、グレートテュー城にあるフォークランド卿の屋敷に集まった若い貴族たちだった。ソッツィーニ派と目され、彼らはベーコンを崇拝し、カトリックの信仰箇条もカルヴァン派の信仰箇条もともに否定した。「三位一体反対派だというだけでなく、今置かれている状況のほうがその逆の立場よりも納得できると思えたら、いつでもわたしはトルコ人にでもなってやる」、とフォークランド卿は宣言した。[70] 彼らのお気に入りの作家のひとりがイタリア人のジャコモ・アコンチョだったが、アコンチョは寛容、懐疑主義、良心の自由の庇護者で、エリザベス女王に仕えていた。[71] というのも、これらの「合理主義者」は同時にモンテーニュの系譜に連なる懐疑主義者だったからである。彼らは無神論者ではないが、体系的な懐疑を育んでいた。

さらに大胆に見えるのは、イギリスのガッサンディと言われ、十六世紀末からの地動説、世界の複数性、とりわけ原子の複数性を信奉するニコラス・ヒルのまわりに作られたグループだった。ヒルは一六〇一年に『エピクロス、デモクリトス、テオフラストスの哲学』を著したが、メルセンヌから不敬として容赦のない攻撃を受けた。[72]

一六四九年から六〇年の大空位時代は、内線後で監督や言論抑圧制度の通常の機能が途断され、そのおかげでかなり多様な信仰、不信仰の表現が可能となった。宗教の分野でも政治や社会の分野同様もっとも極端な思想が姿を現した。十七世紀のちょうど中頃、公式宗教、英国では英国国教会主義だったが、その覆いの下で多様な形態の無神論が民衆そのもののあいだを徘徊していた。通常の時期であれば、こうした痕跡は消し去られ、公式筋からの情報はキリスト教的一体性という偽りの印象を流せる。しかし、検閲と文字による文化の覆いが一時的に取り除かれたために、信じられないくらいの思想の雑踏が姿を現した。

ある者はキリストの神性を否定し、ほかの者は魂の不死、復活、天国と地獄の実在、聖書の権威を否定した。ディガーズ〔英国のピューリタン革命の最左翼党派。一六四九年ウィンスタンリーの指導のもとに荒地を開墾して土地共有の共同社会を作ろうとした〕運動の指導者のひとり、ウィンスタンリーは天国をあざ笑った。「そんなものはウソつきのわれわれのご主人様がたのでっち上げなだけで、そいつを頭のなかに詰め込んでみんなが喜んでいる隙に財布をくすねるのさ」[73]。リチャード・コパンによれば、「天国があるのは、われわれが地獄を怖がるときのこと」だった。ロドウィック・マグリートンの話では、神の存在を否定し、自然だけが存在すると断言する多くの人を彼は知っていた。ローレンス・クラークソンやウィリアム・フランクリン、そしてその仲間たちがそのケースだった。このふたりのラコックの機織り工は一六五六年に、「今聖書を書き直すんだったら、メルクシャムのトム・ラムパイアだって書けるだろうよ」、と言ったとの理由で処刑された。彼らによれば、「天国も地獄も人の心のなかにしか存在しない。うまい具合にこの世で楽に暮らせたら、それが人の天国だ。貧しくて惨めなら、それこそが地獄だ。じゃ死は、どうせ牛か馬のように死ぬんだ」。ふたりのうちのひとりは、ビール一杯おごってくれたらどんな宗教も売りっ払ってやると言い、「何にでも神がいるし、起こった禍や悪行は何もかも神のせいだ」とつけ加え、もうひとりによれば、「神も惑星以上の全能もないし、みんなに輝く太陽のほかにキリストはいない」し、「十二人の族長は占星術の十二宮」だった。

この種の見解の急速な増殖は、一六四八年から瀆神に関する王令が不死、キリスト、精霊、神の存在とその全能を否定する者への種々の刑罰を規定しただけに不安の種となった[74]。しかしそれと並行して一六五〇年から五六年にかけて礼拝への参加義務がなくなり、一六五三年には教会によらない結婚が導入されたため、教会に通うあるいは聖体を拝領する度合いの極端な低減が見られた。以前の習慣が取り戻されるのは、一六六〇年の王政復古以降のことだった。いくつかの教会では礼拝が二週間ごとになり、洗礼、堅信の秘蹟、宗教による埋葬すら無視されたことが指摘された[75]。

証言はとくに一六六〇年から九〇年のあいだ多数にのぼったが、そのすべてが同じ方向を向いていた。一六七三年にジョン・ミルトンは、こう記している。「数年前からこの国の悪弊が数のうえでも過激さの点でも増え、傲慢さ、贅沢さ、飲酒癖、売春、悪態、瀆神、開けっぴろげで向こう見ずな無神論がいたるところで幅をきかせていると、誰もが不平を言っている」[76]。それこそが敬神家たちの社会で広がっていた一般的な考え方であり、不敬や《地獄の火》といったクラブの活動についての不満がカンタベリー大司教のところに流れ込んだ。運動を阻止するには、法は無力に思われ、議会自身が相当に悪影響を受けていた。一七二一年にカンタベリー大司教が提出した瀆神に関する法令案は棄却されたほどだった。一六八〇年代には、検閲局の責任者だったロジャー・レトランジュ卿は数多くのパンフレットの標的にされ、隠れカトリックだとか、悪魔と結託しているとか非難された。

カトリック教はあちらこちらから目の敵にされており、奇妙なことにある者たちからは無神論に手を貸していると非難され、ほかの者たちからは迷信を助長していると非難されたが、このことが寛容についての議論を麻痺させていた。プロテスタントとカトリックの文化的隔たりは、十七世紀のフランスに行ったイギリス人旅行者たちの見聞記にはっきりと現れている[77]。彼らはカトリックの礼拝を、自分たちにとっては軽蔑の対象でしかない迷信の固まりとみなした。たとえば一六三五年から三六年にかけて、ルダンの憑依事件の際に、イギリスの観光客はわざわざ回り道をした[78]。欺瞞をかぎつけると、すでにベーコン的精神の刻印を押されている彼らは、イエズス会の祓魔師（ふつまし）たちを面狂わせるような実験による検証を要求した。たとえば演出家のトーマス・キリグリューは悪魔祓いに立ち会ったが、憑依者の尋問のあいだ「司祭はラテン語を、悪魔はフランス語しか話さなかった」、と皮肉を込めてその様子を伝えた。祓魔師が悪魔に修道女の体を炎で包むように命じ、このイギリス人にその体に触れてみるように勧めた。「わたしが感じたのは女の体、こわばった腕や足だけだった」。ローダーディル公は一六三七年にパリにいたが、やはり悪魔祓いに立ち会った。「はじめは何かの悪だくみだろうと疑った」と彼は書き、ジャンヌ・デ・ザンジュの腕にイエス、マリア、ヨゼフと「奇蹟的に」書かれているのを人から見せられたとき、エッチング用の硝酸液で書かれたものだったことを確かめた。「わたしはもうこんなことに我慢がならなくなり、ひとりのイエズス会士にわたしの心の底を打ち明けようとさえ思った」。それから公はこのイエズス会士をつかまえて、ひとつの実験を試みた。外国語である文章を口にして、それを翻訳するように悪魔に憑かれた修道女に求めたのである。イエズス会士は当惑し、「《この悪魔たちは旅をしなかったものですから》、とわたしに答えた。それでついわたしは大笑いしてしまったのだが、それ以上のことは何も手に入れられなかった」。代わる代わるウィラーフバイ、ジョージ・カートホップ、ロバート・モンタギュ、チャールズ・バータイアがこれに類した懐疑論を見せたが、そのため祓魔師たちはひどく腹を立てた。一六七八年に書いているが、ジョン・ロックによれば、この話は役者の修道女を使ってリシュリューが演じた悪だくみだった。

時にはいざこざが起こったが、それは根深い文化的な溝のしるしだった。スコットランド人ジョン・ローダーは、ある種旅行者的な無遠慮さでポワティエのサント・クロワ教会を訪れ、自分から言っているように「あちこち丹念に見まわした」。そのとき多くの信者たちがひざまずいて祈っていたが、ローダーはひとりの女性信者から非難を浴びせられた。彼女は「自分のことをにらみつけ、わたしが聖水盤の水を手に取らず、わたしがひざまずいていないことに気づくと、頭に血がのぼったのか《ここに来て、聖なる場所を汚すな》と言った。すぐさまわたしはこう答えた。《マダム、ご立派な信心ぶりですな。しかしわたしがおりますことよりも、おそらくはあなたの無知のほうがこの聖なる場所をずっと汚しておりますよ》。この言葉は人々の面前で、とくに神父の前で言われたものだから、引き下がったほうがわたしの健康にはよさそうだということが分かったので、そうすることにした」。

ジョン・ロックについて言えば、そのあからさまな懐疑論的態度はタラスコンの神父を激昂させるのにもってこいだった。司祭はロックに接吻させようと聖マルタの聖遺骨をおごそかに持ち出した。哲学者はなんの反応も示さない。この聖職者は、「頑固な異端者の接吻を手に入れられなかったので、くるりと背を向けると、カンカンになって、聖遺骨を棚にしまい、カーテンを閉じてしまった」。同じようにマルセイユでは一六八一年に、聖母マリアが教会の内陣で成し遂げた奇蹟をある神父が数え上げていると、ジョン・バクストンの仲間がやっかいな質問をした。証拠を求められることにほとんど慣れていなかった神父は、「すぐに腹を立て始めた」。

相互理解の欠如は明らかだった。イギリスの旅行者たちは皮肉っぽく、物見高く、時には楽しげに、時には嫌みな眼差しをフランスの教皇主義者たちに注いだ。ローマの後見から解放され、理性の《光明》によって啓蒙され、そして自分たちの優越性と明敏さを確信していたので、イギリス人はカトリックの軽信ぶりを鼻で笑った。すでに一六六〇―八〇年代のイギリスには懐疑精神が及んでいたが、この精神はこの国で自らを自由に表現することで、直接に啓蒙の合理主義を準備した。

こうした懐疑論者たちを前にして、信仰の擁護者たちも手をこまねいていたわけではなかった。だがきちんと敵を的に絞ることができなかった。ジョゼフ・グランヴィルによれば、信仰が傾いてしまうのは理性をけなしすぎるからであると、一六七〇年に書いている。「わたしの知るかぎり、宗教を敬い、宗教に手を貸すという口実を設け、そうやって信仰の基礎そのものが荒廃させられ、無神論を予告する世界が作られることを考えるならば、理性の批判ほどキリスト教に害を及ぼすものは何もない[79]」。逆にラルフ・カドワースによれば、責任はデモクリトスの原子論にあった。一六七七年に、このケンブリッジの大学人は膨大な著作、『宇宙の真の英知的体系』の第一巻を刊行したが、それは無神論との闘いの古典となるべきものだった。序文でカドワースはこう記した。「すでに指摘したように、近代無神論者たちの方法とはまずキリスト教に攻撃を仕掛けることであり、キリスト教がもっとも脆弱だと考え、それを根拠にすべての宗教、すべての有神論を打ち壊すのはたやすいとすることである」。カドワースによれば、原子論それ自体は悪くない。だが原子論は運命とか必然性といった無神論者の考え方で堕落させられ、呑み込まれてしまった。また別の古代の潮流が無神論へと向かわせた。アナクシマンドロスの唯物論だった。アナクシマンドロスは、世界の起源をカオスにおいた。これを念頭において、カドワースは無神論がその基礎としうる一四の命題を数えあげた。

一、誰も神の観念を持つことはできない、したがって神は理解不能である。
二、無からは何も生じない、したがって世界は永遠である。
三、存在するものはすべて延長である、延長でない神はしたがって存在しない。
四、非物体的な精神を万物の起源とすることは空虚な抽象観念を世界の原因とすることである。
五、物体的な神は不可能である、すべて物体的な存在は滅びねばならないからである。
六、精神は原子の偶然の結合から生じる。
七、理性は純粋に人間的なものである。したがって神的知性は存在しようがない。

八、生命あるすべての存在は分解へと傾斜する原子で構成される、したがって神は不死ではない。
九、神は運動の第一原因であると言われる。しかし単独で運動できるものは何もない。
一〇、思考する存在は元来運動に由来するものではない。
一一、知識は認識するものの外部に実在する諸要素に形をあたえるものである、したがって世界は知識に先立って存在したはずである。
一二、世界は神の作物に帰させられるにはあまりにも不完全である。
一三、人間の事柄は摂理が排除されるほどのカオスである。
一四、すべてを命じる能力は同時に幸福を排除する。

カドワースの記すところによれば、無神論者たちはこれに別の古典的な問いをつけ加える。創造の前には神は何をしていたのか。創造する前にどうしてそんなに長く神は待たなければならなかったのか。神はなぜ快楽を禁ずるのか。まさしくこれらのすべてに対して、この護教論者は答えを出そうとし、デカルト的な証明を排して、とにかく目的因による議論を使おうとした。カドワースの論証は、著作ほどには成功しているとはわたしたちには見えないが、著作そのものは信徒たちが強く感じていた必要性に見事に合致していることを示した。イギリスでは、内乱という激動の後で、信仰者たちが道徳の衰退を前にして国家を転覆しようとの無神論者の大がかりな陰謀を懸念し、したがって無神論に対するすべての寛容策に反対だった。やがてロックでさえこうした融通の利かない態度をとることになり、十七世紀が終わるまで、たとえばキリスト教の知恵の普及会といった宗教救済を目的とした組織が作られるのが見かけられた。護教論的著作が数を増し、ウィリアム・ターナーが一六九七年に公刊した『もっとも注目すべき摂理に関する完璧なる歴史』を筆頭に、どれだけ摂理が歴史に介入したかを調べあげるまでになっていた。著者ターナーによれば、「摂理の事例を報告することは、われわれの時代を侵蝕している無神論に対して闘うための最良の方法のひとつであった」。

十七世紀の不可知論――一六五九年の『甦るテオフラストス』

このような事実は、十七世紀についてわたしたちが抱く伝統的なイメージにはほとんど合致しない。信仰に対する合理主義的な攻撃が始まるのは啓蒙の世紀が中心だとする図式的な区割りに慣れすぎてしまって、わたしたちは誤ってルイ十四世の世紀をそれとは逆の宗教にとっての勝利の時代としてしまい、一方から他方への移行は一六八〇年から一七一五年にかけての目を見張るようなヨーロッパ精神の危機によって実現されたとしてしまう。現実には、宗教的心性はずっとゆっくりと進展したのであって、またたしかに危機が起こっていたとしても、それはずっと以前から準備されたものだった。十七世紀は、「魂の偉大な世紀」ではなく、信仰箇条がリベルタン、懐疑論者、デカルト主義者、ガッサンディ派、スピノザ主義者、汎神論者、理神論者、合理主義者、ソッツィーニ派やその他にそれぞれ分裂していくことを告げる、知的発酵の時代だった。

この発酵はさまざまな形態でそして多様なレベルで、全ヨーロッパに及んだ。イタリアでは反世間的な態度でバチカンの回廊まで、フランスでは国王側の厳格さから地下に潜んで、ネーデルラント連邦共和国や英国といったプロテスタント諸国ではもっと公然と、という具合だった。運動は体系的でもなければ、組織的でもなかったが、自分で自分を探し求め、きわめて多様な体裁で姿を現した。それで後悔する人もいたが、この運動は全体としては教養ある階級における不信仰の増大として示され、そこでは時として毅然とした姿で本物の無神論が顔を出した。

あるひとつのテキストが知的な十七世紀のためらいを見事に体現していた。匿名のテキストだったが、それはある種の不安を示唆するものだった。『甦るテオフラストス』、出所は不明だが、脱稿年を一六五九年とすることでは見解は一致していた。ラテン語で書かれ、六部からなる一五〇〇頁の大作だった。[80]「読書を待つことなく、存在することに自足している類の本」、そうジョン・ステファンソン・スピンクは評した。[81]著者はそこで博識を披露するが、意図は本の表題そのものに告げられている。「甦ったテオフラストス。神、世界、宗教、魂、地獄と悪魔、死への蔑視、自然に従う生、これらについて語られてきたことに関する調査。哲学者の諸見解をもとに構成され、解体を目的とし、いと賢明なる神学者諸氏に捧げられたる著作」。したがって本書は理論的には無神論に反対する論考を意味する。しかし書かれ方は、十七世紀以来批評家が一致してそこにとてつもない無神論の巨大兵器を見るという具合だった。その手法は周知のものだった。著者は自分を善良なキリスト教徒として紹介し、無神論者たちの議論すべてを示して、人々が彼らをうまく反駁できるようにする、というものである。その点では著者は、神は存在せず、神は恐怖の表れないしは純然たる抽象にすぎず、世界は永遠であり、宗教は統治技法にすぎず、魂は死すべきものであり、現世の後には何も存在せず、ほかの動物と同じように自然に従って規則正しく生きることを論じるために、数百頁を費やして書きまくっている。

ここで取り上げられているのは、感覚論的な視点に立った全面的に唯物論的な無神論である。「すべて学問は知性のうちにある。しかるに、はじめに感覚のうちになかったものは知性のうちには何もない。[…] したがって、見たこともなければ、聞いたこともなく、触ったこともなく、どんなやり方をしても知覚できないことが明らかな、神々の存在を肯定する人々の理性の欠如はかなりなものである」。

この著作に関する古典的な解釈は、[82]近年エレーヌ・オストロヴィッキーによって含みをもったものに変えられた。[83]無神論者の著作だろうか、との問いかけである。それは必ずしも確実ではない。同書はあちこちに矛盾を散在させることによって無神論の弱点を曝しているように思える。たとえば、プロタゴラスやディアゴラスからボダンまで二〇人の無神論の作家のリストをあげてキリスト教同様、無神論も権威を借りた議論や伝統を用いることを示しているからである。「著者は教会に向かって無神論を演じている。しかし無神論それ自体は著者が否定する思想に依存しすぎていて、本当にまじめに受け取ることができない」。[84]

「宗教的信仰の手直し、現存する信仰を取り壊すことが前提作業として求められるような手直しの試み」を意味するのだろうか。同書の悲観論的で、ジャンセニスト的な特徴に注目して、エレーヌ・オストロヴィッキーは著者が本当は何を望んだかを知ることは不可能だと結論する。事実、もっともふさわしい用語は、「不可知論」であろう。「やはりそれなりの仕方で、『甦るテオフラストス』は神を信じることの不可能性と、同時に神を信じないことの不可能性を証言しているのであって、それこそが人間の悲惨を根拠づけるのであろう」。[85]

十七世紀の根底にある不信仰は、まさしくこうした信仰と無神論とのあいだのためらいにある。信じるか、信じないかだった。問いかけはハムレットのそれに響きあうが、ハムレットの問いはただ表現が違うだけだった。見せかけの確かさの下で、偉大な世紀は答えのない問いへの不安を隠していたのである。

しかしながら一六八〇年から九〇年にかけての時期以降、自分の力に目覚めた理性の光明によって、問題に光が投ぜられたように見えた。だがヨーロッパ精神の第二の危機から引き出された答えは妥協でしかなかった。無神論でもなく、キリスト教でもなく、理神論を、だった。不安定な妥協であり、これはボナルドが考えたように、もし「理神論者というものが、その短い生存のあいだに、無神論者になるだけの時間がなかった人間である」ならばという条件でのみ、暫定的に成立しうる妥協であった。

第九章
ヨーロッパ精神の第二の危機、理性と無神論（一六九〇―一七三〇年頃）

文化的エレメントとしての不信仰の出現にとって決定的な時期があるとすれば、それはまさしく十七世紀から十八世紀への転換期がそうだ。地下水脈、非合法的な言辞、隠された批判、社会の枠組みにとらわれない振る舞い、それらが宗教的建造物を水没させかねない津波のようになって、白日の下に姿を現した。このように確認したところで、それは確実にエリートたちの文化にとっては誇張とはならないであろうし、人を不安に陥れる亀裂が民衆文化のなかにも姿を見せ始めていたのである。

あらゆる道は無神論に通じる

知的な状況の激変を明確に表す現象があった。それまではすべての哲学思想体系が少なくとも形のうえでは宗教的な視点に身を置いていたのに対して、これ以降そうした哲学体系はアプリオリに無神論に導くとの疑いがかけられた。モンテスキューは『わが思索』で、そうした傾向に十分気づいていたことを示して、こう述べた。「真っ先に無神論呼ばわりされずには、世界体系を作ることは不可能だということがどうして起こるのかわたしには分からない。デカルト、ニュートン、ガッサンディ、マールブランシュ、これらの人々をとりあげて、人は無神論を証明すること、そしてそれに力をあたえることばかりしており、無神論はあまりにも自然なので、どんな違いがあるにせよすべての体系はいずれ無神論に落ち着くと信じさせようとしている」。

実例には事欠かなかった。どのようにデカルトの二元論がすぐさま不信仰に導くものとして非難されたかはすでに見た。一方で物理的世界の研究それ自体は唯物論に手を貸すものとされた。他方で純粋な形而上学は、思考の領域を分離してしまい、われわれの観念の起原を感覚に置き、すべての神の担保を取り除いてしまって、感覚論へと向かわせかねなかったのだった。

同様の成り行きが、勝利を収めつつあった新しい理論、ニュートン理論を待ち伏せていた。万有引力は実際すばらしい発見であり、すぐに学会を魅了したのだが、世界に関する伝統的宗教観のうちに統合することは困難であることが分かった。もっともはっきりした危険は、引力に物質のひとつの特性を見いだそうとすることにあった。そうなれば第一原因の必要はなくなり、宇宙は自足的な機械となる。ニュートンと一緒に研究を進めていたリチャード・ベントレーは、そのことをはっきり見抜いていた。「あきらかに、こうした性質が物質に内属するものであれば、カオスが存在することはありえず、世界は永遠の昔から今日あるものとして存在したに違いない」(1)。ベントレーから二十五年経った一七一七年、今度はヨーハン・ブッデウスが、『無神論論考』でこの問題を取り上げた。深い宗教的な精神の持ち主だったニュートンによれば、宇宙には神の存在がしみ込んでいて、引力は神の絶えざる、そして不可欠な働きを現すものだった。ところがニュートンには別の誤りがあるのでは、と疑われた。ライプニッツが指摘するように、汎神論の疑いだった。ライプニッツとサミュエル・クラークとのあいだで論争が始まった。クラークはニュートンの立場を支持し、「神はいたるところに現存されておられるので、ご自身の直接の存在からあらゆる事柄を見通される［…］。ご自身による摂理と監督を除けば神は何もなさらないと主張することは、神の作物の品位を落とすことではなく、むしろそれによって偉大さと卓越性を神はお示しになられる」、と書いた(2)。

それが唯一の問題というわけではなかった。ニュートンは原子論者、それも幾何学的な原子論者ではなく、それ自体も引力によって動かされる微粒子を伴う、動力学的な原子論者だった。この点でもまた、宇宙は自足的なものであり、その点を一七五四年の『自然の解釈に関する思索』で、ディドロが忘れずに活用することになる。さらにニュートンは、絶対的空間と相対的空間を区別していたのだが、このことはバークリが指摘するように、「危険な両刀論法で、この問題に自分の思想を捧げている者の幾人かはそこに追い込まれてしまうと思い込むだろう。つまり、現実の空間が神であるか、あるいは神とは異なって永遠で、創造されたことがなく、無限で、目に見えず、不動な何ものかが存在すると考えるか、ということだ。どちらもともに危険でばかげた考え方だ(3)」。

概して言えばバークリは、宇宙を考えるうえで数学的手法を適用するやり方が数を増している事態から、理神論へと向かう傾向をつきとめ、その成り行きに不安を抱き、「今日の幾人かの優れた哲学者がどの宗教にも属さないという事実が、彼らの信仰心の欠如の原因となるかどうか」と自問した(4)。もっともニュートンは、ベントレーにあてて書いているように、自分の理論はキリスト教擁護論に役立つだろうと考えていたし(5)、その意味で必要な詳細のすべてをこの友人に提供した。とはいえ、そのことはニュートンにのしかかる疑いの妨げとはならなかった。十八世紀半ばにはローラン・フランソワ神父が、幾人かの無神論者がニュートンを後ろ盾にしていることに改めて言及した。その理由は、必然性が勝ち誇る宇宙を提示したのだから、ニュートンはスピノザの誤りを踏襲しているというものだった。[6] くわえてニュートンは反三位一体論者であり、年代学に関するその著作は聖書があたえてくれる日付とは矛盾していた。このことはまたもやライプニッツに、キリスト教文化を壊敗させるための無神論者の陰謀にニュートンを結びつけることを許してしまったのである。[7] カトリックの側でも、やはり意見は分かれた。ベネディクトゥス十四世はニュートンの大いなる崇拝者である一方で、『トレヴー辞典』のイエズス会士たちは、その一七七一年版でもまだ引力を揶揄していた。

ニュートンのライバルだったライプニッツは、自身も非難を免れなかった。その体系には唯物論に逸脱する可能性があったからだ。ところが、ライプニッツは至高の目的としてキリスト教の勝利を確固たるものにすることをかかげ、そのためにキリスト教の合理的特徴を示そうと試みる。ライプニッツはキリスト教から非論理的で躓きのもとになると思われるものすべてを取り除く。神はすべての可能な世界から最良な世界を創造したと説明して、彼は一方の神の全能と善性と、他方の悪の存在が両立しうることを証明する。世界を、この上なく有能な作り手による作品としてしか存在しえない完璧な機械として表す。そこでは現実の世界が多かれ少なかれ意識を伴うモナドの体系による階層で形作られ、第三度のモナドから構成される〔理性的〕霊魂がその頂点に位置し、これらのモナドにはどのような外部からの影響も力を及ぼすことはできない。それは《予定調和》が支配する世界だった。

報われない努力である！　多寡はあるにせよ意識を伴ったライプニッツのモナドには、物活論的唯物論が萌芽として含まれ、それを弟子のモーペルテュイがすぐに展開した。ライプニッツの世界時計は、サミュエル・クラークが指摘したように、神はもう何もすることがないほど完璧だったのである。

世界は、神の不断の介入もなく、時計師の助けもなしに動き続ける時計のように自分で動く機械だと主張する者たちの考えは、あえて言うが、唯物論と運命を導き入れるものであり、神を世界ヲシノグ知性とすることを口実にしながら、この考えは実際には世界から神の摂理と支配を排除する。[8]

つまり宗教を危うくするのは、宗教を擁護することを目的とした、宗教の合理化の企て一切だった。ライプニッツは一七〇三年あるいは一七〇四年にはすでに、ヨーロッパで文化革命が準備されていることを確信していた。難破した宗教を助けるためには、宗教を理性の上に据えなければならず、啓示の書物の上ではもうだめだった。「宗教が書物に依存していては、書物がなくなった場合、理性に基礎を置かない宗教も消滅してしまう。なぜなら理性の上に据えられた場合、宗教はそのすべてが滅びることは絶対になく、また歪められるようなことがあっても、どんな場合でも宗教を生き返らせる手段があるからだ」[9]、ライプニッツは書いた。ドイツ啓蒙（*Aufklärung*）はほとんどがこの道筋をたどり、とくにクリスチャン・ヴォルフ（一六七九―一七五四）がそうで、彼は理性の働きを極限まで推し進める。「啓示宗教に反するものは何もないと理性が断言すれば、啓示宗教にとっては十分である」[10]。だが宗教を理性化するということは、どの道いつかは宗教を世俗世界のなかに取り込んで、宗教を殺してしまうことではないだろうか？　こうしてキリスト教は十八世紀にはそのもっとも誠実な擁護者、すなわちライプニッツに多くを負う理性的なキリスト教徒たちによって内部から蝕まれていくことになる。[11]

危険を目前にしてデカルト哲学とは関係を絶ったダニエル・ユエは、『人間精神の脆弱性に関する哲学的論考』で、理性には神の実在の高みにのぼる能力はないと書いた。もっとも出版されたのはようやく一七二三年になってのことだった。だがこうした信仰絶対主義的な傾向は時勢には合わず、逆に時代は理性が宗教の内部にせきを切って流れ込むのに有利に働いた。一七〇四年の『信仰と理性の使用、あるいは理性と信仰の一致』でピエール＝シルヴァン・レジスは、善良なデカルト主義者として、二つの領域の分離を強く主張したが、理性が信仰に役立つのは信仰の動機を補うためだからだった。ベネディクト会士フランソワ・ラミーは、一七一〇年の『理性のおかげで宗教に立ち返った不信仰の徒』でさらに先に進んだ。神は信仰同様理性の生みの親であり、たとえいくつかの玄義がわれわれの理性の能力を凌駕することがあったとしても、両者にできるのはただ互いに支え合うことだった。『トレヴー辞典』のイエズス会士たちは、信仰に役立てるために合理主義哲学をあまりにも多く用いることに当初はいくぶんためらいがあった。「種々の新哲学の見解に基づくことなく、またあらゆる個々の体系とは無縁な理性によって、不信仰の徒を宗教に立ち返らせようと試みていたのであれば、ラミー神父殿はリベルタンたちからそうした口実を奪い去ったことだろう」、と彼らは書いた[12]。だが勢いには逆らえなかった。一七一七年ジャン・ドニーズは、アバディの著作『理性により信仰に立ち返った不信仰の徒』から着想を得て、『幾何学的理法により証明されたキリスト教の真理』を公刊した。

神は啓示によって語られたと無神論者に納得させるため、そして神は教会をペトロの権威の上に建てられたと理神論者に納得させるため、さらにカトリックならざる者を改宗させるため、神が存在することを証明する、その思いに十八世紀初頭の護教論者たちは取りつかれていた。それができれば、無神論者、理神論者、非カトリック教徒たちに奪われた権威を立証できる。だが用いた方法はすぐに危険なものだと分かった。合理主義者の攻撃を前にして信仰を擁護するために理性を用いること、それは毒をもって毒を制することであり、相手の思うつぼにはまって矛盾に陥る危険をおかすことだった。たとえばマールブランシュに続いてラミーが受肉の秘蹟を証明しようとした際、受肉は神の英知によって必然的なものとされたとラミーは書いたが、その理由はさもなければ創造があまりにもありきたりで神にふさしくないものになってしまうからだった。それに対してフェヌロンは、受肉の秘蹟が必然であれば、悪もまた必然であることを意味することになるが、それは神の英知と自由意志に反していて、不信仰に導くと反論した。[13]

だがそれにしても、そうならないわけがあるだろうか。合理的護教論者たちは自分の論法にはまり込んでしまって、互いに矛盾したことを言い合い、擁護論で無神論に手を貸しているとか、宗教を擁護すると思い込んでは善よりも悪をなしているとか、互いに責め合った。たとえば一七〇三年にジャン・ル・クレールが、原子論や機械論の無神論と闘う目的で、ラルフ・カドワースの護教論の大著『宇宙の真の英知的体系』の要約をフランス語で出版したとき、ベールから当の無神論そのものに武器を提供しているとの批判に見舞われた。[14] 実際カドワースは古典的なジレンマを免れたいと明言した。そのジレンマとは、自然を完全な偶然にゆだねるか、それとも自然は神に導かれているとするかだった。この場合神はハエの脚の働きにいたるまでごく細部にわたって関わることになるが、それは神の尊厳とは相容れない。そのために、カドワースは《形成的自然》の存在を要請する。この《自然》はいささかの意識も抱くことなしに事物を形作る能力を神から授けられたものである。「[神の]秩序のもとに形成的自然が存在し、それは下位にある従属的手段として、物質を規則正しく秩序ある仕方で動かすことを本質とする神の摂理の働きの一部をひたすらなし遂げようとする」[15]。あいまいな考えで、物活論に走る可能性があった。「自然は認識せず、ただ作用するのみである」、とさらに先でカドワースは書く。こうした考え方は植物学者ネヘミヤ・グルーも、一七〇一年刊行の自著『聖なる宇宙論』で分け持っていたものだった。だがそれは一七〇四年の『続彗星雑考』でベールが指摘したように、まっすぐに無神論に向かっていた。というのも、こうした考え方は自分が何をしているのかも知らずに自然は手探りで活動する、と主張するからである。こうした形成的自然はなんの役にも立たなかった。自然は受動的な道具で、宇宙の些末事にも手を出す神という考えに引き戻されるか、あるいは自然は自立的な活動性を備えているかだったが、そうなると神は用なしとされかねなかった。ル・クレールはベールの主張に眉をひそめたが、二人は手紙をやりとりし続けた。だが内容はしだいに辛辣になり、一七〇六年になるとル・クレールは、今度は自分から「無神論者たちを容認している」、彼らを信仰ある者たちと同次元に置いている、とベールを非難した。

同様の論争が、一七〇六年から〇八年にかけて公刊された医師ゲオルグ＝エルンスト・シュタールの生気論的著作と、一六九四年刊行のニコラス・ハルトゼッカーの世界霊魂に関する著作をめぐって交わされた。ベールとライプニッツはたちまちそうした理論がまっすぐに唯物論に導くものであることを見抜いた[16]。トレヴーのイエズス会士たちも名指しでハルトゼッカーを無神論だと非難し、そのためハルトゼッガーは自身を弁護した。

同じような訴えが後になって、病原菌の顕微鏡観察結果を一七四五年から公刊し始めたジョン・テューバーヴィル・ニーダムに対して起こされることになる。後生説に関する彼の理論は自然発生説の支持者たちがくり返し取り上げたが、無神論者たちに論拠を提供するもので、彼らはニーダムの理論のなかに物質が独力で自分を組織する能力を備えている証拠を見いだした。奇妙なことだが、神の存在の熱烈な擁護者たれとニーダムにけしかけておいて、ニーダムの理論が無神論者に論拠を提供するものであることを指摘したのもヴォルテールだった。「この風変わりな体系は、いずれにせよ明らかに無神論に導くものでしょう。実際幾人かの哲学者たちは、見もせずにニーダムの実験を信じて、物質はひとりでに組織されると主張しています。ニーダムの顕微鏡は無神論者たちの実験室と見なされているのです」、とヴォルテールは記す[17]。ヴォルテールは後にこの点に立ち返り、『自然の特異性について』では自然発生説を基盤とする無神論を、「人間精神の永遠の恥辱」と呼んだ。

ニーダムのほうは、彼は彼で論敵たち、前生説の支持者たちを無神論者たちの思うつぼにはまっていると非難した。なぜなら彼らはたとえば畸形の存在を説明しなければならないとして、こう書いた。「畸形を神と結びつけなければならなくなるが、そんなことは神を冒瀆する言葉を口にすることだとまでは言わないにしてもばかげたもの、そしてわたしの体系よりもさらに多くの獲物を唯物論にあたえているように思われる[18]」。

疑惑と懐疑の時代

科学上の、そして哲学上のあらゆる新しい理論が信仰を正当化するものだと主張しても無駄だった。無神論の増大が人々の精神につきまとっているかぎり、そうした理論は無神論へ導くとの疑いの目を向けられた。護教論者のあいだの論争も強迫観念をつのらせるだけで、現実に不信仰者たちに武器を提供した。彼らは護教論者たちに多くを求めなかった。ただその論敵たちの議論を拝借すればよかったのである。

ギヨム・ラミーのように、あるいは「どのような禍が降りかかろうとも自らを生み出す働きを備えたものは必ず姿を現す自然のうちにあっては、目的因には斟酌の余地がない[19]」、と一六七九年に断言したクロード・ブリュネのように、目的論に反対したらどうなるだろうか。ただちにエピクロス主義の烙印を押されてしまう。一七一二年にクロード・ペローが書いているが、ペローによれば「哲学者たちのうちでも、われわれにはまったく見えないものを神の作物のなかに熱意を込めて支持する者たち」、つまり目的因を否定する者たちには「永遠なる英知の計り知れない深さに対して抱くふりをしている尊敬を除けば、ほかにはなんの動機もないに違いなかった[20]」。彼らは確実に神を用なしにしたいと望んでいるのだ。

科学者たちが自分たちの発見は神の英知の証拠となるものだと主張し、自分たちは信仰者だと言い張っても無駄だった。彼らの仕事は新たな困難を引き起こすだけだった。数学的精神はかなり長い間信仰に役立ってきたのだが、この精神が信仰に背を向けた。幾人かの数学者は、死者の復活に必要な肉体の量を計る方向に向かい、そこから復活は不可能だと結論した。それは地球の総量をはるかに越える量になるからだった。幾何学的精神ももはや宗教的信仰心の波を受け入れられなくなっていた。ティソ・ド・パトはこう書いた。「幾何学の広くて明るい道をわたしが散歩していたのは数年前のことだが、今では宗教という狭くて暗い小道でなんとか我慢している〔…〕。どんなときでもわたしは明らかなもの、可能性のあるものに同意をしたい[21]」。

宗教的な事柄への異議申し立てはしだいに公然化し、デカルトやガッサンディやスピノザを根拠にしながら、信仰心の内部に懐疑を入り込ませた。「わたしが哲学をするようになったのは三十年以上も前のことになるが、いくつかのことについては大きな確信を抱いていた。ところが今ではそれに疑いを抱き始めているのだ」、フランソワ・ベルニエは一六七四年に、『ガッサンディ殿の哲学要綱』でそう書いた。ベルニエは、神のことを考えれば考えるほど、わたしの手に入って来るのは曖昧模糊とした問いだった、ともつけ加えた。ベルニエだけではない。知識人のあいだでは宗教の確かさが足早に崩れ去り、方法的な懐疑に蝕まれた。一六八六年にはジャン・シャルダンが、ペルシアへの旅行の『日記』で、「懐疑は科学の始まりである。何ひとつ疑わない者は何ひとつ検討しない。何ひとつ検討しない者は何ひとつ発見しない。何ひとつ発見しない者は盲目であり、盲目のままであり続ける」、と書いた。知識において、さらには信仰において前進するためには、まず疑うことが必要とされた。それこそがジャン・ル・クレールが考えたことであり、ル・クレールが一七〇五年にその『撰文集』で確認したのは、しだいに無神論を反駁する著作の数が増えていること、したがって無神論者の著作も数を増していることであり、それはいいことだと結論する。信仰を問い直すことは、さらに啓蒙された信仰へと到達するから、というのがその理由だった。もっともこの問い直しで、信仰が雲散霧消することもありうるのだ。無神論に導くとヴォルテールがデカルトを非難したとき、ヴォルテールがまったく的を外したわけではない。というのも、明晰判明な観念の起源、コギトの起源にあるものこそ懐疑、方法的懐疑であり、この哲学者が思ったほど簡単には人はそこから抜け出せなかったかったかったからである。方法的懐疑はたちまち実存的懐疑となる。それは不治の病であり、悪いことに伝染病だった。それで信仰が死ぬわけでは必ずしもなかったが、そのためにたえず貧血症に悩まされた。マールブランシュのようなこの世でいちばん善意に溢れたキリスト教徒でさえ、危険なものとして現れる可能性があった。このオラトリオ会士の称賛者だったベールは、その合理主義がどこへ導くかをしっかりと見定めていた。マールブランシュの合理主義は、神を論理的演繹の狭い限界のなかに閉じ込め、最終的には神から一切の自由を奪い取り、身動きのとれない合理的決定論に神を従属させる。神はただ自分がそれまでにしたことをできないだけでなく、さらに論理を突き詰めれば、万人を救済することを神は望まず、大多数の人々の罪と地獄墜ちを望んだことを認めなければならなくなる。[22]

フォントネルは「金歯」の物語〔『神託の歴史』(一六八七年)第四章の逸話〕で、このパラドックスからきわめて懐疑的な結論を教訓として引き出す。

存在しないがその理由は分かっているものよりも、存在しているがその理由は分からないものに関してわれわれが無知であることについて、わたしはそれほど納得しているわけではない。それは、たんに真理へといたる原理をわれわれが持ち合わせていないからというばかりでなく、虚偽とうまい具合に合致する別の原理をわれわれが持ってしまっていることを意味する。［…］とくに宗教に結びつく事柄を書く場合、自分が置かれている立場によっては偽りの宗教にそれにふさわしくない軍配を上げずにいられ、あるいは本物の宗教にその必要もない偽の軍配を上げないでおけるかということはかなり難しいことである。とはいえ、真であるものに真実味を加えることも、また真実でないものに真実味を加えることもけっしてできないことは納得しなければならないだろう。

デカルトの精神が信仰にとって有害であるとすれば、激しい非難によって突き落とされた闇から少しずつ姿を現し始めたスピノザ主義も、それがこうむった好き勝手な反宗教的な使われ方によってさらに被害甚大な結果をもたらした。一七〇六年前後に書かれ、激しくキリスト教を攻撃した有名な匿名の文書、『三人ノ詐欺師ニツイテ、もしくは三詐欺師論、もしくはスピノザの精神』が現れたのも、まさしくスピノザを後ろ盾にしてだった。ある意味では、スピノザ主義は聖と俗との二元論を否定することによる、根源的な統一への退行、回帰とも解釈されうるものである。スピノザが定立し、その属性が延長と思考であるとされた実体の統一は、無神論的であるよりも人類の始原的な状態、すなわち生きられた神話を思わせる、非宗教的な体系に到達する。

だが知性によって、また知力によって前知性的な世界観を再興しようとの試みはユートピアであり、スピノザは解釈する者たちによってどういう方向にも引き寄せられてしまう。この時代にもっとも流行した考えのひとつ、それが世界霊魂という考えであり、やはり部分的にはスピノザを後ろ盾にした。その反響はパリ在住のローマの貴族で、一七二五年の『古代哲学者たちの見解による自然の原理』の著者、フランチェスコ・マリオ・ポンペオ・コロンナ（一六四四―一七二六）にも見られる。テレージオとルネサンスの物活論の時代遅れのこの弟子は、固有の激しい生命によって動かされる物質的な有機体として世界を表した。コロンナは古代ギリシア・ローマの哲学者からアイデアを得たが、コロンナによれば彼らは全員無神論者だった。コロンナは古代ギリシア・ローマの哲学者からアイデアを得たが、「もっとも宗教的な古代人の神は、物質的な神である」とコロンナは書き、彼らは全員一元論者であり、「ただひとつの存在、すなわち本来的に可動的であり、認識する主体である物質」しか認めなかった[23]。

ひとりひとりの魂もやはり物質的である。それは多くの地下文書が主張したことであり、たとえば執筆がおそらくは一七〇五年にさかのぼる『物質的霊魂』は、それこそが多くの古代ギリシア・ローマの哲学者や教会の教父の見解であるとして、魂の死すべきことを論証してみせた。運動を備えた物質は同時に、組織化のある段階からは、思考することが可能となる。

こうした考え方は医学界にしだいに広がってゆき、一六九〇年から一七三〇年の時期にはその評判ははっきりと悪い方向に向かい、そうした過度の一般化に反対する声が上げられたほどだった。イギリスの医師G・パーシャルは一七〇七年の著作で同僚たちの弁明を計ろうとし[24]、一七一四年にル・フランソワがそれにならったが[25]、その一方で一七三三年に『神学の医学』でフィリップ・エッケが弁護論をくり広げた。医師たちが無神論者であるのは、彼らが常日頃自然を語っているためではない。「というのも、まるでそれについて思いをめぐらし、あるいは取り扱う対象の素材として自然からあたえられているものだけを信じているかのように、医師たちの宗教の非難の種となっている自然、あえて申しますが、この自然は創造主の指先の刻印にほかならず、それが伝達されあらゆる物体のなかにとどまるからなのです。そしてそれを医師は人間の器官の微細器官のなかに見つけるのです[26]」。

それが医師全員の意見でもなかった。ヘルマン・ブールハーフェ（一六六八—一七三八）はたとえばあらゆる形而上学の介入を寄せつけず、理性的魂の機能を機械的に説明した。モンペリエの医師モーベックは一七〇九年の著作で、デカルトの思考実体をきっぱりとしりぞけ、思考を延長実体、すなわち物質に属するものとしたが、そのためにモーベックは信仰絶対主義の立場をとるのが難しくなってしまった[27]。ニオールのゴーティエ博士は、彼なりに頭のてっぺんからつま先まで唯物論者だったが、それは一七一四年の著作で述べていることからも分かり、その表題と題目にはこう記されていた。『自然のなか、また古代の哲学者の書物のなかいたるところで真理を探し求め、生と死は同一のことであると考える懐疑論者が何を主張しようとするのかとたずねる神学者への、論述形式による回答。本書では鉱物、金属、植物、動物の生と死がそのすべての属性も含めて同一の実体の存在様態にほかならず、この実体にそうした様態は何もつけ加えるものではないことが示される』。唯名論者で悲観論者だったゴーティエは、神の存在を証明するのは不可能だと考えた。彼は実体の統一を強調し、そのために、ゴーティエの著作の要約をまとめた筆写生の注記によれば、スピノザに接近した。とはいえ、ゴーティエはスピノザと闘ったのだが。それがゴーティエの唯一の矛盾ではなかった。ゴーティエは信仰絶対主義を標榜したが、その著作はフランシスコ会士とムニム会士のお墨付きを貰っていたにもかかわらず、流通したのは非合法でだった。

同様の態度がイギリスの医師ウィリアム・カワードにも見られ、その著書『眼医学』（*Ophtalmoiatria*）でカワードは、信仰者としての立場を表明するとともにデカルトの思考実体を拒絶した。たしかに、この生理学的唯物論者は必ずしも無神論者ではなかったが、ジュリューでさえも思考する物質という考えに反論を加えることの不可能性は認めた[28]。しかしこうした、唯物論者であって信仰心を持つ絶対信仰主義という立場は落ち着きの悪いものであり、それは『解剖論』で物質から知性の働きを説明しようとしたギヨム・ラミー博士に反対して持ち出された不敬とのさまざまな非難からも分かることだった。[29]

旅は不信仰を育む

こんなふうに哲学においても、科学においても、医学においてもすべての理論が信仰の敵に論拠を提供する疑いがあることが、一七〇〇年前後に突きとめられた。信仰心ある者たちのあいだでそのために生じた文化的危機は、歴史、地理、聖書批判といったそれ以外の学問分野が、それまで慣れ親しんできた領域での疑問に屋上屋を重ねる形で疑問をつけ加えて来ただけに、いっそう深刻だった。伝統的な宗教の総枠のなかには統合しがたい事実が山積みされ、第一段階では理神論者の、第二段階では無神論者の理論に絶好の材料をあたえた。

文化的交流の増大も、かなりの点で宗教的確信を困難なものにした。新発見の大航海が過ぎ、発見が終わり、外交官、宣教師、旅行者、野次馬の時代がやって来た。数を増しながら、彼らは風俗や習慣を語り、記述し、比較し、照らし合わせ、問いを立て、相対化した。ガリバーやロビンソン・クルーソー、東方趣味や中国趣味の時代だった。海外には野蛮人を除けば何もなく、きわめて洗練された文化は唯物論の上に成り立っているように見えたことを驚きの目で認めた。

そのことからある者は性急な結論を引き出したが、たとえばコリンズは数億の中国人に、自分ではそれと気づかないでいる同数のスピノザを見つけた。

旅行者たちがわれわれにあたえてくれる報告、とくに『キリスト教に好意的な中国皇帝の勅令に関する問題』でのル・ゴビャン神父の報告から、わたしが中国の知識人の考え方を判断する限り、スピノザが神の名を、ストラトンが自然の名をあたえた物質を除けば、宇宙にはほかの実体はないという点で、彼らは誰もがスピノザと同意見である。[30]

ブーランヴィリエは彼なりに、啓示なしですませられる文明を発見してぬか喜びをした。

中国人には啓示がない。彼らが物質の能力によるとしているあらゆる出来事は、われわれが霊的本性に帰しているものだが、彼らはその存在も可能性も受け容れない。彼らは盲目であり、おそらくは石頭なのであろう。だが彼らはそうやって四〇〇〇年から五〇〇〇年を過ごしてきたのだ。それに彼らの無知ないしは頑迷さも、理性的な人間が期待し、本来社会から引き出すべき快適さ、豊かさ、不可欠な技芸の実施、研究、静謐さというすばらしい利点を彼らの政治国家から何ひとつ奪い取ることもないのだ。[31]

当初中国人は本当に無神論者だと思われていたので、そのため自然宗教の普遍性に関する議論が一掃されてしまった。一六八〇年代までは、この普遍性はボシュエやトマサンのようなカトリックからも、またアバディのようなプロテスタントからも同じように受け容れられていた。アバディは、「万人の一致を認められないのではと疑うのは、子どもや気違いや自分の理性をまったく働かせられない者だけだ」[32]、と一六八四年に書いていた。

この見事な確信も世紀末には崩れ去り、それをもたらしたのが旅行者や宣教師の新たな報告であり、その結論は明白だった。無神論者であるたくさんの民族、宗教のなかに生まれながら従おうとしないあらゆる民族がいたのだ。すでに十六世紀の大発見の時から是非が論じられてきた問題が、これ以降簡単に手に入る資料に示された大量の事例のおかげで再燃した。とくにそのおかげでベールは、数多くの島民たちの無神論を断言できたのだ。「何でも口にするル・ゴビャン神父は、この島民たちの宗教に関することならそれがなんであろうと見逃しはしなかった。だがまったく容易に想像がつくのは、神父が何もくどくど言わずにその無神論を告白しているマリアナ諸島の住民と彼らが瓜二つだということだ」[33]。長い間カリブ人を改宗しようと試みてきたラバ神父は、ついに彼らの無宗教的性格を認めざるをえなかった。「自分はつんぼに話をしていたこと、この者の生き様のリベルタンぶりは、カリブ人たちが宗教に対して抱いている生来の無関心と結びついて、自分の救済を考えることを不可能にしたのだ、とわたしは認める」[34]。ブラジル人については、『諸旅行総記』に以下の記述が見られる。「大筋では宗教はブラジル人の考え方にはほとんど関与していないことを認めなければならなかった。彼らはどんな神も知らず、何も崇拝せず、彼らの言語には神の名を表す言葉すらない」。

一時は面食らったものの、宗教の擁護者たちは落ち着きを取り戻し、反撃に出る。デュ・テルトル神父によれば、ブラジル人が宇宙の美しさを称賛し、天体現象を怖れることは、ブラジル人のなかに神性についての感覚があることを示している[35]。ビュフィエ神父は、野蛮人は簡単に神の観念を受け容れるものだということを確認し、そのことから「この真理は人間精神に生来のものである」ことを結論した[36]。ジョゼフ=フランソワ・ラフィトー神父は『原始時代の習俗と比較したアメリカの野蛮人の習俗』（一七二四年）で、アメリカ人の信仰心にはキリスト教と共通の土台があるが、それはまたメキシコ人の、日本人の、古代人の宗教ともつながるものであると書いた。神父はそのことから、神は創造の時以来人間のなかにご自身を刻印された、との大胆な結論を引き出した。

そこまでは行かないまでも、モンテスキューは一七一六年のボルドー・アカデミーへの論文でカドワースにならって、アメリカの諸民族はすべて至高存在の観念を持っていると断言した。一七一二年には伝道師エリ・ブノワが、数世紀来すべての啓示を失ってしまっているのだから、野蛮人たちを現状から救い出しても何にもならないと説き、プレヴォー神父は『旅行総記』で、三十年間ほかの人間たちと接触せずに暮らしてきたために、洗礼を受けたこと以外はキリスト教のことはまったく忘れてしまったカリブ海の海賊たちのことを伝え、ブノワの主張を裏付けた。

こんなふうに反論はすぐに返ってきた。イエズス会士たちは、野蛮人たちが自然の驚異にちょっと見とれただけで神の観念を抱くことを説明するのに、ロックの感覚論に訴えることもためらわなかった。とはいえこの場合もほかの場合同様、懐疑が頭をもたげてくるのに時間はかからなかった。神の認識をただ自然の光明に基づかせることは、唯物論をもたらす恐るべきネオ自然主義の危険を冒すことではないだろうか。それこそが、創造主自身がわれわれの魂に神の観念を刻印してはいない、と主張したド・プラード神父を非難した際に、ソルボンヌの博士たちが考えたことだった。無神論の新しい源泉を見つけてしまうのではないかとの恐れは、信仰を擁護するまた別の戦線を無に帰しかねなかったのである。

中国の問題はさらに別の問題を引き起こした。そもそも、中国人は無神論者なのだろうか。もちろん、そうベールは断言した。一七〇〇年前後ヨーロッパの知識人の多くは、中国の文官は無神論的な自然主義哲学に従っていると考えていた。パリで中国人に会ったモンテスキューは、その会話から中華帝国の住人たちは「無神論者か、スピノザ主義者」だと結論し、一七三二年にはヴォルテールが、そして一七三九年にはダルジャンス侯爵がそれをはっきりと認めた。ところがイエズス会はトゥルヌミンヌ神父が、とくにデュ・アルド神父がこれに反論し、デュ・アルド神父は『教化書簡』で中国人を唯心論者で理神論者だと述べた。結局ヴォルテールは考えを変えて、中国人のなかに理性的宗教のモデルを見つけることになるが、他方でイヴォン神父は、宗教なしの道徳が存在しうることなど容認できなかったので、中国人が抱いているかもしれない無神論は低く見積もり、それを彼らの側のものの考え方の誤りのせいだと説明した。

こうした次第で、このテーマは論敵たちと同じように敬神家たちの意見も分裂させ、敬神家たちはたいがい本物の無神論が可能だと信じることを拒んだ。クロワゼ神父によれば、まじめな無神論者など存在せず、いるのはただ自分のリベルタン的素行を正当化するアリバイ探しをしている連中だった。イヴォン神父やルジャンドル・ド・サン＝トーバンもこれに同意見で、サン＝トーバンにすれば「確信犯の無神論」など不可能だった。普遍的な自然宗教が存在し、その種子は万人のなかに宿っている。だがそれで、危険を遠ざけることができるのだろうか？　フィロゾフたちが指摘するように、それでは啓示はなんの役に立つのだろうか？　中国人たちのそうした展開を許容した自然宗教は、不十分ではないのか。こうした議論は少なくとも結果的に宗教感情を相対化した。[37]

イスラム世界との接触はきわめて異なった文脈で展開したが、同様な結果が現れた。中国世界がイエズス会士たちからもまたフィロゾフたちからも、それぞれが中国に自分たちの立場に都合のいい議論を見いだしてかなり好意的な目で見られたのに対して、数世紀にわたる対立はイスラム教について二重の考え方を根づかせた。つまり、イスラム教は消滅すべく定められたペテンでもあれば、同時にキリスト教徒に制裁を加えるための神の道具とも見なされたのである。イスラム教から悪魔的性格を取り除くことはしたがって、二重の意味で不敬であり、無神論の疑いを抱かせる企てだった。ところが、一七一八年から二一年のあいだに執筆され、一七三〇年に公刊された『モハメッドの生涯』でブーランヴィリエ侯爵が試みたのが、まさにそのことだった。ディエーゴ・ヴェンチュリーノはこの本を、「ヨーロッパ文明が生み出した最初の大胆な親イスラム的テキスト」[38]、と評した。ブーランヴィリエは十七世紀末の学者、エドワード・

ポーコック、バルテルミ・デルベロらから情報を得、この預言者の伝記をキリスト教に向けられた武器に仕立て上げた。なるほど、マホメットは「札付きで名うての」ペテン師だが、それでも「申し分のない長所」を備えた人物だ。これは認めなければならない。そうでなければ、マホメットの成功を神の意志によってしか説明がつかなくなるし、「過ちを犯すように世界の半分をし向け、自分の啓示を手荒く破壊したと、不敬の徒は神を非難することだろう」。このケースは実際、キリスト教徒にとってやっかいなことだった。

ブーランヴィリエはそれと並んでイスラム教の肯定的な面も提供した。それは、受肉のようなキリスト教の矛盾を捨て去っていることで、受肉はただたんに原理の解釈上の誤りにすぎなかった。こうしてイスラム教は、コンドルセの表現にならえば、「その教義においてもっとも単純、その原理においてもっとも寛容な」宗教として紹介された。イスラム教の利点を持ち上げることは、ここでは何にもましてキリスト教を中傷し、理神論に肩入れすることだった。

しかし、自分以外の文明との接触は思想の展開に影響を及ぼしただけではなかった。接触することで、ある人々の信仰が強められたとしても、ほかの人々の場合には懐疑主義や不信仰を引き起こした。ロベール・シャール（一六五九―一七二二）のような大旅行家の場合には一目瞭然だった。宗教的な気風のなかで育ち、聖職に就くよう決められ剃髪も受けたが、まず兵士になるために聖職者の暮らしを捨てた。鋭い知性と悲観論的な気質の持ち主だったため、シャールは学校の哲学級のときから宗教の不完全性と人間精神の無能さのために人間は真理に到達できないことに思いをめぐらせた。「自分自身の目でものを見、自分の理性の光明だけでものごとを判断しよう」とかたく決意して、シャールは旅行をし、信仰の多様さと何でも拝む大衆の愚かさをその目で確かめ、「われわれより賢明で、少なくとも同じくらいその習俗において規律正しく、そのうえでわれわれが歯牙にもかけない無数のたわごとを信じ込んでいるような偉大な民族」に出会わなかったことを残念に思った[39]。若い頃から教理問答の稚拙さ、「説教師のへたくそな理屈」に気づき、シャールは「まじめにものを疑い、宗教とは何かを検討する意図を抱き始めた」。祭礼のときの自信たっぷりな行進、聖職者の横柄さ、聖書や護教論者のたわごとがシャールのなかに導き入れた懐疑は、軍隊生活、ジャンセニストとイエズス会士との争い、東方インド〔アメリカ大陸〕への旅行で加速された。自分の反対意見を集めて、シャールは『マールブランシュ神父にあてた宗教に関する異議』と題した本にまとめ、一七一〇年に公刊した。そのなかで、とくにシャールはキリスト教とインドの宗教を同じ次元に置いた。「正直に申し上げますが、神父様、どちらが滑稽なのでしょうか。十の顔を持ち、百の腕を持つ像からうやうやしくありとあらゆる善を期待するのは、高価な手の込んだ宝石で輝く器〔聖爵〕のなかに詰め込まれた聖別前のパンよりもおかしいのでしょうか[40]」。ロベール・シャールは無神論者ではなかった。旅行のおかげで、彼は漠然とした理神論者になった。キリスト教に落胆して、うしろむきの理神論者になったのだが、それは当時の大部分の批判的精神の持ち主も同様で、厳格な無神論を前にして後ずさりしたのだ。だが、不信仰の過程は歩みを止めなかった。

比較史と聖書批判　不信仰の二つの新たな要因

不信仰が受け取ったのは、互いに多くの点で結びあった比較史と科学的な聖書注解という、二つの新しい批判科学の登場があたえた、よりいっそうの衝撃だった。異教の宗教は、自分たちのものにできると思われた要素をいくつか先行するモーセから借り受けたのだと主張して、異教の宗教を再利用するやり方は、幾人かの教父以来の古典的な手法だった。こうした戦術は、一七〇〇年前後の護教論者のあいだでは常套手段となった。ダニエル・ユエはどんなときでもこの手を使った。一七一一年にブッシェ神父は、ヒンズー教がモーセを起源とすることを証明しようと試みた。ほかの者たちはノアの時代あるいはさらにそれ以前の啓示にさかのぼって、すべての信仰の、共通で一神教的な起源を公準として立てるほうを選んだ。それがたとえばランゼーや大法官ローランの主張だった。

根拠もないこんな作り話は、一六九〇年代から碩学たちの反発を引き起こした。宗教史が、アルノーのような幾人かの敬神家の激しい顰蹙を買いながらデビューした。宗教は神学者たちの問題であればよいというのではなく、同時に社会学や歴史学の視点からも研究されうるものである。このことこそ、当時人々が発見したことだった。調査は信仰にとって最悪の結果をもたらした。矢継ぎ早に地下の著作が出版され、宗教がたんに人間的な起源を持つにすぎないことを論証した。一六九八年前後の『ヒポクラテスからダマゲトスへの手紙』は、宗教の誕生を社会的不平等から説明し、一七〇〇年に高等法院の命令で焚書となった『自由論』、一七一四年に英語から翻訳された『哲学の奇妙な探求』は続いて同じ方向に進んだ。『続ピュロン主義者、宗教は直接神に由来するか、それとも人間が作った掟に恐怖を抱かせるために政治家たちが編み出したものかに疑いを差し挟むこと』は、数多くの歴史的事例を引用しながら、宗教は社会秩序を守る目的で出現したことを示し、社会は宗教なしでも申し分なく立ちゆくと断言した。一七二一年からは『トラシュブロスからレウキッペへの手紙』が、宗教の起源を人間の無知と、自然から恩恵を得たいという人間の欲求から説明し、キリスト教は多神教でもあれば一神教でもある、補完的な宗派であるとした。

避けがたいことだったが、聖書のテキストも学識ある歴史家の調査の対象となり、彼らは文法、文献学、年代学、考古学、古銭学、古文書学といったすでに世俗的なテキストに用いてきた手法を使って、聖書のテキストを仔細に分析し始めた。伝統的な信仰の擁護者たちの目からすれば、躓きのもとになりかねないやり方だった。書き手が神自身であるテキストの批判的研究などどうして許されるのか。オラトリオ会士リシャール・シモンが『旧約聖書の批判的歴史』を一六七八年に公刊したさい、聖域の守護者たちが、こんな本は不敬の徒を勇気づけるだけだと、ののしりの声をあげた。ニコルは、「大胆にも宗教がそのおかげで被る損害を斟酌せずに自分の想像力を推し進めている。わたしはこの著書とは正反対の立場だ。本も研究もわたしに彼への憎悪感を抱かせる。なぜならそれこそ本当に、何も知らなかったほうがずっとましだろうにと言いたくなるような連中のすることだからだ」、と言って著者を非難した。[41] ボシュエはこの本のなかに、懐疑論の元凶、「不敬の固まりとリベルティナージュの塁壁」を見つけた。「彼のしていることは意見だけ言って、確かなものは何もないことを示し、できるだけ無関心に引きずり込むことだけだ。学識といってもここでは雑魚程度、狡さだけはトップクラスだ」、とボシュエは書いた。[42] シモンの目的は宗教を打ち砕くことだ、とモーの鷲〔ボシュエ〕は断言し、こう書く。「あなたにはっきり言っておくが、『旧約聖書の批判』におけるシモンの本当の流儀は聖書正典の権威を打ち壊すことであり、新約聖書の批判の目的といえば、正面切って霊感を攻撃し、聖書のあちらこちらの箇所を疑わしいものとすることだ[43]」。ユエが一六九〇年に学識者の攻撃から聖書を守ろうとして、神話とヘブライ人の信仰や想像力豊かなイスラム教徒たちの信仰とを比較してみようとしたとき、アルノーから不敬に手を貸すと非難され、「不敬な点も多いが、宗教は持たねばならないこと、それでいて宗教はどれもよいものであること、そして異教さえもキリスト教との比較の対象になるのだということを、若いリベルタンに十分納得させるような本を作るのは難しい」、とユエは記した。

というのも、世俗的な手法で聖書のテキストを研究するということ、それは聖書を世俗化することだったからである。聖書は不可侵であり、そこには無垢な状態で真理が納められている。教父の時代から、啓示のテキストのなかに複数の意味を探究できることは認められていたが、その異なった意味は共存し、同時進行し、互いに排除し合うことはなかった。たとえば同じテキストが寓意的な意味、道徳的な意味、分析的な意味と歴史的な意味を持つことができた。すべてが同時に真実だった。歴史的な字義上の意味を否定することなど問題にもならなかった。簡単な年代記の見取り図については、ボシュエが『世界史論』で再論したように、創造が紀元前四〇〇四年、ノアの洪水がそれから一六五六年後、バベルの塔が創造後一七五七年、アブラハムの召命は二〇八三年後、十戒はその四三〇年後、という具合だった。

聖書批判がひっくり返す恐れがあるのは、この申し分のない確かさだった。すでに一六五五年に、プロテスタントのラ・ペイレールが「ローマ人への手紙」を使って、アダム以前に地上に人間がいたと断言したが、(44) そのためにラ・ペイレールは逮捕され、その本は焚書に処された。ホッブズもやはりあえて節度を欠いた批判を行ったが、とくにスピノザは矢面から聖書のテキストを攻撃した。スピノザによれば、聖書は理性の働きよりも想像力が勝っている頭の弱い連中が書いたもので、その書物は矛盾、誤り、偽りの奇蹟で溢れている。モーセはモーセ五書の書き手ではなく、ヨシュア記、士師記、ルツ記、サムエル記、列王記は正典ではない。それはただ単に人が書いた作品であり、またこの作品に依拠するキリスト教は、明らかに推移する歴史の現象にほかならなかった。

スピノザから発せられた以上当然攻撃すべきだ、十六世紀以来反聖書的な瀆神の言葉に慣れきっていた神学者たちはそう考えた。実は、ことはさらに憂慮すべきものだった。というのも、まじめな信仰者たちが、念のためにと考えて、今度は自分たちで論争の場に入ってきたからだ。彼らが始めたのは、尋常ならざるものを見つけ、論争の場を引っかき回すことだった。比較史は、きわだって繊細なものである。たとえば、エジプト王朝のリストをどう考えるのだろうか。ヘリオポリスの神官、マネトが紀元前三世紀に編纂したリストは、途切れることなく洪水のずっと以前からの支配者たちを明らかにし、しかも洪水には一言も触れていない。また別の年代記はさらに古く、三万六千年以上も展開されている。

だがそれがすべてではなかった。碩学たちはさらにアッシリア王朝、バビロニア王朝、シュメール王朝、中国王朝のリストを列挙した。彼らは聖書との一致を見つけようと躍起になったが、大地は足許から崩れ去った。おそらく聖書の著者たちは日付を記すときに千の単位の数を書き忘れたのだろう、と一七〇三年にトゥルヌミンヌ神父は持ち出した。たぶんエジプトの三十の王朝は同じ時期に支配していた一族を表すもので、続いてというわけではないだろう、とジョン・マーシャムは一六七二年に言った。やがて年代記と同じ数だけの見解が現れた。アントニオ・フォレスティ神父は、紀元前には少なく見積もって三七四〇年、多く見積もって六九八四年のあいだに行われた創造の回数を七十回と数え上げた。

さらに悪いことが続いた。もしかしたらモーセは古代文明の主導者だったどころか、単なる模倣者でもなく、よくて天才的な物まね師ではなかったか、とある人々は疑問を抱き始めたのだ。それこそイギリス人のジョン・マーシャムが一六八五年に、またケンブリッジのコーパス・クリスティ・カレッジ校長のジョン・スペンサーが主張したことだった。数世紀ものエジプト人の支配の後で、ヘブライ人という粗野な弱小民族が、確固とした強大な文化の影響をこうむらなかったなどということがあるだろうか？　レビ記の典礼はエジプトの祭礼の模倣なのではないか？　不敬だが、それでも魅力的な命題ではないだろうか。たとえば一七〇二年にルノーデ師はしぶしぶこう告白した。ジョン・マーシャムの著作は「配列、方法、明晰さ、簡略さ、著書を満たしている学識の深さで類書に例のない完璧なものである。しかしエジプト古代文明への偏見ないしはなにかほかの動機から、聖書の歴史の長さと品位のすべてをこれほどに弱体化してしまったこと、また大部分のリベルタンが公然と宗教を攻撃してきたことよりも、さらに重大な懐疑の種を差し出していることは容認しがたい」[45]。

悲劇だった。つまりは、攻撃に応戦しようと深い学識を要する研究に身を投じた聖書の守り手たちができたことといえば、論敵たちに武器を提供することだけだったのだ。ユエは一六七八年の『福音書論解』で、モーセの預言を下敷きにして事実に基づく証明をもたらそうと企てたが、具合の悪いことにかえってモーセ五書の不一致が注目されることになり、このことに関して同じ年にリシャール・シモンが、モーセ五書は偉大な立法者が作ったものである可能性はないと論証した。つまりそこには、モーセの葬儀の詳細な記述が見られる事実は言わずもがなとしても、ずっと後期のものである数多くの引用、格言、言い回し、文体が含まれていた。さらに無駄なくり返しや手直し、矛盾や年代の誤りは、何段階にもわたって手が加えられていたことを示した。

ユエは神学者だったし、シモンは文献学者であり、ふたりとも熱烈なキリスト教徒だった。その著作は誠実なものだったが、スピノザを攻撃するよりも確実に懐疑に手を貸してしまった。キリスト教の起源に関するベネディクト会士たちの膨大な労作についても同様のことが言えよう。図書館は漁り尽くされ、すみからすみまで調べられた。写本が発見され、何世紀ものあいだに積もったほこりが払われた。仕事といっても先も見えず、報われることもなく、ただ教会の過去のすべてを掘り起こすことだった。聖人伝、物語、論争、言語学、図像学、考古学、古銭学、すべてが動員された。一六八〇年から一七二〇年のあいだに、ベネディクト会士やボランディスト〔聖人伝などの研究編纂に携わるベルギーのイエズス会修道士〕、マビヨン、デュ・カンジュ、ムラトーリ、モンフォーコン、ベントレー、プーフェンドルフ、ライマー、ライプニッツやそのほかの人々が仕事に携わった。そして彼らが本を出せば出すほど、二つ折り本を積み重ねれば重ねるほど、さらに懐疑が増し、さらに問いが立てられ、いっそう人々は懐疑論にはまり込んでいった。

ボシュエ自身、ついにはこの手の議論に身動きできなくなっていた。『世界史論』第一二章と一三章で、「モーセ五書はそれほど古くないかもしれないということが、たぶんありえる」と、困難や問題があることをボシュエは認めた。この取り返しのつかない告白でボシュエは、聖書の人間的な側面は、聖書を理解し、その歴史的文脈のなかに置き直すためにも、古代のどのテキストをとってもそうしなければならないように、解明の必要があることを認めた。この瞬間から、ボシュエは敗北した。彼よりも、リシャール・シモンのほうにずっと分があったからだ。ボシュエは罠にかかって、したくもなかった論争から抜け出せなくなったのだった。非聖職者たちも参加し始めた。誤った解釈がされるかもしれないとの恐れから、聖典を独占することにこだわってきた聖職者たちの努力にもかかわらず、聖書の翻訳はその数を増した。一六四〇年から六〇年のあいだには聖書の四分の三がまだラテン語で出版されていたのに、一六九五年から一七〇〇年のあいだには、六〇の版のうちフランス語版が五五を数えるまでになっていた。

そのために護教論者たちは依怙地になったが、悪い方向に向かうばかりだった。『事実により証明されたるキリスト教』で一七二二年、クロード＝フランソワ・ウートヴィルは聖書の預言や奇蹟を拠り所にした。それらは多くの証言で確かめられていて、信仰に値するものだからだ、とウートヴィルは書く[46]。ところがそれは、新しい自然学の影響下で奇蹟という考えがしだいに異論の余地のあるものとされたまさにそのときだった。スピノザは奇蹟を排除した。ロックは、そこに超自然的な出来事を見ることを拒否した。トーランドは奇蹟を比喩的な表現と解釈した。つまり、ヨシュアのために神が太陽を止めたというのは、まもなく夜になるという意味だ、というのである。ウールストンもその立場から奇蹟に寓意的なものを見た。『宗教の検討』、『宗教の分析』、『旧約聖書の各書の検討と批判』といった地下文書も、聖書の超自然的な面を批判し、宗教の自然史の素描をあたえた。エジプト人やカルデア人、中国人の壮大な古代文明に依拠して、創世記と創造がとくにねらい打ちにされた。一七一〇年前後、ラ・セールは『宗教の検討』の続編を書いて、聖書の不一致と矛盾のリストを作り上げ、（正義に反するものとして）原罪そして（理性に反するものとして）三位一体の教護をしりぞけ、また聖職者の裕福さを批判した。その少しあとの一七二二年には、『ウートヴィル神父の著書の序文あるいは批判的検討』が諸々の宗教は公的秩序の維持を図るために作り出されたものだと発表した。フレレのものとされているが、一七三三年以降に書かれた『キリスト教の批判的歴史あるいはキリスト教徒の宗教の検討』は、キリスト教の成功をキリスト教徒となったローマ皇帝たちの庇護からだけで説明し、そしてこの新しい宗教が道徳を前進させたことは否定する。一七三〇年代の終わり頃に『創世記批判』と『新約聖書の検討』が出され、その著者はシャトレ夫人ということになっているが、そこでは碩学たちの仕事を使って、歴史的・書誌学的批判が展開された。こうした地下文書のいくつかは、同様にオルレアン公爵夫人の秘書でその娘たちの教育に携わっていた、ジャン＝バティスト・ミラボー（一六七五—一七六〇）のものとされた。

聖書批判はイギリスでもやはり盛んだった。この国ではとくに自然科学、地理学の視点から批判がなされた。一六九二年には、トーマス・バーネットがその『哲学的考古学』でモーセ五書のテキストを攻撃し、世界洪水のような現象は不可能であると論証した。一番高い山々を沈めてしまうだけの水が四十日間降るなどということは一度たりともありえなかったのだ。モーセに図表や絵や方程式まで対置したため、バーネットは敬神家たちの怒りをかってしまった。一六九六年にケンブリッジの数学教授、ウイリアム・ウィストンは『地球新理論』で、聖書とニュートンを和解させようと試みて、やはり聖職者から激しい非難を受ける羽目になった。ロバート・フックはどうしたかといえば、彼は一六六八年の『地震と地下噴火』で化石に注目するよう促し、種の絶滅理論を展開したが、そのおかげであらゆる前生説と創造説の支持者たちの考えが問題になってしまった。たとえば植物学者ジョン・レイやオフスプリング・ブラックオールのような、公認教義と聖書の啓示の擁護者たちの努力にもかかわらず、懐疑の風潮が広がっていった。物語に記された啓示に完全に依拠する、聖典による宗教にとって、聖書批判と歴史以上に強力な解体因子はない。これらは過去を説明することによって過去から権威を奪い去り、過去を人間的なものとし、聖書が誤っていること、また超自然的と見なされた事象はきわめて人間的なものであることを示すことで、キリスト教に最後の一撃を下す。もはやこれを単なる瀆神とか根拠のないののしりと片付けることはできず、そのため護教論者たちはますます複雑微妙な守勢に追い込まれた。形成が逆転したのは、一六九〇年から一七三〇年にかけてだった。聖書研究や歴史研究の前進が理神論に、そしてやがては無神論に有利に働くようになった。

ベールと無神論者の擁護

この知的な危機と宗教的価値の再検討の時代は、柔軟な精神の持ち主、自分を順応させ、両派のあいだを巧みに泳ぎ回り、必要なら区別をし、ニュアンスをつけられる人々にとってはもってこいの時代だった。フォントネルはそのひとりだったが、懐疑と理性を完璧なまでに見事に使いこなす術を心得ていた。その合理主義と懐疑主義で神託と奇蹟を打ち壊し、単に迷信を攻撃しているのだとの装いのもとに宗教の力を土台から掘り崩した。

だが、この時代特有の信仰と不信仰のあいだの混乱を自ら進んでもっともよく体現した人、それこそがピエール・ベール（一六四七—一七〇六）であり、ベールに関するエリザベート・ラブルースの見事な伝記は十分にその人となりを伝えてくれる。[47] ベールはキリスト教徒なのか。理神論者なのか。無神論者なのか。こうした問いが立てられること、そのこと自体が、『田舎の人の質問への答』で自分はキリスト教徒だと言いながら、魂の非物質性、自由意志、不死、摂理を明晰で合理的な観念の名のもとにしりぞける人物の多面性を示している。だから好奇心をそそられるキリスト教徒であり、しかも無神論を支持し続けたのだ。サント＝ブーヴはベールのなかに宗教的な本性を見いだしたほとんど唯一の人物だった。ジュリューにすれば、ベールは「不敬の記念碑」であり、アルフォンソ＝マリア・デ・リゴーリはかなりはっきりと自分の立場を示したうえで、十八世紀末にこう書いた。

ピエール・ベールのこうした不敬は結局のところ、あのおぞましい物書きたち全員の後方支援をすることにある。連中の不敬をすべてひとまとめにし、ときにはそれを擁護し、ときにはそれに抗議する。というのもベールの意図は、神を信じない者たちの誤りと同じく信仰の真理もすべて宙ぶらりんにしておくことだからだ。そうやっておいて、人が信じることができる確かなものは何ひとつなく、われわれが信じる義務を負っている宗教は何ひとつない、という結論を引き出そうとする。(48)

現代の歴史家や哲学者たちはこう認めている。「厳密に歴史的な観点からすれば、ピエール・ベールの事実上の無神論は疑う余地がない」とアンリ・アルヴォンは書き、(49)他方コルネリオ・ファブロはこう指摘している。「ベールとともに、無神論という問題が近代思想の核心に迫り、宗教と超越的なるものの領域で地下からの浸食作業に取りかかったことは認めうる」。(50)この同じ著者は続けて、ベールは十八世紀の無神論者全員に論拠を提供したとも書いている。多くの点で十七世紀末から十八世紀初頭の精神を体現している人物が無神論者と見なされる事実はきわめて大きな意味を持つ。ベールの無神論が潜在的なものであって懐疑論に依拠していることも、まったく同様である。

ベールに関心を持つ者たちはそれをどう考えたのだろうか。ベールは長い間無神論に関心を寄せていた。当初はそれが可能かどうか知るために、後には無神論がもたらすものを研究するために。ベールは無神論にきわめて広い定義をあたえている。彼によれば、世界への神の介入を認めなくなったときから、そして神の存在を認めたとしても摂理を拒否したときから無神論者となる。言い方を変えれば、理神論と無神論は等価なのである。

第一存在、至高の神、第一原理でも好きなだけ認めればよいのです。そんなものでは宗教の基礎としては不十分なのです。[…] それ以上にこの第一存在が、その知性の単一の働きによって万物を認識し、その意志の単一の働きによって世界を一定の秩序に保ち、あるいはその秩序を思い通りに変えることが論証されなければなりません。そこから、神に祈ったときにかなえられる願い、行いが悪いときに罰せられるかもしれないとの怖れ、正しく生きたときに報われるだろうとの自信が生まれるのです。要するに、宗教の一切はこのことに発し、このことなしにはどのような宗教も宗教ではありません。(51)

何人かの護教論者が主張しているのとは反対に、真の無神論者は存在する、とベールは書く。往々にして放蕩者のほら吹き、扇動者が、「頭よりも先に舌が回る」者が「実践的な無神論者」であるのではない。真の無神論者、それは体系的な無神論者であり、「長期にわたる深い、だが道筋を間違えた内省」によって信仰のむなしさを突きとめた者である。彼らは思慮深く、まじめで、慎み深い。彼らは「自分の心に秘めた考えは人にはさらけ出さず、二人か三人の友人にだけ打ち明ける(52)」。

驚くべき事態が広がっていた。「最良の無神論主義者や理神論者」が、そして「すべての宗教は人間精神の産物と信じる人々」がいて、住民がまるごと無神論者になっていることもある。これは万人の一致という護教論者たちの議論を崩し去るものだった。しかも無神論者だからといって、必ずしも不道徳であるとはかぎらなかった。まったく逆で、それどころかキリスト教徒の多くが不道徳だった。女性の場合を例にあげてみよう。

罪を犯して人目を引くようなキリスト教徒の女性は、誰もがなんの宗教感情も持たないなどとあえて口にする者などいるでしょうか。それこそ、この世でいちばん間違った考えでしょう。というのも間違いなく、無神論が女の悪業ではないことは決まり切っているからです。虚栄心から、あるいは人への妬みから、あるいは悪口を言いたがるために、あるいは女性へのへつらいの言葉のために、あるいはこれら情念がひとまとめになってか、その暮らしぶりがきわめて堕落している女性が掃いて捨てるほどいるのです[53]。

悪癖に染まったキリスト教徒はもう信仰を持たないキリスト教徒だと主張すること、それは矛盾を自ら強いることだ。それというのも、敬神家たちによれば、無神論者で構成される社会など維持できないからだ。「したがってここに見られるのは、正反対の教義をうち立てる答え方によってしか支えられない説である。なぜなら、仮に悪癖に染まった者が無神論者であれば、社会はその構成員の大部分が無神論者ということになるが、それでも十分維持できるということになるからである[54]」。自然道徳があれば、徳と社会生活を確保するには完璧に足りる。したがって、無神論を禁ずるいかなる理由もない。とはいえそれは、無神論者たちが熱心な勧誘をしないという条件においてである。というのも、彼らも国家の法に合わせて行動しなければならないからであり、国家の法は一般に宗教の尊重を命ずるからである。「誰にせよ無神論者は当然のこととして、法のあらゆる厳格さのもとにさらされ続け、自分に向けてなされるであろう擁護論に反対してその考えを広めようとすればたちまち、人の法を超えるものは何ひとつ信ぜず、それでもあえてその法を踏みにじる反乱分子として制裁を加えられることもある」[55]。実際、国家の最悪の敵は迷信家と狂信家だ、ベールはそう書いている。

このように社会における無神論者の地位に関しては、ベールはロック以上に寛容だった。たしかにこのイギリスの哲学者にとって、カトリックの教えを除いたあらゆる宗教が容認された。しかし、公然たる無神論は禁止されるべきものだった。

神の存在を否定する者たちは容認されるべきではありません。その理由は、社会の主たる絆である約束や契約や誓約、それに善意では、無神論者が約束を守るよう縛っておくことはできないからですし、世界から神の信仰が取り除かれたら、やがて無秩序や全般的な混乱が引き起こされるだけだからです。くわえて、無神論を公言する者たちには宗教をめぐって寛容へのいかなる特権もありません。彼らの体系は宗教をすべてひっくり返してしまうからです[56]。

とはいえ、国家が介入できるのは信仰の外面的な現れのみだということを、ロックは認めている。このことは、個々人は個人的な良心のレベルでは自由でいられることを含意している。ロックによれば、信仰は必要なものであるが、信仰は理性に基づかなければならない。だからこそ、ロックは感覚の経験をもとにして神の存在の合理的根拠をあたえようと努めたのである。一六九五年に『キリスト教の妥当性について』を書いたロックは、信仰と理性のバランスをとる。だがその方法は、感覚の証言を基礎にし、生得観念を拒否するものだったため、神学者たちの疑惑の種となり、彼らはロックをホッブズにならっていると して非難した。善悪と快苦の同一視、デカルト流の信仰と理性の分離は、ロックを疑わしいものとすることにしかならなかった。ハリー・バロウズ・アクトンが指摘するように、「ロックの説は、われわれは現実の本質を認識せず、ただ観念に基礎を置く名辞上の本質を現実と観念の偶然的な関係のなかで認識するものであることを証明する傾向にあり、この説はヒュームの懐疑論に道を開いてしまった[57]」。

いずれにしてもロックは、無神論の興隆に誠実に向き合った。たとえばロックの書斎に収められていた書物や、物質の本性や世界の起源に関する無神論者の議論を標的とした、彼の後期の著作が、そのことを示していた[58]。一七一二年に刊行された『神の存在と魂の不死に関する論説』で、物質には推論の過程を生じさせる能力がないとのデカルトの論証を発展させて、ロックは魂には神的起源があるとの結論を引き出した。ロックは偶然性と世界の永遠性という考えを攻撃し、自然理性を用いて不信仰と闘った[59]。

英国、自由思想の祖国

つまり一七〇〇年の英国は、理神論と無神論の最前線だった。〔一六六〇年ステュアート朝における〕王政復古期の懐疑主義に端を発した思想運動は、限られたものであるにせよ表現の自由を利用し、ジェームズ二世のカトリック絶対主義に反対する政治闘争に鼓舞され、基本的な自由とヘビアス・コーパス〔人身保護令〕と権利宣言によって個人の自由の保証を擁護するために、一六九〇年から一七一五年代にはキリスト教と宗教一般を全面的に問題とするまでにいたった。《イギリス啓蒙》が開始され、その主要な構成要素のひとつが宗教的懐疑主義だった。

この懐疑主義はあらゆる階層に衝撃をあたえ、一七〇八年にはジョナサン・スウィフトが「わたしは、英国の大衆、大勢の民衆はエリートたちと同じように自由思想家、つまり本物の信仰を持たない者たちから構成されているのだと思う[60]」と書けるほどだった。エリートたちのあいだでは、宮廷の大貴族がとくに冒されていて、いくつかの極端なケースが国中に知られていた。たとえばロチェスター第二伯爵、ジョン・ウィルモットの場合、臆面のない放蕩者の無神論者で、何事につけ幻想を抱かず、人生は途方もない笑劇でしかなく、いちばんよいのは人生から最大限利益を引き出し、道徳や宗教の幻想に手を焼かないことだと考えていた。ホッブズ同様、ウィルモットもわれわれが理性と呼ぶものは欲求と利害を正当化することにしか役立たないと考えた。この札付きの無宗教者の死に際の改宗は大評判になったが、イギリス国教会はそれで満足だった。

中流階級では、不信仰はもっと慎ましいものだったが、民衆のあいだでは瀆神の言葉、売春、教会に通うことも秘蹟を授かることもあまりしなくなるといった具合で、すでに憂慮すべき規模に達していた。主教からの警告もしだいに多くの場合この主題に立ち返っていた。ロンドンからの警告も一六九九年には聖職者たちに警戒を怠らないよう呼びかけた。ヴァニーニ、ホッブズ、スピノザの伝記、信仰のあれこれの側面についての賛成論や反対論を掲げた論争書といった出版物の波も、不信仰に関する論争に材料を提供した。こうした反乱のなかで、聖職者世界を突き動かした論争の一般的雰囲気を考慮しなければならない。自分の評判を安定させ、宗教的権威によって衆目を集め、聖職禄を手に入れるためには、現実的なことであれ空想的なことであれ不信仰者たちを一刀両断にし、不信仰に肩入れする商売敵を糾弾する熱情を証明することが好都合だった。無神論の問題はこうして人為的に水増しされたのであって、このことは否定しようがなかった。

とはいえ、こうした説明は不十分なものである。当時の人々は自分たちで無神論の前進の原因を探った。主だったもののなかに彼らは宗教論争を位置づけたが、それが宗教の信頼を損ねたのだとした。たとえばウィストンやブル、ほかの幾人かが原始キリスト教、つまり最初の数世紀の、教会教父たちのキリスト教に立ち返りたいとの思いを表明したとき、保守主義者たちからはものを知らないとか、無神論だと非難された。カトリック、国教会派、ピューリタン間のいざこざも明らかに結果的には互いにそれぞれの弱さをさらけ出すものとなった。モイーズ・アミローの『宗教はすべてどうでもよいと考える者たちに反駁する宗教論』の英訳版は、王政復古期に確かな成功を収めたが、こうした現象を際だたせた。ある者たちは対立する有無を言わせない主張同士の論争は懐疑主義に手を貸すだけのことと考え、寛容への呼びかけを発した。たとえば、「われわれだけの解釈を神格化し、偶像化すること、そしてそれを他人に独裁的に押しつけるのはやめよう」と呼びかけた、(61)『キリスト教の誤謬——宗教論議を終結させるための試論』の著者がそうだった。また別の者たちは逆にそこにあるのは宗教を弱体化させる最良の手段だと考えた。一六八五年のある論文は、強く権威のある教会を要求し、寛容が手を貸した無神論の広がりを食い止めようとした。(62)

個々の論点に関わる著作、信仰の伝統的な側面を問題にし、信仰を擁護し純化することを目的とした著作もやはり懐疑を振りまくものとして断罪された。一六八三年に出版されたチャールズ・ブラントの二つの著作の場合がそうだった。ブラントの『自然の法則を侵犯することなき奇蹟』と『世俗の宗教』は、奇蹟と聖職者の必要性に異議を唱え、最小限の信仰箇条を持った自然宗教を強く勧めた。創世記と地球の起源に関するバーネットの著作も当然のことながら司教団からターゲットにされた。一六八五年にヒアフォードの主教ハーバート・クロフトが、バーネットは「自然と物質界における自然の働きを理想化しすぎていて、自然を神にも等しい女神に仕立て上げていると、バーネットを疑えるほどだ」と書いたが、[63]クロフトはバーネットの「俗物じみた数学的実験」に対して軽蔑しか持ち合わせていなかった。

英国における宗教の内部論争のうちで、信仰にとってもっともダメージが大きかったもののひとつが三位一体に関する論争だった。この微妙なテーマについての議論は一六九〇年にオックスフォードでわき起こり、その後の数年間ユニテリアン派あるいはソッツィーニ派と三位一体派とのあいだでパンフレットの洪水を引き起こした。エネルギーと才能がこの論争に費やされたものの、そこから得られた目立った成果は懐疑主義の蔓延だった。ニュートンも、ユニテリアン的な考え方でよく知られていたため、この論争に加わったが、そのおかげでカンタベリーの大司教、ティロットソン博士が巻き添えにされた。一六九五年には、檄文作家のジョン・エドワーズがユニテリアン派を無神論、大司教をアリウス主義だと非難した。エドワーズはティロットソンに向かって、啓示を否定し、モーセを軽蔑していると責め、地獄についての説教で不信仰に論拠をあたえたととがめた。[64]一六七九年にジョン・エドワーズは、『ソッツィーニ派の信仰、その非宗教と無神論への傾向の証明』でまた同じことをくり返した。ほかの人々からすれば、ソッツィーニ主義は教皇主義と同列の偶像崇拝の一種だったのだ。

この教皇主義も事実、同じように不信仰に導いていると非難された。一六八八年には陳情書のまがい物が国王に届けられ、王の寛容策を称賛し、それが民衆を偏狭な信仰心から解放すると書いた。当時の君主はジェームズ二世、カトリックだった。もし君主たる者、宗教を持たねばならないのであれば、このテキストによれば、それこそまさしくカトリックの教えだった。というのもカトリックの教えは悪徳に甘く、まっすぐに無神論に通じているからだった。[65]同じ年、『教皇の家系図』と題されたパンフレットはローマに居座っている反キリストが不信仰に手を貸していると宣言した。ウィリアム・チリングワースの作品はカトリックの教えと無神論が等価であることを論証した[66]。ほかの者たちはさらに話を広げて、イスラム教やらユダヤ教にまでそれを押し広げた。

この全般的な混乱に関してだが、そこでは無神論はどこにもあったし、そしてどこにもなかった。敵がどこにいるのか分からないという以上に悪い状況はない。というのもそれぞれが誰に対しても警戒するからだった。輪郭のはっきりしない危険が集団的な強迫観念になり、人はその原因をいたるところで探し求めた。ある人々はやはり、理由がないわけではなかったが、商業活動の発展と利益の追求に原因を見つけたが、それこそジョナサン・スウィフトが主張していたことだった。ドロセウス・サイキュラスによれば、無神論の前進は文明、平和、そして生活のゆとりの前進と結びついている[67]、そう彼は一六八四年に書いた。サイキュラスは科学を軽視し、生きていることの危うさを前にした怖れを吹き込む道徳教育によって無神論を改善することを提案した。もちろんエピクロス派のテキストの宣伝も、何事ものもの笑いのためにする流行の風刺精神と並んで禁止される。マンデヴィルやシャフツベリーあるいはスウィフトの書物は、たしかに宗教を擁護してはいても、信仰のまじめさには似つかわしくないものごとをあざける風潮を生み出す。旅行記も、自然宗教に肩入れするすべての文学同様に、やはり問題とされなければならなかった。

放蕩な暮らしをしたいとの欲求が主要なモチーフと見なされて、とくにホッブズの弟子たちが非難された。ケンブリッジ大学教授、スカーギルはその職を失い、自説の撤回請求を読まされる羽目になった。文書は、スカーギルの道徳蔑視とそのホッブズ主義の立場の緊密な連携を立証していた。大陸におけるのと同様、すべての道は無神論へと通ずる可能性があった。一七二九年に、ある匿名の著者が『ロンドン・ジャーナル』のすべての記事のなかに無神論を摘発したと信じた[68]。一七三〇年には、また別の匿名者が、行政面でありとあらゆる懐疑論者たちが容認されている、と不満を言った。一七三一年には第三の匿名者が、世間一般の懐疑論、放蕩、カフェでのささいな会話を責め立てた。[69]

カフェの評判はひどいものだった。中世以来、居酒屋は教会のライバルだった。この十七世紀末、居酒屋は不信仰が広がっていくカウンター・カルチャーの中心となった。ロンドンでは、証券取引所に近いある通りは、《無神論者の小道》(*Atheists lane*) と名づけられた。その通りにはキングズ・ヘッドと看板を掲げた居酒屋があり、自由思想家のたまり場になっていた。オックスフォードでは、複数のカフェがこうした役割を果たし、一六八〇年には客たちが不穏で反宗教的なことを口にしたとの理由で裁判にかけられた。その説教で、リチャード・ベントリは居酒屋を無神論者の巣窟と名指しした。

コリンズ、トーランド、シャフツベリー

居酒屋で議論の種になったのは、とりわけトーランド、シャフツベリー、コリンズ、カワード、チャブといった流行作家であり、彼らは理神論や懐疑主義を蔓延させた。アンソニー・コリンズ(一六七六—一七二九)は、自由思想の正真正銘の創始者と見なされていいだろう。この上流社会の貴族は、イートン校とケンブリッジで教育を受け、道徳的には非のうちどころのない暮らしを送り、一七一三年に『自由思想論』を出版した。コリンズの本は、翌年に『自由思想の新派、あるいは自由にものを考える人々を契機にして書かれた、考える自由に関する論考』との表題でフランス語に訳された。コリンズは、自由が思想の本質であり、したがって自由は思想に不可欠であることを明らかにする。自由はさらに宗教の領域においても責務であり、社会の完成にとって必要なものである。同じ信仰告白を持つよう人々に強要することはばかげていて、できれば宣教師たちは自由思想の普及に従事すべきなのだ。自由は混乱も、無秩序も(古代ギリシア・ローマの例が示すように)、不道徳も(悪徳は不幸をもたらすものだということを自由は逆

に納得させるものなのだから）、無神論ももたらしはしない。無神論に関して、無神論は自由の対立物が生み出した狂信主義ほど危険ではない、とコリンズは指摘する。著作の末尾には四十人の自由思想家のリストが掲げられていて、コリンズはそのなかにサロモン、ソクラテス、エピクロス、エラスムス、デカルト、ガッサンディ、ホッブズ、ミルトン、ロックを入れた。

ジョン・トーランド（一六七〇―一七二二）が加わることによって、わたしたちは生粋の無神論と区別されるものがほとんどないスピノザ主義的汎神論と関わることになる。一六九六年に刊行された『秘義なきキリスト教』では、トーランドは秘義という考え方を攻撃し、伝導の書は理性によって解釈されるべきものであることを明らかにした。一七〇四年にトーランドは『セレナへの手紙』でさらに先に進んで、魂の不死は古代エジプト人の発明であり、物質は「力」と「作用」を備え、運動と思考の源泉であると説明した。宗教や迷信はそもそも埋葬の儀礼と結びついていたものであって、聖職者や神学者、「自分たちの戦利品を分けあたえながら、あらゆる手段を使って民衆を意のままに操ろうとする、あらゆる宗教の聖なるペテン師たち」が、そうした過去の儀礼を悪用してきた結果として発展した。圧制者たちはそれを利用して、大衆を操り、神の権力を自分のものとした。こうして人はものごとを神の意志の現れとして解釈する習慣を身につけた。それとは逆に、宇宙のなかには神にとっても、地獄にとっても、もちろん天国にとってもその場所がないことを、科学は示している。一七一〇年、『ユダヤ教の起源』でトーランドはモーセとスピノザを比較対照し、スピノザはモーセと同じくらい霊感を受けた者だと断言した。一七一八年の『ナザレの人』では、トーランドはキリストの神性を否定し、一七二〇年の『パンテイスティコン』では原子論的唯物論のぎりぎりまで進んで、世界は一個の機械装置であり、思考は脳の運動であり、われわれは自然の法則に依存していてそのおかげで、死と生とは同じものであるのだから、あらゆる不安からわれわれは解放される、と主張した。[70] トーランドは、コリンズとともに、ヨーロッパ精神の第二の危機のもっとも完璧な成果の一人である。前者が無神論的唯物論への道を、後者は自由思想への道をはっきりと開いた。

シャフツベリー伯爵（一六七一―一七一三）はちょうどトーランドの同時代人だったが、第三の道、楽観主義的で人当たりのよい理神論の道に位置していた。啓示の必要もなければ、形而上学的な不安に陥る必要もなかった。美しいもの、良きものへとわれわれを導く理性を神がわれわれにあたえてくれたからだ。心の平静と気だてのよさが真の宗教へと導いてくれるが、それと違って気鬱症は運命論や無神論へと引きずり込む。無神論に関しては、シャフツベリーはむしろ寛容であり、無神論の反対者たちは互いに矛盾したことを言っていると指摘する。この著者の場合、宗教と自然の法則が混ざり合って、啓示や超自然的なものを締め出し、超自然的で普遍的な宗教が実定的で個別的な宗教に対立させられる。

多くのほかの著作も英国知識人たちの唯物論への熱狂を表していた。たとえば、一七〇二年、ウィリアム・カワードによる『人間霊魂に関する第二の見解』がそれで、魂は死すべきもので物質的なものだと同書は論証し、この論証は一七〇五年に『正しき精査』でまた取り上げられた。これらの著作は英国下院で憤然たる抗議の声を引き起こした。ウィリアム・ウィストンのようなほかの著述家たちも、キリストの奇蹟も含めて奇蹟を攻撃し、[71] あるいはトーマス・チャブのように、摂理を攻撃した。[72]

無神論との闘い

英国で発展する、さまざまな相貌をした不信仰のこうした飛躍や無神論に冒された精神を前にして、知識人のあいだで抵抗が組織された。そのもっともユニークな提唱、それは事態がどれほど深刻に受け止められたかを示すものだったが、ロバート・ボイルが提唱したものだった。ボイルはその遺言で、反宗教的論議に反論を加えた講演者に報償として年五〇リーヴルの年金をあたえる基金を設けた。「ボイルの講演会」(ボイル・レクチャー)は一六九二年に始まり、すぐに信心深い大衆の公開会合の場となったが、それは十九世紀末パリで四旬節の期間にノートルダムで催されることになる講演会にいくぶん類似していた。有名人たちがそこに相次いでやって来た。最初の講演者はリチャード・ベントリ、彼はデカルト、ホッブズ、スピノザの誤りを反駁するためにやって来たが、とくにエピクロス派の唯物論を攻撃した。そこにベントリは無神論のもっとも悪賢い形態を見ていた。ベントリは、原子、真空、引力といった近代科学の結論は受け容れるのだが、無神論者たちがそこから導き出す使い方に抗議の声を上げる。引力、それは物質の特性どころか、神の介入のしるしなのだった。

二番目の講演者、フランシス・ガストレルは一六九七年に道徳の分野を選んで、無神論者はリベルタンである、思弁的無神論は放蕩を可能なものとする口実にすぎないと、攻撃を始めた。この点でガストレルは、サミュエル・バトラーと同意見だった。ジョン・ハリス博士は、彼なりに知覚に関する唯物論書の理論を相手取り、とくにホッブズに反対して一六九八年に講演を行った。皮肉を駆使しながら、もっとも知性溢れる人物とは鼻が大きく、視力の優れた者だと明言した。なぜなら、すべての観念は感覚からもたらされるからである。

そのほかにも、多くの人々が文書で反応を示した。それも大量に殺到した。もっとも独創的な書き手のひとりがトーマス・シャーロックで、架空の法廷の体裁をとってコリンズ、ティンダル、ウールストンを攻撃した(73)。ギブソン主教は、司牧書簡で信者たちに警戒を呼びかけた。一七三〇年には、トーマス・スタックハウスが論争の一覧表を作り、数十冊の著書に言及したが(74)、その頃になると雰囲気はきわめて悪意に満ちたものになった。あるパンフレット作家は、すべての理神論者の収監を要求した。
こうした一般的な懐疑の風潮のなかで、宗教を擁護することに危険はつきものだった。トーマス・ワイズは一七〇六年からカドワースの著作をふたたび取り上げたが、その彼自身が理神論との告発を受けた。カドワースはケンブリッジ・プラトン学派のグループに属していたが、宗教についての道理をわきまえ、中庸をとるその考え方から、彼らは《自由主義者》と呼ばれた。カドワースはとくにデカルト哲学を攻撃したが、デカルト哲学がもたらす両義性を危険と判断したからだった。デカルトの二元論、そして神に味方するその議論は首肯できたが、その方法論と世界像に込められた、たとえば動物機械に表される唯物論には不安を抱いた。

いちばんよく知られていたのは、十八世紀における無神論の偉大な論敵、ジョージ・バークリの著作だった。一七三二年の『アルシフロン　あるいは小粒な哲学者』に含まれた七つの対話は、「無神論者、リベルタン、熱狂派、白け派、批評家、形而上学者、運命論者、懐疑論者といった多様な側面から自由思想家」に異を唱えることを目的としていた[75]。四人の人物、自由思想家のライシクルとアルシフロン、キリスト教信仰の擁護者クリトーとユーフレイターが対話に参加する。アルシフロンは知性を備え、偏見を敵視し、理性の能力に疑問を抱き、数が多いために宗教にはうんざりし、聖職者を嫌っているのだが、人間は何にもまして自らの幸福を追求しなければならないと考え、そのために理神論から無神論に陥った。ライシクルは、ちょっとしたエピクロス主義者のリベルタンを体現し、ポートワインの一杯と心地よい会話のなかにはアリストテレスやプリニウスの大部の著作にある以上の真理が含まれていると考える。彼らの論争相手クリトーは、二人には原理が欠けていて、それが社会の崩壊、そしてさらには破滅にまで至らせると告げる。クリトーによれば、こういう《小粒な哲学者》たちはローマや教皇主義の思うつぼなのだ。アルシフロンは、正真正銘の道徳は何ら脅しを伴う必要はなく、自由な人間には自然道徳が存在することを気づかせようとする。英国国教会は、アルシフロンによれば、英国風自由の敵である。くわえてアルシフロンは伝統、聖書の権威、預言を拒絶し、聖書と中国やバビロニアやエジプトの歴史との不一致を力説する。最後にアルシフロンは、キリスト教徒たちは自分では意味さえも分からない言葉やしるしを使っている、と宣言する。クリトーは、そうした論議を詳細に反論した後に、自由思想のエッセンスを神の存在を否定することにあるとまとめ上げ、スピノザの説のばかさ加減を論じる。

バークリの本は、ヨーロッパ精神の第二の危機の終わりに書かれたが、この時期の無神論から提起された諸問題に関するおそらく最良の論述であり、バークリは無神論のあらゆる議論を知性溢れる仕方で紹介した。もっともそのやり方は宗教の擁護者たちの趣味に合うというよりも度を越していて、彼らはバークリを懐疑論者、新しもの好き、理神論者、さらには無神論者だと非難した。(76) バークリの著作の書かれ方とその根底にあるものは、実際護教論者が真っ向から挑んだ論争に慣れきった考え方を、エピクロス、ヴァニーニ、ホッブズの古典的学説についての重厚な学識をもって揺るがした。そこでは近代無神論は、あたかもそうした古い考え方の再現にすぎず、構造化され、首尾一貫し、純粋に知的な総体を形作るものでもあるかのようだった。バークリが提示した無神論は、きわめてしなやかで、人の暮らし、その本能や矛盾と結びつき、そこでは理性と情念、思想と感情が分かちがたく一体化していた。そしてバークリはそれに同じやり方で答えた。ホッブズ、トーランド、デカルト、カワード、ライプニッツ、科学や旅行記への言及がもちろん見られた。とはいえいつも巧妙に、そしてかなりの文才を発揮して取り扱われた。対話という形式が、見事に生き生きと、会話の続きをたどりたくなるように門戸を開き、こうしたことすべてが、自分たちの真理を断定的な仕方で押しつけることに慣れきっていた護教論者たちを面食らわせた。『アルシフロン』は、一七三二年の時点で無神論が社会的事実となり、きわめて少数ではあったとしても習俗のうちに取り入れられたことを示していた。

この疫病神に対して、行政府や教会筋は反撃を試みた。一七〇二年には国王ウィリアム三世のイニシアチブで福音書の普及のための協会が設立され、基金を集め、聖書を印刷し、配布したが、実際にやったのは瀆神や不敬を理由としたスパイ行為や法廷への告発だった。大法官、ジョン・ゴンソン卿は一七二八年各陪審に対して、「全能の神、われらのあいだに神が打ち立てられた聖なる宗教に関する侮辱罪」に意を用いるべしとの警告を発した。

したがって諸兄はウィリアム三世第九年法に対するあらゆる侵犯を検討し、別してキリスト教と聖書の神聖なる権威に刃向かうすべての書籍、パンフレットについて瀆神、不敬の排除に努められたい。近年相当数の作家は、理神論者と呼ばれるが、その実、神不在で、神の摂理、さらには彼らを贖われる主すら否定する無神論者であって、永遠の生の霊的・超自然的真理を感覚的観念から発して判断すると称している。現実にはかくも褒めそやされた彼らの理性をもってしても、彼らは自然の生命についても、わずかな草むらの出来具合についても理解すること能わずである。しかるに、彼らは合理的論証をもって、神の御言葉の信仰の対象としてのみ存しうる不可視なものごとを定義し、判断しようと望んでいる。(77)

厳命だったが、むなしかった！　わたしたちが立ち会っているのは、一七二八年なのだ。そしてそろって上流貴族の出の、地獄の業火クラブの若者たちが鳴り物入りで自分たちの無神論をまき散らし、手の施しようのない英国国教会の牧師たちの激しい顰蹙を買っていた。不信仰はいたるところ、居酒屋から宮廷にまで見られた。その色合いは世紀の後半にも引き継がれた。ピューリタニズムの祖国だったあと，一世紀も経たないうちに，この国は不信仰の祖国となった。そしてこの国に向かって，やがて大陸の無神論者たちが目を向けるようになる。たとえばドルバックは，ジョン・ウィルクス，ヒューム，ギボン，プリーストリーのもとに足繁く通い，彼の書斎にはホッブズ，ロック，ティンダル，トーランド，コリンズ，スウィフト，シャフツベリーが収められ，スウィフト，ホッブズ，エイキンサイド，トーランドを翻訳した[78]。一七六五年，ディドロはソフィー・ヴォランにあてて，こう書く。「キリスト教は英国全土でほとんど消えかかっています。この国では理神論者は数えきれないほどです。無神論者はほとんどいません。そうである者たちは，それを秘密にしているのです。無神論と極悪人は，英国人にとっては同義語にすぎません」。その区別は重要ではあったが，さらに重要なのはこれ以降理神論，汎神論，無神論が引用される権利を獲得し，公的な論争に参加したという事実だった。

こうして，一六〇〇年から一七三〇年前後にかけてヨーロッパにおける不信仰の重心がイタリアからフランスへ，そしてフランスからイギリスへと移った。同時に，イタリア・ルネサンスのユマニスムからフランス古典主義，次いで英国プラグマティズムへのこうした移行は，これらエリートの信仰を深いところで変容させていた。当初はヴァニーニに具現される，物活論的・一神教的自然主義に依拠していたものが，その後スピノザの影響を受けた汎神論的一元論的な見方に戻るまでは，デカルト哲学の二元論的，世界の原子論的見方に基礎を置くようになった。宗教の実態に合わせて，その形態も表現様式もやはり多彩だった。リベルタンの時代には，挑発的・反体制的・反抗的だったが，ガッサンディ，デカルト，ホッブズの時代には独断的な口調になり，フォントネルやベールとともに懐疑的で，しなやかになり，警戒心が強くなった。

一六〇〇年から一七三〇年まで、不信仰は自分で自分を探していた。そしてそれぞれの精神的危機のたびにヨーロッパ文化のただなかに地歩を固めていった。だが、教会が組織した大衆を前にしては、不信仰は反対によってしか、また否定によってしか自分を定義することができず、そのことが建設的な体系を練り上げる妨げとなった。摂理、不死、創造、魂の霊的本性、地獄、天国、三位一体を否定はしたものの、不信仰はまだ容易には自分の世界像をはっきり示せずにいた。ということは、そのような体系は科学の諸々の前進に依存しているのであって、変わることのない信仰の内容とは逆に、その科学の内容はひとつの仮定からまた別のものへと進展していくからである。それにしても、一六〇〇年から一七三〇年までに、科学は巨大な進歩をとげた。もちろんまだためらいもあった。ガリレイからニュートンへ、デカルトからレーウェンフックまで、さまざまな理論がぶつかり合った。ニュートンの考え方が勝利を収めたかに見え、啓蒙の唯物論者たちにその自然体系を作り上げるうえでの確固たる基礎をあたえたのは、一八世紀初頭になってからのことにすぎなかった。

第二のヨーロッパ精神の危機の結果として生まれた無神論の発展のもっとも確かなしるしは、すでに指摘した知識人の世界における一種の狂乱状態であり、人はそれぞれの新しい理論の背後に、そして宗教的護教論のものであっても、新しい著作の行間に不信仰を見つけ出せると信じたのだ。魔女狩りはいつものことながら、結局は仕掛けられた危険を誇張して終わる。たとえ正真正銘の無神論などありえることではないと幾人かがまだ断言したとしても、人々がありえると信じていたこと、そしてボシュエが予言した大闘争がはっきりした形を取り始めたこと、そのことを無神論一掃のために人々がとった備えが示していた。

一七三〇年前後の無神論は、もはや単に知的な問題、学識者と神学者が議論を闘わせる質疑事項ではなくなっていた。十七世紀後半から、聖職者による聖堂区の管理は強化され、そのことは司教視察調書の増加となって表れ、また信徒たちのあらゆる階層が、さまざまな度合いまたさまざまな形で不信仰に感染したことを示していた。この十八世紀は、啓蒙の世紀というだけではなく、それはまた不信仰の世紀でもあった。その時期は、一七二九年、無神論史上もっとも偉大でもっとも体系的な宣言書のひとつである、ひとりの田舎司祭の著作、メリエ神父の『遺言書』の発見とともに、誇り高く開始される。

原　注

序　論

(1)　Simon Decloux, « Les athéismes et la théologie trinitaire. A propos d'un livre récent », *Nouvelle Revue théologique*, janvier-février 1995, t. 117, n° 1, p. 112.

(2)　Theophil Spizel, *Scrutinium atheismi historico-œtiologicum,* Augustæ Vindelicorum, 1663.

(3)　Fritz Mautner, *Der Atheismus und seine Geschichte im Abendlande*, Stuttgart et Berlin, 1920-1923.

(4)　*L'État des religions dans le monde*, sous la dir. de Michel Clévenot, Paris, 1987, p. 495.

(5)　Gabriel Le Bras, « La sociologie du catholicisme en France », in *Lumen Vitae*, Centre international d'études de la formation religieuse, Bruxelles vol. IV, 1951, p. 20.

(6)　Georges Hourdin, « Conversions du christianisme à l'athéisme », dans *L'Athéisme dans la vie et la culture contemporaines*, t. I, 1re partie, Paris, 1967, p. 392.

(7)　創世記第 11 章 1 節— 9 節。

第 I 部　古代と中世における無神論

第 1 章　はじめに——信仰か不信仰か

(1)　Henri de Lubac, « L'origine de la religion », dans *Essai d'une somme catholique contre les sans-Dieu*, Paris, 1936.

(2)　Herbert Spencer, *Principles of Sociology*, Londres, 3 vol., 1875, 1888, 1896.

(3)　Andrew Lang, *The making of Religion*, Londres, 1898.

(4)　Wilhelm Schmidt, *Ursprung der Gottesidee. Eine historisch-kritische und positive Studie*, Münster, 6 vol., 1912-1954.

(5)　Spencer et Gillen, *The Northern Tribes of Central Australia*, Londres, 1904; Nieuwenhuis, *De mensch in de werklijkleid*, Leyde, 1920; Volz, *Im Dämmer des Rimba*, Leipzig, 1925; Tessmann, *Preussische Jahrbücher*, 1927.

(6)　Émile Durkheim, *Les Formes élémentaires de la vie religieuse*, éd. Quadrige/

PUF, Paris, 1990, p. 601.

(7) *Ibid.*, p. 599.

(8) *Ibid.*, p. 593.

(9) *Ibid.*, p. 598.

(10) Robert Henry Codrington, *The Melanesians*, Oxford, 1891.

(11) Friedrich Rudolf Lehmann, *Mana: eine begriffsgeschichtliche Untersuchung auf ethnologischer Grundlage*, Leipzig, 1915.

(12) Georges Gusdorf, *Mythe et métaphysique*, éd. Flammarion, Paris, 1984, p. 89.

(13) Henri Bergson, *Les deux Sources de la morale et de la religion*, éd. PUF, 1967, p. 185〔森口美都男訳『道徳と宗教の二つの源泉』中公クラシックス，2003年，53頁〕.

(14) *Ibid.*, p. 185〔同前〕.

(15) *Ibid.*, p. 217〔同前，99頁〕.

(16) Claude Lévi-Strauss, *La Pensée sauvage*, Paris, 1962, p. 265〔大橋保夫訳『野生の思考』みすず書房，1976年，265頁〕.

(17) Georges Gusdorf, *op. cit.*, p. 144.

(18) Mircea Eliade, *Traité d'histoire des religions*, éd. Payot, 1979. p. 386.

(19) *Ibid.*, p. 32–33.

(20) Georges Gusdorf, *op. cit.*, p. 67.

(21) *Ibid.*, p. 222.

(22) Roger Caillois, *L'Homme et le sacré*, 1950, éd. Folio, Paris, 1991, p. 30.

(23) Léon Brunschvicg, « Religion et philosophie », *Revue de métaphysique et de morale*, 1935.

(24) Georges Gusdorf, *op. cit.*, p. 233.

(25) Roger Caillois, *op. cit.*, p. 177.

(26) Lucien Lévy-Bruhl, *La Mythologie primitive, le monde mythique des Australiens et des Papous*, Félix Alcan, Paris, 1935, p. 317.

(27) Mircia Eliade, *op. cit.*, p. 345.

(28) *Ibid.*, p. 360.

(29) Georges Gusdorf, *op. cit.*, p. 253.

(30) Clifford Geertz, dans *Anthropological Apprroachs in the Study of Religion*, éd. Banton, 1966, p. 43.

(31) Keith Thomas, *Religion and the Decline of Magic*, Londres, 1971, éd. Penguin, 1991, p. 206.　このことはまたポール・ラザンの下記文献でも示される。Paul Rasin, *Primitive Man as Philosopher*, New York, 1927.

(32) 以下の文献参照。*Dictionnaire de théologie catholique* de Vacant et Mangenot, 15 vols, Paris, Letouzey, 1909–1950, art. « Athéisme et erreurs annexes ».

(33) Alain Peyrefitte, « Les Chinois sont-ils a-religieux ? », dans *Homo religiosus,*

autour de Jean Delumeau, Paris, 1997, p. 695–703.

(34) Finngeir Hiorth, «Réflexions sur l'athéisme contemporain», *Les Cahiers rationalistes*, avril, 1996, n° 504, p. 21.

(35) Richard Garbe, *Die Samkhyaphilosophie*, Leipzig, 1917, p. 253 et suiv.

(36) Jan Gonda, *Die Religionen Indiens*, Stuttgart, 1963.

(37) Alfons von Rosthorn, «Die Urreligion der Chinesen» dans *Die Religionen der Erde in Einzeldarstellungen*, Vienne-Leipzig, 1929.

(38) Wingteit-Chan, *Religiöses Leben in heutige China*, Munich, 1955, p. 222.

(39) Walter Beekte, *Die Religion der Germanen in Quellenzeugnissen*, Francfort, 1938.

(40) Jean Meslier, *Œuvres complètes de Jean Meslier*, éd. Anthropos, Paris, 1971, t. II, p. 300.

(41) Ernst Bloch, *Atheismus in Christentum*, Francfort-sur-le-Main, 1968, trad. franç., *L'Athéisme dans le christianisme. La religion de l'exode et du royaume*, Paris, 1978.

第2章　古代ギリシア・ローマの無神論

(1) Robert Lenoble, *Histoire de l'idée de nature*, Paris, 1969

(2) Paul Veyne, *Les Grec ont-ils cru à leurs mythes ?*, Paris, 1983.

(3) Karl Marx, *Différence de la philosophie de la nature chez Démocrite et chez Épicure*, 1841

(4) Friedrich-Albert Lange, *Histoire du matérialisme et critique de son importance à notre époque*, trd. franç., Pommerol, Paris, 1877〔川合貞一訳『唯物論史』上中下，實業之日本社，1948年〕.

(5) Eusèbe de Césarée, *Praep. Evang.*, I, VIII, 1.

(6) Claude Tresmontant, *Le Problème de l'athéisme*, Paris, 1972, p. 23.

(7) Hermann Diels, *Die Fragmente der Vorsokratiker*, 1951, I, p. 312 et 313.

(8) Diogène Laërce, *Vies, doctrines et sentences des philosophes illustres*, éd. Garnier-Flammarion, Paris, 1965, t. II, p. 185〔加来彰俊訳『ギリシア哲学者列伝』岩波文庫，下，1994年，140頁〕.

(9) *Ibid*〔同前〕.

(10) Eudore Derenne, *Les Procès d'impiété intentés aux philosophes à Athènes aux Ve et IVe siècles avant J.-C.*, Liège-Paris, 1930.

(11) Diogène Laërce, *op. cit.*, I, p. 105〔前掲『ギリシア哲学者列伝』上，1992年，123–124頁〕.

(12) Plutarque, *Vies parallèles des hommes illustres*, «Nicias», 23.

(13) *Ibid.*, «Périclès», II et IX.

(14) Diogène Laërce, *op. cit.*, I. p. 116〔前掲書，上，150 頁〕.

(15) ウドール・ドゥレンヌは，以下の自著の注記のなかでこの主題に関するドイツの歴史家たちの解釈を紹介している。*Les Procès d'impiété, op. cit.*, p. 94, note 1.

(16) Aristophanes, *Les Nuées*, vers 246, 365, 425〔橋本隆夫訳『雲』，『ギリシア喜劇全集』1，岩波書店，2008 年，228, 238, 242 頁〕.

(17) Platon, *Phèdre*, 229, e〔藤沢令夫訳『パイドロス』岩波文庫，1967 年，17–18 頁〕.

(18) Platon, *Apologie*, 18, b〔田中美知太郎訳『ソクラテスの弁明』，『プラトン全集』1，岩波書店，1975 年，52 頁〕.

(19) Xénophon, *Mémorables*, I. 11–14〔内山勝利訳『ソクラテスの思い出』，『ソクラテス言行録』1，京都大学学術出版会，2011 年，8 頁〕.

(20) 下記の諸文献参照。Eudore Derenne, *op. cit.* ; Paul Decharme, *La critique des traditions religieuses des Grecs*, Paris, 1904; Anders Björn Drachmann, *Atheism in Pagan Antiquity*, Londres-Copenhague, 1922; Felix Jacoby, *Diagoras*, Berlin, 1959.

(21) Diogène Laërce, *op. cit.*, I, p. 146〔前掲書，上，17 頁〕.

(22) *Ibid.*

(23) Plutarque, *De communibus, notitiis adversusus stoicos*, XXXI, 3, 1075, a.

(24) Platon, *Les Lois*, X, 885〔加来彰俊訳『法律』第十巻，岩波文庫，下，1993 年，244–245 頁〕.

(25) *Ibid.*, X, 889〔同前，356–357 頁〕.

(26) *Ibid.*, X, 890〔同前，259 頁〕.

(27) *Ibid.*, X, 887〔同前，250–251 頁〕.

(28) *Ibid.*, X, 888〔同前，252 頁〕.

(29) Bernard Sève, *La Question philosophique de l'existence de Dieu*, Paris, 1994, p. 275.

(30) Platon, *Les Lois*, X, 886〔前掲『法律』，246 頁〕.

(31) *Ibid.*, X, 908〔同前，315 頁〕.

(32) *Ibid.*, X, 909〔同前，316 頁〕.

(33) *Ibid*〔同前，317 頁〕.

(34) Maria Daraki, *Une religiosité sans Dieu. Essai sur les stoïciens d'Athènes et saint Augustin*, Paris, 1889.

(35) André-Jean Festugière, *Épicure et ses dieux*, Paris, 1968.

(36) *Ibid.*, cité p. 72.

(37) Joseph Antoine Hild, *Aristophanes impietatis reus*, 1880.

(38) Sextus Empiricus, *Contre l'enseignement des sciences*, IX, 17.

(39) *Stoicorume veeterum fragmenta*, éd. von Arnim, Stuttgart, 1974, III, 660, 604,

661, 606, 809.

(40) Maria Dakari, *op. cit.*, p. 215.

(41) André-Jean Festugière, *op. cit.*

(42) *Ibid.*, p. 82.

(43) Lucrèce, *De natura rerum*, III, 978-1024.

(44) Épicure, Lettre à Ménécé. ディオゲネス・ラエルティオスの『ギリシア哲学者列伝』から引用（Diogène Laërce, *op. cit.*, II, p. 261-262〔前掲書，下，306-307 頁〕)。

(45) Diogène Laërce, *op. cit.*, II, p. 20〔同前，中，140-141 頁〕.

(46) *Ibid.*, p. 21〔同前，中，143 頁〕.

(47) Albert Grenier, *Le Génie romain dans la religion, la pensée et l'art,* Paris, 1925, p. 186-187.

(48) Tite-Live, 39, 8 et suiv.

(49) Albert Grenier, *op. cit.*, p. 438.

(50) Plutarque, *Vies parallèles*, «Brutus», trad. Amyot, Paris, Gallimard, «Bibliothèque de la Pléiade», t. II, p. 1079.

(51) Cicéron, *De natura deorum*, I, 6.

(52) *Ibid.*, I, 22.

(53) *Ibid.*, I, 22.

(54) *Ibid.*, I, 23.

(55) *Ibid.*, I, 25.

(56) 使徒行伝，第 17 章，18 節— 33 節〔18 — 22 節，30 節— 32 節〕。

(57) Robin Lane Fox, *Pagans and Christians*, New York, 1986, p. 551.

(58) Adolf Harnack, *DerVorwurf des Atheismus in den drei ersten Jahrhunderten*, Leipzig, 1905, p. 50.

(59) Cornelio Fabro, «Genèse historique de l'athéisme philosophique contemporain», *dans L'Athéisme dans la philosophie contemporaine*, Paris, 1970, p. 34.

(60) Sextus Empiricus, *Hypotyposes pyrrhoniennes*, III, 11-12.

(61) Cornelio Fabro, *op. cit.*, p. 32.

(62) Anton Anwander, «Le problème des peuples athées», dans *Athéisme dans la vie et la culture contemporaines*, Paris, 1968, t. I, vol. 2, p. 66-67.

(63) Sextus Empiricus, *op. cit.*, III, 3, 6.

第 3 章　中世の無神論？

(1) Hermann Ley, *Studie zur Grschichte des Materialismus im Mittelalter*, Berlin, 1959.

(2) *Ibid.*, p. 151.

(3) Cornelio Fabro, « Genèse historique de l'athéisme contemporain », dans *L'Athéisme dans la philosophie contemporaine*, Paris, 1970, p. 38

(4) Emmanuel Le Roy Ladurie, *Montaillou, village occitan de 1294 à 1324*, Paris, 1975, p. 534〔井上幸治ほか訳『モンタイユー　ピレネーの村 1294–1324』下，第23章，刀水書院，1991年，236–238頁〕.

(5) *Ibid.*, p. 535, note 2〔同前，386–387頁〕.

(6) Jean-Claude Schmitt, « La croyance au Moyen Âge », *Raison présente*, n° 113. 中世の信仰に関しては，とくに以下の文献参照。André Vauchez (éd) *Faire croire. Modalités de la diffusion et de la réception des messages religieux du XIIe au XVe siècle*, école française de Rome, Rome, 1981; Jean Wirth, *La Naissance du concept de croyance. XIIe–XVIe siècle*, Bibliothèque d'humanisme et Renaissance. Travaux et documents, XLV, 1983.

(7) Jean-Claude Schmitt, *art. cit.*, p. 10.

(8) *Ibid.*, p. 12.　同箇所には下記の指摘がある。「キリスト教の歴史性は信仰の絶えざる後退と呼びうるものの原理となっている。[…] きっちりと閉ざされ，定められた信仰体系であるどころか，中世キリスト教はたえず修正され，(たとえば煉獄への信仰を作り出すことによって) 革新され，時代に合わせ，合わないものを切り捨て続けた。[…] こうした適応力が教会にとって，力と存続力の秘密のひとつだったことは確かである」。

(9) *Ibid.*, p. 11.

(10) Théodoret de Cyr, *Thérapeutique des maladies helléniques*, III, 4.

(11) *Ibid.*, II, 112–113.　カエサレアのエウセビオス〔2―3世紀のギリシアの教父，聖書注釈家〕もやはりディアゴラス，テオドロス，エウヘメロスを拒否する (Eusèbe de Césarée, *La Préparation évangélique*, XIV, 16, 1)。

(12) Clément d'Alexandrie, *La Protreptique*, II, 23, 1 et II, 24, 2.

(13) リュシアン・フェーヴルの下記文献を引用。Lucien Febvre, *Le Problème de l'incroyance au XVIe siècle*, Paris, 1968, p. 154–155.

(14) Émile Bréhier, *La Philosophie du Moyen Âge*, Paris, éd. A. Michel, 1971, p. 64.

(15) Coran, XLV, 23–25, trad. Kasimirski, Paris, Garnier-Flammarion, 1970.

(16) エミール・ブレイエの下記文献参照。Émile Bréhier, *op. cit.*, p. 196.

(17) Laurent Gauthier, *La Théorie d'Ibn Roschd Averroès sur les rapports de la religion et de la philosophie*, Paris, 1909.

(18) アラン・ド・リベラによる，アヴェロエス著『宗教と哲学の一致に関する決定的講話』の「序文」より引用。Alain de Libera, dans l'introduction d'Averroès, *Le Livre du Discours décisif sur l'accord de la religion et de la philosophie*, Paris, éd. Garnier-Flammarion, 1996, p. 80–81.

(19) ルイ・モレーリの下記文献参照。Louis Moréri, *Le Grand Dictionnaire his-*

torique, Paris, 1691.

(20) François Berriot, *Athéismes et athéistes au XVIe siècle en France*, Atelier national de reproduction des thèses, Lille, t. I, p. 313.

(21) Émile Bréhier, *op. cit.*, p. 296.

(22) 下記文献中から引用。l'*Histoire de la philosophie*, Paris, Gallimard, « Bibliothèque de la Pléiade », 1969, t. I, p. 1448. シジェ・ド・ブラバンに関しては，ピエール・マンドネの以下の古典的著作を参照。Pierre Mandonnet, *Siger de Braband et l'averroïsme latin au XIIIe siècle*, Louvain, 1911.

(23) Alain de Libera, introduction du *Livre du discours décisif, op. cit.*, p. 58–61.

(24) Martin de Pologne, *Chronique*, éd. de 1574, Anvers, p. 393.

(25) Émile Bréhier, *op. cit.*, p. 185.

(26) Saint Bernard, *Lettre* 191.

(27) Guillaume de Conches, *Philosophia mundi*, II, 3.

(28) クロード・フルリーの下記文献参照。Claude Fleury, *Histoire ecclésiastique*, Paris, 1758, t. XVII, p. 255.

(29) François Berriot, *op. cit.*, I, p. 329.

(30) Alphonse de. Beauchamp, *Biographie universelle*, Paris, 1811, art. « Alphonse X ».

(31) Thomas de Cantimpré, *Bonum universale de apibus*, cité dans François Berriot. *op. cit.*, I, p. 338.

(32) François Berriot, *op. cit.*, p. 339.

(33) 神の存在証明の問題に関してはベルナール・セーヴの下記文献参照。Bernard Sève, *La Question philosophique de l'existence de Dieu*, Paris, 1994.

(34) Søren Kierkegaard, *Post-scriptum aux Miettes Philosophiques*, trad. Petit, NRF, 1941, p. 369〔杉山好ほか訳『哲学的断片への結びとしての非学問的あとがき』白水社，1975 年，対応箇所不詳〕.

(35) Édouard Le Roy, *Le Problème de Dieu*, Paris, 1929, p. 83.

(36) Gabriel Marcel, *Journal métaphysique*, Paris, 1935, p. 65.

(37) Georges Gusdorf, *Mythe et métaphysique*, Paris, éd. Champs-Flammarion, 1984, p. 300

(38) Émile Bréhier, *op. cit.*, p. 335.

(39) Hervé Martin, *Mentalités médiévales, XIe–XVe siècle*, Paris, 1996,

(40) Pierre-André Sigal, *L'Homme et le miracle en France aux XIe et XIIe siècles*, Paris 1985.

(41) *Ibid.*, p. 215.

(42) Jacques Le Goff, *L'imaginaire médiéval, Essais*, Paris, 1985 ; Michel Meslin, *Le Merveilleux. L'imaginaire et la croyance en Occident*, Paris, 1984 ; Bernard Merdrignac, *La Vie des saints bretons durant le haut Moyen Âge*, Rennes, 1993.

(43) Hervé Martin, *op. cit.*, p. 203.

(44) Jacques Le Goff, *op. cit.*, p. 29.

(45) Claude Lecouteux, *Les Monstres dans la pensée médiévale européenne*, Paris, 1993.

(46) Jean Delumeau, *La Peur en Occident*, Paris, 1978, p. 483

(47) Harvey Cox, *La Fête des fous. Essai théologique sur les notions de fête et de fantaisie*, Paris, 1971 ; Jacques Le Goff et Jean-Claude Schmidt, *Le Charivari*, Paris-New York-La Haye, 1981 ; Jacques Heers, *Fêtes, jeux et joutes dans les sociétés d'Occident à la fin du Moyen Âge*, Paris-Montréal, 1971.

(48) Robert Muchembled, *Culture populaire et culture des élites dans la France moderne, XVe–XVIIIe siècle*, Paris, éd. Champs-Flamarrion, 1978, p. 73.

(49) René Vaultier, *Le Folklore pendant la guerre de Cent Ans d'après les lettres de rémission du Trésor des Chartes*, Paris, 1965.

(50) Francis Rapp, *L'Église et la vie religieuse en Occident à la fin du Moyen Âge*, Paris, 1971, p. 160.

(51) Olga Dobiache-Rojdestvensky, *Les Poésies des goliards*, Paris, 1931.

(52) Honorius Augustodunensis, *Elucidarum*, II, 18.

(53) Bronisław Geremek, *Les Marginaux parisiens aux XIVe et XVe siècles*, trad. franç., Paris, Champs-Flammarion, 1976, p. 184.

(54) Thomas de Cauzons, *Histoire de l'Inquisition en France*, t. II, Paris, 1909, p. 149.

(55) Hervé Martin, *Le Métier de prédicateur à la fin du Moyen Âge, 1350–1520*, Paris, 1988.

(56) エルヴェ・マルタンの下記文献参照。Hervé Martin, *Le Métier de prédicateur*, *op. cit.*, p. 359.

(57) *Ibid.*, p. 359–360.

(58) John A. F. Thomson, *The Later Lollards*, Oxford University Press, 1965.

(59) *Ibid.*, p. 27, 36–37, 76, 80, 82, 160.

(60) George Gordon Coulton, « The Plain Man's Religion in the Middle Ages », *Medieval Studies*, 13, 1916.

(61) Keith Thomas, *Religion and the Decline of Magic*, éd. Penguin Books, 1991, p. 199–200.

(62) *Les Facéties de Pogge*, trad. franç., Paris, 1878, CCLXII, CCXVI, CCXXVII.

(63) Prosper Marchand, *Œuvres complètes*, t. I, p. 315, note H.

(64) ベルナール・ド・ラ・モノワの下記文献参照。Bernard de La Monnoie, *De tribus impostoribus*, Paris, 1861, p. 30.

(65) La Croze, *Entretiens sur divers sujets d'histoire*, Amsterdam, 1711, p. 130.

(66) 中世末期の占星術と信仰の関係については下記文献参照。Georges Minois,

Histoire de l'avenir. Des prophètes à la prospective, Paris, 1996, 3e partie, « L'âge de l'astrologie ».

(67) Claude Lecouteux, *Fées, sorcières, et loups-garous au Moyen Âge*, Paris, 1992.

(68) Grégoire de Tours, *Histoire des Francs*, X, 13.

(69) Etienne Delaruelle, *La Pitié populaire au Moyen Âge*, Turin, 1975 ; Raoul Manselli, *La Religion populaire au Moyen Âge, problème de méthode et d'histoire*, Montréal-Paris, 1975 ; *La Religion populaire en Languedoc du XIIIe siècle à la moitié du XIVe siècle*, Cahiers de Fanjeaux, t. XI, Toulouse, 1976.

(70) J. Paul, « La Religion populaire au Moyen Âge. A propos d'ouvrages récents », *Revue d'histoire de l'Église de France*, nº 170, janv-juin, 1977, p. 86

(71) Emanuel Le Roy Ladurie, *Montaillou, village occitan de 1294 à 1324*, Paris, 1975, p. 360〔前掲『モンタイユー』下，233 頁〕.

(72) *Ibid.*, p. 525〔同前，第 23 章，原注 6，385 頁〕.

(73) *Ibid.*, p. 527 et 525〔同前，234 頁，236 頁〕.

(74) *Ibid.*, p. 528 et 529〔同前，238 頁〕.

(75) *Ibid.*, p. 530〔同前，239 頁〕.

(76) *Ibid.*, p. 363〔同前，上，67 頁〕.

(77) *Ibid.*, p. 586〔同前，下，296 頁〕.

(78) Paul Adam, *La Vie paroissiale en France au XIVe siècle*. Paris, 1964.

(79) Nicolas de Clamanges, *De corr. Eccl. statu.*, chap. VI et XVI, dans *Opera*, p. 8 et 16.

(80) こうした状況は 13 世紀ではほとんど改善されなかったようである。下記文献参照。Olga Dobiache-Rojdestvensky, *La vie paroissiale en France au XIIIe siècle d'après les actes épiscopaux,* Paris, 1911.

(81) Aimé Cherest, *L'Archiprêtre. Épisodes de la guerre de Cent Ans au XIVe siècle*, Paris, 1879.

(82) Jacques Toussaert, *Le Sentiment religieux en Flandre à la fin du Moyen Âge*, Paris, 1963.

(83) Arthur Langfors, *La Société française vers 1330, vue par un frère prêcheur du Soissonnais*, Helsingfors, 1918, p. 14.

(84) Paul Adam, *op. cit.*, p. 251.

(85) ポール・アダンの前記文献参照。Paul Adam, *op. cit.*, p. 293.

(86) Francis Rapp, *op. cit.*, p. 160.

(87) ジョルジュ・ミノワの下記文献参照。Georges Minois, *Du Guesclin*, Paris, 1993, p. 272–273. 軍人と信仰の関係については，Georges Minois, *L'Église et la guerre. De la Bible à la guerre atomique*, Paris, 1994 を参照。

(88) Raymond Oursel, *Le Procès des Templiers*, Paris, 1955, p. 78–80.

(89) Thomas de Cauzons, *Hisoire de l'Inquisition en France*, 2 vol., Paris, 1909, t.

II, p. 149.

(90) *Liber Guillelmi Majoris*, éd. par Célestin Port, Paris, 1874, p. 274

(91) Gustave G. Dupont, «Le registre de l'officialité de Cerisy, 1314-1357», *Mémoire de la Société des antiquaires de Normandie*, t. 30, 1880, p. 361-492.

(92) Jean Gerson, *Rememoratio per praelatum quemlibet agendorum*, dans *Opera*, t. II, col. 107.

(93) Jean Delumeau, *Le Christianisme de Luther à Voltaire*, Paris, 1971, p. 330.

(94) Gilbert Dagron, *Évêques, moines et empereurs (610-1054)*, dans l'*Histoire du christianisme*, Paris, 1993, t. IV, p. 87.

第II部　ルネサンス期の破壊的無神論

第4章　ルネサンス期の不信仰の背景

(1) Emile Gebhart, *Rabelais, la Renaissance et la Réforme*, Paris, 1877.

(2) Henri Busson, *Le Rationalisme dans la littérature française de la Renaissance, 1533-1601*, Paris, 1922.

(3) Abel Lefranc, *Étude sur le Pantagruel*, en tête des *Œuvres de Rabelais*, Paris, 1923.

(4) Verdun-Louis Saulnier, «Le sens du *Cymbalum mundi* de Bonaventure des Périers», *Bibliothèque d'humanisme et Renaissance*, Genève, 1951, t. XIII, p. 167.

(5) Henri Weber, *Histoire littéraire de la France*, Paris, 1975, chap. v.

(6) Publiée par l'Atelier national de reproduction des thèses, Université de Lille-III, Thèse-Cerf, 1977.

(7) Lucien Febvre, *Le problème de l'incroyance au XVIe siècle, La Religion de Rabelais*, Paris, éd. Albin Michel, 1968, p. 128.

(8) Henri Estienne, *Apologie pour Hérodote*, II, 373.

(9) リュシアン・フェーヴルは，いくつかの事例を引用している。スカリゲルのことについて「彼はひとかどならぬ無神論者だ」とエラスムスはラブレーに書き，そのエラスムスについて，「彼の思想について言えば，宗教もなく，神もなく，宗教的なものも俗世のものも何もかもばかにしくさる誰にもまして辛辣で，破廉恥なこの著者の思想は，ルキアノスからでなかったら，どこから取られたのだろう」と自分自身無神論者として火焙りにされたドレは疑問を述べた。

(10) *Ibid.*, cité p. 128.

(11) *Ibid.*, p. 127 et 137-138.

(12)　*Ibid.*, p. 329–330.

(13)　*Ibid.*, p. 422.

(14)　*Ibid.*, p. 324–325.

(15)　*Ibid.*, p. 427.

(16)　Jakob Friedrich Reimman, *Historia universalis atheismi et atheorum falso et merito suspectorum*, Hildesiae, 1718.

(17)　Albert Mabilleau, *Étude historique sur la philosophie de la Renaissance en Italie*, Paris, 1881.

(18)　Paul Oscar Kristeller, « Le mythe de l'athéisme de la Renaissance et la tradition française de la libre pensée », *Bibliothèque d'humanisme et Renaissance*, t. 37, n° 1, janv. 1975, p. 337–348.

(19)　Delio Cantimori, *Eretici italiani del Cinquecento*, Florence, 1939.

(20)　Silvana Seidel Menchi, *Erasmo in Italia, 1520–1580*, Turin, 1987, trad. franç. *Erasme hérétique. Réforme et Inquisition dans l'Italie du XVI*e *siècle*, Paris, Hautes Études, Gallimard-Seuil, 1996, p. 211.

(21)　*Ibid.*, p. 219.

(22)　*Ibid.*, p. 218.

(23)　E. Pommier, « L'itinéraire religieux d'un moine vagabond au XVIe siècle », *Mélange d'archéologie et d'histoire de l'École française de Rome*, 66, 1954, p. 293–322.

(24)　Erasme, *Éloge de la folie*, 43〔渡辺一夫・二宮敬訳『痴愚神礼讃』中公クラシックス，2006 年，123–124 頁〕.

(25)　*Ibid*〔邦訳該当箇所不詳〕.

(26)　Sébastien Castellion, *De arte dubitandi*, dans Delio Cantimori et Élisabeth Feist（éd.）, *Per la storia degli eretici italiani del secolo sedicesimo in Europa*, Rome, Reale Accademia d'Italia, 1937, p. 345.

(27)　*Ibid.*, p. 347.

(28)　Silvana Seidel Menchi, *op. cit.*, p. 228–231.

(29)　Louis Régnier de La Planche, *Histoire de l'Etat de France*, 1575, p. 6. 以下の匿名文書を参照。*Tocsain, contre les massacreurs et auteurs des confessions de France*, Reims, 1579.

(30)　フランソワ・ベリオの下記文献参照。François Berriot, *op. cit.*, t. II, p. 843, note 22.

(31)　ジョゼフ・ルクレールの下記文献参照。Joseph Lecler, « Aux origines de la libre pensée française. Étienne Dolet », *Études*, 20 mai 1931, t. 207, n° 10, p. 403–420.　ルクレールによれば，こうした無関心主義は，ある人々の場合には「もっとも粗雑な無神論」にまで推し進められた。

(32)　Jacob Burkhardt, *La civilisation de la Renaissance en Italie*, Paris, 1958, p.

271.

(33) François Berriot, *op. cit.,* t. I, p. 52.

(34) Robert Lenoble, *Esquisse d'une histoire de l'idée de nature,* Paris, éd. Albin Michel, 1969, p. 295.

(35) Jérôme Cardin (Gerolamo Cardano), *De subtilitate,* XIX.

(36) ジャン＝ロジェ・シャルボネルの下記文献参照。Jean-Roger Charbonnel, *La Pensée italienne au XVIe siècle et le courant libertin,* Paris, 1917, p. 444.

(37) Don Carmeron Allen, *Mysteriously Meant. The Rediscovery of Pagan Symbolism and Allegorical Interpretation in the Renaissance,* Baltimore et Londres, 1970.

(38) Benito Pereyra, *Commentatorium et disputationum in Genesim tomi quantor,* t. I, p. 1b.

(39) François Laplanche, *La Bible en France entre mythe et critique, XVIe–XIXe siècle,* Paris, Albin Michel, 1994.

(40) Melchior de Flavin, *De l'estat des ames après le trepas,* Paris, éd. de 1595, XIII.

(41) Calvin, *Institution de la religion chrétienne,* éd. franç. de 1541, t. I, p. 43.

(42) Jean Chassanion de Monistrol, *Les Grands et Redoutables Jugemens et punitions de Dieu advenus au monde,* éd. de 1581, I, 24, p. 135.

(43) Urbain Chauveton, *Bref discours et histoire d'un voyage de quelques François en la Floride,* Paris, 1579.

(44) Marc Lescarbot, *Relation dernière de ce qui s'est passé au voyage du Sieur Poutrincourt en la Nouvelle France depuis 20 mois en ça,* Paris, 1612.

(45) Jean de Mandoza, *Histoire du grand royaume de Chine,* trad. franç., Paris, 1588.

(46) *Copie d'une lettre missive envoyée aux gouverneurs de La Rochelle par les capitaines des galères de France,* La Rochelle, 1583.

(47) Jean de Léry, *Histoire d'un voyage en terre de Brésil,* 1578, éd. du Livre de Poche, 1994, chap. XVI, p. 379. すでに序文においてレリーは，「他の民族において宗教と呼ばれるものに関しては，単にこの哀れな野蛮人がそれを持ち合わせていないばかりでなく，さらに世界には神なしに存在し，暮らす民族がいるということをまったく率直に言えるだろう。彼らこそまさしくその民族なのだ」と書いている。

(48) *Ibid.*, p. 391.

(49) *Ibid.*, p. 393.

(50) *Ibid.*, p. 384.

(51) *Ibid.*, p. 370.

(52) Antoine Catalin, *Passevant parisien,* Paris, 1556, éd. de 1875, p. 93.

(53)　アンリ・ビュッソンの下記論文より引用。Henri Busson, «Les noms des incrédules aux XVIe siècle (athées, déistes, achristes, libertins)», *Bibliothèque d'humanisme et Renaissance*, t. XVI, 1954, p. 273-283.

(54)　*Ibid.*, p. 282.

(55)　Alain Croix, *Culture et religion en Bretagne aux XVIe et XVIIe siècles*, Rennes, 1995.

(56)　リュシアン・ロミエの下記文献参照。Lucien Romier, *Le Royaume de Catherine de Médicis. La France à la veille des guerres de religion*, Paris, 1925, t. II, p. 99.

(57)　*Ibid.*

(58)　*Histoire de la France religieuse*, t. II, *Du christianisme flamboyant à l'aube des Lumières*, Paris, 1988, p. 199-213.

(59)　*Histoire du christianisme*, t. VIII, *Le temps des confessions, 1530-1620*, Paris, 1992, 3e partie, «La vie des chrétiens», par Marc Vénard, p. 857-1029. この著作は豊富な最新書誌情報を提供してくれる。

(60)　François Berriot, *op. cit.*, t. I, p. 622-631.

(61)　René de Lucinge, *Lettres sur la cour d'Henri III*, Paris, éd. A. Dufour, 1966.

(62)　Giuseppe Maria Viscardi, «La Mentalité religieuse en Basilicate à l'époque moderne», dans *Homo religiosus: Hommage A Jean Delumeau*, Paris, 1997, p. 264-273.

(63)　F. Smahel, «Magisme et superstitions dans la Bohême hussite», *Ibid.*, p. 255-263.

(64)　Claude Langlois, «la dépénalisation de la superstition d'après la Théologie morale de Mgr Gousset (1844)», *Ibid.*, p. 280-286.

(65)　François Berriot, *op. cit.*, p. 233.

(66)　*Moralité très singulière et très bonne des blasphémateurs du nom de Dieu où sont contenus plusieurs exemples et enseignements à l'encontre des maux qui procèdent à cause des grands juremens et blasphèmes qui se commettent de jours en jours, imprimé nouvellement à Paris par Pierre Sergent*, éd. Silvestre, Paris, 1831.

(67)　Bartolomé Bennassar, *L'Homme espagnol*, Paris, 1975, p. 77.

(68)　Francisco Bethencourt, *L'inquisition à l'époque moderne. Espagne, Portugal, Italie. XVe-XIXe siècle*, Paris, Fayard, 1995, p. 183.

(69)　Jean Delumeau, *La Peur en Occident. Une cité assiégée (XIVème-XVIIème siècle)*, Paris, Fayard, 1978, p. 522.

(70)　*Les commandements de Dieu et du Dyable*, éd. fac-similé de 1831, par P. Maréchal.

(71)　Jean Delumeau, *op. cit.*, p. 461.

(72)　Henry Institoris, Jacques Sprenger, *Le Marteau des sorcières*, éd. Amand Danet, Paris, 1973, p. 316.

(73)　Nicolas Rémi, *Daemonolatriae libri tres*, Lyon, 1595.

(74)　Pierre Le Loyer, *Discours des spectres ou visions et apparitions d'esprits [Texte imprimé], comme anges, démons et âmes, se monstrans visibles aux hommes*, Paris, 1608.

(75)　Simon Goulard, *Trésor d'histoires admirables et mémorables de nostre temps*, Cologne, 1610–1614.

(76)　Jean Delumeau, *La peur en Occident*, *op. cit.*, p. 474–506.

(77)　Emmanuel Le Roy Ladurie, *Le Monde*, janvier, 1972.

(78)　« Histoire du diable de Laon », dans *Archives curieuses de l'histoire de France*, Paris, 1836, t. VI.

(79)　Louis Lavater, *Trois livres des apparitions des esprits, fantosmes*, prodiges, Genève, 1571.

(80)　たとえば以下のフランソワ・エドランの文献参照。François Hedelin, *Des satyres, brutes, monstres et démons, de leur nature et adoration*, Paris, 1627.

(81)　Georges Minois, *Histoire du suicide. La société occidentale face à la mort volontaire*, Paris, 1995, chap. IV.

(82)　Georges Minois, *Histoire de l'avenir. Des prophètes à la prospective*, Paris, 1996.〔菅野賢治・平野隆文訳『未来の歴史』筑摩書房，2000 年〕

(83)　Pierre Le Loyer, *op. cit.*, p. 557.

(84)　Thomas More, *Utopia*, trad. Marie Delcourt, Paris, 1966, p. 135.

第５章　十六世紀の無神論に関する証言

(1)　Jean Calvin, *Psychopannychie. Traité par lequel il est prouvé que les âmes veillent et vivent après qu'elles sont sorties des corps, contre l'erreur de quelques ignorants qui pensent qu'elles dorment jusques au dernier jugement*, 1534, trad. franç., 1558, dans *Œuvres françaises de Jean Calvin*, Paris, 1842, p. 105.

(2)　Jean Calvin, *Des scandales qui empeschent aujourd'huy beaucoup de gens de venir à la pure doctrine de l'Evangile et débauchent d'autres*, Genève, 1550.

(3)　Jean Calvin, *Institution de la religion chrestienne*, 1559.

(4)　Aimé Louis Herminjard, *Correspondance des réformateurs dans les pays de langue française*, Genève, 1866–1877, t. VIII, p. 228–233.

(5)　Simon Vigor, *Sermons catholiques du Saint Sacrement de l'autel, accommodez pour tous les jours des octaves de la feste-Dieu*, Paris, 1582.　とくに第一説教（p. 1–39），キリストの聖体の祝日の大祝祭の最後の日の説教（p. 269–320）を参照。

(6) François le Picard, *Les Sermons et instructions chrétiennes*, Paris, 1563.

(7) アンリ・ビュッソンの下記論文より引用。Henri Busson, «Les noms des incrédules aux XVIe siècle», dans *Bibliothèque d'humanisme et Renaissance*, t. XVI, 1954, p. 273–283.

(8) Michel Servet, *Christianismi restitutio*, 1553, p. 664.

(9) *Catéchisme de Jean Brenze*, Tubingue, 1563.

(10) *Catéchisme du Concile de Trente*, 1re partie, chap. II, 1.

(11) Pierre Viret, *Interim faict par dialogues*, Lyon, 1565, p. 207.

(12) Johann (Jean) Sleiden, *Histoire entière déduite depuis le déluge jusqu'au temps présent en XXIX livres*, Genève, 1563, livre XXV.

(13) Gabriel Dupréau-Prateolus, *Nostrorum temporum calamitas*, 1559, fº 210.

(14) 下記文献参照。François Berriot, *op. cit.*, t. I, p. 439.

(15) *Ibid.*

(16) アンリ・ビュッソンの下記論文より引用。Henri Busson, «Les noms des incrédules au XVIe siècle», *Bibliothèque d'humanisme et Renaissance*, t. XVI, 1954, p. 273–283.

(17) ジョゼフ・ブルミエの下記論文より引用。Joseph Boulmier, *Estienne Dolet, sa vie, ses œuvres, son martyre*, Paris, 1857, p. 266.

(18) Etienne Dolet, *De imitatione Ciceronia*. François Berriot, *op. cit.*, t. I, p. 396 より引用。

(19) フランソワ・ベリオの下記文献参照。François Berriot, *op. cit.*, t. I, p. 450.

(20) Guillaume Postel, *Absconditorium clavis*, trad., franç., Paris, 1899; *Les Très Merveilleuses Victoires des femmes du Nouveau Monde et comment elles doibvent à tout le monde par raison commander*, Paris, 1563; *Les Premières Nouvelles de l'autre monde, ou l'Admirable Histoire de la Vierge vénitienne*, trad. Morard, Paris, 1922.

(21) Henri Estienne, *Apologie pour Hérodote ou Traité de la conformité des merveilles anciennes avec les modernes*, 1566, chap. XVIII, 1.

(22) François de La Noue, *Discours politiques et militaires nouvellement recueillis et mis en lumières*, Bâle, 1587.

(23) *Recueil des actes, titres, et mémoires concernant les affaires du clergé en France*, t. VII, 1719, col. 994.

(24) Innocent Gentillet, *Discours sur les moyens de bien gouverner et maintenir en bonne paix un royaume contre Nicolas Machiavel, Florentin*, 1576.

(25) Pierre de la Primaudaye, *L'Académie françoise. Premier Livre. De la cognoissance de l'homme et de son institution et bonnes mœurs*, 1577; *Suite de l'Académie françoise en laquelle il est traité de l'homme et comme par une histoire naturelle du corps et de l'âme est discouru de la création*, Paris, 1580.

(26)　Pierre de la Primaudaye, *Suite de l'Académie françoise, op. cit.,* chap. 95.

(27)　Pierre Le Loyer, *Discours des spectres, op. cit.,* Paris, 1608.

(28)　Pierre Crespet, *Six livres de l'origine, excellence, exil, exercice, mort et immortalité de l'âme*, Paris, 1588.

(29)　Noël du Fail, *Propos rustiques. Baliverneries. Contes et discours d'Eutrapel*, Paris, éd., de 1842, p. 379–398.

(30)　Antoine de Laval, *Des philtres, breuvages, charmes et autres fascinations et diaboliques en amour*, 1584; *Desseins des professions nobles et publiques*, 1605.

(31)　Jean Benedicti, *La Somme des pechez et remèdes d'iceux*. Lyon, 1594.　出版允許には1583年の日付があり，本書はおそらく1580年代初期に書かれたものと思われる。

(32)　*Ibid.*, p. 70.

(33)　*Ibid.*, p. 68–69.

(34)　Pierre Mathieu, *Histoire des derniers troubles de France sous les règnes des très chrestiens sous Henri III, ...Henri IV*, Lyon, 1597, p. 38.

(35)　Philippe Marnix de Sainte-Aldegonde, *Tableau des différences de la religion*, dans *Œuvres*, éd. de Bruxelles, 1857.

(36)　Florimond de Raemond, *Histoire de la naissance, progrez et décadence de l'hérésie de ce siècle, divisée en huit livres*, Paris, 1610.

(37)　Ambrogio Caterino Politi, *La vie miracvlevse de la séraphique et dévote Catherine de Sienne Auec fes diuines meditations fur paffion de nostre feigneur pour chacun jouir de la fepmaine*, trad. par R.P.F. Jean Blancone, Paris, 1609.〔原著ではブランコーヌが本書の著者とされているが，ブランコーヌは仏語版の訳者であり，訂正した。〕

(38)　Jacques Gaultier, *Table chronologique de l'estat du christianisme, depuis la naissance de Jésus-Christ jusqu'à l'année 1612*, Lyon, 1613, chap. « Des athéistes ou épicuriens », p. 593.

(39)　Antoine Tolosain, *L'Adresse du salut éternel et antidote de la corruption qui règne en ce siècle et fait perdre continuellement tant de pauvres âmes*, Lyon, 1612.

(40)　Francisco Bethencourt, *L'Inquisition à l'époque moderne. Espagne, Portugal, Italie, XVe–XIXe siècle*. Paris, 1995, p. 186–188.

(41)　Georges Minois, *Censure et culture sous l'Ancien Régime*, Paris, 1995.

(42)　Silvina Seidel-Menchi, *Erasmo in Italia, 1520–1580*, Turin, 1987.

(43)　Antonio Rotondo, « La censura ecclesiastica e la cultura », dans *Storia d'Italia*, éd., R. Romano et C. Vivanti, vol. V, Turin, 1973.

(44)　Francisco Bethencourt, *op. cit.*, p. 332–334 et 336–339.

(45)　Lawrence Stone, dans l'*English Historical Review*, 1962, p. 328.

(46)　下記文献中の実例を参照。Keith Thomas, *Religion and the Decline of Magic*, éd. Penguin Books, 1991, p. 204–205.

(47)　*Ibid.*, p. 201–202.　エリザベス朝期における英国の無神論に関する研究については以下の諸文献参照。George Truett Buckley, *Atheism in the English Renaissance*, Chicago, 1932; Don Cameron Allen, *Doubt's Boundless Sea. Skepticism and Faith in the Renaissance*, Baltimore, 1964.

(48)　下記前掲書中に記載。Keith Thomas, *op. cit.*, p. 199, 574.

(49)　Paul Harold Kocher, *Christopher Marlowe*, Chapel Hill, 1946.

(50)　Pierre Lefranc, *Sir Walter Raleigh écrivain*, Paris, 1968, p. 381.

第6章　批判的無神論（1500–1600年）

(1)　François Berriot, *op. cit.*, t. I, p. 264–265.

(2)　*De tribus impostoribus*, éd. de 1867, Paris, p. 21–23.

(3)　*Ibid.*, p. 27.

(4)　*Ibid.*, p. 11.

(5)　*Ibid.*, p. 33.

(6)　下記文献参照。François Berriot, *op. cit.*, t. I, p. 547.

(7)　François Berriot, *op. cit.*, p. 546–560.

(8)　Henri Busson, *La Pensée religieuse de Charron à Pascal*, Paris, 1933, p. 97.

(9)　Pierre de Dampmartin, *De la conaissance et merveilles du monde et de l'homme*, Paris, 1585.

(10)　Guy Le Fèvre de la Boderie, *De la religion chrestienne de Marsile Ficin*, Paris, 1578.

(11)　Philippe de Duplessis-Mornay, *Athéomachie ou Réfutation des erreurs et detestables impietez des athéistes libertins et autres esprits profanes de ces derniers temps, escrite pour la confirmation des infirmes en la Foy de l'Église chrestiennes et maintenant mise en lumière par Baruch Canephius*, 1582.　本書をデュプレシー＝モルネのものとすることには異論が出されている。多分彼はアイデアを提供しただけかもしれない。これはわたしたちの主題にとってはほとんど大差ない学問上の問題である。

(12)　Antoine Possevin, *De atheismis sectatorium nostri temporis*, Cologne, 1584; *Atheismi haerecticorum hujus seculi*, Posnan, 1585.

(13)　Henri Estienne, *Apologie pour Hérodote*, I, chap. XIV.

(14)　François des Rues, *Description contenant toutes les singularitez des plus célèbres villes*, Rouen, 1608, p. 155.

(15)　Machiavel, *Discours*, III, 1〔長井三明訳『ディスコルシ』,『マキャヴェリ全集』2, 筑摩書房, 1999年, 48頁〕.

(16) François Garasse, *La Doctrine curieuse des beaux esprits de ce temps*, Paris, 1623, p. 435.

(17) *Ibid.*, p. 944.

(18) Bernard La Monnoie, *Lettre à M. Bouhier*, dans *Œuvres complètes*, La Haye, 1770, t. II, p. 405.

(19) Pierre Bayle, *Œuvres complètes*, Rotterdam, 1702, t. III, p. 2520–2521.

(20) Bernardio Ochino, *Dialogi triginta in duos libros divisi,* Bâle, 1563.

(21) フランソワ・ベリオの下記文献参照。François Berriot, *op. cit.,* t. I, p. 463.

(22) *Ibid.*, p. 456.

(23) Jean-Pierre Niceron, *Mémoires pour servir à l'histoire des hommes illustres dans la république des lettres*, Paris, 1729–1745, t. XVII, p. 219.

(24) Claude-Pierre Goujet, *Bibliothèque française*, Paris, 1744, t. VIII, p. 121.

(25) Paul-Henri Michel, «L'atomisme de Giordano Bruno», dans *La science au XVIe siècle*, colloque de Royaumont, Paris, 1960, p. 251.

(26) Giordano Bruno, *De l'univers infini et des mondes*〔清水純一訳『無限，宇宙および諸世界について』岩波文庫，1982 年，64 頁〕. アレクサンドル・コイレの下記文献参照。Alexandre Koyré, *Du monde clos à l'inivers infini*, Paris, 1962, p. 77〔野沢協訳『コスモスの崩壊』白水社，1999 年，68 頁〕.

(27) Georges Minois, *L'Église et la science. Histoire d'un malentendu*, t. I, Paris, 1990, p. 339–342.

(28) Marc Chassaigne, *Étienne Dolet*, Paris, 1930; Joseph Lecler, «Aux origines de la libre pensée française. Étienne Dolet», *Études*, 20 mai 1931, t. 207, n° 10, p. 403–420.

(29) シャセーニュの前記文献参照。Marc Chassaigne, *op. cit.,* p. 100.

(30) ジョゼフ・ルクレールの前記文献参照。Joseph Lecler, *op. cit.*, p. 37.

(31) マルク・シャセーニュの前記文献参照。Marc Chassaigne, *op. cit.,* p. 182.

(32) François Berriot, *op. cit.*, t. II, p. 865.

(33) フランソワ・ベリオの前記文献参照。François Berriot, *op. cit.*, t. I, p. 450.

(34) *Ibid.,* t. II, p. 862–864.

(35) Jérôme-Hermès Bolsec, *Histoire de la vie, mœurs, actes, doctrine, constance et mort de Jean Calvin*, 1577, *dans Archives curieuses de l'histoire de France*, Paris, 1835, t. V, p. 343.

(36) Marc Roger, *Le Procès de Michel Servet,* Genève, 1877, p. 82.

(37) *Ibid.*, p. 57.

(38) Guillaume Postel, *De orbis terrae concordia*, Paris, 1543, p. 72.

(39) Florimond de Raemond, *Histoire de la naissance de l'hérésie de ce siècle*, Paris, 1610, p. 229.

(40) Jean-Pierre Niceron, *op. cit.,* t. VIII, 1729, p. 295 et p. 356.

(41)　Florimond de Raemond, *op. cit.,* p. 236.

(42)　*Cymbalum mundi en francoys*, Lyon, 1538, B. N., Grande Réserve, Z. 2242.

(43)　Bonaventure des Péries, *Cymbalum mundi*, Paris, éd. F. Franck, 1883, p. 21.

(44)　*Ibid.*, p. 26.

(45)　*Ibid.*, p. 52.

(46)　Georges Minois, *Histoire du suicide. La société occidentale face à la mort volontaire*, Paris, 1995.

(47)　*Discours merveilleux de la vie, actions de déportemens de la Reyne Catherine de Médicis*, Paris, 1574, p. 101 et p. 107.

(48)　Melchior de Flavain, *De l'estat des âmes après le trépas et comment elles vivent estant du corps séparés,* Paris, 1595.

(49)　Marin Mersenne, *Quaestiones in Genesim*, Paris, 1623, p. 230.

(50)　André du Breil, *Police de l'art et science de médecine, contenant la réfutation des erreurs et insignes abus qui s'y commettent pour le aujourd'huy*, Paris, 1580.

(51)　Pierre de L'Estoile, *Journal*, éd. Michaud-Poujoulat, 1837, t. II, p. 533.

(52)　*Mémoire concernant les pauvres qu'on appelle enfermez*, Paris, 1617.　フランソワ・ベリオの前記文献参照。François Berriot, *op. cit.*, p. 215.

(53)　フランソワ・ベリオの前記文献参照。François Berriot, *op. cit.*, t. I, p. 209.

(54)　François Crespet, *Instruction de la foy chrestienne contre les impostures de l'Alcoran Mahométique, tant contre mahométistes que faux chrestiens et athéistes*, Paris, 1589, f° 204.

(55)　*Conseil salutaire d'un bon françois aux Parisiens*, Paris, 1589.

(56)　Franco Cardini, *La Culture de guerre*, trad. franç., Paris, 1994, p. 189.

(57)　この問題は以下の著作ですでに取り扱った。Georges Minois, *L'Église et la guerre. De la Bible à l'ère atomique*, Paris, 1994, chap. VIII.

(58)　Henri Busson, *Le rationalisme dans la littérature française de la Renaissance*, Paris, 1957, p. 519–520.

(59)　Artus Désiré, *La singerie des huguenots*, Paris, 1571.

第Ⅲ部　ひとつの精神の危機からもうひとつの精神の危機へ（1600–1730年）

第7章　ヨーロッパ精神の第一の危機，リベルタン的懐疑論者（1600–1640年）

(1)　そうしたうわさの一覧が下記文献に見られる。François Tommy Perrens, *Les libertins en France au XVIIe siècle*, Paris, 1899.

(2)　1666年，リヨンで刊行。

(3) Richard Henry Popkin, Histoire du scepticisme d'Erasme à Spinoza, trad. fraç., Paris, PUF, 1995.

(4) Gianni Paganini, *Scepsi moderna. Interpretazioni delo scetticismo da Charon a Hume*, Cosenza, 1991.

(5) フランソワ・ベリオの下記文献参照。François Berriot, *Athéismes et athéistes au XVIe siècle en France*, Atelier national de reproduction des thèses, université de Lille-III, t. II, 1976, p. 793. ボダンのラテン語テキストの英訳は下記諸文献参照。Marion Leathers Daniels Kunz, *Colloquium of the Seven about the Secrets of the Sublime*, Princeton, 1975. また以下のフランス語版抄訳も参照。Roger Chauviré, Colloquium de Jean Bodin des secrets cachez des choses sublimes, Paris, 1914.

(6) *Ibid.*, p. 795.

(7) 「理神論者は18世紀や19世紀になると科学を信仰するようになるだろうし，この科学への信仰はその理神論の原因でさえある。それとは逆に，17世紀においては，理神論者は，科学の領域においてさえ懐疑論者だった」(Fortunal Strowski, *Pascal et son temps*, Paris, 1933, t. I, p. 228)。すでにメルセンヌ神父はリベルタンの一般的な懐疑論について次のように記していた。「この地上にあるすべてのものの絶えざる変化を盾にとって，この世には確かなものは何もないと，理神論者たちは無知な者たちを説得しようと努める。それは知り合いの幾人かの若者の心に忍び込ませようとしているものだが，その目的は，科学や自然の事柄に関して真理への信仰宣言を失わさせてしまって，宗教の場合と同じようにさせることなのだ」(Marin Mersenne, *La Vérité des sciences contre les sceptiques et les pyrrhoniens*, Paris, 1625, préface)。

(8) Jean-Robert Charbonnel, *La Pensée italienne au XVIe siècle et le courant libertin*, Paris, Champion, 1917.

(9) John Stephenson Spink, *La Libre Pensée française de Gassendi à Voltaire*, trad. franç., Paris, 1966.

(10) Robert Lenoble, *Mersenne ou la Naissance du mécanisme*, Paris, 1943; Georges Minois, *L'Église et la science*, t. II, Paris, 1991, chap. I.

(11) Jean-Baptiste Neveux, *Vie spirituelle et vie sociale entre Rhin et Baltique au XVIIe siècle: de J. Arndt a P. J. Spener*, Paris, 1967.

(12) メルセンヌがこの数字を持ち出すのは，フランス国立図書館蔵の『創世記ニツイテトカク取リザタサレタル問題ニツイテ』の以下の版においてである。*Quaestiones celeberrimae in Genesium*, B.N., A952, col. 671.

(13) ルネ・パンタールの下記文献参照。René Pintard, *Le libertinage érudit dans la première moitié du XVIIe siècle*, Paris, 1943, t. I, p. 36.

(14) *Ibid.*, p. 28–29.

(15) *Histoire nouvelle et merveilleuse et espouvantable d'un jeune homme d'Aix en*

Provence emporté par Diable et peu à mandie pour avoir impiement blasphémé le nom de Dieu et mesprisé la sainte messe [···]. *Arrivé le 11 janvier de la présente année 1614*. Paris.

(16) ルネ・パンタールの上記文献による。René Pintard, *op. cit.*

(17) ルネ・パンタールの上記文献参照。René Pintard, *op. cit.*, t. I, p. 63.

(18) *Ibid.*, p. 73.

(19) Pierre Coton, *Le Théologien dans les conversations avec les sages et les grands du monde*, Paris, 1683, p. 3 et 5.

(20) *Ibid.*, p. 3, 62–63, 84, 185.

(21) *Ibid.*, p. 58.

(22) とくに以下のものを掲げる。François Garasse, *Le Rabelais reformé, ou les Bouffonneries, impertinences, impiétés et ignorances de Pierre du Moulin...*, Paris, 1619; *Recherches des recherches d'Estienne Pasquier*, Paris, 1622.

(23) Frédéric Lachèvre, *Le Procès de Théophile de Viau devant le parlement de Paris*, 2 vols., Paris, 1919.

(24) ガラース神父については下記文献参照。Joseph Lecler, «Un adversaire des libertins au début du XVIIe siècle, le père François Garasse», *Étude*s, t. 209, n°. 23, 5 déc. 1931, p. 553–572.

(25) François Garasse, *La Doctrine curieuse des beaux esprits de ce temps*, Paris, 1623, p. 219.

(26) *Ibid.*, p. 37.

(27) *Ibid.*, p. 38.

(28) *Ibid.*, p. 159–166.

(29) *Ibid.*, p. 38.

(30) *Ibid.*, p. 267.

(31) *Ibid.*, p. 676–678.

(32) *Ibid.*, p. 833.

(33) *Ibid.*, p. 552.

(34) *Ibid.*, p. 205.

(35) *Ibid.*, p. 55.

(36) *Ibid.*, p. 698.

(37) Georges Minois, *Histoire du suicide. La société occidentale face à la mort volontaire, op. cit.*, p. 120–124.

(38) Timothy Bright, *A Treatise of Melancholie*, Londres, 1586, p. 228.

(39) Peter Barrough, *The Methode of Physick*, 1598.

(40) Fernel, *Physiologia*, 1607, p. 121.

(41) ミシェル・フーコーの下記文献参照。Michel Foucault, *Histoire de la folie à l'âge classique*, Paris, Gallimard, 1972, p. 281.

(42) Robert Burton, *The Anatomy of Melancholy*, éd. de 1948, Londres, t. I, p. 439.

(43) François Garasse, *La Doctrine curieuse…*, *op. cit.*, p. 47 et 51.

(44) François Berriot, *Athéismes et athéistes au XVIe siècle en France*, *op. cit.*, t. II, p. 759.

(45) François Ogier, *Jugement et censure de la Doctrine curieuse de François Garasse*, Paris, 1623, p. 135

(46) *Ibid.*, p. 172.

(47) François Garasse, *Apologie*, Paris, 1624, p. 135.

(48) François Garasse, *Somme théologique*, Paris, 1625, Avertissement XVIII, p. 36.

(49) *Ibid.*, p. 233.

(50) *La Somme des fautes et faussetés capitales contenues en la Somme théologique du P. François Garasse*, Paris, 1624, t. I, p. 8

(51) Jean-Roger Charbonnel, *La pensée italienne au XVIe siècle et le courant libertin*, Paris, 1917; René Pintard, *Le Libertinage érudit dans la première moitié du XVIIe siècle*, Paris, 1964; John Stephenson Spink, *La Libre Pensée française de Gassendi à Voltaire*, trad. franç., Paris, 1966.

(52) René Pintard, *op. cit.*, t. II, p. 565.

(53) 1623年公刊の『フランシオンの滑稽譚』(*Histoire comique de Françion*)初版による。この版は三部しか現存しない。1626年の第二版には，テオフィル・ド・ヴィオーの裁判の結果もたらされた修正が含まれる。

(54) 下記文献参照。Antoine Adam, *Les Libertins au XVIIe siècle*, Paris, 1964, p. 66.

(55) *Ibid.*, p. 83, 84, 86.

(56) 下記文献参照。René Pintard, *op. cit.*, p. 81.

(57) 下記文献参照。Daniel Jacquart, « Le regard d'un médecin sur son temps: Jacques Despars (1380–1458) », *Bibliothèque de l'École des chartes*, janv.-juin, 1980, t. 138, p. 35–36.

(58) René Pintard, *op. cit.*, p. 83.

(59) *Quartrains du déiste*, n° 56.

(60) *L'Esprit de Gui Patin.* 1710年にアムステルダムで出版されたパタンの書簡集。これにより，この人を面食らわせる人物の輪郭が幾分明らかになる。

(61) 下記文献参照。René Pintard, *op. cit.*, p. 473.

(62) 下記文献参照。François Charles-Daubert, « Libertinage, littéraire clandestine et privilège de la raison », *Recherches sur le XVIIIe siècle*, VII, 1984, p. 45–55.

(63) François de La Mothe Le Vayer, *De la vertu des païens*, dans *Œuvres*, éd. de 1662, t. I, p. 665.

(64) 下記文献参照。Antoine Adam, *op. cit.,* p. 127.

(65) *Ibid.*, p. 136.

(66) *Ibid.*, p. 136.

(67) *Ibid.*, p. 203.

(68) *Ibid.*, p. 195.

(69) *Lettres de Gui Patin*, Paris, éd. Joseph-Henri Réveillé-Parise, 1846, t. II, p. 478–479.

(70) Hélène Ostrowiecki, «La Bible des libertins», *Dix-septième siècle*. n° 194, janv.-mars 1997.

(71) *Lettres de Gui Patin, op. cit.*, p. 81.

(72) John Stephenson Spink, *op. cit.,* p. 35.

(73) Roger Zuber, «Libertinage et humanisme: une rencontre difficile», *Dix-septième siècle*, n° 127, avril-juin 1980, p. 163–180. 「リベルティナージュの諸側面と輪郭」に捧げられた本号にはルネ・パンタールの以下の釈明が見られる。René Pintard, «Les problèmes de l'histoire du libertinage, notes et réflexions», p. 131–162.

第8章　偉大な世紀の不信仰に向かって（1640–1690年）

(1) Sainte-Beuve, *Port-Royal*, éd. de la Pléiade, t. II, p. 281–284.

(2) Bossuet, *Lettre à un disciple du père Malebranche*, dans *Œuvres complètes*, éd. Outhenin-Chalandre, Besançon, 1836, t. II, p. 723.

(3) *Ibid.*, t. I, p. 596.

(4) *Ibid.*, t. I, p. 484–485.

(5) *Ibid.*, t. I, p. 43.

(6) La Bruyère, *Les Caractères*, chap. «Les esprits forts».

(7) Molière, *Don Juan*, I, 1〔鈴木力衛訳『ドン・ジュアン』,『モリエール名作集』白水社，1951年，254頁〕.

(8) *Ibid.*, III, 1〔同前，280頁〕

(9) René Pintard, «Les aventures et les procès du chevalier de Roquelaure», *Revue d'histoire de la philosophie*, 1937.

(10) Tallemant des Réaux, *Historiettes*, Paris, Gallimard, «Bibliothèque de la Pléiade», t. II, 1983, p. 385.

(11) *Ibid.*, t. I, p. 232.

(12) *Ibid.*, t. II, p. 263.

(13) *Ibid.*, t. II, p. 441 et 444.

(14) *Ibid.*, t. II, p. 857.

(15) Saint-Simon, *Mémoires*, Paris, «Bibliothèque de la Pléiade», t. II, 1983, p. 867.

(16)　Mathieu Marais, *Mémoires*, t. III, p. 480.

(17)　Bibliothèque Sainte-Geneviève, manuscrit 885-887.

(18)　下記文献参照。Antoine Adam, *Les Libertins au XVIIe siècle*, Paris, 1964, p. 112-113.

(19)　*Ibid.*, p. 118-119.

(20)　*Ibid.*, p. 114-115.

(21)　Sainte-Beuve, *op. cit.*, t. II, p. 359.

(22)　John Stephenson Spink, *La Libre Pensée française de Gassendi à Voltaire*, trad. franç., Paris, 1966, p. 83.

(23)　Dirk Van der Cruysse, *L'Abbé de Choisy, androgyne et mandarin*, Paris, 1995.　ショワジー自身が自身の趣味について弁明したことがある。ヴァン・デル・クリュイスが本書 94 頁で引用している箇所を参照されたい。

(24)　Saint-Simon, *Mémoires*, Paris, « Bibliothèque de la Pléiade », t. II, p. 869.

(25)　Georges Gusdorf, *La Révolution galiléenne*, Paris, 1969, t. I, p. 193.

(26)　Descartes, *Œuvres complètes*, éd. C. Adam et P. Tannery, Paris, 1996, t. IV, p. 536.　デカルトは，無神論と非難されたので魂の不死について公には自分の考えを表明したくないと，1646 年 11 月 1 日にシャヌーにあてて書いている。

(27)　*Ibid.*, lettre du 10 mai 1647 à Élisabeth, t. V, p. 16.

(28)　*Ibid.*, t. III, p. 215.

(29)　*Ibid.*, t. V, p. 477.

(30)　Descartes, *Œuvres et lettres*, Paris, Gallimard, « Bibliothèque de la Pléiade », 1966, p. 1058.

(31)　*Ibid.*, p. 1400.

(32)　Bossuet, lettre du 24 mars 1701, à Pestel, docteur en Sorbonne.

(33)　Descartes, *Œuvres complètes, op. cit.*, t. I, p. 144, lettre du 25 novembre 1630.

(34)　Georges Minois, *L'Église et la science*, t. II, Paris, 1991, p. 52-53.

(35)　Pascal, *Pensées*, fragment 77.

(36)　Bernard Sève, *La question philosophique de l'existence de Dieu*, Paris, 1994.

(37)　Olivier Bloch, *Le matérialisme*, « Que sais-je ? », Paris, 1985, p. 61.

(38)　Madame de Sévigné, *Correspondance*, Paris, Gallimard, « Bibliothèque de la Pléiade », t. I, Paris, 1972, p. 586-587.

(39)　Thomas Hobbes, *Léviathan*, I, 12.

(40)　Pietro Redondi, *Galilée hérétique*, trad. Franc. Paris, 1985, p. 76.

(41)　*Ibid.*, p. 104.

(42)　*Ibid.*, p. 109.

(43)　*Ibid.*, p. 149.

(44)　*Ibid.*, p. 351.

(45)　Guillaume Lamy, *Discours anatomique*, Paris, 1675, p. 230.

(46)　John Stephenson Spink, *op. cit.*, p. 142.

(47)　Jérôme Cardan [Girolamo Cardano], *Les Livres de la subtilité*, Paris, 1584.

(48)　Giulio Cesare Vanini, *L'Amphithéâtre de l'éternelle providence*, dans *Œuvres philosophiques de Vanini*, trad. M.-Xavier Rousselot, Paris, 1842, p. 36.

(49)　*Ibid.*, p. 32.

(50)　*Ibid.*, p. 52.

(51)　*Ibid.*, p. 194.

(52)　*Ibid.*, p. 120.

(53)　*Ibid.*, p. 65.

(54)　*Ibid.*, p. 93.

(55)　*Ibid.*, p. 68.

(56)　*Ibid.*, p. 106.

(57)　Giulio Cesare Vanini, *De admirandis naturae reginae deaeque mortalium arcanis*, ou *Dialogues de la nature*, trad. M.-Xavier Rousselot, dans *Œuvres philosophiques de Vanini*, Paris, 1842, p. 219–220.

(58)　下記文献参照。François Berriot, *Athéismes et athéistes au XVIe siècle en France*, *op. cit.*, t. II, p. 800.

(59)　Grammont, *Historiarum Galliae ab excessu Henrici IV libiri XVIII*, Toulouse, 1634, III, p. 210.

(60)　Jacques Saurin, *Sermons sur divers textes de l'Écriture sainte*, Genève, 1745, t. I, p. 200.

(61)　*Œuvres complètes de Jean Meslier, op. cit.*, t. II, Paris, 1971, p. 178.

(62)　*Ibid.*, p. 579.

(63)　下記文献参照。René Pintard, *Le Libertinage érudit dans la première moitié du XVIIe siècle,* Paris, 1943, t. I, p. 261.

(64)　*Ibid.*, p. 262.

(65)　*Ibid.*, p. 261.

(66)　*Ibid.*, p. 397.

(67)　*Ibid.*, p. 397.

(68)　*Ibid.*, p. 398.

(69)　Guez de Balzac, *Socrate chrétien*, Paris, 1652, p. 181.

(70)　Lucius Cary, 2nd Viscount Falkland, *A Discours of Infallibility*, Londres, 1660, p. 241.

(71)　Hugh Trevor-Roper, « The Great Tew Circle », dans *Catholics, Anglicans and Puritans*, Londres, 1987, p. 166–230.

(72)　Hugh Trevor-Roper, « Nicolas Hill, the English Atomist », *Ibid*,, p. 1–39.

(73)　Keith Thomas, *Religion and the Decline of Magic*, éd. Penguin, Londres, Christopher Hill, *The World turned upside down*, Londres, 1972.

(74) *Acts and Ordinances of the Interregnum, 1642–1660*, éd. Charles Harding Firth and Sir Robert Sangster Rait, Londres, 1911, t. I, p. 1133.

(75) John Redwood, *Reason, Riducule and Religion. The Age of Enlightenment in England, 1660–1750*, rééd. Londres, 1996, p. 19.

(76) John Milton, *Haeresiae, Schisme, Toleration and Best Means may be used against the Growth of Popery*, Londres, 1679, p. 16.

(77) John Stoye, *English Travelers Abroad, 1604–1667, Their Influence on English Society and Politics*, Londres, 1952; John Lough, *France observed in the seventeenth Century by British Travellers, Stockfield*, 1984.

(78) ここでは以下のわたしたちの論文を参照した。«Religion et culture nationale d'après les voyageurs anglais au XVIIe siècle», dans *Homo religiosus*, Paris, 1997, p. 407–412.

(79) Joseph Glanvill, *A Seasonable Recommendation and Defence of Reason, on the Affairs of Religion against Infidelity*, Londres, 1670, p. 1.

(80) 今日４部の手書き本が現存し，その優れた校訂版がイタリアで刊行されている。*Theophrastus redivivus*, éd. Guido Canziani et Giannni Paganini, 2 vols, Florence, 1981. 以下の優れた研究も参照されたい。Tulio Gregory, *Theophrastus redivivus, Erudizione e ateismo nel Seicento*, Naples, Morano, 1979.

(81) John Stephenson Spink, *op. cit.*, p. 86.

(82) John Stephenson Spink, «La diffusion des idées matérialistes et antireligieux su début du XVIIIe siècle, *le Theophrastus redivivus*», *Revue d'histoire littéraire de la France*, t. 34, 1937, p. 248–255.

(83) Hélène Ostrowiecki, «Le jeu de l'athéisme dans le *Theophrastus redivivus*», *Revue philosophique de la France de l'étranger*, avril-juin 1996.

(84) *Ibid.*, p. 276.

(85) *Ibid.*, p. 277.

第９章　ヨーロッパ精神の第二の危機，理性と無神論（1690–1730年頃）

(1) Richard Bentley, *Réfutation de l'athéisme*, Londres, 1737.〔英語版原題は以下の通り。Richard Bentley, *A Confutation of atheism from the Origine and Frame of the World*, 1692.〕

(2) 下記文献参照。François Russo, «Théologie naturelle et sécularisation de la science au XVIIIe siècle», *Recherche de sciences religieuses*, jav.-mars 1978, t. 66, p. 32.

(3) George Berkley, *Principes of Human Knowledge*, Edimbourg, éd. Luce et Jessop, 1949, t. I, p. 94.

(4) George Berkley, *The Works*, Oxford, éd. Fraser, 1871, p. 297.

(5)　*Four letters from Sir Isacc Newton to doctor Bentley containing some Arguments in Proof of a Deity*, Londres, 1756, p. 1.

(6)　Laurent François, *Preuves de la religion de Jésus-Christ contre le spinozisme et les déistes*, Paris, 1751, t. I, p. 94.

(7)　John Redwood, *Reason, Ridicule and Religion, The Age of Enlightenment in England, 1660–1750*, Londres, éd. 1996, p. 99.

(8)　フランソワ・リュッソの上記文献参照。François Russo, *op. cit.*, p. 32.

(9)　ジャン・バルージの下記文献参照。Jean Baruzi, *Leibniz et l'organisation religieuse de la terre*, Paris, 1907, p. 487.

(10)　Chrisitian Wolff, *Vernünftige Gedanken von Gott*, §381.

(11)　「ライプニッツの死後，思想はライプニッツ自身がたどった道筋をそのままたどりながらライプニッツの意図とは逆の方向へと発展する。ライプニッツはキリスト教の正しさを証明しようと望んだ。彼はキリスト教を内部から浸食した」。(Paulus Lenz-Medoc, «La mort de Dieu», dans *Satan*, Études carmélitaines, Paris, 1948, p. 612)

(12)　*Mémoires de Trévoux*, oct. 1710, p. 1748.

(13)　Fénelon, *Réfutation du système du père Malebranche*, chap. XXIII.

(14)　ル・クレールは1703年から1706年にかけて自分の『撰文集』(*Bibliothèque choisie*) でこの要約を公刊した。

(15)　Ralph Cudworth, *The true Intellectual System of the universe: the first part, wherein all the reason and philosophy of atheism is confuted and its impossibility demonstrated*, Londres, 1678, t. I, p. 322.

(16)　Jacques Roger, *Les sciences de la vie dans la pensée française au XVIIe siècle*, Paris, 1993, p. 43.

(17)　Voltaire, *Questions sur les miracles*, lettre IV.

(18)　ジャック・ロジェの上記文献参照。Jacques Roger, *op. cit.*, p. 513.

(19)　Claude Brunet, *Le Progrès de la médecine*, Paris, 1697, p. 43.

(20)　Claude Perrault, *Œuvres de physique et de mécanique*, Leyde, 1721, p. 330.

(21)　Tyssot de Patot, *Lettres choisis*, 1727, lettre 67.

(22)　Pierre Bayle, *Réponse aux questions d'un provincial*, t. III.

(23)　Francesco Mario Pompeo Colonna, *Les principes de la nature suivant les opinions des anciens philosophes*, Paris, 1725, préface, p. XXX.

(24)　G. Purshall, *Essay on the Mechanical Fabric of the Universe*, Londres, 1707. 〔本書については確認がとれない。大英図書館のカタログにも同書の掲載はなく，以下のような同時期の同姓の著者の類似の作品が掲載されているが，同定はできない。Conyers Purshall, *An Essay at the Mechanism of the Macrocosm; or the Dependance of Effects upon their Causes, in a new Hypothesis*, London:printed by F. Collins, for Jeffrey Wale, 1705, 8°〕

(25) Le François, *Réflexions critiques sur la médecine*, Paris, p. 714.

(26) Philippe Hecquet, *La Médecine théologique*, Paris, 1733, p. 279.

(27) Maubec, *Principes physiques de la raison et des passions de l'homme*, Paris, 1709.

(28) Jurieu, *La Religion du latitudinaire*, Rotterdam, 1691.

(29) Ann Thomson, «Guillaume Lamy et l'âme matérielle», *Dix-huitième siècle*, n° 24, 1992.

(30) Collins, *Lettre à Dodwell sur l'immortalité de l'âme*, 1709.

(31) Boulainvilliers, *La Vie de Mohammed*, Paris, 1730, p. 180.

(32) Abbadie, *Traité de la vérité de la religion chrétienne*, 1684, t. I, p. 185.

(33) Pierre Bayle, *Réponse aux questions d'un provincial*, t. III., p. 929.

(34) Jean-Baptisite Labat, *Nouveau voyage aux îles d'Amérique*, Paris, 1722, t. II, p. 25

(35) Rodolphe Dutertre, *Entretiens sur la religion*, 1743.

(36) Claude Buffier, *Traité des premières vérités*, Paris, 1724, p. 34.

(37) Virgile Pinot, *la Chine et la formation de l'esprit philosophique en France* (*1640–1740*), Paris, 1932.

(38) Diego Venturino, «Un prophète "philosophe" ?» Une *Vie de Mohammed* à l'aube des Lumières», *Dix-huitième siècle*, n° 24, 1992.

(39) Robert Challe, *Journal d'un voyage fait aux Indes orientales*, éd. Mercure de France, 1983, 同書 14 頁より引用。

(40) *Ibid.*, 同書 14 頁より引用。

(41) ジョルジュ・ギュスドルフの下記文献参照。Georges Gusdorf, *La Révolution galiléenne*, Paris, 1969, t. II, p. 388.

(42) Bossuet, *Œuvres complètes*, lettre du 22 octobre 1693.

(43) *Ibid.*, lettre du 27 mai 1702.

(44) La Peyrère, *Prae Adamitae, systema theologicum ex praedamitarum hypothesis*, 1655.

(45) ポール・アザールの下記文献参照。Paul Hazard, *La crise de la conscience européenne. 1680–1715*, Paris, 1961, p. 41〔野沢協訳『ヨーロッパ精神の危機』法政大学出版局, 1973 年, 53–54 頁〕.

(46) François Laplanche, *La Bible en France encore mythe et critique. XVIe–XIXe siècle*, Paris, 1994, p. 84–85.

(47) Élisabeth Labrousse, *Pierre Bayle* — I. *Du Pays de Foix à la cité d'Erasme;* — II. *Hétérodoxie et rigorisme*, La Haye, Nijhoff, 1963–1964 (vol. II, réédité: Paris, Albin Michel, 1996).

(48) Alphonse-Marie de Liguori, *Brève dissertation contre les erreurs des incrédules modernes*, éd. de Turin, 1825–1826, t. I, p. 239.

(49) Henri Arvon, *L'athéisme*, Paris, Puf, « Que Sais-Je ? », N° 1291, 1967.

(50) Cornelio Fablo, « Genèse historique de l'athéisme philosophique contemporain », *L'Athéisme dans la philosophie contemporaine*, t. II, vol. 1, Paris, 1970, p. 52.

(51) Pierre Bayle, *Continuation des pensées diverses sur la comète*, dans *Œuvres diverses*, La Haye, 1737, III, p. 329〔野沢協訳『続彗星雑考』,『ピエール・ベール著作集』第 6 巻, 法政大学出版局, 1989 年, 426–427 頁〕.

(52) *Ibid.*, p. 240〔邦訳対応箇所不詳〕.

(53) Pierre Bayle, *Pensées diverses sur la comète*, dans *Œuvres diverses*, III, p. 92〔野沢協訳『彗星雑考』,『ピエール・ベール著作集』第 1 巻, 法政大学出版局, 1978 年, 226–227 頁〕.

(54) Pierre Bayle, *Réponses aux questions d'un provincial*, dans *Œuvres diverses*, III, p. 1057.

(55) Pierre Bayle, *Commentaire philosophique*, p. 431.

(56) John Locke, *Lettre sur la tolérance*, Paris, éd. Garnier-Flammarion, 1992, p. 206〔生松敬三訳『寛容についての書簡』中央公論社（世界の名著 28）, 1968 年, 391 頁〕.

(57) Harry Burrows Acton, « The Enlightenment et ses adversaires », *Histoire de la philosophie*, Paris, Gallimard, « Bibliothèque de la Pléiade », t. II, p. 635.

(58) この後期の著作には以下の研究に示されるように, 無神論との闘いのための主だった著作が見られる。John Harrison, Thomas Peter Laslett, *The library of John Locke*, 2e éd., Oxford, 1971.

(59) John Locke, *Discourses on the Being of a God, and the Immortality of the Soul; of the Weakness of Man; and concerning the Way of preserving peace with men: being some essays written in French by Messieurs du Port Royal*, Londres, 1712.

(60) Jonathan Swift, *An Argument to prove that the Abolittion of Cristianity in England may, as things now stand, be attended with some Inconveniences*, Londres, 1708, dans *Swift's Works*, éd., H. Davis, Oxford, 1939, t. II, p. 34.

(61) John Redwood, *op. cit.*, p. 43.

(62) *A Persuasive to an Ingenious Trial of Opinions in Religion*, Londres, 1685.

(63) Herbert Croft, *Some Animadversions upon a Book intitled « The Theory of the Earth »*, Londres, 1685, préface.

(64) John Edwards, *The Charge of Socinianism againt Dr. Tillotson considered*, Londres, 1695.

(65) *To the King's most Excellent... the Humble Addresse of the Atheists, or Sect of the Epicureans*, Londres, 1688.

(66) Williama Chillingworth, *The Religion of Protestants*, Londres, 1687.

(67) Dorotheus Sicurus, *The Origins of Atheisme in the Popish and Protestant Charches*, Londres, 1684.

(68) *Reflections upon the Great Depravity and Infidelity of the Times*, Londres, 1729.

(69) *The Infidel convicted*, Londres, 1731.

(70) Manlio Iofrida, « Matérialsime et hétérogénéité dans la philosophie de John Toland », *Dix-huitième Siècle*, n° 24, 1992.

(71) Whiliam Whiston, *Disourse of the Grounds and Reasons of the Chrsitian Religion*, Londres, 1724.

(72) Thomas Chubb, *The True Gospel of Jesus Christ asserted*, Londres, 1738.

(73) Thomas Sherlock, *The Tryal of Witness of the Resurrection of Jesus*, Londres, 4e éd., 1729.

(74) Thomas Stackhouse, *A Fair State of the Controversy between Mr. Woolston and his Adversaries*, Londres, 1730.

(75) Georges Berkley, *Alciphron, or the Minute Philosopher, in Seven Dialogues*, 2 vols., Londres, 1732, vol. I, préface.

(76) Harry M. Bracken, *The early Reception of Berkley's Immaterialism*, Londres, 1965.

(77) *The Third Charge of Sir John Gonson to General Quarter Sessions of the Peace for Westminster*, Londres, 1728, p. 91.

(78) Pierre Lurbe, « Matière, nature, mouvement chez d'Holbach et Toland », *Dix-Huitième siècle*, n° 24, 1992.

《叢書・ウニベルシタス　1013》
無神論の歴史　上
始原から今日にいたるヨーロッパ世界の信仰を持たざる人々

2014年7月15日　初版第1刷発行

ジョルジュ・ミノワ
石川光一 訳
発行所　一般財団法人　法政大学出版局
〒102-0071 東京都千代田区富士見2-17-1
電話 03(5214)5540 振替 00160-6-95814
組版: HUP　印刷: 三和印刷　製本: 誠製本

Printed in Japan

ISBN978-4-588-01013-2

著　者

ジョルジュ・ミノワ（Georges Minois）

1946年，パリ南方エソンヌ県アティ＝モン市生まれ．パリ第四ソルボンヌ大学，カシャン技術教育高等師範学校を卒業，歴史学の高等教育教授資格ならびに博士号，文学国家博士資格を取得．1971年からブルターニュ地方サン＝ブリユーのリセの歴史学教授を務める（2007年まで）．ブルターニュ文化学士院会員．「歴史の商売人」と呼ばれるほど多産多様な歴史書の執筆で知られるが，その基軸にあるのは「教会」をめぐる心性史であり，主著『教会と科学』で古代ギリシア・ローマから現代にいたるまでのキリスト教と科学の関係を取りあげたほか，「老い」「戦争」「自殺」「地獄」「笑い」等アナール派ならではの主題に取り組み，膨大な一次資料，研究文献を読み解き主題をまとめあげる手腕には定評がある．邦訳書に『老いの歴史』『未来の歴史』（筑摩書房），『悪魔の文化史』『ジョージ王朝時代のイギリス』『ガリレオ』（白水社）がある．

訳　者

石川光一（いしかわ・こういち）

1948年東京生まれ．早稲田大学大学院哲学修士課程修了．フランス政府給費留学生，モンペリエ第3大学博士課程修了．元日本大学教授．訳書に『ジャン・メリエ遺言書』（共訳），『啓蒙の地下文書 I，II』（共訳），トドロフ『啓蒙の精神』（以上，法政大学出版局），論文に「無神論への軌跡――ジャン・メリエの『覚え書』，その論理構成について」（『思想』1987年9月号），「十八世紀，フランス啓蒙思想における唯物論と無神論――唯物論史研究序説」（東京唯物論研究会編『唯物論』第77号，2003年）ほか．

叢書・ウニベルシタスより
(表示価格は税別です)

071　キリスト教の中の無神論　上
E. ブロッホ／竹内豊治・高尾利数訳　2400円

072　キリスト教の中の無神論　下
E. ブロッホ／竹内豊治・高尾利数訳　2800円

084　ヨーロッパ精神の危機　1680-1715
P. アザール／野沢協訳　6600円

236　煉獄の誕生
J. ル・ゴッフ／渡辺香根夫・内田洋訳　7000円

350　宗教と魔術の衰退
K. トマス／荒木正純訳　品切

623　中世の人間　ヨーロッパ人の精神構造と創造力
J. ル・ゴフ編／鎌田博夫訳　5200円

644　歴史と記憶
J. ル・ゴフ／立川孝一訳　4800円

700　マリア　処女・母親・女主人
K. シュライナー／内藤道雄訳　6800円

816　ピエール・ベール伝
P. デ・メゾー／野沢協訳　6800円

859　中世の旅芸人　奇術師・詩人・楽士
W. ハルトゥング／井本晌二・鈴木麻衣子訳　4800円

886　マルコ・ポーロと世界の発見
J. ラーナー／野崎嘉信・立崎秀和訳　4700円

895　啓蒙の精神　明日への遺産
T. トドロフ／石川光一訳　2200円

924　アウシュヴィッツ以後の神
H. ヨーナス／品川哲彦訳　2500円

935　権威の概念
A. コジェーヴ／今村真介訳　2300円

——— 叢書・ウニベルシタスより ———
（表示価格は税別です）

939	エピクロスの園のマルクス F. マルコヴィッツ／小井戸光彦訳	2500円
943	吐き気　ある強烈な感覚の理論と歴史 W. メニングハウス／竹峰義和・知野ゆり・由比俊行訳	8700円
944	存在なき神 J.-L. マリオン／永井晋・中島盛夫訳	4500円
947	アーカイヴの病　フロイトの印象 J. デリダ／福本修訳	2300円
952	冒険のバロック　発見の時代の文化 W. フロイント／佐藤正樹・佐々木れい訳	6800円
955	神話の変奏 H. ブルーメンベルク／青木隆嘉訳	11000円
957	秘義なきキリスト教 J. トーランド／三井礼子訳	4800円
959	無知な教師　知性の解放について J. ランシエール／梶田裕・堀容子訳	2700円
960	言説、形象（ディスクール、フィギュール） J.-F. リオタール／合田正人監修・三浦直希訳	7000円
964	前キリスト教的直観　甦るギリシア S. ヴェイユ／今村純子訳	2600円
966	動物論 E. B. ド・コンディヤック／古茂田宏訳	3000円
969	自律の創成　近代道徳哲学史 J. B. シュナイウィンド／田中秀夫監訳，逸見修二訳	13000円
971	イメージの前で　美術史の目的への問い G. ディディ＝ユベルマン／江澤健一郎訳	4600円
977	弱い思考 G. ヴァッティモ編／上村・山田・金山・土肥訳	4000円

叢書・ウニベルシタスより

(表示価格は税別です)

987 根源悪の系譜　カントからアーレントまで
R. J. バーンスタイン／ 阿部・後藤・齋藤・菅原・田口訳　4500円

989 散種
J. デリダ／藤本一勇・立花史・郷原佳以訳　5800円

991 ヘーゲルの実践哲学　人倫としての理性的行為者性
R. B. ピピン／星野勉監訳　5200円

992 倫理学と対話　道徳的判断をめぐるカントと討議倫理学
A. ヴェルマー／加藤泰史監訳　3600円

993 哲学の犯罪計画　ヘーゲル『精神現象学』を読む
J.-C. マルタン／信友建志訳　3600円

995 道徳から応用倫理へ　公正の探求 2
P. リクール／久米博・越門勝彦訳　3500円

996 限界の試練　デリダ，アンリ，レヴィナスと現象学
F.-D. セバー／合田正人訳　4700円

997 導きとしてのユダヤ哲学
H. パトナム／佐藤貴史訳　2500円

998 複数的人間　行為のさまざまな原動力
B. ライール／鈴木智之訳　4600円

999 解放された観客
J. ランシエール／梶田裕訳　2600円

1000 エクリチュールと差異〈新訳〉
J. デリダ／合田正人・谷口博史訳　5600円

1006 加入礼・儀式・秘密結社
M. エリアーデ／前野佳彦訳　4800円

1007 悪についての試論
J. ナベール／杉村靖彦訳　3200円

1009 中世の戦争と修道院文化の形成
C. A. スミス／井本晌二・山下陽子訳　5000円